U0481966

职业教育学习评价效用的制度分析

An Institutional Analysis about the Performance of
Learning Evaluation in Vocational Education

李 鹏 著

中国社会科学出版社

图书在版编目（CIP）数据

职业教育学习评价效用的制度分析／李鹏著 . —北京：中国社会科学出版社，2021.6

（中国社会科学博士后文库）

ISBN 978 - 7 - 5203 - 8375 - 2

Ⅰ.①职… Ⅱ.①李… Ⅲ.①职业教育—教育制度—研究—中国 Ⅳ.①G719.22

中国版本图书馆 CIP 数据核字（2021）第 082789 号

出 版 人	赵剑英
责任编辑	张　林
责任校对	杨　林
责任印制	李寡寡

出　　版	中国社会科学出版社
社　　址	北京鼓楼西大街甲 158 号
邮　　编	100720
网　　址	http://www.csspw.cn
发 行 部	010 - 84083685
门 市 部	010 - 84029450
经　　销	新华书店及其他书店
印　　刷	北京君升印刷有限公司
装　　订	廊坊市广阳区广增装订厂
版　　次	2021 年 6 月第 1 版
印　　次	2021 年 6 月第 1 次印刷
开　　本	710×1000　1/16
印　　张	26
字　　数	435 千字
定　　价	108.00 元

凡购买中国社会科学出版社图书，如有质量问题请与本社营销中心联系调换

电话：010 - 84083683

版权所有　侵权必究

第九批《中国社会科学博士后文库》
编委会及编辑部成员名单

(一) 编委会
主　任：王京清
副主任：崔建民　马　援　俞家栋　夏文峰
秘书长：邱春雷
成　员（按姓氏笔画排序）：
　　　　卜宪群　王立胜　王建朗　方　勇　史　丹
　　　　邢广程　朱恒鹏　刘丹青　刘跃进　孙壮志
　　　　李　平　李向阳　李新烽　杨世伟　杨伯江
　　　　吴白乙　何德旭　汪朝光　张车伟　张宇燕
　　　　张树华　张　翼　陈众议　陈星灿　陈　甦
　　　　武　力　郑筱筠　赵天晓　赵剑英　胡　滨
　　　　袁东振　黄　平　朝戈金　谢寿光　樊建新
　　　　潘家华　冀祥德　穆林霞　魏后凯

(二) 编辑部（按姓氏笔画排序）：
主　任：崔建民
副主任：曲建君　李晓琳　陈　颖　薛万里
成　员：王　芳　王　琪　刘　杰　孙大伟　宋　娜
　　　　张　昊　苑淑娅　姚冬梅　梅　玫　黎　元

序 言

博士后制度在我国落地生根已逾30年,已经成为国家人才体系建设中的重要一环。30多年来,博士后制度对推动我国人事人才体制机制改革、促进科技创新和经济社会发展发挥了重要的作用,也培养了一批国家急需的高层次创新型人才。

自1986年1月开始招收第一名博士后研究人员起,截至目前,国家已累计招收14万余名博士后研究人员,已经出站的博士后大多成为各领域的科研骨干和学术带头人。这其中,已有50余位博士后当选两院院士;众多博士后入选各类人才计划,其中,国家百千万人才工程年入选率达34.36%,国家杰出青年科学基金入选率平均达21.04%,教育部"长江学者"入选率平均达10%左右。

2015年底,国务院办公厅出台《关于改革完善博士后制度的意见》,要求各地各部门各设站单位按照党中央、国务院决策部署,牢固树立并切实贯彻创新、协调、绿色、开放、共享的发展理念,深入实施创新驱动发展战略和人才优先发展战略,完善体制机制,健全服务体系,推动博士后事业科学发展。这为我国博士后事业的进一步发展指明了方向,也为哲学社会科学领域博士后工作提出了新的研究方向。

习近平总书记在2016年5月17日全国哲学社会科学工作座谈会上发表重要讲话指出:一个国家的发展水平,既取决于自然科学发展水平,也取决于哲学社会科学发展水平。一个没有发达的自然科学的国家不可能走在世界前列，一个没有繁荣的哲学社会科学的国家也不可能走在世界前列。坚持和发展中国特色社会主义，需要不断在实践和理论上进行探索、用发展着的理论指导发展着的实践。在这个过程中，哲学社会科学具有不可替代的重要地位，哲学社会科学工作者具有不可替代的重要作用。这是党和国家领导人对包括哲学社会科学博士后在内的所有哲学社会科学领域的研究者、工作者提出的殷切希望！

中国社会科学院是中央直属的国家哲学社会科学研究机构，在哲学社会科学博士后工作领域处于领军地位。为充分调动哲学社会科学博士后研究人员科研创新积极性，展示哲学社会科学领域博士后优秀成果，提高我国哲学社会科学发展整体水平，中国社会科学院和全国博士后管理委员会于2012年联合推出了《中国社会科学博士后文库》（以下简称《文库》），每年在全国范围内择优出版博士后成果。经过多年的发展，《文库》已经成为集中、系统、全面反映我国哲学社会科学博士后优秀成果的高端学术平台，学术影响力和社会影响力逐年提高。

下一步，做好哲学社会科学博士后工作，做好《文库》工作，要认真学习领会习近平总书记系列重要讲话精神，自觉肩负起新的时代使命，锐意创新、发奋进取。为此，需做到以下几点：

第一，始终坚持马克思主义的指导地位。哲学社会科学研究离不开正确的世界观、方法论的指导。习近平总书记深刻指出：坚持以马克思主义为指导，是当代中国哲学社会科学区别于其他哲学社会科学的根本标志，必须旗帜鲜明加以坚持。马克思主义揭示了事物的本质、内在联系及发展规律，是"伟大的认识工具"，是人们观察世界、分析问题的有力思想武器。马克思主义尽管诞生在一个半多世纪之前，但在当今时代，马克思主义与新的时代实践结合起来，越来越显示出更加强大的生命力。哲学社会科学博士后研究人员应该更加自觉坚持马克思主义在科研工作中的指导地位，继续推进马克思主义中国化、时代化、大众化,继续发展21世纪马克思主义、当代中国马克思主义。要继续把《文库》建设成为马克思主义中国化最新理论成果的宣传、展示、交流的平台,为中国特色社会主义建设提供强有力的理论支撑。

第二,逐步树立智库意识和品牌意识。哲学社会科学肩负着回答时代命题、规划未来道路的使命。当前中央对哲学社会科学越发重视,尤其是提出要发挥哲学社会科学在治国理政、提高改革决策水平、推进国家治理体系和治理能力现代化中的作用。从2015年开始,中央已启动了国家高端智库的建设,这对哲学社会科学博士后工作提出了更高的针对性要求,也为哲学社会科学博士后研究提供了更为广阔的应用空间。《文库》依托中国社会科学院,面向全国哲学社会科学领域博士后科研流动站、工作站的博士后征集优秀成果,入选出版的著作也代表了哲学社会科学博士后最高的学术研究水平。因此,要善于把中国社会科学院服务党和国家决策的大智库功能与《文库》的小智库功能结合起来,进而以智库意识推动品牌意识建设,最终树立《文库》的智库意识和品牌意识。

第三,积极推动中国特色哲学社会科学学术体系和话语体系建设。改革开放30多年来,我国在经济建设、政治建设、文化建设、社会建设、生态文明建设和党的建设各个领域都取得了举世瞩目的成就,比历史上任何时期都更接近中华民族伟大复兴的目标。但正如习近平总书记所指出的那样:在解读中国实践、构建中国理论上,我们应该最有发言权,但实际上我国哲学社会科学在国际上的声音还比较小,还处于有理说不出、说了传不开的境地。这里问题的实质,就是中国特色、中国特质的哲学社会科学学术体系和话语体系的缺失和建设问题。具有中国特色、中国特质的学术体系和话语体系必然是由具有中国特色、中国特质的概念、范畴和学科等组成。这一切不是凭空想象得来的,而是在中国化的马克思主义指导下,在参考我们民族特质、历史智慧的基础上再创造出来的。在这一过程中，积极吸纳儒、释、道、墨、名、法、农、杂、兵等各家学说的精髓，无疑是保持中国特色、中国特质的重要保证。换言之，不能站在历史、文化虚无主义立场搞研究。要通过《文库》积极引导哲学社会科学博士后研究人员：一方面，要积极吸收古今中外各种学术资源，坚持古为今用、洋为中用。另一方面，要以中国自己的实践为研究定位，围绕中国自己的问题，坚持问题导向，努力探索具备中国特色、中国特质的概念、范畴与理论体系，在体现继承性和民族性，体现原创性和时代性，体现系统性和专业性方面，不断加强和深化中国特色学术体系和话语体系建设。

新形势下，我国哲学社会科学地位更加重要、任务更加繁重。衷心希望广大哲学社会科学博士后工作者和博士后们，以《文库》系列著作的出版为契机，以习近平总书记在全国哲学社会科学座谈会上的讲话为根本遵循，将自身的研究工作与时代的需求结合起来，将自身的研究工作与国家和人民的召唤结合起来，以深厚的学识修养赢得尊重，以高尚的人格魅力引领风气，在为祖国、为人民立德立功立言中，在实现中华民族伟大复兴中国梦征程中，成就自我、实现价值。

是为序。

中国社会科学院副院长
中国社会科学院博士后管理委员会主任
2016 年 12 月 1 日

序一　在"大时代"琢磨"小问题"

新学期伊始，收到李鹏的邮件，悉知他的博士学位论文入选全国博士后管理委员会"优秀博士后学术成果"和第九批《中国社会科学博士后文库》，即将在中国社会科学出版社出版，甚是欣慰。信中除了与我分享这份喜悦之外，还特邀请我为他学术生涯的第一本专著作序，我欣然应允。

2018年暑假，我作为李鹏的博士学位论文答辩委员会主席，主持了他的毕业答辩，对他的博士学位论文就有所了解。在答辩前通读了一遍当时的稿子，给我留下的最深印象就是基本功扎实、实证研究规范。从博士毕业论文的标准来看，确实可以算上乘之作。答辩结束，所有委员一致肯定了他的论文与答辩，最后评为优秀。答辩完之后，李鹏就进入华东师范大学教育学博士后流动站，成了我的博士后。在博士后进站答辩中，他再一次汇报了职业教育学习评价的选题和研究设想。入站面试的专家中有台湾师范大学的职业教育专家孙仲山教授、华东师范大学教育神经科学研究中心副主任与哈佛大学脑科学研究博士后周加仙教授、华东师范大学职成所钱景舫教授等人，又一次从研究的优化与改进提了意见。经过两轮答辩与修改，加上他自己的勤奋与执着，论文反复修改后，先后荣获全国教育实证优秀学位论文奖，也派生出了一系列CSSCI论文。可以说，在对博士学位论文的加工、挖掘和开发利用上，李鹏做到了精英级别。

事实上，职业教育学习评价及其效用的研究是一个很小、很微观的问题。在中国这种宏观叙事的大时代，研究一个微观的小问题是不"讨巧"的。因为越是微观的问题，越需要深刻的洞察能力和丰富的时间投入。李鹏能够在"大时代"琢磨"小问题"，能够深入、细致地去找寻理论、收集证据，这是十分难得的。或许这也是他的论文能够如此规范、细致，能够得到毕业论文外审专家、全国教育实证大会委员会和全国博士后管理委员会认可的重要原因之一。翻开这本书，从选题到论证，再到文字表达，无不凝结了作者的汗水与智慧。

第一，在"大时代"琢磨"小问题"，学术勇气十分可嘉。近年来，中国职业教育在党和国家的支持下迅猛发展，从中高职示范校、优质校、现代职业教育体系建设，到《国家职业教育改革实施方案》出台，职业教育从"层次"走向"类型"，如今，"双高计划""本科层次职业教育"，职业教育的改革与发展从"春天"进入到"夏天"，这是一个大改革、大发展的职业教育"大时代"。在"大时代"的职业教育研究中，最主流的还是职业教育政策、职业教育管理、专业建设、课程开发以及师资队伍建设等相对宏观的话题。以学习评价为中心，也还有1+X、职教高考等热点话题。但是，李鹏的这本书则从学习科学入手，探讨职业教育学习评价制度的效用问题，属于"大时代"的"小问题"。在"大时代"琢磨"小问题"体现了作者的勇气和智慧。一方面，学习科学是教育学最核心的微观问题，无论是课程开发、教材建设乃至专业建设，归根结底都要琢磨"学习"的问题，因此，虽然学习评价不是最火热的问题，却是基础性和根本性的课题；另一方面，评价具有"指挥棒效应"，学习评价通常是教育改革的焦点与难点，从评价改革入手，"以评促学""以评促教"这是所有教育改革都要面对的问题。因此，在"大时代"琢磨"小问题"，既有青年学者的勇气，也有成熟学者的智慧。

第二，在"大时代"琢磨"小问题"，学术方法值得肯定。不同的选题有不同的研究方法和范式，宏大的叙事考验一个人的视野与思维，"小问题"的细致探索则需要研究者的耐心、细心与恒心。中国职业教育研究还没有形成科学的学术范式，比较研究和政策研究占据了半壁江山，微观的实证分析属于比较"小众"的范式。但是，李鹏的这本专著，一方面，对学习评价的思想史做了细致的回顾与整合，从拉尔夫·泰勒的"目标模式"评价思想到罗拉·厄尔的作为学习的评价理论，结合中国传统的"以评促学""以评促教"之理念，建构了职业教育学习评价的理论分析框架；另一方面，综合运用元评价、链式中介模型以及深度访谈，借助沃斯特根公平指数和发展指数测度了中国职业教育学习评价的制度运行、制度绩效与影响因素，最后提出了系统性的对策建议。这样的研究既有理论探索的宏大叙事与创新构建，又有实证分析的精准测度与细致观察。可以说，这样量化与质性相结合的研究，对于中国职业教育学术范式的变革是有一定的示范作用。

第三，在"大时代"琢磨"小问题"，学术情怀难能可贵。实证研究、混合研究是近些年国际教育研究中兴起的学术潮流。很多人知道实证研究、量化研究、混合研究对于解释和论证职业教育问题的优势，但是，很少有人能够细细琢磨和坚持使用。通读李鹏博士的这本专著，他在问题调查、数据收集、数据分析与报告上投入的时间与精力远远超出大部分博士学位论文。两个全国性的问卷调查，四大类调研群体，再加上30多名师生的深度访谈，前前后后收集文献、整理数据的工程十分浩大。特别是深度访谈后的数据编码与文字表达，没有一段一段地堆积访谈材料，能够如此细致的编码、论证，几乎达到了社会学实证研究的水平。在效率至上时代的洪流中，李鹏博士能够坚持自己的原则和尺度，这种细致、投入的学术情怀难能可贵。

学贵有恒，学贵在精。李鹏在学术研究上非常勤奋、务实，研究方法掌握比较扎实。这三年在华东师范大学职成所又深入一线，学习并积累了更多的实践经验。在职业教育学习评价制度及其效用的研究之外，也有职业教育高考改革等更加具体的问题在研究。这种坚持还要继续！可以肯定的是，虽然职业教育学习及其评价的研究还只是一个"小问题"，但是，在学习科学、神经科学、脑科学不断发展的时代，职业教育学习科学的研究也必然会从"小问题"变成"大问题""热点话题"；更值得坚信的是，在职业教育不断改革的过程中，从比较研究的浪潮走向课程开发的时代，也必然会从"怎么教"的课程热潮中走向"怎么学"的学习科学新时代。因此，期待这本职业教育学习评价的专著只是李鹏在职业教育学习研究领域的一块"开山石"，以此打开职业教育学习研究的新世界，在"小问题"的持续探索中，继续坚持"板凳甘坐十年冷"的治学态度，不断学习、不断创新，矢志不渝，取得更好的成绩！

石伟平

2020 年 9 月 20 日

序二　学习"跨界"与学术"跨界"

　　职业教育是"跨界"的教育，"跨界"的教育应该有"跨界"的研究方法与范式。李鹏的博士学位论文有点"跨界"的意识，经过多次修改完善，如今的书稿更多了几分"跨界"的味道。这或许与李鹏自身就是一个"跨界"的学生息息相关。李鹏是我的硕士、博士，与我有着七年的师徒情分。七年相处下来，对这个"跨界"的学生，比较了解，也比较欣赏。刚刚考入西南大学的时候，李鹏并没有一点教育学的底子，本科学的是中文，硕士备考学的是四川大学的公共管理；调剂到西南大学后，补充了教育学的基础知识，但是主要学的又是教育经济与管理。直到进入博士学习，才开始学习职业教育。但是在读博士期间，又加入西南大学基础教育质量监测评估中心团队学习了两年义务教育测评。在西南大学基础教育研究中心，团队成员经常说他的专业是"义务—职业教育"。因为李鹏"跨界"参与多个课题组，所以，他的学习、阅读也都"跨界"。后来李鹏又到美国密歇根州大学交换学习一年，毕业后到了华东师范大学做博士后，他的学科背景、学习经历、学术实践就更加"跨界"，因而，学术作品也就比较"跨界"。

　　可能是李鹏也意识到了自己"跨界"的学科和知识结构，所以，在学术选题上反而有意识地聚焦。从硕士到现在，十年左右的学术研究中，虽然领域横跨义务教育和职业教育，但是李鹏的研究多是围绕教育评价的相关主题。或许是他发现了自己"跨界"的优势，在李鹏的课题申报、论文写作中，不自然地流露出一些管理学的量化风格、教育学的思辨情怀和文学化的语言表达。事实上，研究领域的聚焦和研究方式的"跨界"也是我一直以来指导研究生的方法论之一，只不过在这个"跨界"的学生身上，践行得比较好而已。这本专著是李鹏的博士学位论文修改而成，相较于最初的答辩稿，进步明显，"跨界"的色彩也更加明显。

理论框架"跨界"。理论基础是博士学位论文问题分析的工具，跨学科的理论作为理论基础并不罕见，罕见的是把多个理论整合成为一个有解释力的分析框架。李鹏的这本专著在理论框架上基本上延续了博士学位论文的"跨界"风格，一是传统评价理论与现代评价理论的"跨界"，整合泰勒、斯塔弗尔比姆、斯凯瑞文等人的理论，从"目标—改进—结果"的维度回答了"评价有什么用？"的问题；整合关于学习的评价、促进学习的评价和作为学习的评价等理论，回答了"评价究竟为了什么？"的问题。两类理论跨界，形成了"评价—反馈—改进—效用"的核心分析思路；二是整合西方评价思想与中国评估文化，从科举、高考等文化的影响中，运用西方教育评价的思想，"跨界"拓展了"以评促学"和"以评促教"的传统理念；三是"跨界"整合教育评估理论与制度分析理论，以教育评价为"明线索"，制度分析为"暗线索"，从制度逻辑、制度变迁、制度运行、制度绩效、制度困境、制度创新完成了职业教育学习评价效用分析。所以，在理论框架上的"跨界"整合是本书最大的创新。

研究范式"跨界"。追求多学科研究方法是现代教育研究所崇尚的潮流，但是，交叉学科的研究往往需要"跨界"的学术资本。李鹏的这本专著在研究方式上做到了"跨界"融合。一是思辨研究与实证研究的"跨界"融合。这本书在理论研究部分，对职业教育学习评价的理论思辨，从经济学、教育学、技术哲学等立场出发，明确了职业教育学习评价效用生成机理，明确了职业教育学习评价效用的国家、学校、教师、学生、家长、企业的主体性表征和人本、公平与发展的价值理性。在实证部分，通过元评价、链式中介模型和深度访谈分析了职业教育学习评价效用的制度基础、效用现状与影响因素。这种思辨与实证相结合的"跨界"相互补充，合二为一地解释了研究问题。二是量化研究与质性研究的"跨界"融合。这本书运用了元评价、链式中介模型和深度访谈，其中，元评价又是非常教育学的范式、链式中介模型又有心理学的色彩，深度访谈则有社会学的影子，因此，这是多种研究范式的"跨界"融合。三是中西教育研究的"跨界"融合。这篇论文在宏观结构上是中国学位论文的条条框框，但是，在引注、参考文献、数据处理等很多细节上，又有美国变革性学习专家 John M. Dirkx 的一些要求。因此，在研究方式上，这是一篇规规矩矩，但是又"跨界"融合的学术之作。

　　研究成果"跨界"。李鹏属于那种勤奋、务实的学生，学习能力非常强。这本专著或者博士学位论文的成功并不是偶然的，应该说是多种学术成果"跨界"的结果。一方面，这本专著中教育研究方法、教育测评的知识与技巧应该算较高水准，这其实是李鹏"跨界"学习的成果转化。在硕士期间，李鹏就参与了我的免费师范生平台课程建设，系统学习了中国的教育研究方法；博士期间，他作为我《教育测量与评价》精品课程的核心成员与教材副主编，又系统地钻研了教育评价的相关知识。所以，这篇论文能够在研究方法上规范严谨，"跨界"协同，其实是李鹏多元学习的"跨界"成果。另一方面，这本专著也是李鹏课题参与成果的"跨界"之作。李鹏在读硕士、博士期间参与的国家级、省部级课题接近12项，自己也主持过多项课题，论著中的技术哲学批判、多重治理逻辑、元评估、链式中介模型，包括深度访谈都是他平时演练过的研究成果。在博士学位论文中，运用相似的方法再现一遍，"跨界"整合自然水到渠成。这或许就是"乱读书"，或者说"读杂书"的最大好处与力量之所在。

　　学无止境，学术更是没有完美。李鹏这些年的学术研究在同龄人中还算不错，但是，也因为他学术研究的"跨界"，整体性的学术思考和建树还是相对不足，未来需要用"跨界"的思维和方法，深刻研究整体性的问题。事实上，职业教育是"跨界"的学科，职业教育的研究需要"跨界"的思维和方法，李鹏都具备了一些。用"跨界"的思维与方法研究"跨界"的学科显然不是轻松的，因而，需要持续地坚持、持续地学习和持续地改进。以一个纯粹学术人的热爱，追逐自己从事学术研究的初心：

正身勤学，笃行至诚；自强不息，卓越前行！

朱德全

2020 年 9 月 20 日

摘　要

　　学习评价制度是人类重要的教育创举之一，从古代的科举到当代的高考制度，学习评价为教育改革与发展做出了卓越贡献。然而，任何制度都有两面性。学习评价制度在推动并引领教育改革与发展的同时，往往也是教育改革与发展的桎梏。在学习评价的"指挥棒"作用下，"应试教育""学业锦标赛"等"社会达尔文主义"的教育乱象层出不穷。如今，教育已从社会边缘走向社会中心，成了利益交会的中心，具有高利害性和价值判断属性的学习评价则成为教育改革的问题中心。从追问"李约瑟之谜""韦伯之问"到反思"钱学森之问"发现，学习评价是影响教育体制、人才培养和技术创新的重要制度因素。历史经验与现实困境证明了学习评价制度正经历着严重的"身份危机"——学习评价究竟是教育改革的致命桎梏，还是教育发展的救命稻草？

　　在智慧时代、工业4.0和教育"中国梦"的时代空间内，聚焦于职业教育领域探究学习评价"有什么用？"。在理论视角上，整合评价效用与制度分析两条线索，综合运用关于学习的评价、促进学习的评价、作为学习的评价等学习评价理论，以及制度分析、制度绩效等制度理论为分析视角。在研究内容上，以问题为导向，将"学习评价究竟是教育改革的致命桎梏，还是教育发展的救命稻草？"的问题分解为评价效用内涵、生成机理、尺度表征、制度基础、现状水平、影响因素和优化策略等问题。在分析思路上，以制度分析为理论框架，依次从制度逻辑、制度变迁、制度运行、制度基础、制度绩效、制度困境、制度创新分析职业教育学习评价效用的具体问题。在研究方法上，采用混合研究的技术路线，综合运用问卷调查法、访谈调查法、观察等数据收集方法，借助 Spss 21.0、Amos 21.0、Mplus 7.0、Excel 2007、Mce 3.2 和 Nvivo 11.0 等研究工具实施职业教育学习评价效用的理论与实践探索。

首先，建构了职业教育学习评价效用的分析框架。从"评价促进学习"的教育学机理和"制度生成绩效"的经济学机理，整合了"评价实施—结果反馈—教学改进+学习改进—效用生成"的职业教育学习评价效用生成机理，明确了职业教育学习评价效用的国家、学校、教师、学生、家长、企业的主体性表征和人本、公平与发展的价值理性。其次，评判了职业教育学习评价效用的制度基础。运用开放式访谈、元分析等方法自编《职业教育学习元评估调查问卷》，基于"群组层次分析法"确定系数权重和主体评分权重，结合专家、学生和企业代表评分，对职业教育学习评价的实用性、可行性、合理性与准确性进行了评价。运用沃斯特根指数测算职业教育学习评价的"起点—过程—结果"公平指数，判断职业教育学习评价制度实施的公平状况。然后，测度了职业教育学习评价效用的实然状况。结合职业教育学习评价效用的过程分析框架建构了学习评价、教学改进、学习改进和 KSA 发展的链式中介模型，运用元分析、访谈法，借助发展指数、多维比较与中介效应验证分析了职业教育学习评价效用的实然状况。再次，探索了职业教育学习评价效用的影响因素。采用质性分析的方法进行问题的原因分析，结合制度绩效影响因素和学习评价影响因素的相关理论，从宏观、中观、微观三个层次分析了影响职业教育学习评价效用的文化、理性与心理的多重因素。最后，提出了职业教育学习评价效用提升的对策。结合元评估发现的制度运行问题、现状测度发现的效用困境以及质性访谈的多重原因分析，从提高职业教育学习评价效用的视角出发，提出了提高职业教育学习评价效用的对策建议。

通过理论分析、实证分析与假设验证，得到关于职业教育学习评价效用研究的主要发现如下：

第一，职业教育学习评价效用的生成机制是"评价实施—结果反馈—教学改进+学习改进—效用生成"的过程系统。第二，职业教育学习评价效用观是发展变化的，但始终坚持人本、公平与发展的价值尺度。第三，职业教育学习评价制度运行情况较好，但也存在着实用主义、技术主义和形式主义的问题。第四，职业教育学习评价效用的整体发展指数尚可，但绝对水平偏低。第五，职业教育学习评价效用的局部差异特征显著，但总体关系相对稳定。第六，职业教育学习评价效用的中介效用明显，但内部结构需要完善。第七，从制度运行的条件来看，文化、理性和心理都是影响职业教育学习评价效用的重要因素。

因此，从提高绩效的目标出发，职业教育学习评价制度变革要在制度设计上符合学习评价基本规律，在评价制度实施与评价结果的运用上不断变革创新，促进教师教学改进与学生学习改进，最终促进学生的KSA发展。具体来说，一是变革职业教育学习评价制度，二是推进学习评价后的教师教学改进，三是引导学习评价后的学生学习改进。

关键词：职业教育；学习评价；评价制度；制度分析；评价效用；中介效应

Abstract

Learning evaluation institution is one of the important educational initiatives of human beings. From the *imperial examination* to the *college entrance examination*, learning evaluation has made outstanding contributions to the reform and development of education. However, every institution has two sides. Learning evaluation institution not only promotes and leads the reform and development of education, but also is the shackle of the reform and development of education. Under the baton and guidance of learning evaluation institution, the *examination-oriented education*, *academic championship* and *social Darwinism emerges* endlessly in modern education. Nowadays, education has moved from the social fringe to the social center, becoming the center of interest convergence. And with high interest and value judgment attribute, learning evaluation institution also became the problem center of education reform. From question of *Needham Puzzle and Weber's question* to reflecting *the question of Qian Xuese*n, learning evaluation is an important institutional factor affecting educational system, personnel training and technological innovation. Historical experience and realistic dilemma prove that the learning evaluation institution is experiencing a serious "identity crisis". Is learning evaluation the deadly shackle of educational reform or the lifesaving straw of educational development?

In the era of wisdom, industry 4.0 and education "China Dream" space, focusing on the field of vocational education inquiry "what is the performance of learning evaluation?" From the theoretical perspective, this paper integrate evaluation performance and institutional analysis, the evaluation of promoting learning, as well as institutional analysis, institutional performance and other institutional theories. And then divid the research problem "whether learning evaluation is the deadly shackle of educational reform or the life-saving straw of educational development" into the generation mechanism, scale characterization, institutional basis, current situation level, influencing factors and optimization strategies, analyzes the specific problems of vocational education learning evaluation performance from the institutional logic, institutional change, institutional operation, institutional foundation, institutional performance, institutional dilemma and institutional innovation. In the research method, this paper adopt the technical route of mixed research, comprehensively use questionnaire survey, interview survey, observation and other data collection methods, with the help of research tools such as Spss 21.0, Amos 21.0, Mplus 7.0, Excel 2007, Mce 3.2 and Nvivo 11.0 to carry out the theoretical and practical exploration of vocational education learning evaluation performance. Specific research and exploration are as follows:

Firstly, the analytical framework for evaluating the performance of vocational education learning was constructed. On one hand, from the educational mechanism of "evaluation promoting learning" and the economic mechanism of "institution generating performance", it integrates the generating mechanism of "evaluation implementation-result feedback-teaching improvement + learning improvement-utility generation" of vocational education learning evaluation. For another, by criticizing the errors of "instrumentalism", "micawberism" and "utilitarianism" from the experience turn, ethical turn and cultural turn of vocational education learning evaluation institution, this paper clarifies the subjectivity and humanism of countries, schools, teachers, students, parents and enterprises of vocational education learning evaluation performance, the value rationality of equity and development.

Secondly, the institutional basis of the performance of vocational education learning evaluation was judged. The open interview, meta-analysis and other methods are used to compile the *Questionnaire of Vocational Education Learning Element Assessment*. Based on the Mufti-AHP to determine the coefficient weight and the main scoring weight, the results of vocational education learning element assessment grade standard is synthesized. Then, the Meta-Evaluation survey was carried out by stratified random sampling in China. 40 expert questionnaires, 400 student questionnaires and 150 enterprise questionnaires were distributed, and 32 questionnaires, 337 questionnaires and 103 questionnaires were effectively collected. The practicability, feasibility, rationality and accuracy of vocational education learning evaluation are evaluated by combining the scores of experts, students and enterprise representatives. Last, using the Verstegen index to measure the "starting point-process-result" fairness index of vocational education learning evaluation, and judge the fairness of the implementation of vocational education learning evaluation institution.

Thirdly, the actual status of the performance of learning evaluation in vocational education was measured. At the beginning, a chain mediation model of learning evaluation, teaching improvement, learning improvement and KSA development is constructed based on the process analysis framework of vocational education learning evaluation performance. And then, using meta-analysis and interview method, this paper compiled the *Vocational Education Learning Evaluation Utility Questionnaire*, and analyzed and revised the questionnaire by means of item analysis, exploratory factor analysis and confirmatory factor analysis. Next, a stratified random sampling survey was conducted nationwide, distributing 2132 questionnaires and 1867 valid questionnaires collected. So, by this way, this paper analyzes the actual situation of vocational education learning evaluation performance.

Fourthly, the factors that influence the performance of vocational education learning evaluation were explored. On the basis of quantitative analysis, combined with the problems and assumptions of quantitative analysis, qualitative analysis is used to analyze the causes of the problems. Ten vocational education teachers and eighteen students were interviewed on-the-spot or by telephone, and the results were coded freely, spindle and selectively by NVivo 11.0 software. On the basis of coding, combined with the relevant theories of the factors influencing the institution performance and the learning evaluation, this paper analyzes the cultural, rational and psychological factors influencing the learning evaluation performance of vocational education from the macro, medium and micro views.

Finally, it puts forward the countermeasures to enhance the performance of vocational education learning evaluation. Based on the analysis of the institution operation problems found by meta-evaluation, the utility dilemma found by current situation measurement and the multiple causes of qualitative interviews, this paper puts forward some countermeasures and suggestions to improve the performance of vocational education learning evaluation from the perspective of improving the performance of vocational education learning evaluation.

Through theoretical analysis, empirical analysis and hypothesis verification, the main findings of the study on the performance of vocational education learning evaluation are as follows:

Finding 1, the generating mechanism of learning evaluation utility in vocational education is a process institution of "evaluation implementation-result feedback-teaching improvement + learning improvement-utility generation". Finding 2, the concept of learning evaluation utility in vocational education is developing and changing, but it always adheres to the value scale of humanism, fairness and development. Finding 3, the vocational education learning evaluation institution runs well, but there are also problems of pragmatism, technicalism and formalism. Finding 4, the overall development index of vocational education learning evaluation utility is acceptable, but the absolute level is low. Finding 5, the local differences in the performance of vocational education learning evaluation are significant, but the overall relationship is relatively stable. Finding 6, the mediating effect of vocational education learning evaluation performance is obvious, but the internal structure needs to be improved. Finding 7, from the perspective of the operating conditions of the institution, culture, rationality and psychology are all important factors that affect the performance of vocational education learning evaluation.

Therefore, from the goal of improving performance, the reform of vocational education evaluation institution should accord with the basic law of learning evaluation in the institution design, reform and innovate continuously in the implementation of evaluation institution and the application of evaluation results, promote the improvement of teachers' teaching and the improvement of students' learning, and finally promote the KSA development of students. Specifically steps are: firstly, to reform the vocational education learning evaluation institution; secondly, to promote the development of vocational education learning evaluation institution; thirdly is to guide students' learning improvement after learning evaluation.

Key words: Vocational education; Learning evaluation; Evaluation institution; Evaluation performance; Institutional analysis; Intermediary effect

目 录

引 言 ……………………………………………………………（1）

第一章 导论 ……………………………………………………（6）
  第一节 研究问题、概念与意义 ……………………………（7）
    一 问题提出 …………………………………………（7）
    二 概念界定 …………………………………………（12）
    三 研究意义 …………………………………………（18）
  第二节 文献回顾、评论与展望 ……………………………（19）
    一 关于职业教育学习评价变迁的研究 ……………（19）
    二 关于职业教育学习评价制度的研究 ……………（21）
    三 关于职业教育学习评价效用的研究 ……………（24）
    四 关于职业教育学习评价改进的研究 ……………（26）
    五 职业教育学习评价研究反思与展望 ……………（28）
  第三节 研究目标、思路与技术路线 ………………………（29）
    一 研究目标与问题分解 ……………………………（30）
    二 研究内容与技术路线 ……………………………（32）
    三 研究创新与研究局限 ……………………………（35）

第二章 职业教育学习评价效用的生成机理 …………………（37）
  第一节 职业教育学习评价效用的教育机理 ………………（37）
    一 评价促进学习的突破性发现：AOL、AFL 和
       AAL 理论 …………………………………………（38）
    二 评价促进学习的实践性机制：AOL、AFL 和
       AAL 协同 …………………………………………（44）

三　职业教育学习评价效用的生成:以改进促进发展 …… (48)
第二节　职业教育学习评价效用的经济机理 …………… (52)
　　一　制度的起点:人性假设与职业教育学习评价效用 …… (52)
　　二　制度的决策:理性假设与职业教育学习评价效用 …… (54)
　　三　制度的实施:行为假设与职业教育学习评价效用 …… (57)
第三节　职业教育学习评价效用的生成机制 …………… (59)
　　一　启动:职业教育学习评价实施与结果反馈 ………… (60)
　　二　改进:职业教育教师和学生的评价后调整 ………… (63)
　　三　绩效:评价促进学生知识、技能与能力的发展 …… (68)

第三章　职业教育学习评价效用的价值尺度 …………… (75)

第一节　职业教育学习评价的制度变迁与效用观 ……… (75)
　　一　职业教育学习评价的制度变迁:效用观的转向 …… (76)
　　二　职业教育学习评价效用观批判:倾向性的歧误 …… (79)
　　三　职业教育学习评价效用的标准:多维性的效度 …… (82)
第二节　职业教育学习评价效用的多重制度逻辑 ……… (87)
　　一　国家的逻辑:"立德树人"的政治理想 ……………… (87)
　　二　学校与教师的逻辑:"教化育人"的本职工作 ……… (89)
　　三　学生与家长的逻辑:"追求发展"的投资行为 ……… (91)
　　四　企业的逻辑:"人才选拔"的参考依据 ……………… (94)
第三节　职业教育学习评价效用的价值理性逻辑 ……… (96)
　　一　人本:人的本性、人的需求和人的价值 …………… (97)
　　二　公平:起点公平、过程公平与结果公平 …………… (99)
　　三　发展:学习发展、KSA 发展和人的全面发展 ……… (101)

第四章　职业教育学习评价效用的制度基础 …………… (105)

第一节　元评估设计 ………………………………………… (105)
　　一　元评估的目标 ………………………………………… (106)
　　二　元评估的假设 ………………………………………… (107)
　　三　元评估的程序与方法 ………………………………… (108)
第二节　元评估的标准体系 ………………………………… (111)
　　一　元评估观测点的选择 ………………………………… (111)

二　元评估尺度标准设计 ……………………………………（116）
　　三　元评估标准体系的质量分析 ……………………………（120）
　　四　元评估标准体系的权重、结果指数与等级 ……………（123）
　　五　元评估数据收集及其处理方法 …………………………（128）
第三节　**四维尺度比较元评估** ……………………………………（130）
　　一　职业教育学习评价制度设计元评估 ……………………（131）
　　二　职业教育学习评价制度实施元评估 ……………………（139）
　　三　职业教育学习评价制度结果元评估 ……………………（148）
第四节　**公平指数参照元评估** ……………………………………（155）
　　一　职业教育学习评价制度的公平指数模型 ………………（155）
　　二　职业教育学习评价制度的公平指数计算 ………………（156）
　　三　职业教育学习评价制度的公平指数结果与假设
　　　　验证 …………………………………………………………（157）
第五节　**元评估的结果与讨论** ……………………………………（158）
　　一　结果归纳 …………………………………………………（158）
　　二　问题讨论 …………………………………………………（159）
　　三　元评估结论 ………………………………………………（161）

第五章　职业教育学习评价效用的现状测度 ………………（164）

第一节　**测度设计与实施** …………………………………………（164）
　　一　测度的目标与任务 ………………………………………（165）
　　二　测度的变量与假设 ………………………………………（165）
　　三　测度的工具与实施 ………………………………………（170）
第二节　**数据统计与分析** …………………………………………（195）
　　一　职业教育学习评价效用的发展指数 ……………………（196）
　　二　职业教育学习评价效用的多维比较 ……………………（201）
　　三　职业教育学习评价效用的链式中介模型 ………………（208）
第三节　**测度结果与讨论** …………………………………………（215）
　　一　假设验证 …………………………………………………（216）
　　二　问题归结 …………………………………………………（217）
　　三　主要发现 …………………………………………………（219）

第六章　职业教育学习评价效用的影响因素 …………… (221)

第一节　研究设计与实施 ……………………………… (221)
　　一　目标与任务 ………………………………… (222)
　　二　程序、方法与工具 ………………………… (222)
　　三　访谈实施与数据整理 ……………………… (225)
　　四　编码过程 …………………………………… (229)
　　五　编码质量 …………………………………… (233)

第二节　结果分析与论证 ……………………………… (234)
　　一　制度环境中的文化因素 …………………… (235)
　　二　制度决策中的理性因素 …………………… (247)
　　三　制度行为中的心理因素 …………………… (253)

第三节　研究结果与发现 ……………………………… (264)
　　一　评价与文化：制度环境影响职业教育学习
　　　　评价效用 ……………………………………… (265)
　　二　评价与理性：制度决策影响职业教育学习
　　　　评价效用 ……………………………………… (267)
　　三　评价与心理：制度行为影响职业教育学习
　　　　评价效用 ……………………………………… (268)

第七章　职业教育学习评价效用的提升策略 ……………… (271)

第一节　制度创新促进职业教育学习评价效用提升 …… (271)
　　一　职业教育学习评价设计：理念、结构与方法变革 …… (272)
　　二　职业教育学习评价实施：主体、流程与调控优化 …… (275)
　　三　职业教育学习评价结果：分析、反馈与运用务实 …… (278)

第二节　教学改进助推职业教育学习评价效用提升 …… (280)
　　一　教学目标改进：以合格为基准，设定分层目标 …… (280)
　　二　教学筹备改进：以学情为起点，参照工作过程 …… (282)
　　三　教学方法改进：以问题为导向，尝试多元方法 …… (284)
　　四　教学管理改进：以人本为法则，探索自主管理 …… (287)
　　五　教学评价改进：以发展为目标，变革评价制度 …… (288)

第三节　学习改进驱动职业教育学习评价效用提升 …… (290)

一　刺激学习动机,引导学生爱上学习 …………………… (291)
　　二　追加学习投入,鼓励学生乐于学习 …………………… (293)
　　三　指点学习策略,教会学生学会学习 …………………… (296)
　　四　改良学习环境,保障学生学习条件 …………………… (298)

第八章　结论与反思 …………………………………………… (301)
第一节　研究发现 …………………………………………… (301)
　　一　研究工作总结 …………………………………………… (302)
　　二　研究假设验证 …………………………………………… (305)
　　三　研究结论归纳 …………………………………………… (311)
第二节　研究反思 …………………………………………… (312)
　　一　理论上的迷局 …………………………………………… (312)
　　二　方法上的陷阱 …………………………………………… (313)
　　三　表达上的旋涡 …………………………………………… (314)
第三节　研究展望 …………………………………………… (315)
　　一　研究视角的拓展 ………………………………………… (315)
　　二　研究方法的丰富 ………………………………………… (316)
　　三　研究结果的运用 ………………………………………… (316)

参考文献 ………………………………………………………… (317)
附　录 …………………………………………………………… (332)
索　引 …………………………………………………………… (364)
后　记 …………………………………………………………… (367)

Contents

Preamble ··· (1)

Chapter 1　Introduction ·· (6)

Section 1　Research Issues, Concepts and Significance ········ (7)
1. Raising of Issues ·· (7)
2. Concept Defining ··· (12)
3. Research Significance ·· (18)
Section 2　Literature Review, Evaluation and Outlook ············ (19)
1. Research on the Changes in the Evaluation of Vocational
   Education Learning ·· (19)
2. Research on the Evaluation Systems for Vocational
   Education Learning ·· (21)
3. Research on the Effectiveness of the Evaluation of
   Vocational Education Learning ··································· (24)
4. Research on the Improvement of the Evaluation of
   Vocational Education Learning ··································· (26)
5. Reflection and Outlook on the Research of the Evaluation
   of Vocational Education Learning ································ (28)
Section 3　Research Objectives, Ideas and Technical
　Route ··· (29)
1. Research Objectives and Issue Decomposition ··············· (30)
2. Research Content and Technical Route ······················· (32)
3. Innovations and Limitations of Research ······················ (35)

Chapter 2 Formation Mechanism of the Effectiveness of Vocational Education Learning Evaluation …………………… (37)

Section 1 Educational Mechanism of the Effectiveness of
Vocational Education Learning Evaluation ……………… (37)
  1. Evaluation Promotes Breakthrough Discoveries in Learning:
AOL, AFL and AAL Theories ……………………… (38)
  2. Evaluation Facilitates the Practical Mechanism of Learning:
AOL, AFL and AAL Synergy ……………………… (44)
  3. Formation of the Effectiveness of Vocational Education Learning
Evaluation: Driving Development by Improvement ……………… (48)
Section 2 Economic Mechanism of the Effectiveness of
Vocational Education Learning Evaluation ……………… (52)
  1. Institutional Starting Point: Hypotheses about Human Nature
and the Effectiveness of Evaluation of Vocational Education
Learning ……………………………………………… (52)
  2. Institutional Decision-making: Rational Hypotheses and the
Effectiveness of Evaluation of Vocational Education Learning ……… (54)
  3. Institutional Implementation: Behavioral Hypotheses and the
Effectiveness of Evaluation of Vocational Education Learning ……… (57)
Section 3 Formation Mechanism of the Effectiveness of
Vocational Education Learning Evaluation ……………… (59)
  1. Initiation: Implementation of Vocational Education Learning
Evaluation and Results Feedback ……………………… (60)
  2. Improvement: Adjustment of Vocational Education After
Evaluation by Teachers and Students ………………… (63)
  3. Performance: Evaluation Promotes the Development of Students'
Knowledge, Skills and Abilities ……………………… (68)

Chapter 3 Value Measurement of the Effectiveness of Vocational Education Learning Evaluation ………………………… (75)

Section 1 Institutional Changes and Effectiveness of
Evaluation of Vocational Education Learning ………… (75)

1. Institutional Changes in Evaluation of Vocational Education Learning: A shift in the Effectiveness View ·············· (76)
2. Criticism on the Effectiveness View of Vocational Education Learning Evaluation: TendentiousMisunderstandin ············ (79)
3. Standards for the Effectiveness of Vocational Education Learning Evaluation: Multi-dimensional Effectiveness ············ (82)

Section 2 Multi-system Logic of the Effectiveness of Vocational Education Learning Evaluation ··············· (87)
1. Logic of the Country: Political Ideal of "Fostering Virtue Through Education" ··············· (87)
2. Logic of Schools and Teachers: Fundamental Work of "Education" ··············· (89)
3. Logic of Students and Parents: Investment in "Pursuing Development" ··············· (91)
4. Logic of Enterprises: Basis for "Talent Selection" ············ (94)

Section 3 Rational Logic of the Value of the Effectiveness of Vocational Education Learning Evaluation ············· (96)
1. Human-oriented: Nature, Needs and Value of Humans ·········· (97)
2. Fairness: Fair Starting Point, Process and Results ·············· (99)
3. Development: Development of Learning and KSA and all-round development of Human ··············· (101)

Chapter 4 Institutional Basis for the Effectiveness of the Evaluation of Vocational Education Learning ··············· (105)

Section 1 Meta-evaluation Design ··············· (105)
1. Goals of Meta-evaluation ··············· (106)
2. Hypotheses of Meta-evaluation ··············· (107)
3. Procedures and Methods of Meta-evaluation ··············· (108)

Section 2 Standard System of Meta-evaluation ··············· (111)
1. Selection of Observation Points for Meta-evaluation ··············· (111)
2. Standard Design for the Measurement of Meta-evaluation ············ (116)
3. Quality Analysis of the Standard System of Meta-evaluation ······ (120)

4. Weight, Result Index and Grade of the Standard System of Meta-evaluation ……(123)
5. Data Collection and Processing in Meta-evaluation ……(128)

Section 3　Meta-evaluation of Four-dimensional Comparison ……(130)
1. Meta-evaluation of the Design of Evaluation System for Vocational Education Learning ……(131)
2. Meta-evaluation of the Implementation of Evaluation System for Vocational Education Learning ……(139)
3. Meta-evaluation of the Results of Evaluation System for Vocational Education Learning ……(148)

Section 4　Meta-evaluation of Fairness Index Reference ……(155)
1. Fairness Index Model of the Evaluation System for Vocational Education Learning ……(155)
2. Calculation of the Fairness Index of the Evaluation System for Vocational Education Learning ……(156)
3. Results of the Fairness Index and Hypothesis Verification of the Evaluation System for Vocational Education Learning ……(157)

Section 5　Results of Meta-evaluation and Discussion ……(158)
1. Summary of Results ……(158)
2. Discussion of Issues ……(159)
3. Conclusion of Meta-evaluation ……(161)

Chapter 5　Measurement of the Current Situation of the Effectiveness of Vocational Education Learning Evaluation ……(164)

Section 1　Design and Implementation of Measurement ……(164)
1. Objectives and Tasks of the Measurement ……(165)
2. Variables and Hypotheses of the Measurement ……(165)
3. Tools and Implementation of the Measurement ……(170)

Section 2　Data Statistics and Analysis ……(195)
1. Development Index of the Effectiveness of Vocational Education Learning Evaluation ……(196)

2. Multi – dimensional Comparison of the Effectiveness of Vocational
   Education Learning Evaluation ……………………………………… (201)
3. Chain Mediation Model of the Effectiveness of Vocational Education
   Learning Evaluation …………………………………………………… (208)
Section 3　Measurement Results and Discussion ………………… (215)
1. Hypothesis verification ………………………………………………… (216)
2. Summary of Issues ……………………………………………………… (217)
3. Main Findings …………………………………………………………… (219)

Chapter 6　Factors Influencing the Effectiveness of
Vocational Education Learning Evaluation …………………………… (221)

Section 1　Research Design and Implementation ………………… (221)
1. Objectives and Tasks …………………………………………………… (222)
2. Procedures, Methods and Tools ……………………………………… (222)
3. Interview Implementation and Data Collation ……………………… (225)
4. Coding Process …………………………………………………………… (229)
5. Coding Quality …………………………………………………………… (233)
Section 2　Results Analysis and Demonstration …………………… (234)
1. Cultural Factors in the Institutional Environment ………………… (235)
2. Rational Factors in the Institutional Decision – making …………… (247)
3. Psychological Factors in the Institutional Behavior ………………… (253)
Section 3　Research Results and Findings ………………………… (264)
1. Evaluation and Culture: Institutional Environment Affects the
   Effectiveness of Evaluation of Vocational Education Learning …… (265)
2. Evaluation and Rationality: Institutional Decision – making Affects
   the Effectiveness of Evaluation of Vocational Education Learning …… (267)
3. Evaluation and Psychology: Institutional Behavior Affects the
   Effectiveness of Evaluation of Vocational Education Learning …… (268)

Chapter 7　Strategies for Improving the Effectiveness of
Evaluation of Vocational Education Learning ………………………… (271)

Section 1　Institutional Innovation and Improvement of the
   Effectiveness of Vocational Education Learning Evaluation …… (271)

1. Design of Evaluation of Vocational Education Learning:
   Innovations in Concepts, Structure and Methods .... (272)
2. Implementation of Evaluation of Vocational Education
   Learning: Optimization of Subjects, Process and Regulation ...... (275)
3. Results of Evaluation of Vocational Education Learning:
   Analysis, Feedback and Practical Application .... (278)

Section 2 Teaching Improvement and Enhance the
   Effectiveness of Vocational Education Learning Evaluation ...... (280)
1. Improvement of Teaching Objectives: Set Graded Objectives
   Based on Qualification .... (280)
2. Improvement of Teaching Preparation: Refer to Work Process
   Based on Student Analysis .... (282)
3. Improvement of Teaching Methods: Try Multiple Methods Based
   on problems .... (284)
4. Improvement of Teaching Management: Explore Independent
   Management Based on Human-oriented Principle .... (287)
5. Improvement of Teaching Evaluation: Reform the Evaluation
   System with Development as the Objective .... (288)

Section 3 Improvement of Learning and the Enhancement
   of the Effectiveness of Vocational Education Learning
   Evaluation .... (290)
1. Stimulate Learning Motivation and Guide Students to be
   Interested in Learning .... (291)
2. Increase Input in Learning and Encourage Students to be
   Willing to Learn .... (293)
3. Provide Learning Strategies and Teach Students How to
   Learn .... (296)
4. Improve Learning Environment to Ensure Good Learning
   Conditions for Students .... (298)

Chapter 8 Conclusions and Reflection .... (301)

Section 1 Research Findings .... (301)

1. Summary of the Research Work ……………………………… (302)

2. Verification of Research Hypotheses ……………………… (305)

3. Summary of Research Conclusions ………………………… (311)

Section 2　Reflection on Research ……………………………… (312)

1. Limitations in Theory ………………………………………… (312)

2. Limitations in Methods ……………………………………… (313)

3. Limitations in Expression …………………………………… (314)

Section 3　Research Prospects ………………………………… (315)

1. Expansion of Research Perspective ………………………… (315)

2. Enriching of Research Methods …………………………… (316)

3. Application of Research Results …………………………… (316)

References ……………………………………………………… (317)

Appendix ………………………………………………………… (332)

Index ……………………………………………………………… (364)

Postscript ………………………………………………………… (367)

引 言

公平与发展是人类千百年来孜孜以求的理想，也是人类社会最基本的价值尺度。但是，漫漫历史长河，公平是理想的，发展也是坎坷的。时至今日，世界范围内的公平与发展依旧遥不可及[①]，教育领域内公平与发展的问题尤为突出。[②] 在中国发展史上，先后出现了两次公平与发展的矛盾：一是经济社会从唐宋以来的全球领先到晚清时代的"落后挨打"，二是两千年来以"礼"为核心的中国传统秩序被近代以"力"为核心的竞争秩序所取代。[③] 第一个问题就是"李约瑟之谜"[④]（Needham Puzzle）和"韦伯之问"[⑤]（Weber's Question）——"为何在前现代社会中国科技遥遥领先于其他文明？为何在现代中国不再领先？"第二个问题就是近代兴起的"社会达尔文主义"[⑥]——实用主义、强者思维、竞争意识等各种思维已经成为人们观察天下大势和民族命运的有效工具。经过两次巨变，中国社会的

[①] 世界银行：《2006年世界发展报告：公平与发展》，胡光宇等译，清华大学出版社2006年版，第43页。Amartya K. Sen, *Development as freedom*, New York: Knopf Group, 2000, p. 3.

[②] John Nicholls, "Quality and equality in intellectual development: The role of motivation in education", *American Psychologist*, Vol. 34, No. 11, 1979, p. 1071.

[③] 林毅夫：《李约瑟之谜、韦伯疑问和中国的奇迹——自宋以来的长期经济发展》，《北京大学学报》（哲学社会科学版）2007年第4期。

[④] Joseph Needham, "Science and society in east and west", *Science & Society*, Vol. 28, No. 4, 1964, pp. 385-408. 1976年，美国经济学家肯尼斯·博尔丁（Kenneth Boulding）将这一关于科学革命和中国科技状态的比较问题称为"李约瑟之谜"，本杰明·纳尔逊（Benjamin Nelson）则称为"李约瑟难题"，参见Benjamin Nelson, Toby Huff, "On the roads to modernity: conscience, science, and civilization", Totowa, NJ: Rowman & Littlefield, 1981.

[⑤] Max Weber, "The Religion of China: Confucianism and Daoism", New York: Free Press, 1968, pp. 5-8.

[⑥] "社会达尔文主义"将生物进化论的"竞争思维""强者意识"等引入到了社会领域。学界认为，"社会达尔文主义"由资中筠先生在《冷眼向洋——百年风云启示录》（生活·读书·新知三联书店2000年版）较早提出，随后学界便用此来阐述中国的社会发展与竞争。

公平与发展问题更加凸显，公平与发展的理想变得更加遥远。

从"农耕时代"到"工业时代"，再到"信息时代"的跨越，如今人类社会已经迈向了"智慧时代"。人们一直认为技术进步、生产要素积累是促进经济增长和社会公平与发展的关键之所在，也依赖于教育的间接贡献。[1] 所以，对于"李约瑟之谜"的追问与回答既有从中国古代的中央集权制度、思维方式、地理禀赋等方面的解答[2]，也有从教育学角度的解答。[3] 事实上，中国社会公平与发展的问题是多重制度因素交互作用的结果，这些制度彼此关联、相互交错，结成了无形的"制度丛"，共同影响着行动者的观念与行为。[4] 而在"制度丛"的内部，教育制度连接着政治制度、经济制度、文化制度等关键要素。古往今来，教育都是社会系统中一个枢纽性质的存在，始终与政治、经济、文化、技术等保持着千丝万缕的关系，几乎所有的社会问题都能从教育中找到一种可能的解答。因此，从教育与经济社会发展的关系来看，教育也是衡量社会发展的重要尺度。[5] 因此，从教育作为政治、经济、文化和社会发展的参照尺度来看，教育是解开"李约瑟之谜"与"韦伯之问"的一把钥匙。

---

[1] Malcolm Rutherford, "Institutional Economic: Then and Now", *Journal of Economic Perspectives*, Vol. 15, No. 2, 2001, pp. 173 - 94. 其他相关研究如［美］道格拉斯·C.诺斯:《制度、制度变迁与经济绩效》，杭行译，格致出版社2014年版，第10页。教育公平是社会公平的基础，相关研究如：郝文武:《教育公平与社会公平相互促进的关系状态和基本意义》，《北京师范大学学报》(社会科学版) 2011年第4期。教育公平也是社会发展的重要力量，相关研究如：Wolf Alison, "Does education matter? Myths about education and economic growth", *Financial Theory & Practice*, Vol. 29, No. 1, 2003, pp. 123 - 126. Gyimah-Brempong, Kwabena, Oliver Paddison, Workie Mitiku, "Higher education and economic growth in Africa", *The Journal of Development Studies*, Vol. 42, No. 3, 2006, pp. 509 - 529. 厉以宁:《论教育在经济增长中的作用》,《中国社会科学》1981年第2期。温涛、彭智勇、宋乃庆等:《教育对经济发展的贡献测度：重庆的证据》,《改革》2009年第5期。

[2] Mafk Elvin, "The Pattern of the Chinesese Past", Stanfoord, CA: Stanford University Press, 1973. 欧阳泰:《火药时代：为何中国衰弱而西方崛起？决定中西历史的一千年》，时报出版社2017年版，序言。

[3] 林毅夫:《李约瑟之谜、韦伯疑问和中国的奇迹——自宋以来的长期经济发展》,《北京大学学报》(哲学社会科学版) 2007年第4期。

[4] 尹弘飚:《论课程变革的制度化——基于新制度主义的分析》,《高等教育研究》2009年第4期。

[5] 李政涛:《中国社会发展的"教育尺度"与教育基础》,《教育研究》2012年第3期。

引 言

  然而，教育是复杂的，教育系统的要素是多元的。[①] 教育体系中，解开"李约瑟之谜"与"韦伯之问"的钥匙也需要进一步探寻。从历史的反思和现实的争鸣来看，从科举制到高考，教育的各种问题和责难都指向了学习评价，貌似教育的困境就是评价"惹的祸"[②]。因为评价是教育改革发展的"指挥棒"，所以，评价制度自然也就成为教育改革的问题中心。[③] 在中国，相当数量的人认为教育理念和学习评价制是中国科学技术落后的"重症顽疾"，也间接导致了中国近代的"落后挨打"。所以有"八股之害等于焚书，而败坏人才有甚于咸阳之郊所坑者"[④] 之说。陶行知也认为，古代的"教育等于读书，读书等于赶考……把有意义的人生赶跑了……把中华民族的前途赶跑了"。[⑤] 如今，现代教育从社会边缘走向社会中心，教育成为社会利益的汇集点，学习评价制度就成了问题中心的中心。中国人既骄傲于科举制的光辉历史和世界影响，同时又经常责备科举考试阻碍了中国近代的科技与社会进步；相信高考是最公平的考试制度，想通过高考"迈过独木桥""鲤鱼跃龙门"，但又都"痛恨"高考，责备高考导致了"应试教育"。因此，学习评价制度在争议与批判的过程中，又成了解开中国教育问题的钥匙。

  技术[⑥]的发明与创新是"李约瑟之谜"与"韦伯之问"的焦点。但是，技术发明与创新的重要条件是技术学习、技术积累、技术传播与技术运用，特别是技术学习更是问题的焦点。学习是人类最基本的活动，不会学习就不能生存、不会学习就不能进步、不会学习就不能创造。[⑦] 人之所以为"万物之灵"，就是因为学习。学习是经验积累、能力提升、智慧深化和品性修炼的重要途径。那么，技术技能又该如何学习？高水平大学在

[①] Brent Davis, "Complexity and education: Vital simultaneities", *Educational Philosophy and Theory*, Vol. 40, No. 2, 2008, pp. 50 – 65.
[②] 教育困境是教育评价惹的祸不是某一个具体人的观点，刘尧教授通过对中国教育评价的总结反思，提出了"教育困境是教育评价惹的祸吗？"的追问和解释。参见刘尧《教育困境是教育评价惹的祸吗？》，学苑出版社2017年版，第50页。
[③] Sue Swaffield, "Assessment: servant or dictator?", *Forum*, Vol. 45, No. 2, 2003, pp. 222 – 227.
[④] 黄汝成：《日知录集释》，上海古籍出版社1985年版，第1260页。
[⑤] 江苏省陶行知教育思想研究会：《陶行知文集》，江苏人民出版社1981年版，第385—386页。
[⑥] 严格来讲，技术不等于科学。参见张诗亚、廖伯琴《走出李约瑟似的大山》，《读书》1998年第7期。本书中不讨论科学与技术的差异，只关注教育与科学技术的笼统关系。
[⑦] ［美］格莱德勒：《学习与教学——从理论到实践（第五版）》，张奇等译，中国轻工业出版社2007年版，第1页。

· 3 ·

高端技术的发明创新上起着引领作用，职业院校则在技术教育、技术传播、技术普及发挥着主力军作用①，因为"做中学"（learning by doing）、"用中学"（learning by using）是渐进式技术发明与创新的两种有效方式②，同时也是技术传播（technology diffusion）的最有效方式。职业教育③帮助学生积累技术知识、学习技术知识、养成"工匠精神"，在理论学习和实践运用中传播技术、发展技术并创新技术。所以，职业教育是解开"李约瑟之谜"与"韦伯之问"的另一把教育学钥匙。

在现代职业教育体系逐步建立、普通职业教育结构逐渐平衡的新时代，职业教育将成为国家技术教育的主力军。但是智能化时代，技术技能人才工作模式发生了根本性的转变——工作过程去分工化、人才结构去分层化、技能操作高端化、工作方式研究化及服务与生产一体化④。因此，职业教育的技术学习方式也发生了变革。在美国，社区学院学习评价已经逐步制度化，在评价组织、评价方法、结果公开与运用方面非常成熟。⑤在部分发展中国家，马来西亚和阿曼已经建立了工作过程导向的职业标准（work-process-based occupational standards）⑥，以评价为导向促进国家人力资源开发、经济建设与可持续发展。然而，学习评价则在多方利益的交织和关切中正遭遇一场"身份危机"：一方面，学习评价推动并引领着中国教育的改革与发展；另一方面，由于学习评价"指挥棒"作用惯性过于强大，评价制度往往又桎梏中国教育的改革与发展。⑦ 职业教育技术学习评

---

① Phillip Toner, "Innovation and vocational education", *Economic & Labour Relations Review*, Vol. 15, No. 2, 2010, pp. 75 - 98.
② Ana Fernandes, Alberto Isgut, "Learning-by-Doing, Learning-by-Exporting, and Productivity: Evidence from Colombia", *Policy Research Working Paper*, Vol. 15, No. 1, 2005, p. 1.
③ 关于"职业教育"概念的争鸣从来没有停止。参见 Gavin Moodie, "Identifying vocational education and training", *Journal of Vocational Education & Training*, Vol. 54, No. 2, 2002, pp. 249 - 266。Raj Patel, "Are we there yet? Vocational education at crossroads", *Local Economy*, Vol. 27, No. 27, 2012, pp. 227 - 231.
④ 徐国庆：《智能化时代职业教育人才培养模式的根本转型》，《教育研究》2016年第3期。
⑤ Charlene Nunley, Trudy Bers, and Terri Manning, "Learning outcomes assessment in community colleges", *Occasional Paper* #10, learningoutcomesassessment.org, 2011.
⑥ Marc Schütte, Georg Spöttl, "Development of Entry-Level Competence Tests: A Strategy for Evaluation of Vocational Education Training Systems", *Research in Comparative & International Education*, Vol. 6, No. 3, 2011, pp. 285 - 299.
⑦ 王本陆、骆寒波：《教学评价：课程与教学改革促进者》，《课程·教材·教法》2006年第1期。

引 言

价又是否会陷入学习评价的"身份危机"？从理论经验来说，评价对职业教育有着重要的作用，职业教育学习评价能够促进学生技术学习和教师教学的反思与改进。从职业教育学习评价制度的实施到结果的出炉与结果应用，都必须有基于评价结果的改进。按照斯塔弗尔比姆（Danile L. Stufflebeam）的观点，评价最重要的目标不是为了区分（prove），而是为了改进（improve）。[①] 职业教育学习评价不仅仅是为了得出一个评价的结果，而是要通过学习评价促进教师教学改进和学生学习改进，进而促进职业院校学生在知识、技能和能力方面的发展。

中国学习评价通用范式是"用结果规划过程"。[②] 在实践上，职业教育学习评价是一个相当复杂的过程系统[③]，评价设计的评价目标、评价方式、评价标准、评价工具，评价实施的主体参与、评价组织、评价技术和评价调控，评价结果的形式、质量、反馈与应用都会影响到学习评价最终的效用。更何况，从学习评价实施到评价效用之间还存在着漫长的动态作用过程空间，教师与学生、学校与企业、行政与教育，各种治理逻辑之间相互干预，相互影响。那么，当前职业教育学习评价究竟在教学过程中发挥了什么样的作用？哪些学习评价的要素会影响学习评价的效用？职业教育学习评价是否公平，是否促进了职业院校学生的发展？什么样的职业教育学习评价制度是科学的评价制度？这些都是职业教育学习评价必须明确的问题，正等待着研究者去揭开谜底。

[①] Danile L. Stufflebeam, "The CIPP model for program evaluation", *Annual Conference of the Oregon Program Evaluators Network (OPEN)*, Portland, Oregon, October 3, 2003.
[②] 崔允漷、夏雪梅：《学生学业成就评价处在十字路口——兼论评价范式的转移》，《教育发展研究》2006 年第 17 期。
[③] 杨彩菊：《第四代评价理论下高职学生学习评价反思》，《职业技术教育》2015 年第 13 期。

第一章 导 论

追问"李约瑟之谜"与"韦伯之问",教育学是解开两个问题的钥匙之一。在教育学体系内,学习评价和职业教育又是与"李约瑟之谜"与"韦伯之问"紧密相关的两个可能性答案。不过,学习评价的功能和身份都是一种"悖论性"的存在:一方面,人们非常希望借助评价的"指挥棒"作用引领教育变革;另一方面,又经常因为评价的高度敏感而有所顾忌。[①] 职业教育又是"两端式"的教育存在:"国家极为重视职业教育。然而,作为产业主体的企业并不愿意参与职业教育,作为学习者的个体也不愿意接受职业教育。"[②] 因此,职业教育学习评价的价值、地位都是相当"尴尬"的存在。然而,职业教育是国民教育体系的重要部分,对促进国家社会的科技进步、人力资源开发、劳动就业,甚至整个经济社会发展都具有重要的推动作用。[③] 因此,职业教育学习评价制度的价值与地位虽然是"小问题",却也能解决时代的"大问题"。不过,职业教育学习评价及其效用是非常复杂的问题,嵌入在复杂的制度丛林中,因而,分析职业教育学习评价的效用需要借助制度分析的理论工具。

---

① 李鹏:《评价改革是解决教育问题的"钥匙"吗?——从教育评价的"指挥棒"效应看如何反对"五唯"》,《教育科学》2019 年第 3 期。
② 徐国庆:《我国二元经济政策与职业教育发展的二元困境——经济社会学的视角》,《教育研究》2019 年第 1 期。
③ John M. Dirkx, "Leaning in and Leaning Back at the Same Time Toward a Spirituality of Work-Related Learning", *Advances in Developing Human Resources*, Vol. 15, No. 4, 2013, pp. 356 – 369. James Witte, and Arne Kalleberg, "Matching training and jobs: The fit between vocational education and employment in the German labour market", *European Sociological Review*, Vol. 11, No. 2, 1995, pp. 293 – 317. 黎万红:《科技发展与职业教育》,《教育研究》2002 年第 11 期。朱德全:《职业教育促进经济社会发展》,《光明日报》2012 年 9 月 24 日 (016)。蒋义:《我国职业教育对经济增长和产业发展贡献研究》,博士学位论文,财政部财政科学研究所,2010 年。

第一节 研究问题、概念与意义

学习评价制度究竟有什么用？顺着这个问题"接着说""往下说"，就是学习评价制度的效用问题。为了深入探究这个问题，研究者把讨论的范畴聚焦到职业教育领域，在智慧时代、工业4.0和教育"中国梦"的时代空间内探讨职业教育学习评价究竟有什么用？

一 问题提出

（一）追问与反思：实现教育"中国梦"的时代使命

有教有学，有学有评。评价制度很早就已经存在并发挥着作用，《学记》中"比年入学，中年考校"，以及"小成""大成"的各种记载已经证明这个命题。[①] 但是，学习评价有什么用的争论却从未停止。[②] 追问历史，在探究"李约瑟之谜""韦伯之问"的教育学解答过程中，就会发现科举考试客观阻碍了中国宋代以后科学技术、经济社会发展。反思现实，探究"钱学森之问""屠呦呦现象"的时候，也会发现"社会达尔文主义"驱动的学习评价制度已经逐渐演化为竞争激烈的学业"锦标赛"，"应试教育"已经成为教育问题的"万恶之源"。[③] 纵观古今，教育的困境似乎都是评价"惹的祸"。[④] 但是，Stufflebeam 早已明示："评价制度本身并无好坏，只是我们没有把评价用好。"[⑤] 古往今来，用得好的评价制度都给国家和社会带来了帮助，即使是"改了几十年，争了几十年"的高考制

---

① 徐玖年、王兆华：《论〈学记〉的教学评价思想及现代意义》，《安徽文学月刊》2008年第2期。
② Lome A. Shepard, "The role of assessment in a learning culture", *Educational researcher*, Vol. 29, No. 7, 2000, pp. 4–14.
③ 葛新斌、李罡：《我国学校与考试关系的历史考察——兼议"素质教育"与"应试教育"问题》，《清华大学教育研究》1998年第3期。
④ 参见刘尧《教育困境是教育评价惹的祸吗？》，学苑出版社2017年版，第60页。
⑤ Ronald Brandt, "On Evaluation: An Interview with Daniel L Stufflebeam", *Educational Leadership*, Vol. 35, No. 1, 1978, pp. 249–254.

度也为中国教育、中国社会带来了帮助①。所以,学习评价的问题不在制度本身,而在于人们如何正确地使用学习评价制度。

如今,工业4.0时代已经开启,世界各国都启动了职业技术教育的变革战略,德国的"工业4.0"、美国的"先进制造业国家"、日本的"再兴战略"、英国的"工业2050",中国也启动了"中国制造2025"。然而,落实"中国制造2025",职业教育质量是关键。一方面,从国家战略设计层面来看,学习评价已经成为政府教育治理和决策的重要手段。2014年全国教育工作会议指出,加快推进教育治理体系和治理能力现代化,以推进"管办评"分离为基本要求。所以,研究职业教育学习评价制度是完善国家职业教育管理制度体系、建设现代职业教育制度的客观要求,也是实现教育"中国梦"的重要基础;另一方面,从职业教育发展的自身规律来看,职业教育是面向人人、面向社会、面向企业、面向市场、面向世界的教育②,职业教育学习评价关系着学生的切身利益、企业行业的生产效率和"中国制造"的品质与未来。因此,研究职业教育学习评价效用,发挥学习评价制度"以评促教""以评促学"的作用,也能够有效提升职业教育质量,进而助推教育"中国梦"的实现。

(二)问题与挑战:学习评价"低效用"的现实境遇

我国职业教育起源很早,但是现代意义的职业教育是"舶来品"③。因此,一方面,与发达国家相比,我国职业教育在办学模式、课程开发、教学设计等方面的发展都相对落后;另一方面,与我国自身经济社会发展水平相比,我国职业教育发展尚不成熟,课程、教学、评价等都滞后于经济社会的发展需求。在职业教育学习评价上,无论是评价方法、评价标准、评价模式等都不是很完善,所以,现行职业教育学习评价制度,在理论上,依赖于对国外的借鉴,特别是欧美国家的职业教育学业评价经验;在实践上,职业教育学习评价制度则从普通教育的学习评价中迁移和转化。虽然中国职业教育学习评价制度建设在近年来取得了非凡的成就,特别是

---

① 刘海峰:《高考改革的思路、原则与政策建议》,《教育研究》2009年第7期。龙耀、李娟:《中国高考制度改革的社会学分析》,《中国青年研究》2008年第3期。
② 朱德全:《职业教育统筹发展论》,科学出版社2016年版,第7—10页。
③ 石伟平:《时代特征与职业教育创新》,上海教育出版社2006年版,第1页。

职业资格证书体系[①]、职业能力测评制度[②]等日趋完善,"1+X"制度开始试点[③],职教高考逐渐制度化[④],但是,国外借鉴和普教移植的学习评价制度难免会与中国职业教育学习评价的真实需求不相匹配。所以,客观环境的不成熟加上职业教育学习评价制度建设本身的缺陷,门类繁多的职业教育学习评价制度在实践中并没有充分发挥"以评促教""以评促学"的作用,反而呈现出评价制度绩效"低效率"问题表征。[⑤]

人类社会已经进入了"智慧时代",产业经济转型和技术的变革给职业教育带来了空前的机遇和挑战。一方面,社会生产方式的转型推动了对人类工作素质的新需要,扩大了人们对职业技术教育和培训的现实需求[⑥],这是职业教育发展的巨大机遇。但另一方面,产业结构调整升级也引发了高技能人才"短缺"的问题,在国家大规模城镇化进程中,城乡整合以及人口流动等引发了新的社会变革,这些变化又对职业教育提出了巨大挑战。[⑦]面对职业教育发展的机遇与挑战,加强职业教育学习评价研究,探究职业教育学习评价的制度改革,对改变职业教育学习评价"局面火热、效用低下"的困境,对于提高职业教育教学质量和培养高素质职业技能人才正可谓恰到时候。职业教育学习评价制度变革需要坚持"以学为本"

---

① Irena Grugulis, "The Contribution of National Vocational Qualifications to the Growth of Skills in the UK", *British Journal of Industrial Relations*, Vol. 41, No. 3, pp. 457 – 475. Higham Jeremy, "Curriculum change: a study of the implementation of General National Vocational Qualifications", *Curriculum Journal*, Vol. 14, No. 3, 2003, pp. 327 – 350. 汤霓、石伟平:《我国职业资格证书课程体系构建的逻辑起点、核心要素与制度保障》,《中国高教研究》2015年第8期。谢晶:《国际视野下国家资历框架对我国职业资格制度改革的启示借鉴》,《中国行政管理》2018年第8期。

② Edward Hannan, John Mendeloff, et al., "Validation of TRISS and ASCOT using a non-MTOS trauma registry", *Journal of Trauma & Acute Care Surgery*, Vol. 38, No. 1, pp. 83 – 88. 庄榕霞, 赵志群:《职业院校学生职业能力测评的实证研究》,清华大学出版社2012年版,第6页。

③ 徐国庆、伏梦瑶:《"1+X"是智能化时代职业教育人才培养模式的重要创新》,《教育发展研究》2019年第7期。

④ 李鹏、石伟平:《职业教育高考改革的政策逻辑、深层困境与实践路径》,《中国高教研究》2020年第6期。

⑤ 王利明、陈小荣等:《高职生学业评价》,中国轻工业出版社2012年版,第1页。

⑥ 张锚民:《社会经济转型与职业教育发展取向——以浙江省为例》,《教育发展研究》2011年第3期。

⑦ 辜胜阻、刘磊、李睿:《新型城镇化下的职业教育转型思考》,《中国人口科学》2015年第5期。

"以生为本"的取向,从了解学生的角度①探究职业教育学习评价制度的变革,通过制度变革与制度创新推进职业教育学习评价制度变革,发挥"以评促教""以评促学"的功能②,促进职业教育整体质量的提升,从而应对职业教育发展的机遇和挑战。

(三)探索与发现:学习评价"新理论"的实践自觉

教育评价结果具有高利害性(high-stakes)③,所以,无论是政府、学校,还是家长、学生等利益相关者都会对职业教育学习评价表现出极高的关注度。然而,中国职业教育学习评价理论研究与实践探索目前处于起步阶段,有限的职业教育学习评价理论远不能适应职业教育学习评价的现实需要,职业教育学习评价理论与实践的矛盾凸显。面对这种"高关注度"与"低美誉度"的尴尬④,职业教育学人不能停留在简单的责难批判和零碎的经验反思上,而是应该系统地对学习评价进行理性分析。因此,在职业教育学习评价本位理论相对有限的情况下,职业教育的理论研究要探索"跨界"和"交叉"的理论支点。正是基于这样的学术自觉,研究者运用了关于学习的评价(assessment of learning,AOL)、促进学习的评价(assessment for learning,AFL)和作为学习的评价(assessment as learning,AAL)等评价理论⑤,深度拓展了"以评促教"和"以评促学"的传统观

---

① National Research Council, *Knowing What Students Know*: *The Science and Design of Educational Assessment*, Washington, D. C.: National Academy Press, 2001, p. 87.

② 李鹏:《论职业教育"以评促学":过程机理与效用表征》,《湖北社会科学》2019 年第 5 期。

③ Harvey Siegel, "High Stakes Testing, Educational Aims and Ideals, and Responsible Assessment", *Theory & Research in Education*, Vol. 2, No. 3, 2004, pp. 219 – 233.

④ 严芳:《教育元评估的理论与实践研究》,博士学位论文,华东师范大学,2010 年,第 1 页。

⑤ Lorna Earl, Steven Katz, *Rethinking classroom assessment with purpose in mind*: *Assessment for Learning*, *Assessment as Learning*, *Assessment of Learning*, Winnipeg, MB: Western Northern Canadian Protocol, 2006, p. 3. Randy Elliot Bennett, "Cognitively based assessment of, for, and as learning: A preliminary theory of action for summative and formative assessment", *Measurement Interdisciplinary Research & Perspectives*, Vol. 8, No. 2, pp. 70 – 91. 在国内,对 assessment of learning、assessment for learning、assessment as learning 的理解主要有:(1)"assessment of learning",曾文婕教授、黄甫全教授团队将其翻译为"学习段评估",参见曾文婕、黄甫全《学本评估:缘起、观点与应用》,《课程·教材·教法》2015 年第 6 期。刘辉博士、崔允漷教授等翻译为"关于学习的评价",参见刘辉《促进学习的课堂评价结果处理研究》,博士学位论文,华东师范大学,2010 年,第 60 页。(2)"assessment for learning",第一种翻译以崔允漷教授、杨向东教授为代

念。同时，借助制度分析理论将学习评价效用当作制度运行的函数结果，运用结构方程去完成职业教育学习评价效用的实证分析。

理论从来就没有脱离过实践。关于学习的评价（AOL）、促进学习的评价（AFL）和作为学习的评价（AAL）等学习评价新理论将职业教育学习评价研究从理论推进到实践，不仅强调基于学习评价结果本身，更关注评价结果所带来的变化和改进，这是理论指导下的学习评价实践。制度分析理论是研究在复杂的制度环境中人们如何作出决定和选择去改变世界，考察激励和约束如何影响行动者的行为及其集体选择，从而理解制度、行为和结果之间的联系。[①]从追问"李约瑟之谜""韦伯之问"开始，在追问和反思科举考试、高考制度的过程中，制度成为一个非常重要的分析变量。而制度理论和制度分析框架的解释力和兼容性也为职业教育学习评价效用的问题解决提供了突破口。因此，在学习和运用制度理论的过程中，尝试性地选择了制度分析"新范式"去探索和解答职业教育学习评价的效用问题，这是学术研究上的理论自觉。

（接上页）表，翻译为"促进学习的评价"，参见崔允漷《促进学习：学业评价的新范式》，《教育科学研究》2010年第3期。杨向东、崔允漷：《课堂评价：促进学生的学习和发展》，华东师范大学出版社2012年版，第44页。第二种翻译以丁邦平教授为代表，翻译为"学习性评价"，参见丁邦平《从"形成性评价"到"学习性评价"：课堂评价理论与实践的新发展》，《课程·教材·教法》2008年第9期。丁邦平：《学习性评价：涵义、方法及原理》，《比较教育研究》2006年第2期。第三种翻译以曾文婕教授、黄甫全教授为代表，翻译为"学习性评估"，参见曾文婕、黄甫全、余璐《评估促进学习何以可能——论新兴学本评估的价值论原理》，《教育研究》2015年第12期。曾文婕、刘成珍：《评估何以促进学习——论学习为本评估的文化哲学原理》，《高等教育研究》2017年第5期。（3）"assessment as learning"，黄甫全教授、曾文婕教授等翻译为"学习化评估"，参见曾文婕、黄甫全、余璐《评估促进学习何以可能——论新兴学本评估的价值论原理》，《教育研究》2015年第12期。崔允漷教授、刘辉博士等翻译为"作为学习的评价"，参见刘辉《促进学习的课堂评价结果处理研究》，博士学位论文，华东师范大学，2010年。以上各种翻译都有各自的缘由和优点，本书翻译主要采用直译的办法，将"assessment of learning"翻译为"关于学习的评价"，将"assessment for learning"翻译为"促进学习的评价"，将"assessment as learning"翻译为"作为学习的评价"，且后文除了特别需要外，英语提法主要都采用AOL、AFL、AAL的缩写。

① Ellen M. Immergut, "The Theoretical Core of the New Institutionalism", *Politics & Society*, Vol. 26, No. 1, 1998, pp. 5–34. 杨依山：《基于人性结构和制度功能有效性的制度变迁理论》，《制度经济学研究》2007年第4期。

二 概念界定

根据约翰·穆卡鲁瑞（John Mcclure）"课堂教学评价概念图"（concept map of classroom learning assessment），建构职业教育学习评价效用相关概念的关系地图①，如图1—1所示。在整个概念体系中，职业教育是研究的范畴性概念，专指以培养数以亿计的生产、建设、管理、服务第一线技术应用型人才和熟练劳动者为目的教育类型。② 这与联合国教科文组织所倡导使用的"技术与职业技术教育"和我国曾经使用过的"职业技术教育"内涵一致。③ 学习评价、评价制度和评价效用三个核心概念簇共同构建了概念体系的核心框架。

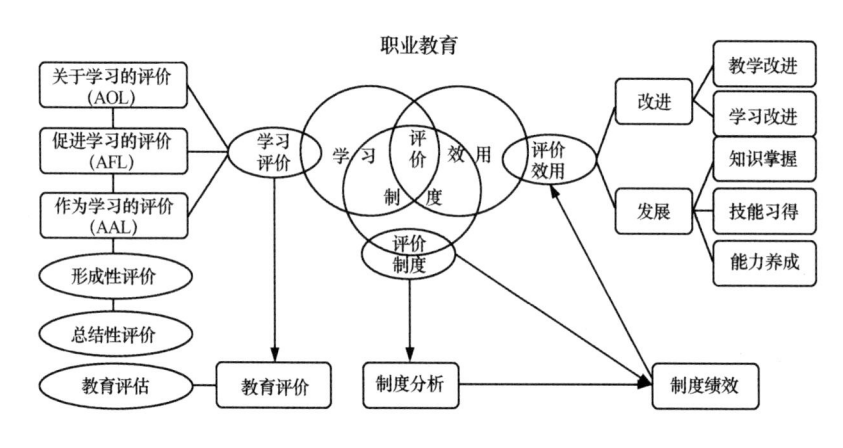

图1—1 核心概念地图

（一）职业教育学习评价

学习评价又可以称作学业成就评价（achievement assessment/learning

---

① John Mcclure, Brian Sonak, Hoi K. Suen, "Concept map assessment of classroom learning: Reliability, validity, and logistical practicality", *Journal of Research in Science Teaching*, Vol. 36, No. 4, 1999, pp. 475–492.
② Gavin Moodie, "Identifying vocational education and training", *Journal of Vocational Education & Training*, Vol. 54, No. 2, 2002, pp. 249–266.
③ 刘春生、徐长发：《职业教育学》，教育科学出版社2002年版，第1页。

achievement），通常是指参照一定的目标和标准，运用特定的方法采集数据和证据，对学生的学习过程、学习表现与学习结果进行价值判断与事实判断的过程。① 在学习评价的内容上，主要包括学生的学习投入、学习条件、学习过程和学习成果等②，而学习评价的输出指标主要有基础知识与基本技能、分析问题的方法与能力、社会能力、创新能力以及情感意志的发展等维度。③ 斯迪金斯（Rick Stiggins）进一步拓展了学习评价的内涵，既可以在课堂之内也可以在课堂之外，包括教师组织的各种正式的测验、课程嵌入式测试、各种效果评价，还包括技能学习的动机与态度评价等。④ 具体到职业教育领域内则包括学校阶段的理论课程学习与素养发展的评价，以及顶岗实习阶段岗位适应能力评价等，综合为学科学业成绩、职业道德素养、岗位适应能力和个性特长发展。⑤ 学习评价的方式方法最常见的有教师提问和课堂或小组讨论评价、学习活动的非正式观察、笔试、书面练习（包括项目、任务、工作表、文本嵌入问题和测试）等。⑥ 比较常见的职业教育学习评价方式还有典型工作任务（typical task）、学习性工作任务（learning task）、综合职业能力（comprehensive vocational ability）、完整工作过程（complete working process）等。⑦ 因此，职业教育学习评价是对学习活动及其过程、要素进行价值判断的活动。首先，从根本上来说职业教育学习评价是一种价值判断和事实判断；其次，职业教育学习评价必须参照客观的标准和运用有效的评价方法；再次，职业教育学习评价包括了对学生学习动机、学习投入、学习策略等多方面的评价；最后，职业教育学习评价是对实然的学习效果和应然的目标要求之间差距的一种衡量。

---

① Norman Gronlund, *Assessment of Student Achievement* (6th Ed.), Needham Heights, MA: Allyn & Bacon Publishing, 1998, p.120.
② 蔡敏：《美国著名大学教学评价的内容特征》，《外国教育研究》2006年第6期。
③ 朱德全、徐小容、李鹏：《教育测量与评价》，高等教育出版社2016年版，第270—277页。
④ Rick Stiggins, "Assessment through the Student's Eyes", *Educational Leadership*, Vol. 64, No. 8, 2007, pp.22–26.
⑤ 梁成艾、冯晓波、朱德全：《论中职学校"二阶段三课堂"学业评价制度》，《职业技术教育》2011年第25期。
⑥ 参见李坤崇《学业评价——多种评价工具与设计的应用》，华东师范大学出版社2016年版，第60页。
⑦ 闫宁：《高等职业教育学生学业评价研究》，博士学位论文，陕西师范大学，2012年，第11—18页。

（二）职业教育学习评价制度

制度的内涵极其丰富，但是在基本结构上，制度是由规定（regulative）、规范（normative）和"文化—认知"（cultural-cognitive）三个要素构成的社会结构。[①]其中，规定是制度的强制性维度，主要告诉人们"必须"做什么，并对制度之内的行为产生约束效力；规范是制度的导向性维度，主要是社会性的、公共性的共识等"缄默规则"，告诉制度内的行动者"应该"怎么做，引导制度参与者的具体行为；"文化—认知"是制度的情境性和权变性维度，主要解释制度在不同环境和情境中的适应性权变，有时候也是人们所理解的"情境使然"。具体来说，制度的三类要素结构分解如表1—1所示：

表1—1　　　　　　　　　制度的三类结构

项目维度	调控要素	规范要素	文化—认知要素
服从的基础	权宜之计	社会义务	理所当然的
命令的基础	规章制度	共同期望	构建的图式
机制	强制的	规范的	模仿的
逻辑	工具性	恰当的	正统的
指标	规则、法律与认可	证书、鉴定	共同信仰、共同的行为方式
合法性基础	被法律认可	受道德制支配	在文化支持下得以理解和认知

资料来源：叶赋桂：《新制度与大革命：以近代知识分子和教育为中心》，教育科学出版社2010年版，第5页。

因此，制度可以这样理解：第一，制度即行为方式、生活方式——制度是稳定的行为方式和结构状态，是人类基于偏好和选择行为的结果；第二，制度即结构、制度即体系——制度是共识和规范，是众多"适宜"和"不适宜"共同基础上的互动方式；第三，制度即规则、社会规范——制度是在一定契约和共同理解的基础之上建立的规则。从这个意义上来说，职业教育学习评价也是一种制度的存在。职业教育学习评价制度就是职业

[①] Richard W. Scott, *Institutions and Organizations* (2nd Ed.), California: Sage Publications, 2001, pp. 51–58.

教育的课堂内外教师、学生、企业、家长、第三方等在职业教育学习评价的问题上共同构成的相对稳定的行为方式、结构关系和共同认可并遵守的关于评价文化与理念、评价设计与实施、评价结果与运用等方面的规则，以及其他相关的正式或非正式的系列规则、契约等。因此，职业教育学习评价制度既包括了正规的考试、测验制度，也包括了平时的考勤、作业检查、实习作品、实验报告等相关制度，又包括了职业资格鉴定、职业技能大赛等各种形式的关于学习的认证、鉴定等各种评价制度。

制度分析是源于古典政治经济学、微观经济学、博弈论等多个学科综合的分析框架。尽管制度分析是非常宏大的理论框架，但是制度分析也可以完美地运用到教育研究领域。[①] 在职业教育学习评价制度效用的研究中，制度分析的方法论存在体现在六个方面：（1）结构分析，从个体、群体与集体多个视角，分析行动的动机、条件、要素和最优路径。在职业教育学习评价制度中，分析评价行动的发生动机与作用机制。（2）博弈论分析，从不同主体制度逻辑和复杂关系中，分析利益相关者的行动。在职业教育学习评价制度中，分析国家、政府、学校、教师、学生、家长、企业、社会等不同主体参与评价的逻辑和可能性行动。（3）规则分析，在多重规则制度之下分析制度内行动与互动的规则悖论与实践逻辑。在具体分析职业教育学习评价制度中，分析学习评价制度的运行。（4）后果分析，根据制度运行的现状，通过因果分析等预测长期的、未来的后果。在职业教育学习评价制度中，分析学习评价制度的运行效果，也就是制度绩效。（5）文化—心理分析，用于分析制度绩效的影响因素等。在职业教育学习评价制度中，主要分析学习评价效用的问题成因。（6）制度变迁与路径分析，原来主要研究规则如何守旧或者创新的问题。在此可以用于探究职业教育学习评价制度的变革创新问题。[②]

（三）职业教育学习评价效用

效用，也即是效能、绩效，即 performance，efficacy 等。效用的概念产生于物理学，意指对物体运动能量释放和做功效果的一种体现和评价。[③]

[①] 康永久：《"制度教育学"管窥》，《华东师范大学学报》（教育科学版）2001年第1期。
[②] 邹吉忠：《论制度思维方式与制度分析方法》，《哲学动态》2003年第7期。
[③] Nicolaas P. Pronk, Brian Martinson, et al., "The association between work performance and physical activity, cardiorespiratory fitness, and obesity", *Journal of Occupational and Environmental Medicine*, Vol. 46, No. 1, 2004, pp. 19–25.

如今效用、效能等概念被广泛迁移，特别是在管理学、经济学中运用较多。组织行为学所言的效能是指组织在一定时期内实现多重目标的程度和未来持续发展的能力、效果。① 可见，效能是目标、方向与结果的多维综合概念。但是并不是所有的方法、过程、行动和努力结果或效果都可以成为效用，正如彼得·德鲁克（Peter F. Drucker）所言，效率是"以正确的方式做事"，效能则是"做正确的事"②，所以，只有符合目标、满足人们需要且对人有用的结果才能成为效用。③ 因此，职业教育学习评价效用是指对能满足教师和学生需要，并能对教师教学、学生学习有帮助的学习评价结果及其后续的衍生效果。这种结果在"目标"上，达成了师生既定的评价目标；在"方向"上，满足了师生的需求；在"结果"上，能够帮助教师与学生，促进了学生学习的发展。

制度绩效是广义效用中的一种。最初的制度绩效是指制度变迁所引起的经济增长④，后来，制度绩效的内涵不断被扩展，泛指制度实施而生成的效应，也即制度是否达到了预期设计目标。职业教育学习评价制度运行的结果及其产生的影响就是制度绩效，也就是评价制度的效用。很显然，这种意义的制度绩效并没有区分效用的方向和结果，只是按照既定的评价目标得到了相应的结果，在本质上，这是狭义的制度绩效或评价效用。这种聚焦于评价结果与评价目标的对比，特别关心评价目标是否实现。这是Tyler 的评价思想。因此，聚焦于评价目标是否实现的效用可以称为"泰勒主义效用"。从效用的类型来看，这种制度绩效也属于"目标"维度的效用。

但是，职业教育学习评价本身并不会生成效用，评价效用的产生还依赖于评价结果的运用、教师和学生根据评价结果的改进。1971 年，埃贡·

---

① Chien-Chi Tseng, *The Effects of Learning Organization Practiceson Organizational Commitment and Effectiveness for Smalland Medium – Sized Enterprises in Taiwan*, Twin Cities, MN: University of Minnsota, 2010.
② [美] 彼得·德鲁克:《卓有成效的管理者》，许是祥等译，机械工业出版社 2009 年版，第 5 页。
③ 朱德全、李鹏:《课堂教学有效性论纲》，《教育研究》2015 年第 10 期。
④ Douglass C. North, *Handbook of New Institutional Economics*, Institutions and the Performance of Economies Over Time, 2005, pp. 21 – 30.

古巴（Egon G. Guba）首创性地提出了："评价不是为了证明，而是为了改进。"① 随后，Stufflebeam 将 Guba 的观点进行补充完善，认为"评价最重要的目的不是为了证明，而是为了改进"②。所以，评价之后的教师教学改进和学生学习改进也是评价效用的重要内容。改进是有正确的方向的，因此，"改进"取向的效用也可以称为"方向"维度的效用。"方向"维度的效用深受 Stufflebeam 的"改进评价观"的影响，因此，这种效度也可以称为"斯塔弗尔比姆效用"。

事实上，在职业教育学习评价制度运行之后，伴随着教学改进、学习改进等多种流程，最终生成了各种各样的效用，而且这些效用往往会有超出评价目标之外的效果。因此，职业教育学习评价效用不能拘泥于既定的评价目标。教育的目的在于培养人和发展人，只要评价的结果在方向上促进了学生的 KSA③（Knowledge，Skill，Ability）发展，那么这种评价所产生的结果也是正向的效用。这个现象被迈克·斯凯瑞文（Michael Scriven）发现并提出了"目标游离模式"（goal-free evaluation）的评价效用观④，把评价的效用聚焦在评价目标以外的真实效果和最终结果。所以，超越职业教育学习评价的既定目标，只要是促进了学生 KSA 发展的结果都属于评价的效用，这种效用可以称为"斯凯瑞文效用"。

3. 职业教育学习评价效用与分析单元

制度分析依赖于"结构"和"过程"⑤，职业教育学习评价效用依旧可以被"结构化"和"过程化"。从制度运行的"起点—过程—结果"来

---

① Danile L. Stufflebeam, "Educational Evaluation and Decision Making", *Journal of Mathematical Psychology*, Vol. 24, No. 2, 1971, pp. 163–175.
② "评价最主要的目的不是为了证明，而是为了改进"的最初论点由 Guba 提出，他最开始的观点是 "The purpose of evaluation is not to prove, but to improve"。随后，Stufflebeam 将 Guba 的观点进行补充完善，修改为 "the most important purpose of evaluation is not prove, but to improve"。参见 Danile Lee Stufflebeam, "The CIPP model for program evaluation", Presented at the 2003 Annual Conference of the Oregon Program Evaluators Network, Portland, Oregon, October 3, 2003.
③ Tayebe R. Pordanjani, Ali M. Ebrahimi, "The Role of Knowledge, Skill and Ability in the Prediction of Unsafe Behaviors in the Staff of an Industrial Company", *Journal of Military Medicine*, Vol. 18, No. 1, 2016, pp. 363–370.
④ Michael Scriven, "Prose and cons about goal-free evaluation", *Evaluation Practice*, Vol. 12, No. 1, 1991, pp. 55–63.
⑤ Patricia H. Thornton, "The Institutional Logics Perspective: A New Approach to Culture, Structure and Process", *Leadership & Organization Development Journal*, Vol. 15, No. 6, pp. 582–595.

看，职业教育学习评价效用可以分为三类，如表1—2所示：

表1—2　　　　　　职业教育学习评价效用的分析单元

评价效用类别	效用范畴内涵	制度性表征	评价效用类属	最终的分析单元
"泰勒效用"	评价目标相比较的效用	评价制度运行的直接结果	目标效用	既定评价目标的单元
"斯塔弗尔比姆效用"	评价期待性方向的效用	反馈之后的教学与学习改进	改进效用	教学改进 学习改进
"斯凯瑞文效用"	评价结果最终影响的效用	评价改进之后的真实效果	发展效用	知识、技能与能力

三　研究意义

本书整合国际学习评价的新理论，借用制度分析方法和制度绩效理论，致力于职业教育学习评价效用的理论与实证研究，力图回答"学习评价有什么用？"的问题。可以预见的研究价值如下：

（一）理论意义

第一，职业教育学习评价效用的理论与实证探究致力于破解学习评价的价值与身份困惑，回答了学习评价到底是教育改革的致命桎梏，还是教育发展的救命稻草的问题，这是最大的理论贡献。第二，有机整合"以评促教""以评促学"等传统学习评价效用观与关于学习的评价（AOL）、促进学习的评价（AFL）和作为学习的评价（AAL）等新兴评价理论相结合，解释了职业教育学习评价的效用本质。第三，借助制度分析理论，用制度绩效的分解方式分析职业教育学习评价效用，建构了职业教育学习评价效用的分析框架与测量模型。

（二）实践意义

第一，建构了职业教育学习评价制度效用的价值尺度与测评常模，为后续职业教育学习评价的实践提供了可借鉴的方案。第二，通过实证调查，分析了职业教育学习评价制度的运行现状和效用情况，有助于职业院校师生认清职业教育学习评价的现状,从而刺激职业院校创新评价制度,师生反思并改进教学和学习,提高职业教育质量。第三,从宏观、中观和微观层次分析了职业教育学习评价效用的影响因素,并针对性地提出了制度变革、教学改进和学习改进的对策建议,有助于指导职业教育学习评价实践和评价效用的提升。

第二节 文献回顾、评论与展望

"历史从来都不是孤立的、独立的、不相连的或静止的,它总是辩证地与现在联系在一起。"[①] 因此,对既往研究的历史回顾,能够让当下研究"站在前人的肩上",看得更高,走得更远。以"职业教育学习评价"为模糊检索单元,在中外文献资料库进行文献检索,文献分析的内容和结果如下:

一 关于职业教育学习评价变迁的研究

职业教育学习评价活动始于奴隶社会,在漫长的封建社会中逐渐发展完善。古代学徒制时期的职业教育"家传师授、工师职官""以父为师、以师为父",因此,工师和职官构成了不同形式的学徒制的评价主体。[②] 在家庭职业教育中,学徒培训主要依靠家传世袭制,家长(通常是父亲)既是技艺的传授者也是学徒学习的考核与评价者;而在官府手工业教育中,工师是对手工业学徒进行训练和成绩考核的负责人。[③] 古代学徒制的学习评价方法与规范也别具一格。《礼记·月令》记载,工师要"物勒工名,以考其诚,功有不当,必行其罪,以穷其情"[④]。《新唐书·百官三》也记载:"细镂之工,教以四年……教作者传家技,四季以令丞试之,岁终以

---

① Paulo Freire, *Pedagogy of the Oppressed*, New York: The Continuum International Publishing Group Inc., 2000, p.68.
② 高安京:《古代职业技术教育学徒考试与反思》,《宁夏社会科学》2011年第6期。
③ 冯永琴:《技术实践知识的性质与学徒学业评价》,《中国职业技术教育》2009年第33期。
④ 转引自《礼记》,燕山出版社2009年版,第81页。

监试之,皆物勒工名。"① 在评价的标准上,"法度标准、综合评判""法式"是古代学徒考试的评价标准。《宋史·职官志五》中记载:"庀其工徒,察其程课、作止劳逸及寒暑早晚之节,视将作匠法,物勒工名,以法式察其良窳。"②《元祐法式》《营造法式》都是古代著名的工匠考核标准。此外,创造性、美学等也是综合性的判断标准③,例如《考工记》提出了"天有时、地有气、工有巧、材有美,合此四者,然后可以为良"的设计美学观。在评价的内容上,主要参考评价标准,但明清时期,我国也出现了行会,行会对学徒的控制力开始加强,学徒评价内容包括商业基本技能和专业实践技能的考核以及道德品质的考验。④

近代职业教育学习评价主要受西方教育评价的影响,先后经历了测量时代、描述时代、判断时代、建构时代⑤,经典的学习评价模式有泰勒模式、CIPP 模式、目标游离模式、应答模式、对手模式等,其中,学业成就评价是最核心的问题。学业成就不仅仅可以反映学生学习的结果,而且被学校管理方用来衡量教师的工作绩效⑥,甚至于成了教学质量的最核心评价因素。在中国,以学业评价为核心,中职和高职的质量评价分别呈现出不同的阶段特征。中职学生学习评价先后经历了 20 世纪 80 年代中期至 90 年代初,中专学习评价的"试点阶段";20 世纪 90 年代初至 21 世纪初,中职学习评价进入"分类评价"阶段;21 世纪前十年,中职学习评价又进入"调整认定"评价阶段。高等职业教育学习评价则经历了转型阶段——评价活动逐渐规范化、扩张阶段——形成职业教育质量评价制度、形成长效机制阶段——从重"投入"转向重"产出"、全面提升阶段——更加重视"学生和企业"的利益发展变化。⑦

---

① 米靖:《中国职业教育史研究》,上海教育出版社 2009 年版,第 84 页。
② 转引自《宋史·志第一百一十八卷·职官五》,中华书局 1977 年版,第 3918 页。
③ 冯晓沛、胡克祖:《中国古代学徒制职业教育评价历史述评》,《职教论坛》2012 年第 34 期。
④ 戴家干:《从考试到评价:教育改革的时代任务》,《中国高等教育》2007 年第 13 期。
⑤ Egon G. Guba, Yvonna S. Lincoln, *Effective evaluation: Improving the usefulness of evaluation results through responsive and naturalistic approaches*, San Francisco, CA: Jossey-Bass publishers, 1983, p. 38.
⑥ Michael B. Paulsen, "Evaluating teaching performance", *New Directions for Institutional Research*, Vol. 11, No. 4, 2002, pp. 5 – 18.
⑦ 徐静茹、郭扬:《我国高等职业教育质量评价制度政策发展探析》,《职教论坛》2013 年第 25 期。

职业教育的学习评价经历了一场根本性的范式转换。学业评价从量化测评到质性分析、从情境无涉到情境相连、从独白控制到对话协商、从预设控制到动态生成。① 在实践中，职业教育学习评价在评价的主体上，学生在评价过程中由被动等待评价向主动参与评价转变，并逐渐走向多元化主体评价。② 在评价的方法上，定性评价与定量相结合，发生了从常模参照到标准分、从量化表征到质性描述、从静态判断到动态分析的变革。③ 如今，职业教育学习评价制度从国家职业资格到微观的项目评价、课堂考核都已经逐渐完善，并逐渐兴起了学习评价的信息化与智能化浪潮。④ 新的时代里，科学—实验取向（scientific-experimental oriented）、管理取向（management oriented）、质化—人类学取向（qualitative-anthropological oriented）、参与取向（participant oriented）评价成了职业教育学习评价的新模式。⑤

二 关于职业教育学习评价制度的研究

中国古代较早产生了职业教育学徒评价，但是现代意义上的职业教育学习评价却缘起于西方。《欧盟评价支出项目：一个指南》（*Evaluating EU expenditure programmes: a guide*）详细地规定了职业教育学习评价的操作与细则。⑥ 德国早在1997年9月成立德国评价学会，2004年正式出版了相应的评价标准。德国职业教育实行"教考分离"的方式。德国《职业教育法》中明确规定了各种职业培训的评价标准以及考试考核标准⑦，通常来说，一个学习领域要记录专业能力成绩和非专业能力成绩。但在德国更盛

---

① 周志刚、杨彩菊：《教育评价范式特征演变的向度分析》，《江苏高教》2014年第4期。
② 逢小斐、谭穗枫：《现代学徒制多元学习评价体系的探索与实践》，《中国职业技术教育》2016年第31期。
③ 赵必华：《教育评价范式：变革与冲突》，《比较教育研究》2003年第10期。周志刚、杨彩菊：《教育评价范式特征演变的向度分析》，《江苏高教》2014年第4期。
④ 陈宇：《我国职业资格证书制度的回顾与前瞻》，《教育与职业》2004年第1期。冯永琴：《职业技术教育学生学业评价的比较及发展》，《中国职业技术教育》2010年第12期。
⑤ 辛涛、李雪燕：《教育评价理论与实践的新进展》，《清华大学教育研究》2005年第12期。
⑥ Wolfgang Beywl, Sandra Speer, *Developing standards to evaluate vocational education and training programmes*, Office for Official Publications of the European Communities, 2004, pp. 51-129.
⑦ 黄方慧、赵志群：《德国职业教育毕业考试质量控制经验及其借鉴》，《职业技术教育》2015年第32期。

行的还是职业能力测试,其中 KOMET/COMET (Competence Development and Assessment in TVET) 职业能力测评主要包括能力的要求维度、能力的内容维度和职业行动维度[①];ASCOT (Technology-based Assessment of Skills and Competences in VET) 能力测评确定了共同的职业任务和资格要求,按照项目反应理论构建能力测评模型和开发测评题目,并利用虚拟工作情境进行测评。[②]

英国的职业学习评价制度经过多年的发展形成了以国家职业资格证书制度、核心能力培养和多元评估方法为核心的一套成熟的机制。1986 年英国政府实行统一的国家专业证书 (National Vocational Qualification, NVQ) 和普通国家专业证书 (Geneal National Vocational Qualification, GNVQ), 其中, NVQ 评价系统包括质量控制 (Quality Control, QC)、质量审核 (Quality Assurance, QA)、质量评价 (Quality Engineer, QE) 三个方面, 由外部评价、学校自我评价构成的开放式和发展式的评价制度。[③] 英国标准化职业资格 BTEC (HND) 学习评价标准是英国职业教育学习评价的核心框架,主要包括课程设置标准、课程规格标准和成绩评定标准,要求学生在每门课程中需要完成 3—5 个学习成果、2—4 个作业,并将其划分为优、良以及合格三个成绩等级。[④] 在具体实施中,例如英国 BTEC (Business & Technology Education Council) 特别强调来自多样化教学活动中的学习证据,如项目调研报告、人工制品以及近期取得的资格证书等。[⑤]

美国职业教育学习评价活动主要有来自官方组织的评价和来自民间的

[①] Felix Rauner, Lars Heinemann, Andrea Maurer, et al., "Competence Development and Assessment in TVET (COMET)", *Psychiatry-Interpersonal and Biological Processes*, Vol. 4, No. 6, pp. 6 - 9. 肖化移、李中玲:《德国 KOMET 测评技术及反思》,《全球教育展望》2013 年第 4 期。

[②] 周瑛仪:《大规模职业能力测评的预测效度——基于 COMET 方案在汽修、数控与电气专业领域的研究》,博士学位论文,北京师范大学,2015 年,第 36—55 页。赵志群、何兴国、沈军等:《产出导向的职业教育质量监控——职业院校的职业能力测评案例》,《中国职业技术教育》2015 年第 9 期。

[③] Denis Gleeson, Phil Hodkinson, "Ideology and Curriculum Policy: GNVQ and Mass Post-Compulsory Education in England and Wales", *British Journal of Education & Work*, Vol. 8, No. 3, pp. 5 - 19.

[④] Lorraine Dearden, Steven McIntosh, et al., "The returns to academic and vocational qualifications in Britain", *Bulletin of economic research*, Vol. 54, No. 3, 2002, pp. 249 - 274.

[⑤] Irena Grugulis, "The contribution of National Vocational Qualifications to the growth of skills in the UK", *British journal of industrial relations*, Vol. 41, No. 3, 2003, pp. 457 - 475.

非官方的评价，并以后者为主。评价形式有鉴定和评价两大类，其中，鉴定又分为院校鉴定、专业鉴定两大类。[①] 美国也是最早实现学习评价专业化的国家，美国评价质量标准的开发起源于20世纪80年代初Stufflebeam主持的教育评价标准联合委员会（Joint Committee on Standards for Educational Evaluation，JCSEE）提出的教育项目的评价标准。[②] 该委员会于1994年并入后来成立的美国评价协会（American Evaluation Association，AEA），成为世界上成员最多和最具影响力的专业评价协会。具体到职业教育学习，美国劳工部21世纪就业技能调查委员会（Secretary's Commission on Achieving Necessary Skills，SCANS）提出了学生职业能力结构[③]，包括资源统筹、人际交往、获取及利用信息、系统运作和利用先进技术手段的能力五大类21项胜任能力的评价。

在亚洲，日本职业教育学习评价发展比较完备。日本职业教育学习评价包括设置认可、内部评价、外部评价三种基本形式，以第三方评价机构为主体开展的外部评价已经成为日本职业教育学习评价的主要形式。日本的职业教育第三方评价机构有很多，如基准协会（Japan University Accreditation Association）、评价与学位授予机构（National Institution for Academic Degrees and University Evaluation）、日本职业教育评价机构（Japan Institution for Education Evaluation）等。[④] 中国教学质量评价虽然起步较晚，但发展较快，并逐步形成了中国特色的职业教育学习评价，先后诞生了专家评价、同行评价等评价制度。[⑤] 马来西亚和阿曼已经建立了工作过程导向的职业标准（work-process-based occupational standards），以此为评价导向促进国家人力资源开发、经济建设与可持续发展。[⑥]

[①] 蓝欣：《美国职业能力评价制度研究及其启示》，《职业技术教育》2004年第19期。
[②] Danile L. Stufflebeam, "A Brief Introduction to Standards for Evaluations of Educational Programs, Projects, and Materials", *American Journal of Evaluation*, Vol. 2, No. 2, 1981, pp. 141–145.
[③] Deborah Whetzel, "The Secretary of Labor's Commission on Achieving Necessary Skills", *Basic Skills*, 1992, p. 4.
[④] ［日］野澤庸則、齊藤貴浩、林隆之等：《高等専門学校機関別認証評価結果から見た高等専門学校の現状と認証評価の効果》，《大学評価・学位研究》2010年第1期。
[⑤] 杨彩菊：《高等职业教育学生学习质量评估研究》，博士学位论文，天津大学，2014年，第168页。
[⑥] Marc Schütte, Georg Spöttl, "Development of Entry-Level Competence Tests: A Strategy for Evaluation of Vocational Education Training Systems", *Research in Comparative & International Education*, Vol. 6, No. 3, 2011, p. 285.

三 关于职业教育学习评价效用的研究

评价效用的研究先后经历了三个阶段：评价的使用/利用阶段（use/utilization）（1970—1986年）；评价用途/影响阶段（evaluation use/impact）（1986—2000年）；评价影响力研究阶段（evaluation influence）（2000年至今）。[1] 直观地说，学习评价是教学中必不可少的一环，特别是检查教师教学工作与学生的学习情况。[2] 在评价理论探索的早期，Tyler认为评价就是为了测量教学结果在多大程度上达到了教育目标的过程。[3] Stufflebeam认为评价最重要的目的不是证明（prove），而是为了改进（improve）。[4] ACSEE（American joint Committee on Standards for Educational Evaluation）认为评价是对某些现象的价值和优缺点的系统调查。[5] 职业教育学习评价是提高职业教育质量的重要保障，科学的学习评价对职业教育的改革和发展起到积极的导向与推动作用。[6] 通过学习评价获得教师教学改进和学生学习改进的反馈信息，激励先进，鞭策后进，提高教师教育科学理论研究水平，以此实现"定位""定向""定格"的评价目标。

然而，近年来我国职业教育学习评价实践由于方法不当而面临各种问题，主要表现在：第一，在职业教育学习评价取向上，对建构主义和后现代主义的过分推崇，犯了非此即彼的二元论错误。[7] 第二，在职业教育学习评价方式上，强调终结性评价，忽视形成性评价，自评与互评的形式

---

[1] James L. Herbert, "Researching evaluation influence: a review of the literature", *Evaluation Review*, Vol. 38, No. 5, 2014, pp. 388–419.

[2] 任艳红：《高校教学评价制度的反思与重构》，博士学位论文，陕西师范大学，2011年，第5页。

[3] Ralph W. Tyler, *Basic Principles Curriculum and Instruction* (1st Ed.), Chicago, IL: University of Chicago Press, 1949, p. 112.

[4] Danile L. Stufflebeam, "A conceptual framework for study of superintendent evaluation", *Journal of Personnel Evaluation in Education*, Vol. 9, No. 4, 1995, pp. 317–333.

[5] Joint Committee on Standards for Education, *The program evaluation standards* (2nd Ed.), Thousand Oaks, CA: Sage, 1994.

[6] 孙志河、刁哲军：《中等职业教育教学质量评估体系的研究》，《中国职业技术教育》2008年第28期。

[7] 闫宁：《高等职业教育学生学业评价研究》，博士学位论文，陕西师范大学，2012年，第73—96页。

化，过分依赖正规考试。① 第三，作用虚化，"激励性评价"用得过多、过滥，未能达到促进发展的目的；批评、惩罚等评价方式被污名化，其消极的一面被放大，积极的一面则被忽视；忽视在评价中对学生进行指导。② 第四，在职业教育学习评价标准上，没有形成科学系统的职业教育学习评价制度，评价标准随意化与均值化，陷入"什么都行，什么都好"的误区。③ 第五，在职业教育学习评价实施上，管理部门对评价工作重视不够；精力投入不够，经费投入不足；局限于理论构建，缺少实证研究；缺乏对评价对象客观、准确、精细的描述。④

职业教育学习评价效用受制度体系内、体系外多种因素的影响。从制度绩效的影响因素来看，制度设计、经济因素和文化因素，以及嵌入性、路径依赖与意识形态等都会影响制度的绩效。⑤ 从教育的系统结构来看，教育的制度环境、制度结构与制度心理等因素都会影响职业教育学习评价的效用。在宏观政策方面，政策执行者能够影响评价的参与和资源分配，影响相关主体的积极性。⑥ 玛雷·麦克唐纳（Marlene McDonald）在加拿大阿尔伯塔的实证研究发现，政策给职业教育发展带来的影响多是负面的。⑦ 其次，职业教育学习评价的制度结构也会影响评价效用。自 20 世纪 50 年代开始，学习评价的方式与技术不断革新，学习评价方式逐步多元化，技术则更是层出不穷，这些变化影响了学习评价效用。⑧ 艾利森·博德曼（Alison G. Boardman）指出大规模评价不利于学习评价的

---

① 王利明、陈小荣等：《高职生学业评价》，中国轻工业出版社 2012 年版，第 84—87 页。
② 杨彩菊：《第四代评价理论下高职学生学习评价反思》，《职业技术教育》2015 年第 13 期。
③ 秦越存：《对评价标准问题的思考》，《学术交流》2003 年第 7 期。
④ 徐静茹、郭扬：《我国高等职业教育质量评价制度政策发展探析》，《职教论坛》2013 年第 25 期。
⑤ ［美］罗伯特·D. 帕特南：《使民主运转起来：现代意大利的公民传统》，王列等译，江西人民出版社 2001 年版。转引自杨龙、戴扬《论制度的结构、功能与绩效》，《理论与改革》2006 年第 2 期。李汉林、渠敬东等：《组织和制度变迁的社会过程——一种拟议的综合分析》，《中国社会科学》2005 年第 1 期。
⑥ Kathy Hall, Austin Harding, "Level descriptions and teacher assessment in England: towards a community of assessment practice", *Educational Research*, Vol. 44, No. 1, pp. 1 – 15.
⑦ Marlene McDonald, "The perceived role of diploma examinations in Alberta, Canada", *Journal of Educational Research*, Vol. 96, No. 1, 2002, pp. 21 – 36.
⑧ Martin Oliver, Jen Harvey, "What does 'impact' mean in the evaluation of learning technology?" *Educational Technology & Society*, Vol. 5, No. 3, 2002, pp. 18 – 26.

改革，缺乏理论指导的教育实践者无法有效地使用学习评价信息，更无法有效地把学习评价和教学实践结合起来。[1] 最后，师生的心理也会影响到学习评价效用。安迪·哈格里夫斯（Andy Hargreaves）指出，及时更新评价观念、积极参与评价改革的教师更乐于改进教学。[2] 而学生对于评价的认知、师生关系、同侪关系以及自我效能感等也会影响学习评价的效用。[3]

四 关于职业教育学习评价改进的研究

职业教育学习评价的最重要目标就是促进改进，这种改进不仅仅是通过评价促进教学和学习改进，还包括评价制度本身的改进。但是，改进职业教育学习评价制度必须明确和解决"为谁评""谁来评""评什么"和"怎么评"四个基本问题[4]。职业教育学习评价包括从范畴维度开展对职业教育学习目标、内容和方法的评价，也包括从主体维度开展基于机构或专家监控的总结性的职业教育外部评价，和基于自我独立调控的形成性的职业教育内部评价。[5] 因此，职业教育学习评价需要实现整体性变革，以系统化的评价内容体现评价的综合性，以多样化的评价方法体现评价的灵活性，以灵活评价形式体现评价的全面性[6]，尝试构建"四维整合、五方参与"社会评价为主体的评价制度体系[7]，从单纯对学生知识的片面评价转向对学生学业全面评价、从绝对评价转向相对评价、从总结性评价转向形成性评价、从学习评价方法的单一化转向学习评价方法的综合化，不断尝

---

[1] Alison G. Boardman, Althea L. Woodruff, "Teacher change and high-stakes' assessment: what happens to professional development?" *Teaching and Teacher Education*, Vol. 20, No. 6, 2004, pp. 545–557.

[2] Andy Hargreaves, Lorna Earl, Michele Schmidt, et al., "Perspectives on alternative assessment reform", *American Educational Research Journal*, Vol. 39, No. 1, 2002, pp. 69–95.

[3] Francois J. Cilliers, "Is assessment good for learning or learning good for assessment?" *Perspectives on Medical Education*, Vol. 6, No. 4, 2015, pp. 1–2.

[4] 涂三广：《以就业为导向的职业教育教学评价的四个问题》，《职教论坛》2009年第21期。

[5] 姜大源：《职业教育：评估与示范辨》，《中国职业技术教育》2008年第10期。王利明、陈小荣等：《高职生学业评价》，中国轻工业出版社2012年版，第12—15页。

[6] 饶爱鹏：《高职学生学习评价体系改革探析》，《教育与职业》2009年第8期。

[7] 郭扬、郭文富：《职业教育质量评价的政策需求与制度建设》，《中国职业技术教育》2015年第21期。

试第三方评价,克服行政化,走向专业化。①

在实践层面,职业教育学习评价要做到:第一,在职业教育学习评价制度的目标取向上,职业教育学习评价要把"教育目标""顾客满意""良好的教育实践""最优""自身进步""生产力"等作为职业教育学习评价的取向②,切实为了促进教师教育教学水平的提高,为了更好地促进学生的成长。第二,在职业教育学习评价制度的主体上,改变单一结构的评价,实施多元评估,特别是要注意吸收行业企业参与,充分利用"他评+自评"相结合,评价主体与被评价者互动,防止隐性评价③,建立政府作为制度安排者、中介机构为评价主力、社会评价参与的新型评价制度体系。第三,在职业教育学习评价方式上,强化评价的专业性④,实施校内校外评价结合,职业技能鉴定与学业考核结合,教师评价、学生互评与自我评价相结合,过程性评价与结果性评价相结合⑤,特别要注重评价信息的真实性,坚守"客观性原则"。第四,在职业教育学习评价制度的内容上,不仅关注学生对知识的理解和技能的掌握,更要关注运用知识在实践中解决实际问题的水平。⑥ 第五,不断变革职业教育学习评价的反馈系统,准确、及时、有效地反馈评价结果,特别是要精准提供关于结果的改进意见,推动评价结论和评价建议的改革实践。⑦ 第六,强化"教—学—

---

① 赵蒙成、徐承萍:《职业教育第三方评价的现实困境与应对策略》,《教育科学》2017年第2期。
② Bradley A. Winn, Kim S. Cameron, "Organizational Quality: An Examination of the Malcolm Baldrige National Quality Framework", *Research in Higher Education*, Vol. 39, No. 5, 1998, pp. 491 – 512.
③ 杨彩菊:《高等职业教育学生学习质量评估研究》,博士学位论文,天津大学,2014年,第168页。
④ Dominique Sluijsmans, Gerard Straetmans, Jeroen J. G. Van Merriënboer, "Integrating authentic assessment with competence-based learning in vocational education: the protocol portfolio scoring", *Journal of Vocational Education & Training*, Vol. 60, No. 2, 2008, pp. 159 – 172.
⑤ Philipp Grollmann, Melanie Hoppe, "Methods and Instruments for the Evaluation and Monitoring of Vocational Education and Training Systems: A Basis for Evidence-Based Policy Making?" *Research in Comparative and International Education*, Vol. 6, No. 3, 2011, pp. 250 – 254.
⑥ Dominique Sluijsmans, Gerard Straetmans, Jeroen J. G. Van Merriënboer, "Integrating authentic assessment with competence-based learning in vocational education: the protocol portfolio scoring", *Journal of Vocational Education & Training*, Vol. 60, No. 2, 2008, pp. 159 – 172.
⑦ Regina Vollmeyer, Falko Rheinberg, "A surprising effect of feedback on learning", *Learning & Instruction*, Vol. 15, No. 6, 2005, pp. 589 – 602.

评"一致性①,建构评价与教学的一体化策略、以评"学"为主的策略,深度实施基于评价结果的改进,教师要根据评价结果反思并改进教学,学生要根据评价结论调整和改进学习。②

五 职业教育学习评价研究反思与展望

近年来职业教育学习评价研究成果数量呈波浪状发展上升趋势、研究内容呈系统性发展趋势、研究方法呈科学化发展趋势,都为新的研究提供了良好的借鉴。但是,既往研究也存在细微的研究不足和缺憾,这也为未来研究提供了改进方向与启示。

(一)研究总量波浪式递增,但整体研究力量依旧偏弱

文献分析显示,近年来职业教育发展迎来了春天,职业教育学习评价研究成果从单薄到丰富。以中国的研究成果为例,职业教育学习评价研究在21世纪开始"起势",在2005年迎来了第一个小高峰,在2010年迎来最高峰,2010年以后职业教育学习评价研究呈现出波浪式的年度增长状况。近年来,随着1+X证书制度、职业教育高考改革以及职业教育课程教材建设的推进,职业教育学习评价研究逐渐成为学术探究的热点话题之一。职业教育学习评价研究成果数量实现了指数倍增长。但是也必须承认,我国职业教育学习评价研究起步较晚,研究成果总体来说偏少,相较于课程与教学论、高等教育学等教育类研究,职业教育学习评价研究尚处于"弱势边缘"学科阶段。在职业教育内部,政策研究、专业建设研究、课程开发研究等也是优先于职业教育学习研究。因此,"站在前人的肩上",强化职业教育学习评价研究,对于职业教育学科发展至关重要。

(二)研究主题多元化推展,但主题间关联性有待加强

在职业教育学习评价研究数量不断增长的同时,职业教育学习评价研究主题逐渐多元,而且相对集中,研究的领域、研究的内容逐渐丰富,这

---

① 参见崔允漷、雷浩《教—学—评一致性三因素理论模型的建构》,《华东师范大学学报》(教育科学版)2015年第4期。杨向东、崔允漷:《课堂评价:促进学生的学习和发展》,华东师范大学出版社2012年版,第56—57页。韦斯林、贾远娥:《学习进程:促进课程、教学与评价的一致性》,《全球教育展望》2010年第9期。

② Dylan Wiliam, Clare Lee, "Teachers developing assessment for learning: Impact on student achievement", Assessment in Education: Principles, Policy & Practice, Vol. 11, No. 1, 2004, pp. 49–65.

为职业教育学习评价研究继续繁荣奠定了基础。以中国职业教育学习评价研究情况为例,过去15年职业教育学习评价研究主题总体可以分为三个层次:最核心的层次是围绕职业教育学习评价的职业教育、高职业教育、教学改革和教学质量等宏观主题;其次为评价系统、中职、中职学校、人才培养等相关主题;最后为教学管理、生涯发展、学生心理等弱相关主题。但是也必须看到职业教育学习评价研究主题理论建构和理性思辨多,而对于职业教育学习评价的实证性研究、历史性考辨相对较少。各种评价的信息资源、结果难以共享、通用,重复性工作量大,效率、效益不高等问题非常普遍。从职业教育学习评价的发展现状看,基于不同目的、针对不同客体的职业教育学习评价实践活动呈多样化态势,但在整体上缺乏系统性与整体性。多样化的职业教育学习评价在发展连续性、评价目的、评价主体、操作流程等方面缺乏连续性。

（三）研究方法在移植中进步,但本土实证探索尚需努力

职业教育学习评价研究重"国外—译介",特别是2010年以前的研究过分看重对德、美、英、澳等国家经验的译介;"国内—建构"的研究数量虽然不断增长,但是比较有影响力的研究成果不多;职业教育学习评价研究的方法比较单一,研究方法的使用规范尚需加强,特别是量化研究、质性研究停留在"形似而神不似"的层面。因此,新的职业教育学习评价研究需要做好以下改进:第一,促成职业教育学习评价学科发展与社会发展、教育发展有机融合,提高学科研究的"有效供给";第二,深化职业教育学习评价的理论研究,加强职业教育学习评价基本理论与学习评价、教育管理学科之间的深度交叉与融合;第三,突出职业教育学习评价研究的实证取向,以实际问题解决为研究导向,强调多元化方法的应用,以实践推动理论进一步发展。

第三节 研究目标、思路与技术路线

复杂性的探索需要有充分的准备和科学的设计。从研究问题出发,明确研究工作的阶段目标、基本假设与核心主张,设计职业教育学习评价制度的理论与实践研究路线。

一　研究目标与问题分解

任何研究设计最重要的工作就是先去确定研究的目标，确定研究工作的具体靶向，明确研究需要解决的核心问题。

（一）研究目标

学习评价到底是教育改革的致命桎梏，还是教育发展的救命稻草？这是学习评价领域的一个由来已久的困惑，为了破解这个宏大的理论困惑，在具体研究中需要达成的研究目标有：

第一，探究职业教育学习评价效用的生成机理。这是"为什么"的问题，探究明白职业教育学习评价效用为什么生成，这是进行其他相关研究的理论基石。

第二，明确职业教育学习评价效用的价值尺度。这是"应该怎么样"的问题，通过多重价值尺度规范和明确真正的"有用"，目的在于表明立场。

第三，洞察职业教育学习评价效用的制度基础。这是"基础怎么样"的问题，分析职业教育学习评价效用生成的现实基础，为后续分析提供事实依据。

第四，呈现职业教育学习评价效用的现实水平。这是"现状怎么样"的问题，呈现职业教育学习评价效用的现状水平，同时为未来改进提供决策依据。

第五，厘清职业教育学习评价效用的影响因素。这是"为什么会这样"问题，也是对"现状怎么样"的问题的进一步延伸，目的在于为改进提供更广泛的支撑。

第六，提出职业教育学习评价效用的改进建议。这是"怎么办"的问题，基于现实与问题的分析，提出改进对策，最终目标是提出可操作的建议。

（二）研究问题

目标与问题总是相伴而生。为了破解"学习评价到底是教育改革的致命桎梏，还是教育发展的救命稻草？"的困惑，根据研究目标的分解，需要探究的具体研究问题有：

研究问题1：为什么"有用"？如何发生？——职业教育学习评价效用

的生成机理是什么?

具体研究问题有:第一,为什么职业教育学习评价会产生效用?有什么样的理论依据?第二,如何通过职业教育学习评价获得评价的效用?从评价实施到评价效用生成的过程机制是什么?

研究问题2:什么是"有用"?有何表征?——职业教育学习评价效用的标准与表征是什么?

具体的研究问题为:第一,在不同的是历史期,有哪些职业教育学习评价的效用观?第二,对于不同的参与主体,有着什么样的评价效用需求?第三,效用的根本性表征是什么?

研究问题3:凭什么"有用"?有何条件?——职业教育学习评价效用的现实条件如何?

职业教育学习评价效用必须具备一定的制度基础。具体来说,就是要明确职业教育学习评价制度的实用性、可行性、合理性与准确性如何?职业教育学习评价制度的起点公平、过程公平与结果公平怎么样?

研究问题4:如何才"有用"?作用效果如何?——职业教育学习评价效用的现状如何?

具体包括三个子问题:一是职业教育学习评价效用促进学生发展的水平究竟如何?二是职业教育学习评价效用有何差异性特征?三是职业教育学习评价效用的生成过程和内在机制外显为什么样的数理模型?

研究问题5:为什么会这样?有哪些因素的影响?——职业教育学习评价效用受哪些因素影响?

具体包括两个分问题:一是职业教育学习评价效用受哪些因素的影响?二是这些影响因素是如何作用于职业教育学习评价制度、教师教学改进和学生学习改进?

研究问题6:怎么样更有用?如何改进?——如何提高职业教育学习评价效用?

这是研以致用、回归实践的问题。具体包括:职业教育学习评价制度如何变革?教师如何根据评价实施教学改进?学生如何根据评价实施学习改进?

(三)分析框架

从研究的具体目标出发,整合研究问题和理论视角,形成"问题+范畴"的结构关系,初步建构职业教育学习评价效用理论分析框架,如图

1—2所示：

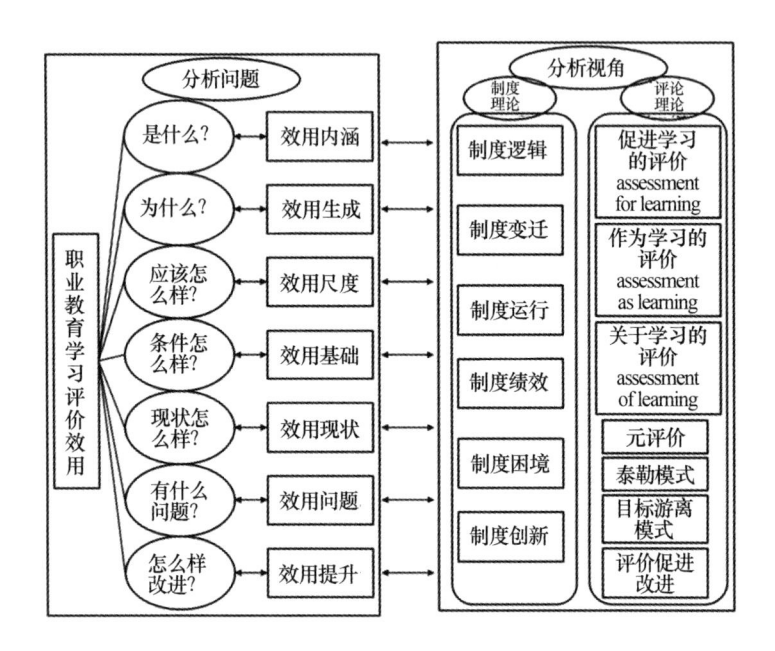

图1—2 分析框架

如图1—2所示，在问题侧，职业教育学习评价效用的内涵、生成机制、现实基础、现状水平、影响因素和优化策略六个子问题相互关联；在范畴侧，制度分析理论视角与学习评价理论视角相互印证。"问题＋理论视角"的融合，就有了研究的基本立场和主要的价值判断，也就有了研究实施的蓝图。

二 研究内容与技术路线

研究内容是研究问题被探索、被证明和被解释之后自然而然的成果表达。但是，研究内容并不能简单"相加"，在不同的研究内容之间，主线是研究问题的分析和解决的思维逻辑。

（一）逻辑结构

在研究逻辑上有两条主线：一是以问题为导向，按照"提出问题—分析问题—解决问题"的思路,依次回答了职业教育学习评价效用"是什么?""为什么?""应该怎么样?""基础怎么样?""实际怎么样?""什么原因导致?""怎么样改进?"等问题。二是以制度分析为分析工具,依次从制度逻辑、制度变迁、制度运行、制度绩效、制度困境、制度创新完成了职业教育学习评价效用分析。研究问题演进的"明线"和制度分析的"暗线"两条线索交相辉映,共同组构了研究的逻辑框架。"明线"和"暗线"在问题节点上并非机械式地一一对应,研究的具体问题、研究内容与理论视角之间是权变式的对应关系。

在探索和追问评价效用的"是什么?""为什么?""应该怎么样?""基础怎么样?""实际怎么样?""什么原因导致?""怎么样改进?"等问题的研究中,根据问题的内容要义,运用制度逻辑、制度变迁、制度运行、制度绩效、制度困境、制度创新中的一种或多种制度分析理论,从而揭示职业教育学习评价效用的生成、效用的尺度、效用的基础、效用的现状、效用的困境、效用的提升等问题。

(二) 研究内容

在研究问题演进的"明线"和制度分析的"暗线",职业教育学习评价效用的研究内容自然地分为了六个研究内容,根据不同研究阶段的不同任务,六个问题又可以整合为三个模块:

模块一:基础理论研究——评价效用的生成机理与价值尺度。一是通过职业教育学习评价制度的作用机制分析评价效用的生成过程;二是通过职业教育学习评价制度的变迁分析评价效用观,以及职业教育学习评价效用的尺度表征。

模块二:实证调查研究——评价效用的制度基础与现状水平。一是通过职业教育学习评价的元评估,分析评价效用的现实基础;二是通过职业教育学习评价制度绩效的测度,分析评价效用的现状。

模块三:制度变革研究——评价效用的问题分析与改进策略。一是通过职业教育学习评价制度困境分析,明确评价效用的问题;二是通过职业教育学习评价制度创新,提出提高职业教育学习评价效用的对策建议。

(三) 技术路线

为有效推进研究工作实施,在研究问题演进的"明线"和制度分析的"暗线"的规引下,采用混合研究的技术路线,遵循"提出问题—研究设计—资料收集—资料分析—解释和解决问题"的研究思路，坚持"问题导向、理论驱动""数据解释、案例支撑"的论证法则，根据问题探究的思路、论证的过程和发现的结果，形成最终的研究报告。具体技术路线如图1—3所示：

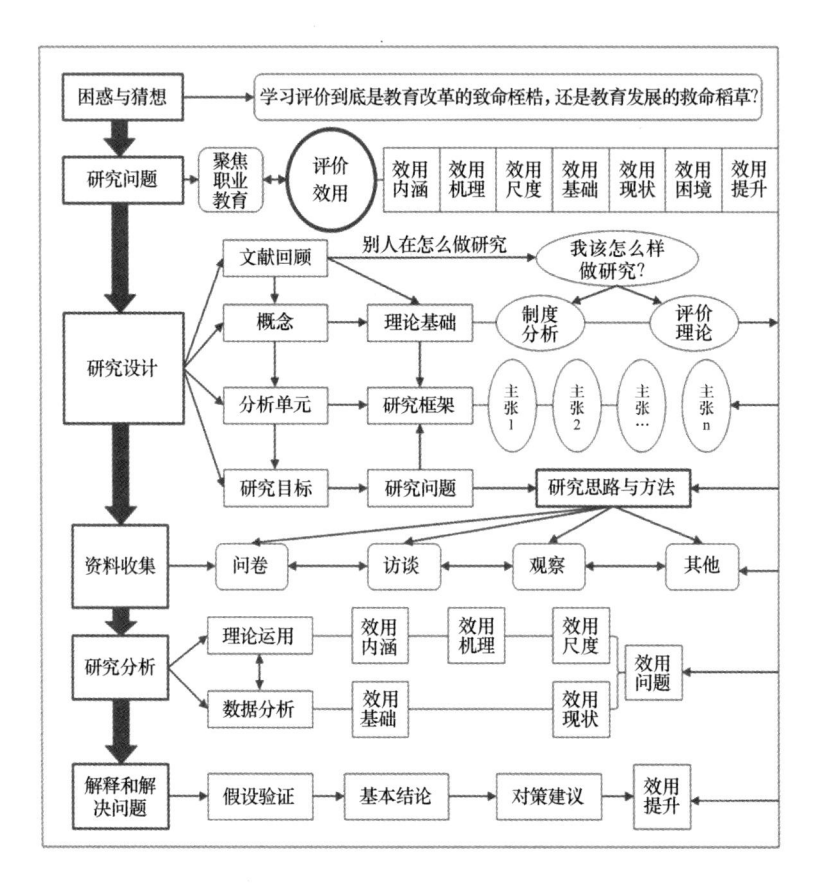

图1—3 技术路线

以实证方法为主，辅以必要的思辨和演绎；以量化分析为主，融入适当的质性分析。在混合研究的综合考量下，具体研究问题的解决中需要使用的研究方法与工具如下：

第一章　导论

第一，数据收集方法。[①] 一种是问卷调查法，从"面"的视角出发，对大规模数据进行分析，并用多重分析技术测度我国职业教育学习评价制度的运行现状与效用现状；另一种是访谈调查法，主要是从"点"的视角看问题，针对个别专家、教师或学校，展开质性访谈，在案例分析中寻找问题的突破口。此外，还有少量课堂观察、作品收集等数据收集方法。

第二，数据分析方法。一是量化统计分析法。主要运用描述性统计、方差分析、探索性因子分析、验证性因子分析、中介变量分析等进行职业教育学习评价元评估和效用测度分析；二是质性数据分析，主要运用主轴编码、活力编码、自动编码、选择编码[②]等方法，进行质性数据的分析。

第三，数据分析工具。根据分析方法的需要，所用的数据分析工具有 Spss 21.0、Amos 21.0、Mplus 7.0、Excel 2007、Mce 3.2 和 Nvivo 11.0。根据研究的问题和数据分析的需要选择不同研究工具。

三　研究创新与研究局限

创新是学术研究的生命，也是学术研究的真正难点。但是，任何一项学术研究，在追求创新的同时，也难免会有各种各样的局限。而创新和局限的相生相伴，最终成就学术研究本身的过程与结果。

（一）研究创新

一是拓展了职业教育学习评价研究的理论视角和传统概念。从制度变迁的视角，分析了职业教育学习评价应有的效用观。结合制度逻辑与 AOL、AFL、AAL 学习评价理论，透视了评价促进教学改进、学习改进和学生 KSA 发展的效用本质，深度拓展了"以评促教"和"以评促学"的传统观念，这是理论视角上的创新。

[①] 本书研究方法的选择主要借鉴西方教育学博士学位论文的风格，将教育研究方法分为数据收集方法、数据分析方法、数据分析的工具。主要借鉴：Yu Zhang, *The Determinants of National College Entrance Exam Performance in China: With an Analysis of Private Tutoring*, New York: Columbia University, 2011, pp. 64–99. Lynette Daphne Vey, *Enhancing the Relationship Between Learning and Assessment*, Canberra, CT: University of Canberra, 2005, pp. 96–134. 相似分类可参见王文科、王智弘《教育研究方法》（增订10版），五南图书出版股份有限公司2006年版，第13—30页。

[②] 刘世闵、曾世丰、钟明伦等：《NVivo 11 与网路质性研究方法论》，五南图书出版股份有限公司2017年版，第49页。

二是建构了职业教育学习评价效用的分析框架与测量模型。职业教育学习评价研究并不局限于评价标准、评价结果等研究,而是从"学习评价有什么用?"的追问出发,建构了"评价实施—结果反馈—教学改进+学习改进—效用生成"的职业教育学习评价效用的分析框架与链式中介模型,这是研究内容的创新。

三是合成并测算了职业教育学习评价的公平指数与发展指数。从制度运行的起点公平、过程公平与结果公平,运用沃斯特根指数(Verstegen index)测算了职业教育学习评价的公平指数;借鉴人类发展指数、中国人文发展指数,测算了中国职业教育学习评价的发展指数,并进行了初次测算,这在国内学习评价领域具有一定的首创性。

(二)研究局限

一是职业教育学习评价效用相当复杂,改进分析模型和制度分析理论并不能解释全部问题;二是全国性实证考查的数据获取可能会存在客观上的难度,实证分析方法与数据处理的误差难以避免;三是学术表达上的范式局限,科学范式与人文范式的兼容性有待加强。

第二章 职业教育学习评价效用的生成机理

学习评价正遭遇一场"身份危机","李约瑟之谜"和"韦伯之问"的教育学解答并没有得到明确的答案。尽管围绕学习评价究竟有什么用的争论不断,但"评价驱动学习"(assessment drives learning)也是不用质疑的客观事实。[①] 从教育学的视域来看,关于学习的评价(assessment of learning,AOL)、促进学习的评价(assessment for learning,AFL)和作为学习的评价(assessment as learning,AAL)等理论已经阐明了"评价促进学习"的道理。从制度经济学的立场,"制度产生绩效"的制度分析理论,也说明了评价制度运行会生成评价效用的事实。因此,从"评价促进学习"和"制度产生绩效"的理论框架来看,职业教育学习评价效用的生成机制则是"评价实施—结果反馈—教学改进 + 学习改进—效用生成"的制度运行过程。

第一节 职业教育学习评价效用的教育机理

"以评促教"和"以评促学"并不是多么新鲜的观点,但什么样的评价才能有效地促进教学、帮助学习却缺乏直接证据。[②] 从中国古代的科举到形成性评价、过程性评价、表现性评价等,近千年的探索都在尝

[①] Francois J. Cilliers, "Is assessment good for learning or learning good for assessment?" *Perspectives on Medical Education*, Vol. 4, No. 6, 2015, pp. 1 – 2.

[②] Richard J. Stiggins, "Assessment Crisis: The Absence of Assessment FOR Learning", *Phi Delta Kappan*, Vol. 83, No. 10, 2002, pp. 758 – 765.

试如何让评价有效地促进学习。历史的车辙进入"学本评价"（learning-oriented assessment）时代①，关于学习的评价（AOL）、促进学习的评价（AFL）和作为学习的评价（AAL）等理论从"学习—评价—反馈—改进"的关系逻辑，阐明了职业教育学习评价"以评价促进学习"的教育学机理。

一 评价促进学习的突破性发现：AOL、AFL 和 AAL 理论

在中国科举走向学习评价的"死胡同"之时，西方学习评价的发展在近代心理测量学的助力下风起云涌，但是，基于测量的近代学习评价也在美国的"新课程运动"中遭遇了彻底性的失败。于是，Scriven 反思评价的泰勒模式，并提出了"形成性评价"②。不过，半个世纪过去了，形成性评价的实践效果并不如意，戴兰·威廉姆（Dylan Wiliam）和保罗·布莱克（Paul Black）在系统总结形成性评价的研究后，提出了新的评价主张——促进学习的评价（assessment for learning，AFL）。③ 随后，英国教育评价改革小组（assessment reform group，ARG），哈格瑞威斯（Eleanore Hargreaves）等人将促进学习的评价（AFL）逐渐传扬开去④，Stiggins 则在美国开始了系列研究⑤，与此同时，罗拉·厄尔（Lorna Earl）和斯蒂文·卡特兹（Steven Katz）等进一步演绎生成了作为学习的评价（assessment as learn-

---

① Mike J. Keppell, David Carless, "Learning-oriented assessment: a technology-based case study", *Assessment in Education Principles Policy & Practice*, Vol. 13, No. 2, 2006, pp. 179 – 191. 曾文婕、黄甫全：《学本评估：缘起、观点与应用》，《课程·教材·教法》2015 年第 6 期。
② Michael Scriven, "The Methodology of Evaluation", Ralph W. Tyler, et al., *Perspectives in Evaluation*, Chicago, IL: Rand Mcnally, 1967, pp. 39 – 83.
③ Dylan Wiliam, Paul Black, "Meanings and Consequences: A Basis for Distinguishing Formative and Summative Functions of Assessment", *British Educational Research Journal*, Vol. 22, No. 5, 1996, pp. 537 – 548.
④ Eleanore Hargreaves, "Assessment for learning? Thinking outside the (black) box", *Cambridge Journal of Education*, Vol. 35, No. 2, 2005, pp. 213 – 224.
⑤ Richard J. Stiggins, "Assessment Crisis: The Absence of Assessment for Learning", *Phi Delta Kappan*, Vol. 83, No. 10, 2002, pp. 758 – 765.

ing，AAL）①，温内·哈伦（Wynne Harlen）则在学习评价的理论热浪中继续思考关于学习的评价（assessment of learning，AOL）。②如今，学习评价进入了"学本评价"（learning-oriented assessment）的时代③，AOL、AFL和AAL理论指明了评价促进学习的新方向。

（一）关于学习的评价（AOL）：学习评价的经典模式

评价如何促进学习是教育学界多年的困惑，以Harlen为代表的学者们为了解答此疑惑开启了对传统学习评价的元研究，深化了关于学习的评价（AOL）理论，一方面继承了传统学习评价的思想，另一方面，又深化了对传统学习评价的探索。关于学习的评价（AOL）有以下基本主张：首先，批判"清算过去"的总结性评价。学习评价不能仅仅是对学生过去学习以及学习中的"错误"进行"清算"，而是要确认学生知道和能够做的事情，证明学生达到了课程目标。其次，关注目标的重要性，AOL更关注过程性的评价信息对后续行为的刺激。评价不仅要关注教师的"教"，也关注学生的"学"，将"教学设计"与"学习过程"关联起来，细致地观察与记录课堂情境，为评价呈现可见的证据。再次，对评价数据和结果加以分析解释、反馈和适度透明化，为教师的教和学生的学提供各种"前馈"（feed forward）信息④，同时也向父母、其他教育工作者和外部群体（例如雇主、其他教育机构）提供成就证据。最后，基于证据的决策和改进。AOL主张实践性论证（the practicality argument）和证据影响论（the evidence-of-impact argument）⑤，教师和学生要不断地去寻找、发现、分析、解释与目标达成相关的学习证据，然后确定学习的目标的差距，制定缩小"目标—结果"之间差距的方法。

AOL的技术路线如图2—1所示，"引出实据—诠释实据—采取行动"

---

① Lorna Earl, Steven Katz, *Rethinking classroom assessment with purpose in mind：Assessment for Learning, Assessment as Learning, Assessment of Learning*, Winnipeg, MB：Western Northern Canadian Protocol, 2006, p. 266.

② Wynne Harlen, *Assessment of Learning*, London：Sage Publications, 2007, p. 122.

③ Mike Keppell, David Carless, "Learning-oriented assessment：a technology-based case study", *Assessment in Education Principles Policy & Practice*, Vol. 13, No. 2, 2006, pp. 179 – 191.

④ Ruth D. Crick, "Learning how to learn：The dynamic assessment of learning power", *Curriculum Journal*, Vol. 18, No. 2, 2007, pp. 135 – 153.

⑤ Mary James, David Pedder, "Beyond method：assessment and learning practices and values", *The Curriculum Journal*, Vol. 17, No. 2, 2006, pp. 109 – 138.

是学习评价的"三循环"模型。[1] 因此,对于教师而言,知道学生的学习目标、观测学生的学习、解释学生的学习是教师开展学习评价的组成要素,这三个要素构成了 AOL 的分析框架。

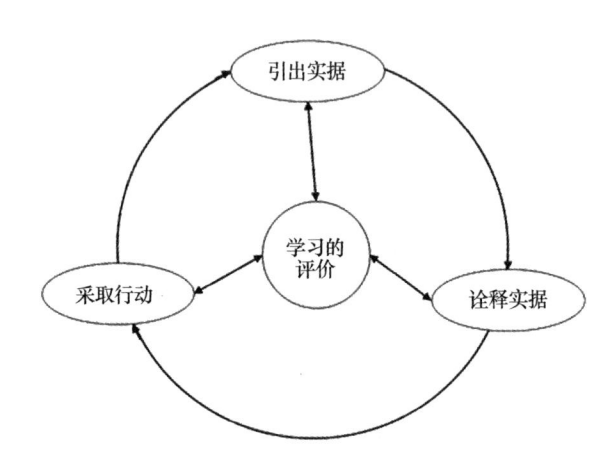

图 2—1 学习的评价"三循环"模型

从 AOL 的主张和技术路线来看,现代性的职业教育学习评价应该做到:第一,让评价面向未来。[2] 通过评价学生至少会明白这个最简单的道理——成功的方法是加倍努力,更加努力地工作,更聪明地工作。第二,"教—学—评"一体化。教师必须通过多种途径收集学生的信息。教师需要将评价与教学整合起来,不断追踪学生学习进展(monitor learning progress),以这些信息作为开展教学的依据。[3] 第三,在评价的方式方法上,多元探索。探索共享学习期望(sharing learning expectations)、提问(questioning)、反馈(feedback)、自评(self assessment)、同侪评议(peer as-

---

[1] Dylan Wiliam, Paul Black, "Meanings and Consequences: A Basis for Distinguishing Formative and Summative Functions of Assessment", *British Educational Research Journal*, Vol. 22, No. 5, 1996, pp. 537–548.

[2] Richard J. Stiggins, "Assessment Crisis: The Absence of Assessment for Learning", *Phi Delta Kappan*, Vol. 83, No. 10, 2002, pp. 758–765.

[3] Suzanne Woods-Groves, Jo Hendrickson, "The Role of Assessment in Informing Our Decision-Making Processes", *Assessment for Effective Intervention*, Vol. 38, No. 1, 2012, pp. 3–5.

sessment）等评价方法。① 第四，对每一个学生负责，推进学习评价差异化。② 学校和班级是由具有不同需要、背景和技能的学生组成，因此，学习评价需要从"一刀切"（one size fits all）整体式课堂教学过渡到面向每个学生的个性化学习评价。第五，准确分析、解释数据并反馈结论。③ 准确、公正地报告学生的学习结果，以及来自各种背景和应用取得的证据，还有对学习改进措施的清晰描述，对决定意见不一致时的调整策略。

（二）促进学习的评价（AFL）：学习评价的理想模式

促进学习的评价（assessment for learning，AFL）是 Black 和 Wiliam 在系统总结形成性评价的效用之后提出的一种学习评价理念。之后，剑桥大学与英国 ARG 系统探究了这一理论，并形成了《促进学习的评价的十项准则》（*Assessment for learning：10 principles*）④，十条准则如下：

1. 一体化准则，评价和教学不是分裂的，评价是教学的一部分，也不仅仅是教学后面的一个环节。

2. 过程性准则，以评价促进学习应该成为教学与学习活动的中心，关注学生学习的全过程，尊重学生个别化与多样化的学习方式。

3. 学习中心准则，评价应该关注学生是如何学习的，教师必须关注学生的学习过程，学生应该既了解学习的内容，又了解学习的过程。

4. 专业性准则，教师需要专业的规划评价、观察学生的学习，分析和解释获得的评价数据、给予学生反馈、鼓励学生进行自我评价。

5. 刺激动机准则，学习评价必须关注学生学习进步，激发学生学习热情，甄别不能刺激所有学生的学习动机。

6. 鼓励性准则，学习评价中要尽量使用鼓励性评语，使学生建立自

---

① Randy E. Bennett, "Formative assessment: a critical review", *Assessment in Education Principles Policy & Practice*, Vol. 18, No. 1, 2011, pp. 5 – 25.

② Paul Black, Dylan Wiliam, "Inside the Black Box: Raising Standards through Classroom Assessment", *The Phi Delta Kappan*, Vol. 80, No. 2, 1998, pp. 139 – 148.

③ Karen Ellery, "Assessment for learning: a case study using feedback effectively in an essay-style test", *Assessment & Evaluation in Higher Education*, Vol. 33, No. 4, 2008, pp. 421 – 429.

④ 关于促进学习的评价（AFL）的十准则，详细文本参见 Assessment Reform Group, *Assessment for learning：10 principles*, Cambridge: Assessment Reform Group, 2002, pp. 1 – 2. 华东师范大学崔允漷教授和刘辉博士曾经做了细致的翻译，参见刘辉《促进学习的课堂评价结果处理研究》，博士学位论文，华东师范大学，2010 年，第 56—57 页。另外，丁邦平教授也作了相应阐释，参见丁邦平《学习性评价：涵义、方法及原理》，《比较教育研究》2006 年第 2 期。

信；要注意评价的指向，关注学生的长处与优点。

7. 共享性准则，教师与学生要共享对评价标准的理解，只有理解了标准，才能够进行正确评价。

8. 接受指导准则，学生应该接受建构式的指导，获取下一步的学习的信息。

9. 自我管理准则，学生要成为自我反思和自我管理者。

10. 成就认证准则，学习评价要承认学生所有成就，相信每个学生都可以成功。

通过英美两国学习评价理论界的努力，促进学习的评价（AFL）思潮与理念成为学本评估时代的中坚理论。一方面促进学习的评价（AFL）给教师和学生分别提供教学改进与学习改进信息：（1）确定学生知道什么；（2）深入了解学生如何、何时和是否应用他们所学习的知识；（3）向学生提供反馈，帮助他们提高学习水平；（4）教师反思自身教学，重新定位教学设计与教学资源的准备。另一方面，促进学习的评价（AFL）不再停留在课程政策的宏观层面，而是进入教师的日常教学与学生的日常学习的"黑箱"之中直接观察和研究学生的课堂学习[1]，提供了职业教育学习评价效用分析的方法论与概念。[2]

（三）作为学习的评价（AAL）："教—学—评"的一体化

促进学习的评价（AFL）开启了评价为下一步学习做准备的思潮，但是，很遗憾的是并没有详细指导评价后如何学习。因此，Earl 等人就转向了在评价中如何学习的研究，这就诞生了作为学习的评价（assessment as learning，AAL）。[3] AAL 理论大致有三种主张：第一，"评价即教育"。人会对外界刺激产生反应，会根据外界反馈信息不断自我调整。学习评价结果会影响和改变学生的行为，甚至可能会决定学生的发展方向，这正是教育者应当充分利用的手段和功能[4]，所以，评价也可以成为一种教育。第

---

[1] 丁邦平：《从"形成性评价"到"促进学习的评价"：课堂评价理论与实践的新发展》，《课程·教材·教法》2008 年第 9 期。

[2] Eleanore Hargreaves, "Assessment for learning? Thinking outside the (black) box", *Cambridge Journal of Education*, Vol. 35, No. 2, 2005, pp. 213–224.

[3] Lorna Earl, *Assessment as Learning: Using Classroom Assessment to Maximise Student Learning*, Thousand Oaks, CA: Corwin Press, 2003, p. 21.

[4] 刘长铭：《数字化学习评价的理论框架与操作方法》，《教育研究》2012 年第 5 期。

二,"评价即学习"。评价不是教与学过程中的附属品,相反,评价本身就是学习。"评价和学习是一枚硬币的正反两面……当学生参与评价时,他们应能从这些评价中学到新东西。"[①] 所以,评价即学习。第三,"评价即改进"。"评价即改进"凸显了评价被人们忽视的方面,诸如反思、评论、发现、检验、参与和理解……促进学习并不仅仅依靠能力去发现"正确"的答案,而是更多地与同学一起探究、讨论和"试错"与"改进",通过探究实现"共建知识"(co-construction of knowledge)。[②] 最终,评价、教育、学习、改进四者之间形成了"两两相连"的四面体关系,如图2—2所示:

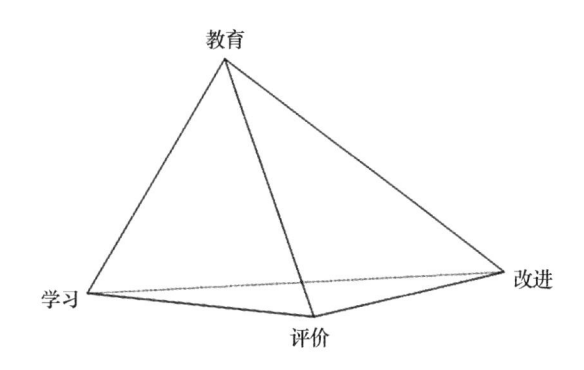

图2—2 评价、教育、学习与改进的四面体

作为学习的评价(AAL)有三个明显的特征:一是坚持学生主导,以学生为中心,学生是评价和学习之间的关键性连接器。二是注重学生元认知驱动,让学生了解自己的思维过程,学生对自己正在学习的东西进行亲自监控,并利用监控中发现的东西来调整、适应甚至改变自己的思维,最终实现了认知结构重组的积极过程。三是评价和学习交融,让学生积极参与创造自己的理解,学会成为一名批判性的评价者。[③] 在作为学习的评价

[①] Eleanore Hargreaves, "Promoting Assessment as Learning: Improving the Learning Process", *Improving Schools*, Vol. 5, No. 3, 1998, pp. 61–62.

[②] Ruth Dann, *Promoting Assessment as Learning: Improving the Learning Process*, London: Routledge Falmer, 2002, p. 36.

[③] 曾文婕、黄甫全:《学本评估:缘起、观点与应用》,《课程·教材·教法》2015年第6期。

（AAL）中学生对评价过程的高度参与并不会减少教师的责任，相反，评价作为学习扩展了教师的角色，包括设计教学和评价，让所有学生思考，并监督他们自己的学习。具体来说，包括八个方面：（1）教会学生自我评价技能；（2）指导学生制定目标，并监督他们朝着目标的进展；（3）提供反映课程结果的优质工作的范例；（4）与学生合作，制定明确的良好做法标准；（5）指导学生内部反馈或自我监控，以验证和质疑自己的思维；（6）提供有挑战性的定期练习机会，让学生成为自信、有能力的自我评价者；（7）监控学生的元认知过程和学习，并提供描述性反馈；（8）创造一种环境，让学生们安全地抓住机会，并在那里可以随时得到支持。①

二 评价促进学习的实践性机制：AOL、AFL 和 AAL 协同

学本评价时代，学习评价理论也渐次走向了概念和理论的"丛林化"，关于学习的评价（AOL）、促进学习的评价（AFL）和作为学习的评价（AAL）是理论丛林中的三种经典②。但是，理论始终是苍白的，只有走向实践的理论才是真理。在学习评价的实践中，关于学习的评价（AOL）、促进学习的评价（AFL）和作为学习的评价（AAL）始终是"和而不同"又"殊途同归"，三种理论模式的协同构成了职业教育学习评价效用的实践机制。

（一）AOL、AFL 和 AAL 学习评价理论的区别

现代学习评价的理论争鸣中，关于学习的评价（AOL）、促进学习的评价（AFL）和作为学习的评价（AAL）在"教—学—评"一体化、以评价促进学习改进、以评价促教学改进等方面都具有高度的相似性。但是，三种评价理论也在部分地方有所区别，体现在三个方面③：

---

① Lorna Earl, *Assessment as Learning: Using Classroom Assessment to Maximise Student Learning*, Thousand Oaks, CA: Corwin Press, 2003, p.21.
② 曾文婕、黄甫全：《学本评估：缘起、观点与应用》，《课程·教材·教法》2015 年第 6 期。
③ Lorna Earl, Steven Katz, *Rethinking classroom assessment with purpose in mind: Assessment for Learning, Assessment as Learning, Assessment of Learning*, Winnipeg, MB: Western Northern Canadian Protocol, 2006, p.65. 刘辉：《促进学习的课堂评价结果处理研究》，博士学位论文，华东师范大学，2010 年，第 56—57 页。

第一，评价实施者不同。AOL 的实施者主要是教育政策制定者、学校教育行政人员以及教师。在 AFL 中，虽然教师作为评价实施者的主体地位并没有被削弱，但是学生开始和教师在评价过程中共同承担评价的责任。在 AAL 中学生是评价的主体，承担自我评价的任务，通过自我评价学会自我反思，改进自己的学习。

第二，评价的参照标准不同。AOL 主要是常模参照，参照标准常常是其他学生，通过与班级中其他学生的对比，给学生排名和评定分数，进而作出升级、奖励或惩罚的决定。AFL 主要是目标参照，即参照标准主要是课程学习结果或学习目标，这些参照标准被用作指导提供反馈和计划教学。AAL 主要是自我参照。参照点是混合了课程目标和学生先前在某个时候的个体对目标的理解，学生要不时地将自己的学习与预期的学习例子和描述相对照。

第三，评价信息的记录者不同。在 AOL 中，学校管理者是评价信息的主要记录者，他们将记录评价信息以分数或等级的形式向学生、教师、家长报告。在 AFL 中，教师承担着评价信息记录的主要责任，他们要保存详细的信息记录，为确定学生的优势和不足奠定基础。在 AAL 中，对自己的学习做记录完全是学生个人的事情，他们需要发展自己的技能和端正态度，能够对自己的学习做系统的记录，并且这些记录需要包括他们在学习中的反思和洞察，成为他们学习进步和成为一名独立学生的证据。

（二）AOL、AFL 和 AAL 学习评价理论的协同

尽管在理论上存在客观的差异，但 AOL、AFL 和 AAL 三种理论在实践中却是相互依存而共同存在的。即使在遥远的古代，AOL、AFL、AAL 的思想还没有明确提出，但所有的学习评价实践都或多或少地体现了 AOL、AFL、AAL 的思想。只不过由于人们对学习评价活动认知的局限和相应评价技术的局限，从传统到现代的学习评价转向中，AOL、AFL 和 AAL 所占的地位是不断变化的。如图 2—3 所示。

在传统的学习评价实践中，AOL 是基础性的，占据了主导地位；AFL 也占了一部分比例，但是处于次要地位；AAL 则相对较少。在现代性的学习评价制度中，AFL 将成为主导型力量，特别是在互联网技术等推动学习方式变革之后，"学得怎么样？"的问题显然不如"下一步怎么学？"重要，而且，越是开放、自由的学习环境，探究、自主更是必不可少，因此，现代性的学

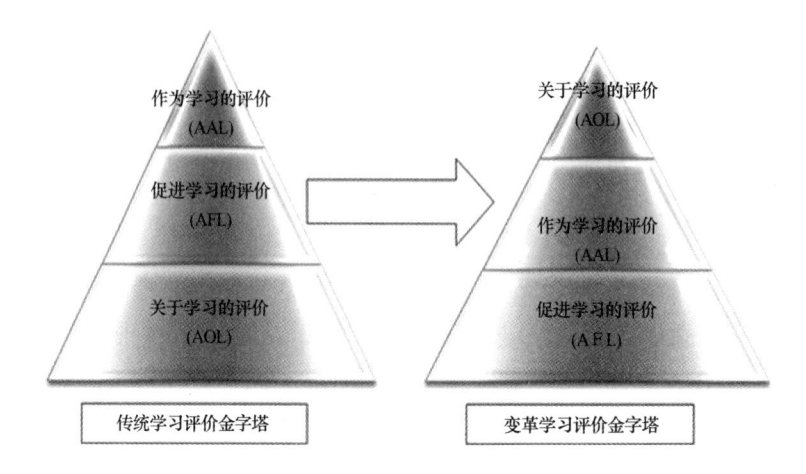

图 2—3 AOL、AFL 和 AAL 在实践中的关系转化

习评价制度中，AAL 越来越重要，AOL 越来越走向边缘化。[①] 但是，不管 AOL、AFL 和 AAL 之间的主次关系如何变化，AOL、AFL 和 AAL 始终都会共同存在并相互作用，共同推进学习评价的变革和学生学习的发展，如图 2—4 所示：

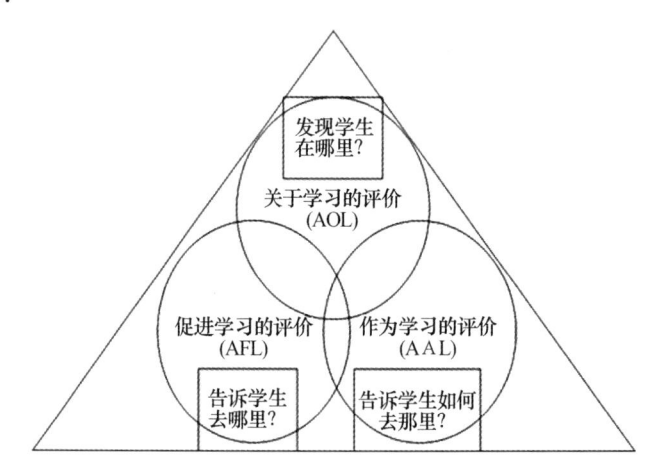

图 2—4 AOL、AFL 和 AAL 的相互关系

---

① Lorna Earl, Steven Katz, *Rethinking classroom assessment with purpose in mind*: *Assessment for Learning*, *Assessment as Learning*, *Assessment of Learning*, Winnipeg, MB: Western Northern Canadian Protocol, 2006, p. 65.

如图2—4所示，AOL发现了学生在哪里，AFL告诉学生去哪里，而AAL则指导学生如何去那里。所以，在职业教育学习评价的实践中，AOL、AFL和AAL是相互协同的，"AOL超越学习结果测验，凸显学习过程；AFL超越聚焦课堂，重视彰显学习中心；AAL则超越目标驱动，着力启动学评融合"①。AOL、AFL和AAL共同催生了"学习中心"（learning-centered）的现代评价文化：评价即对学习目标的认识、评价即对学习过程的认识、评价即对学习结果的认识、评价即对成功学习经验的总结、评价即对下一步个性化学习需要的认识。② 如此一来，教师通过学习评价掌握学生的学习表现、学习进步以及目标的实现情况，掌握学生学习的情况（know about children's learning）③，并为学生提供学习改进的反馈（feedback for improvement），指导学生调控个人学习，实施学习上的改进；与此同时，教师根据评价结果反思个人教学工作，进而根据评价结果信息做出相应的教学改进。

（三）AOL、AFL和AAL对职业教育学习评价的启示

职业教育学习具有情境性、概念性或语义性和行动性等特征④，但是也具有普遍学习的共同特征。因此，AOL、AFL和AAL同样适用于职业教育学习评价。AOL、AFL和AAL对职业教育学习评价的启示如下：

第一，要坚持职业教育"教—学—评"一体化。职业教育教、学、评并不是相互分离的，而是"教即是评，评即是学，学即是评，评即是教"的关系。⑤ 因此，职业教育学习评价必须坚持"教—学—评"一体化，尽可能地实现职业教育"教—学—评"的一致性⑥，将课程目标、内容和评价有效统一。

第二，职业教育学习评价不仅仅是对过去学习的"清算"和总结，也

---

① 曾文婕、黄甫全、余璐：《评估促进学习何以可能——论新兴学本评估的价值论原理》，《教育研究》2015年第12期。
② Margo O'sullivan, "The reconceptualisation of learner-centred approaches: a Namibian case study", *International journal of educational development*, Vol. 24, No. 6, 2004, pp. 585 – 602.
③ Ruth Dann, "Promoting Assessment as Learning: Improving the Learning Process", *Improving Schools*, Vol. 5, No. 3, 1998, pp. 61 – 62.
④ 钱建平：《高等职业教育学生的学习特点》，《黑龙江高教研究》2000年第4期。
⑤ Cheryl A. Jones, *Assessment for learning*, New York: Springer US, 2005, p. 22.
⑥ 崔允漷、雷浩：《"教—学—评"一致性三因素理论模型的建构》，《华东师范大学学报》（教育科学版）2015年第4期。

不是以对错分数来标识学习的结果,而是要围绕学生"现在在哪里?""需要去哪里?"以及"怎样更好地到那里?"等问题,定位学生学习水平与预期目标之间的"最佳差距"①(just the right gap),并加以跨越,启发学生的观念变化,促进学生学习。

第三,职业教育学习评价活动需要遵循制订评价计划、收集评价数据、分析评价数据和应用评价结果的程序。以"教学基本状态数据"为主要依据②,对评价标准和评价结果进行清晰、具体、及时的解释,激发学生的学习动机,让学生相信自己通过努力可以取得学习进步。

第四,职业教育学习评价需要吸引学生积极参与。通过让学生参与学习目标、成功指标和评价标准等的研制并取得共识,提升整个评价过程的透明度,促进学生对学习目标有更深入的理解,从而更积极地投入到达成目标的活动中,在学习动机、学习投入和学习策略上不断改进。

第五,职业教育学习评价要及时反馈评价结果,帮助学生获得及时的适当反馈以作为进一步学习的前馈;刺激学生的学习元认知,强化学生学习的自我认识、自我监控和自我调节,进而实现学生的学习改进。

第六,职业教育学习评价也要促进教师的教学改进。教师要成为创新性学习环境的开发者,让学生积极主动地参与到 AOL、AFL 和 AAL 之中。另外,教师要成为学生学习动机、学习投入和学习结果的研究者,以便指导和帮助学生当前和未来的学习改进。

三 职业教育学习评价效用的生成:以改进促进发展

从 AOL、AFL 和 AAL 的理论来看,评价促进学习是客观存在的教育学原理。但教育的目标是培养人,职业教育学习评价的目标也是培养人,只有促进了人的发展的评价结果才是有效用的评价结果。因此,从评价促进学习的实际效果来看,评价目标和评价结果对比基础上的"正确"与"错

---

① Margaret Heritage, "Formative assessment: What do teachers need to know and do?" *Phi Delta Kappan*, Vol. 89, No. 2, 2007, pp. 140 – 145.
② 赵伶俐:《以"教学基本状态数据"为据——〈大数据时代〉对第二次本科教学评估的启示与警示》,《现代大学教育》2015 年第 2 期。

误"的参照性还不能算作严格的效用。只有通过职业教育学习评价而引发的教师教学改进、学生学习改进,以及教学改进和学习改进促进的学生KSA发展才是真正的效用。

(一) 正确与错误:职业教育学习评价的参照符号

正确与错误是学习评价常用的两种参照性符号,科举考场上的朱砂红、练习本上的"大红叉"和幼儿园的"小红花",无不是评价学习的参照性符号。从评价结果的角度来说,正确与错误的各种参照性符号都是学习评价的外显结果,但是,用现代学习评价的观点来看,这种结果未必是最终的效用。因为正确与错误的评判仅仅是对学习结果给出的一个参照,而这种参照是局限于正确答案、标准答案或者其他类似的参照物而得出的结果。正确与错误本身的教育价值、所蕴含的意义都必须借助符号之外的事与物才能实现。事实上,从教育心理的角度来看,学习评价结果中的正确符号的激励,错误符号的鞭策,在本质上都是评价的一种反馈[1],然而直接性"正确"和"错误"的符号并不会给学生正向性的、持久性的刺激。在反馈正确与错误的参照之后,更重要的是需要进一步的分析和指导,为什么错,又为什么对?特别是在所有的目光都聚焦和倾向于"对"的时候,学习评价分析更应该从关注知识掌握的正确性扩展到关注"错误"及其引申的价值。

事实上,个体心智模式对环境的反馈所作的适应性调整的过程,也是个体反复思考分析错误缘由进而逐渐消除错误的过程,同时还是一个反复"试错"的过程。[2] 与成功经验相比,失败经验更具有学习价值。[3] 成熟的教育体系中,学生们不会介意犯错误,因为错误证明他们可以改进,改进可以使他们变得更聪明。更何况学习评价的正确与错误并不是绝对的[4],所谓的学习失败,一是未达到规定性的标准,比如及格线、优分线、录取线等固定标准;二是相对于同一级学生的智力水平而言,没有达到应有水

---

[1] Thomas R. Guskey, "Does It Make a Difference? Evaluating Professional Development", *Educational Leadership*, Vol. 59, No. 6, 2002, pp. 45–51.
[2] 施良方:《学习论》,人民教育出版社2001年版,第27页。
[3] 黄海艳、苏德金、李卫东:《失败学习对个体创新行为的影响——心理弹性与创新支持感的调节效应》,《科学学与科学技术管理》2016年第5期。谢雅萍、梁素蓉、陈睿君:《失败学习、创业行动学习与创业能力——悲痛恢复取向的调节作用》,《管理评论》2017年第4期。
[4] 汪凌:《学业的成功与失败:学业评估的视角——兼谈中国和法国的案例》,博士学位论文,华东师范大学,2007年,第13页。

平，也就是低于同侪水平；三是学生个体而言，学习成绩与个人的智力水平、潜力不一致。因此，对待知识的错误需要坚持"批判理性主义"（critical rationalism）的态度①，也就是说，有些错误是教学的"失败"，可以给予消极的评价，但是也有些错误为教学主体性的"表征"，需要鼓励、肯定并给予积极的评价。

（二）反思与改进：职业教育学习评价的直接效用

职业教育学习评价制度的运行会给学生和教师一个可以参考的评价结果，也可能会有相关的结果分析和指导意见。这些反馈和意见会引发教师反思自己的教学，学生反思自己的学习，进而，可能会采取相应的教学改进与学习改进，当然，也有可能是零改进。本杰明·布卢姆（Benjamin S. Bloom）反思美国"新课程运动"发现评价失败的根本原因在于评价脱离了学生实际，也没有产生预期效果，超出师生实际的学习评价不能引起教师和学生的反思，更不能促进教师学生改进。② 所有"以评促教""以评促学"的成功都是教师和学生在得到反馈结果和意见之后，不断反思、不断改进而产生的效果。从评价、反馈、反思与改进的过程来看，反思与改进是职业教育学习评价的中介性效用。承前，职业教育学习评价的反思可以进一步解释和分析参照性符号的结果；启后，学生通过参照性的正确与错误，以及其他的学习结果，进而反思评价过后的未来改进。

现代性的职业教育学习评价为学生学习过程提供了反馈回路。当学生和教师在不断的反馈和调整过程中变得舒适时，学习变得更加有效③，并开始内化自己学习的过程。现代教学评价不仅关注结果，更重视把评价变成教育、指导和改进的过程，真正促进师生发展，促进教学质量提高。④ 因此，有效用的职业教育学习评价不仅可以促进学生学习改进，还可以促进教师教学改进。学习评价必须整体性地考虑到教师与学生的实践可能性与价值取向，全方位地指导并帮助教师和学生的反思与改进：第一，学生可以对自身的学习与学习结果进行反思，进而可以规划他们的改正；第

---

① 石中英：《教学认识过程中的"错误"问题》，《北京大学教育评论》2006 年第 1 期。
② Benjamin S. Bloom, "Learning for mastery", *Evaluation Comment* (*UCLA-CSEIP*), Vol. 1, No. 2, 1968, pp. 1–12.
③ Ranald Macdonald, "The use of evaluation to improve practice in learning and teaching", *Innovations in Education & Teaching International*, Vol. 43, No. 1, 2006, pp. 3–13.
④ 裴娣娜：《论我国课堂教学质量评价观的重要转换》，《教育研究》2008 年第 1 期。

二，教师要鼓励学生提出问题并尝试作答，让学生了解评价的过程，刺激学生的学习投入；第三，教师要借助同侪评价和自我评价鼓励学生掌握并运用评价标准，进而增进对学习和工作的了解；第四，教师要在选择学习评价任务、问题和其他提示时更加小心，以确保学生的反应实际上有助于教学过程；第五，师生互动更加频繁，学生更加主动地参与学习。①

（三）学习与发展：职业教育学习评价的终极效用

职业教育学习评价不仅仅实现评价的目标，还要实现教育的目标，因此，通过职业教育学习评价促进学生的学习与发展才是最根本的效用。"教育即生活，但是评价永远不是生活。"② 职业教育学习评价的目标应全面体现培养目标，促进学生的全面发展。事实上，所有的职业教育学习评价，无论是评价制度的结果，如正确与错误的参照性符号、评价结果的解释，还是评价结果所引发的教学改进与学习改进，最终都是促进人的 KSA 发展。所以，用现代性的教育目标话语来表征，职业教育学习评价的终极性效用就是为了实现教育的最终目的——"立德树人"。职业教育学习评价不是用标准和尺度来限制人、管理人，而是帮助学生、指导学生，促进学生的成长与发展，最终的目的在于培养主动、健康发展的个体生命，培育人的生命自觉和实践智慧。③

在我国，教育培养人的目标几经变化，"文化大革命"前 17 年是培养"劳动者"，"文化大革命"结束后到 20 世纪 80 年代是为了培养"人才"，90 年代是为了培养"建设者和接班人"，90 年代后期又变成了培养"公民"。④ 具体到职业教育，黄炎培认为职业院校学生的职业知识的学习、技能的训练、职业道德的培养等"三才并生，缺一不可"⑤。如今，智慧时代的社会发展需要"完整的技术人"，而非"单向度的技术人"⑥。因此，职业教育学习评价追求提升学生的综合素质，把学生培养成完整的人。职业教育学习评价"以评促学"也不仅仅是孤立信息的积累以及参照执行技能的学习，

---

① Paul Black, Christine Harrison, Clare Lee, et al., "Working inside the black box: Assessment for learning in the classroom", *Phi delta kappan*, Vol. 86, No. 1, 2004, pp. 8 – 21.
② 叶澜:《让课堂焕发出生命活力》,《教育研究》1997 年第 9 期。
③ 李政涛:《论面向教育的实践》,《南京社会科学》2012 年第 4 期。
④ 扈中平:《教育目的应定位于培养"人"》,《北京大学教育评论》2004 年第 3 期。
⑤ 唐诚:《黄炎培本土化职业教育思想及启示》,《黑龙江高教研究》2016 年第 8 期。
⑥ 郝天聪、石伟平:《就业导向，还是生涯导向？——职业教育发展两难抉择的破解之策》,《教育科学》2017 年第 2 期。

而应该是通过评价制度，收集、分析并反馈相关信息，促进教师教学改进和学生学习改进，促进职业院校学生的知识、技能与能力的全面发展。

第二节　职业教育学习评价效用的经济机理

职业教育学习评价制度是正规的考试、测验制度、平时考勤、作业检查、实习作品、实验报告等相关制度，以及职业资格鉴定、职业技能大赛等各种形式的关于学习的认证、鉴定等各种评价制度的综合。按照制度经济学的观点，制度实施的效应、效果或功能就是制度绩效[①]，而且，制度运行也必然会生成一定的结果并产生相应的效果和影响。[②] 因此，职业教育学习评价效用生成的经济学机理就是"制度产生绩效"。但是，职业教育学习评价是多重制度逻辑驱动的实践活动。在职业教育学习评价的实践中，包含了人、利益、行动、规则等多重制度因素，在制度的起点、制度的决策和制度的实施等阶段共同促进最终效用的生成。

一　制度的起点：人性假设与职业教育学习评价效用

人性的假设是社会科学问题分析的重要逻辑起点。虽然制度不以人的意志为转移，但制度在设计之初是由不同的思维方式和价值判断而设定的规则框架。所以，从人性假设的视角来分析职业教育学习评价效用是对评价效用的"兜底"式追问。更何况，"对人性本身的关切就是对人类未来的关切"[③]。人性的问题不仅仅是职业教育学习评价制度运行的起点性因素

[①] 饶旭鹏、刘海霞：《非正式制度与制度绩效——基于"地方性知识"的视角》，《西南大学学报》（社会科学版）2012 年第 2 期。
[②] 甄志宏：《制度、组织与经济绩效》，《吉林大学社会科学学报》2005 年第 6 期。
[③] 李佑新：《现代性问题与中国现代性的建构》，《北京大学学报》（哲学社会科学版）2005 年第 2 期。

和规则设计的逻辑，而且人性的差异可以直接影响到职业教育学习评价制度最终的效用。

（一）职业人：培养有技术、有专长和有工作的人

职业人的假设是基于"职业教育就是就业教育"或者职业教育的"职业性"而言的。[①] 职业人是工业分工之后诞生的社会化人格符号，通常意义的职业人是从"职业"定义的。职业是个人实现社会价值的基础，因此，职业人的假设认可个人劳动与工作的合理性。[②] "职业人"的效用假设含有浓厚的工具思想，这种工具思想就是培养社会分工所需要的"工具人"和"机器人"，而职业教育和职业教育学习评价则成为制造"工具人"和"机器人"的工厂。尽管"职业人"的假设具有客观的局限，但是从实用主义和结果导向来看，"职业人"假设与职业教育学习评价效用并不矛盾。从职业人的"职业"和"工作"出发，职业教育学习评价制度效用就是要培养有技术、有专长和有工作的人。从职业教育学习评价的制度设计到评价结果和教学改进各个环节，职业教育要帮助学生实现对"工作意义的自我认知与自觉"[③]，不仅要培养职业院校学生的专业技能，还要"点亮学生的精神世界"[④]，为学生的就业做好准备，这正是衡量职业教育学习评价是否有效的重要尺度。因此，职业人的制度设计保障职业教育学习评价朝着培养有技术、有专长和有工作的人的方向运转，也保障了职业教育学习评价制度的最终绩效。

（二）道德人：培养有品德、有公德和有美德的人

道德人是所有制度共同的假设之一。"道德人"的理想可以追溯到孔夫子的人性思想，道德人就是圣人、仁人与君子，奉行"仁、义、礼、智、信"。古希腊苏格拉底则认为"美德即知识"，永恒的普遍的善性是人类道德的来源，"智慧、正义、勇敢、节制"是四种美德。[⑤] 就连亚当·斯密（Adam Smith）也认为"个人应当时刻为了这个大团体的利益而心甘情

---

① 孟景舟：《就业导向下的职业教育改革》，《教育发展研究》2005年第1期。
② 肖凤翔、张荣：《马克斯·韦伯职业教育思想探析》，《中国职业技术教育》2017年第18期。
③ ［美］拉威尔·勒维克：《技职业教育哲学——多元概念的探讨》，李声吼译，五南图书出版公司2002年版，第77—78页。
④ 肖凤翔、史洪波：《论社会主义核心价值观的职业教育意蕴》，《职教论坛》2015年第27期。
⑤ ［古希腊］色诺芬：《回忆苏格拉底》，吴永泉译，商务印书馆1986年版，第172页。

愿地牺牲自己的微小利益。①"这与其经典的"经济人"假设形成了对比。"道德人"的假设回归到了制度的伦理层次,从这个意义上说,再怎么强调道德伦理都不为过。从职业教育学习评价效用的角度,"道德人"的假设指向了职业教育学习评价所促进的、所发展的学生,使其成长为有品德、有公德和有美德的人。诚如黄炎培所言,职业教育的目的不仅是"操一技之长而藉求适当之生活",还应该"更注意养成青年自求知识之能力、巩固之意志、优美之感情……且能进而协助社会、国家,为其健全优良之分子也"②。所以,职业教育学习评价,必须保持和教育目标的一致性,通过评价引领和促进职业院校学生的品德、公德和美德的培养。

(三)匠心人:培养肯钻研、能创造和有贡献的人

职业教育不仅仅培养应用型技术人才和高层次技能型人才,职业教育也可以培养"大国工匠"。技术发明、技术传播、技术积累和技术使用不仅仅是高水平大学的任务,也是职业院校应该担负的使命。"工匠精神"是中华民族的优良传统和精神文化之一。孔子曾言"执事敬",朱熹解释为"敬业者,专心致志以事其业也",韩愈强调"业精于勤"等都是对"工匠精神"的肯定和褒奖。"匠心人"作为职业教育学习评价的假设,从学生培养的能力目标和生涯发展目标提供了评价目标的价值规范。现代职业教育评价的"匠心人"的假设就是培养肯钻研、能创造和有贡献的人。"匠心人"的价值尺度是"顶天立地"的,从"顶天"的逻辑来看,职业教育学习评价要促进职业院校学生认真学习,敢于钻研;同时,职业院校学生也能够有所发明、有所创造并为国家社会做出相应贡献。从"立地"的逻辑来看,现代职业教育要培养"用心做事"的职业人,弘扬中华民族几千年传承的职业工匠精神和优秀品质,助推"中国制造"的崛起。

二 制度的决策:理性假设与职业教育学习评价效用

理性是制度选择的基础,也是制度分析的重要分析单元。从制度分析

---

① [英]亚当·斯密:《道德情操论》,蒋自强等译,商务印书馆1997年版,第196页。
② 中华职业教育社编:《黄炎培教育文选》,上海教育出版社1985年版,第101页。

的思维来看，职业教育学习评价的理性有三种状态——完全理性的虚无假设和有限理性的现实假设，以及在有限理性和完全理性之外，人类反思自身行为而提出的第三类理性——生态理性。不同的理性假设和理性条件会形成不同的制度运行模式，进而也会影响到职业教育学习评价的最终效用。因此，理性因素通过制度决策而生成了最终的职业教育学习评价效用。

（一）完全理性：追求最优化的职业教育学习评价效用

人本质上是一种"依赖性的理性动物"（dependent rational animal）[①]，但是"完全理性"又是不存在的。"完全理性"的假设，一种是古典浪漫主义的，另一种就是未来空想主义的。在古代文明的浪漫时期，尽管人类所掌握的知识、技术和工具都相当有限，但是古人常常认为人是完全理性的，至少在理想和愿景层次"人是万能的"。所以在东西方的神话语言和文献典籍中，常常会有各种今人无法企及的"伟大创举"。今人也不能否认，古代先贤的"完全理性"和"百分之百智慧"的思想诞生了非凡的经典。在近代的科学研究中，囿于人类认知的局限，很多时候都把人假设为完全理性的人，例如古典经济学的价值命题[②]、决策理论[③]等都忽视了人之外的因素和人不可图及的范畴。在职业教育学习评价中，"完全理性"的假设偶尔也会存在，主要指向了虚无意义的效用。"完全理性"的评价效用体现在终极意义上的"人的发展"，寄望于职业教育学习评价发挥最大效用，全力促进职业院校学生的进步和发展。尽管这种假设和尺度有不合理之处，但是也有存在的意义。

（二）有限理性：追求最可能的职业教育学习评价效用

有限理性意指"以有限认知能力为基础的人的意识的行为"，也意味着人的三种局限：人类获取和处理信息的成本高昂、科学知识存量有限或人类推理的能力有限、人类理解或思维中存在客观的局限与误差。[④]"有限

[①] Flávio Rocha Lima Paranhos, "Dependent Rational Animals", *Philósophos Revista De Filosofia*, Vol. 6, No. 1, 2007, pp. 84 – 85.

[②] 郑贵廷、庄慧彬：《在制度框架下研究经济人假设——从完全理性到适应性理性》，《吉林大学社会科学学报》2003年第6期。

[③] 方齐云：《完全理性还是有限理性——N. A. 西蒙满意决策论介评》，《经济评论》1994年第4期。

[④] Kenneth E. Scott, "Bounded Rationality and Social Norms: Concluding Comment", *Journal of Institutional & Theoretical Economics*, Vol. 150, No. 1, 1994, pp. 315 – 319.

理性"的制度假设中,一方面承认了人类理性的不足,另一方面也暗示了人类在理性不足之下的各种努力,诸如机会主义、交易成本、意识形态和嵌入性都是十分重要的分析工具。"有限理性"的假设更接近并符合实际,当顶级智商的棋手都被"阿尔法狗"打败之后,人类理性的有限性再一次得到了证明。更何况真实世界的情况越来越复杂,机会主义、交易费用、嵌入性和意识形态等都会让人类的理性显得那么有限。[1] 所以,从"有限理性"的假设出发,职业教育学习评价效用不可能实现最优化和最大值,理想的职业教育学习评价是将最可能的评价效用转换成为现实效用,在交易费用、交往理性、机会主义的复杂环境中,尽可能地通过职业教育学习评价促进教师教学改进和学生学习改进,最终促进职业院校学生的 KSA 发展。

(三) 生态理性:追求最长久的职业教育学习评价效用

在人类与自然的博弈中,从"顺从"走向"适应",如今基本上实现了对大自然的"征服",但原本可以引以为傲的人类成就却也成为灾难和苦难的源头。因此,皮特·图德 (Peter M. Todd) 和简·吉格恩泽尔 (Jean Czerlinski) 等人开始反思,人类是否还需要一种生态的理性?因此提出了生态理性的主张。[2] 生态理性作为自觉的理性是对人和自然关系的和解,把自然和人自身从逆反的文化模式的统摄与服膺中解救出来[3],对职业教育学习评价的理性影响因素具有重要的参考价值。生态理性的思维模式是"大自然观""大生产观""大社会观"[4],践行尊重自然规律的客观性、系统性、价值性、和谐性的原则[5],相信"更少但更好"、安全、共赢竞争、公平正义、整体主义方法论、双赢的法则。[6] 显然,这种理性思想对于职业教育学习评价效用的提升具有重要的促进作用。一方面,生态

---

[1] 何大安:《行为经济人有限理性的实现程度》,《中国社会科学》2004 年第 4 期。
[2] Peter M. Todd, Jean Czerlinski, et al., *Simple heuristics that make us smart*, New York: Oxford University Press, 1999, p. 24. Peter M. Todd, Gerd Gigerenzer, "Environments That Make Us Smart: Ecological Rationality", *Current Directions in Psychological Science*, Vol. 16, No. 3, 2007, pp. 167 - 171.
[3] 种海峰:《生态理性:现代人生存困境的文化澄明》,《河北学刊》2010 年第 6 期。
[4] 李德芝、郭剑波:《生态理性的思维模式》,《科学技术哲学研究》2005 年第 4 期。
[5] 张云飞:《生态理性:生态文明建设的路径选择》,《中国特色社会主义研究》2015 年第 1 期。
[6] Andre Gorz, "Capitalism, socialism, ecology", *Verso Books*, 2013, p. 33.

理性从整体方法论、系统、公平等理念上影响着职业教育学习评价制度，尤其是"教—学—评"一致性、学习评价的公平与发展问题等得到解决，帮助职业教育学习评价效用不断提高；另一方面，受制度惯性、路径依赖等问题影响，非生态理性的因素依旧存在，这些因素则从相反的方向限制着职业教育学习评价制度，并限制了职业教育学习评价的教学改进和学习改进，影响职业院校学生的 KSA 发展。

三　制度的实施：行为假设与职业教育学习评价效用

制度的运行过程是复杂的，行动情境、行动规则、行动者等要素共同组成了复杂交错的行动舞台。① 如今，人类的行动已经从"单中心秩序"（single center order）走向了"多中心秩序"（polycentric order），"终极权威""服从链条"的行动规则已然被"多决策中心""相互独立"等规则所取代。② 在更加复杂的行动规则下，成本更高，行动的收益和补偿变得"扑朔"和不可预测。③ 因此，制度运行和实施过程中，人的行为动机、行动规则和行动收益等制度迷局推动职业教育学习评价运行，并生成了最终的制度绩效。

（一）行为动机：为什么参加职业教育学习评价？

在制度行动的假设中，职业教育学习评价也是集体的行动和多中心的治理。然而，为什么会有多中心的参与？制度行动假设把多中心的参与动机分为三种：自发性的参与（spontaneous participation）、强制性的被参与（mandatory participation）以及不产生意义的参与（no meaningful participation）。④ 通常来说，自发性的参与是因为利益驱动，强制性的参与多是因

---

① Sue E. Crawford, Elinor Ostrom, "A Grammar of Institutions", *American Political Science Review*, Vol. 89, No. 3, 1995, pp. 582-600.
② ［美］埃莉诺·奥斯特罗姆、帕克斯、惠特克：《公共服务的制度建构》，宋全喜等译，上海生活·读书·新知三联书店 2000 年版，序言第 25 页。
③ Katherine E. Ryan, "Serving Public Interests in Educational Accountability: Alternative Approaches to Democratic Evaluation", *American Journal of Evaluation*, Vol. 25, No. 4, 2004, pp. 443-460.
④ Daniella Arieli, Victor J. Friedman, Kamil Agbaria, "The paradox of participation in action research", *Action research*, Vol. 7, No. 3, 2009, pp. 263-290.

为制度本身的强制性,而不产生意义的参与则表现为随机性的、无利益相关的参与。所以,自发性的参与和强制性的参与是职业教育学习评价主体最主要的参与活动。但是,从职业教育学习评价效用的角度来讲,评价的"有用"属性才是吸引相关主体参与的原因之一。但是,利益驱动的行动动机,让职业教育学习评价的参与表现出"经济人"的行为表征,但是这种表现也更为真实,并催生出制度的内生变量,如交易费用等。[①] 因此,职业教育学习评价主体的参与动机在某种程度上与评价效用是紧密相关甚至高度一致的。学生参与学习评价虽有被强制的成分,但更多是想通过学习评价获得认证,同时也希望通过职业教育学习评价发现和掌握自身的学习情况,为未来学习提供决策;学校和教师参与学习评价可能是为了掌握学生学习状态,针对性地调整教学和强化管理等。

(二)行动规则:怎么样参加职业教育学习评价?

行动规则具有强大的规范和引导作用,实践中的个体往往无法意识到制度逻辑对自己的影响,所以,制度逻辑也很难被有意识地纠正[②],这也是制度能够有稳定绩效输出的重要原因。任何一项制度的行动,都包含了身份规则、边界规则、选择规则、聚合规则、范围规则、信息规则、偿付规则等行动规范[③],共同规定了什么人,在什么地方,用什么方法、资源和权利,与谁,在什么样的情境中,得到什么信息,并做出什么样的行动和最后获得什么等一系列问题。这些问题的实践样态和最终行动就是参与者怎么样参与行动的结果,影响着最终的制度绩效。在职业教育学习评价的行动中,各种评价的主体和利益相关者因为不同的逻辑或动机而参加评价的行动,又因为评价制度的规则而规范了不一致的行为,在参与职业教育学习评价的过程中,规则保持了行为与效用方向的一致。也就是说,职业教育学习评价制度的内部规则会影响并形塑最终的评价效用,在结果上呈现出规则和效用的内部一致性。因此,职业教育学习评价制度自身的公平性和规范性,成为评价效用生成的制度基础。

---

① 张五常:《交易费用的范式》,《社会科学战线》1999年第1期。
② 柯政:《学校变革困难的新制度主义解释》,《北京大学教育评论》2007年第1期。
③ Sue E. Crawford, Elinor Ostrom, "A Grammar of Institutions", *American Political Science Review*, Vol. 89, No. 3, 1995, pp. 582–600. 王群:《奥斯特罗姆制度分析与发展框架评介》,《经济学动态》2010年第4期。

(三) 行动收益: 参与职业教育学习评价能得到什么?

制度的行动参与者既可以是个人,也可以是复合个体 (composite actor)。[1] 参与者的数量、参与形式和参与者身份都会影响参与行动的收益。特别是参与者的身份具有制度运行参与者的社会特征[2],一方面参与身份可以是多样化的、重叠的;另一方面,参与者的身份还与行为集合紧密联系。因为身份意味着社会关系和社会地位,参与者会用不同身份做出选择并采取行动,这样就会产生不同的制度绩效。在真实的行动情境中,行动收益最开始呈现为与个体行为相关联的潜在结果,但是,这种潜在结果并不一定能转化为最终的收益。因为影响最终收益的还有参与者对决策的控制力、参与者可得到的关于行动情境结构的信息和参与者付出的成本等相关因素。职业教育学习评价制度的任何结果都与参与者的收益和成本相关。但是,职业教育学习评价参与者的收益及其内在价值会因参与者的身份而异,也会因为每个参与者的控制能力、信息结构和付出成本而不同。换而言之,国家、学校、教师、学生、家长、企业等参与身份在职业教育学习评价制度中,不同的行动参与会获得不同的效用。

第三节 职业教育学习评价效用的生成机制

人文科学的一个重要逻辑就是:"把所有单纯的事实都归溯到它们的生成,把所有的结果都归溯到过程。"[3] 因此,分析职业教育学习评价效用也必须回溯到效用的生成过程。在本质上,职业教育学习评价效用是"评价促进学习",通过评价实施、结果反馈,然后促进教师教学改进和学生

---

[1] Elinor Ostrom, "Beyond Markets and States: Polycentric Governance of Complex Economic Systems", *Nobel Prize in Economics Documents*, Vol. 100, No. 3, 2010, pp. 641–672.

[2] John M. Anderies, Marco A. Janssen, Elinor Ostrom, "A Framework to Analyze the Robustness of Social-ecological Systems from an Institutional Perspective", *Ecology & Society*, Vol. 9, No. 1, 2004, pp. 243–252. 刘孝云、郝宇青:《论"无直接利益冲突"参与者的身份意识》,《江西师范大学学报》(哲学社会科学版) 2011 年第 6 期。

[3] [德] 恩斯特·卡西尔:《人文科学的逻辑》,沉晖等译,中国人民大学出版社 1991 年版,第 151—152 页。

学习改进，最终促进学生的 KSA 发展；从经济学的立场上看，职业教育学习评价效用是"制度生成绩效"，通过各种正式的、非正式的职业教育学习评价制度运行，生成各种各样的评价结果，评价结果作用于教师学生等因素，进而产生了评价的效用。所以，职业教育学习评价效用的生成是一个结构性的、动态性的过程框架，如图 2—5 所示：

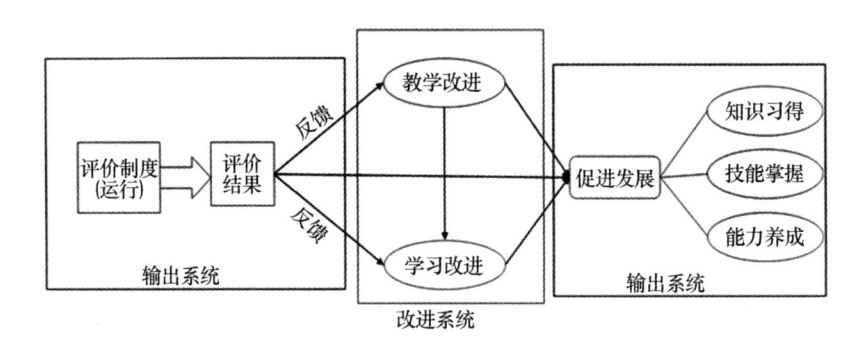

图 2—5　职业教育学习评价效用的过程框架

如图 2—5 所示，职业教育学习评价效用的生成机制是"评价实施—结果反馈—教学改进＋学习改进—效用生成"的过程系统。根据过程系统的变量分析，评价制度运行是输入变量，教学改进和学习改进是中介变量，促进发展是输出变量，也是因变量。

一　启动：职业教育学习评价实施与结果反馈

制度分析依赖于"结构"和"过程"[①]，在所有的过程结构中，起始变量都是输入系统。从职业教育学习评价的制度实践来看，输入系统就是评价制度运行及其结果反馈。由于职业教育学习评价的结果仅仅是"泰勒效用"，因此，在过程系统中，职业教育学习评价制度及其结果都是输入

---

① 谢立中：《结构—制度分析，还是过程—事件分析？——从多元话语分析的视角看》，《中国农业大学学报》（社会科学版）2007 年第 4 期。Anne Murphy, "The Institutional Logics Perspective: A New Approach to Culture, Structure and Process", *Leadership & Organization Development Journal*, Vol. 15, No. 6, 2012, p. 583.

变量，也即是自变量。

（一）评价实施：职业教育学习评价的制度实践

职业教育学习评价实施就是评价制度运行的过程，也是评价效用生成的现实基础。按照评价的分类来看，学习评价可以分为正式的学习评价和非正式的学习评价，从范围上说，职业教育学习评价的方式包括了教师提问和课堂或小组讨论评价、学习活动的非正式观察、笔试、书面练习，也包括了课堂内外的各种正式的测验（formal teacher-madetests）、课程嵌入式测试（curriculum-embedded tests）、各种效果评价（performance activities），还包括技能学习的动机（motivational）与态度（attitudinal）评价等。[①] 从方法上说，职业教育学习评价有典型工作任务（typical task）、学习性工作任务（learning task）、综合职业能力（comprehensive vocational ability）、完整工作过程（complete working process）等方式。[②] 但是不管何种职业教育学习评价，在抽象意义上，都包含了评价目标、评价方式、评价工具、评价主体、评价参与、评价组织、评价技术、评价调控等。根据 Stufflebeam 的 CIPP 评价模式理论[③]，职业教育学习评价的制度因素又可以归类为评价设计、评价实施、评价结果三类。各种实践样态的职业教育学习评价形成了相对稳定的制度体系，整个职业教育学习评价制度体系从制度设计到制度运行的结果，对职业院校学生学习的方方面面进行认证和评价，进而得出学生学习的参考性符号和可供改进的指导意见，助力职业教育"以评促学"。

（二）评价结果：职业教育学习评价的符号参照

职业教育学习评价结果会随着评价方法、评价方式的不同而不同。任何评价都会产生对应的结果，教师课堂的口头表扬、理论课程的考试分数、实习实践的鉴定等级、技能考试获得的职业资格证书、技能大赛的获奖等，都可以是职业教育学习评价的结果。虽然职业教育学习评价结果形式多种多样，但是，在本质上，这些评价结果都是对职业院校学生学习结果和学业成就的参照。[④] 同时，所有的职业教育学习评价结果可以通过两

[①] Rick Stiggins, "Assessment through the Student's Eyes", *Educational Leadership*, Vol. 64, No. 8, 2007, pp. 22–26.

[②] 闫宁：《高等职业教育学生学业评价研究》，博士学位论文，陕西师范大学，2012 年，第 11—18 页。

[③] [美] 斯塔弗尔比姆：《评估模型》，苏锦丽译，北京大学出版社 2007 年版，第 328 页。

[④] 参见熊耕《透视美国高等教育中的学生学习结果评价》，《比较教育研究》2012 年第 1 期。

种方式生成,一是基于绝对标准的测量,如等级认证、职业资格证书等;二是基于相对比较的结果,如竞赛获奖、推优评比等。对于基于标准测量的职业教育学习评价,经过测量会产生很多的数据和相关的评价证据,这些数据反映了学生的学习过程、学习状态与学习结果。[1] 而基于相对"比较"(comparative)的评价结果,高度"竞争"(competitive)和社会"参照"(reference)的学习评价则容易生成竞争[2],影响学生的学习心态。在评价结果的形式之外,更重要的是评价结果的质量,没有信度和效度的评价结果是毫无意义的,也不会生成真正的效用。同时,AOL、AFL 和 AAL 理论也启示职业教育学习评价结果必须要基于证据进行解释和分析,挖掘评价结果之外的意义,可以为教学改进与学习改进提供指导。

(三) 结果反馈:评价和学生之间的连接机制

在学习评价和学生之间,反馈是非常重要的连接机制。反馈思想源于 20 世纪 50 年代的系统科学和控制科学,职业教育学习评价反馈是控制思想和系统思想的教育学运用,核心的功能机制有三:激励机制(motivational)——激励影响信念和参与意愿;强化机制(reinforcement)——强化奖励或惩罚特定行为;信息机制(informational)——以特定方向改变性能的信息。[3] 但是,不同的制度安排会对一个人产生不同的激励,从而导致他产生不同的行为反应。[4] 教师通过关注自己的提问和学生的反馈、激发学生互动以及引导学生的协作任务而保障学生积极地参与教学活动;[5] 学生可以通过评价反馈而知晓他们的效能(performance)情况,这个结果可以辅助他们未来的改进工作。[6] 很显然,教师学生能够从有效的反馈中受益,知道自己的进展、明白自己的优势、发现自己的不足以及改进和提

---

[1] Patrick Griffin, Shelley Gillis, "Standards-Referenced Assessment for Vocational Education and Training in Schools", *Australian Journal of Education*, Vol. 51, No. 1, 2007, pp. 19 – 38.
[2] Fleurbaey Marc, Robert J. Gary-Bobo, Maguain Denis, "Education, distributive justice, and adverse selection", *Journal of Public Economics*, Vol. 84, No. 1, 2002, pp. 113 – 150.
[3] Melissa M. Nelson, Christian D. Schunn, "The nature of feedback: How different types of peer feedback affect writing performance", *Instructional Science*, Vol. 37, No. 4, 2009, pp. 375 – 401.
[4] 杨克瑞:《制度分析与国家助学贷款的政策反思》,《清华大学教育研究》2004 年第 2 期。
[5] Dylan Wiliam, Paul Black, "Meanings and Consequences: A Basis for Distinguishing Formative and Summative Functions of Assessment", *British Educational Research Journal*, Vol. 22, No. 5, 1996, pp. 537 – 548.
[6] Paul Black, Christine Harrison, Clare Lee, et al., "Working inside the black box: Assessment for learning in the classroom", *Phi delta kappan*, Vol. 86, No. 1, 2004, pp. 8 – 21.

高的方向。因此，职业教育学习评价反馈应该是信息的应用，而不仅仅是信息的传递（transmit）。反馈是一个程序或过程的一部分，聚焦于评价的任务或目标。通过职业教育学习评价建立完整的评价反馈环（feedback loop），教师们就可以通过教学"干预"去提高学生的学习，学生也可以根据反馈调整和改进自身的学习。

二 改进：职业教育教师和学生的评价后调整

李·克龙巴赫（Lee J. Cronbach）指出："评价能完成的最大贡献是确定教程需要改进的方面。"[1] 可以说，教师教学改进和学生学习改进是职业教育学习评价效用产生的关键。不过，教学改进和学习改进也不是互不相关的行为活动，在评价反馈之后，师生之间的教学互动应该更加强化，达成"师生共进"[2]。

（一）教学改进：职业教育学习评价的教师调整

教师是教学的"当局者"，因此，教师是学校教学改进的关键。[3] 同时，教师也是反思性实践者，通过反思的改进是教师专业发展的重要基础，因此，教学改进是提高职业教育学习评价效用的重要基础。教师教学改进，最终要实现教学范式的优化，历史上先后出现了"教学艺术范式"（teaching as an art）、"教学科学范式"（teaching as an applied science）、"教学系统范式"（teaching as a system paradigm）、"教学能技范式"（teaching as acompetence or skill）等多种类型[4]，最理想的教学改进就是实现教学科学、教学技术、教学艺术的三位一体。[5] 具体来说，教师通过评价反馈，发现并反思"教学理解""教学期待"与"实际教学行为"之间的"行为差距"，然后教师通过反思和尝试，做出教学目标、教学筹备、

---

[1] Lee J. Cronbach, "Course Improvement through Evaluation", *Teachers College Record*, Vol. 64, No. 1, 1963, pp. 672–683.
[2] 范蔚、叶波、徐宇：《"师生共进"的有效教学评价标准建构》，《教育理论与实践》2013年第19期。
[3] 顾明远：《高等学校的教学改革及教育观念的转变》，《北京师范大学学报》（社会科学版）2000年第2期。
[4] 陈晓端：《当代教学范式研究》，《陕西师范大学学报》（哲学社会科学版）2004年第5期。
[5] 赵伶俐：《教学科学、教学技术、教学艺术三位一体中端论——视点结构教学原理及其技术系统研究》，《西南大学学报》（社会科学版）2004年第4期。

教学方法、教学管理、教学评价等方面的调整改进（或者零调整），以提高教学效能，进而也就实现了职业教育学习评价的发展性效用，如图2—6所示：

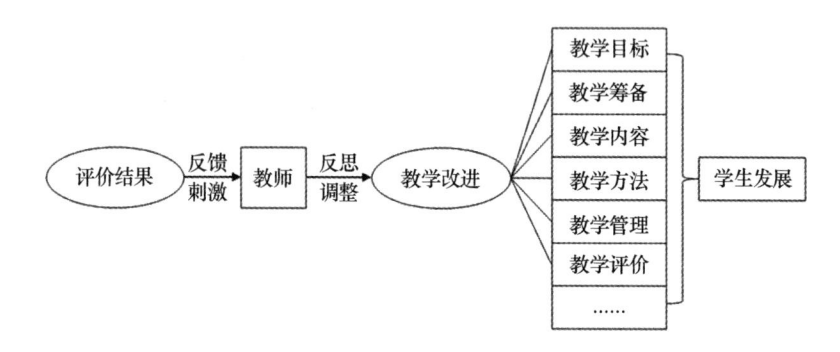

图2—6 职业教育学习评价与教学改进

职业教育学习评价运行机制中的教学改进是一个客观存在的变量，即使变量的值为零，也可以算是没有改进的改进。在教学的目标上，以学生KSA发展为核心目标是职业教育学习评价的首要目的。同时，也切实体现"立德树人"的教育目标，促进学生的全面发展。在教学筹备上，回归学生发展的真实需要是教学设计的逻辑起点及初衷。[①] 教师还要站在学生的立场对学习结果和下一步教学再度深入研究。[②] 设计在应用情境中传授工作过程系统化的知识等。[③] 在教学方法上，坚持教学"育人"的属性，实施以问题和情境为导向的学习过程，基于问题解决、元认知培养和经验整合[④]等方式培养学生的综合能力。最后，教师也必须把学习评价作为职业教育教学过程的一个组成部分，通过学习评价发现学生学习的不足和自身教学的不足，再根据评价结论进行相应的教学改进。

---

① 罗生全、田洵洵：《学习性评价取向的教学设计》，《电子科技大学学报》（社会科学版）2017年第2期。
② Cheryl A. Jones, "Assessment for learning", *Education Policy & Reform*, Vol. 7, No. 1, 2005, pp. 143–150.
③ 徐涵：《德国学习领域课程：职业教育教学体系的转变》，《比较教育研究》2015年第1期。
④ 梁宁建、杨志勇、张增修：《问题解决策略的元认知研究》，《心理科学》2001年第3期。

(二) 学习改进：职业教育学习评价的学生调整

职业教育学习评价为学生学习效果提供预测机制（predictable pattern）和参考指标（index）[①]，因而，在实施职业教育学习评价之后会产生学生学业的实际水平、预测水平与参照指标三种衡量尺度。[②] 通常情况下，职业教育学习评价结果通过整理、分析和解释，反馈给学生，实际结果与参照水平之间会出现各种各样的"差距"。学生面对成果，接受刺激，开始反思自己的学习结果与学习过程，进而在学习上做出相应的调整和改进（不调整也是一种零调整），在学习动机和兴趣上，学习的投入和行动上，在学习的方法与策略上进行改进，最终会进一步影响学生个人的成长与发展，如图2—7所示。

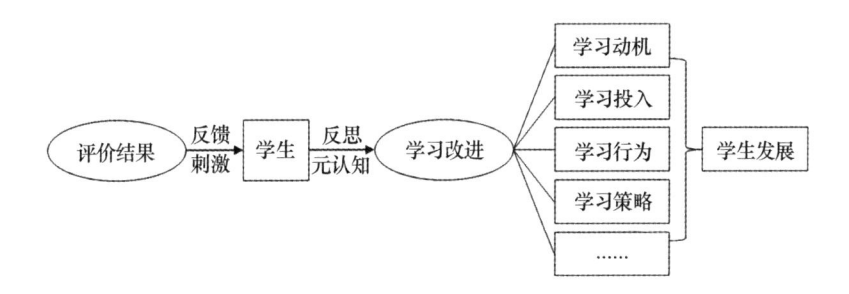

图2—7 职业教育学习评价与学习改进

职业教育学习评价运行机制中的学习改进也是客观的。理论上，职业院校学生学习改进的方向和空间有五个维度：一是学习目的变革，从掌握知识向解决实际问题转变；二是学习内容的变革，从单一、封闭性向综合、开放性转变；三是学习过程的变革，从接受性向自主性转变；四是学习形式的变革，从规定性向灵活性转变；五是前四个维度的改进带来的学习绩效改进。[③] 但是，并不是所有的学习改进都是随机发生的，学生若要

[①] 王焕霞：《发展性学生评价：内涵、范式与参照标准》，《山东师范大学学报》（人文社会科学版）2017年第1期。
[②] Lorna Earl, Steven Katz, *Rethinking classroom assessment with purpose in mind: Assessment for Learning, Assessment as Learning, Assessment of Learning*, Winnipeg, MB: Western Northern Canadian Protocol, 2006, p.3.
[③] 靳玉乐、艾兴：《对研究性学习的再认识》，《课程·教材·教法》2003年第1期。

有效地调节和改进自己的学习,需要了解三件事:什么样的标准和方法在评价学习?当前的学习处在什么位置?如何能提高到应有的标准?[1] 所以,职业教育学习评价与学习改进过程中,元认知极其重要,元认知就是反思自己的思维过程,元认知思维可以形象地比喻为个人思维的"内部对话"。[2] 学生通过元认知监控自己的理解、预测自己的表现、明确需要知道什么、重组和建构新的想法、检查不同信息之间的一致性以及帮助他们增进理解的类比,养成一种持续不断地复习和挑战自己所知道的东西的习惯。[3] 当学生"思考、解决问题、构造、转化、调查、创造、分析、选择、组织、决定、交谈和交流、分享、预测、解释、评价、反思、承担责任、探索、提问、回答、记录、获取新知识,并将这些知识应用于新情况"时[4],新的学习就会发生。这些新的学习,可能是学习动机的强化、学习兴趣的变浓、学习投入的增加、学习习惯的改变以及学习结果的提升。

(三) 师生共进:职业教育学习评价的中和调整

教学改进和学习改进在理论上和实践上都是相互关联的,理想状态下的教学改进与学习改进应该是"师生共进"[5]。职业教育学习评价是师生共同合作的过程,在本质上也是一个教与学的过程。[6] 职业教育学习评价的结果可以通过教师的评价与反馈传递给学生,进而改善学生的思维品质与学习技巧;[7] 教师和学生可以更好地理解他们自己的教与学,以及更好地改进教与学。[8] 事实上,根据 AAL 理论,评价、教育、学习、改进四者之

---

[1] Paul Black, Dylan Wiliam, "Inside the black box: Raising standards through classroom assessment", *Phi Delta Kappan*, Vol. 92, No. 1, 1998, pp. 81–90.
[2] Paul R. Pintrich, "The Role of Metacognitive Knowledge in Learning, Teaching, and Assessing", *Theory Into Practice*, Vol. 41, No. 4, 2002, pp. 219–225.
[3] 梁宁建、杨志勇、张增修:《问题解决策略的元认知研究》,《心理科学》2001 年第 3 期。
[4] Anastasia Efklides, "Metacognition and affect: What can metacognitive experiences tell us about the learning process?" *Educational Research Review*, Vol. 1, No. 1, 2006, pp. 3–14.
[5] 范蔚、叶波、徐宇:《"师生共进"的有效教学评价标准建构》,《教育理论与实践》2013 年第 19 期。
[6] Ranald Macdonald, "The use of evaluation to improve practice in learning and teaching", *Innovations in Education & Teaching International*, Vol. 43, No. 1, 2006, pp. 3–13.
[7] David H. Hargreaves, *Personalizing learning: student voice and assessment for learning*, London: Specialist Schools Trust, 2004, p. 24.
[8] Allen E. Doolittle, "Classroom Assessment: What Teachers Need to Know", *Journal of Educational Measurement*, Vol. 39, No. 1, 2002, pp. 85–90.

间形成了"两两相连"的四面体关系,教学改进、学习改进依然是相互作用的关系。一方面,教学改进要能够更有效地指导和推进学习改进。诚如伊恩·史密斯(Ian Smith)在《学习性评价丛书》的中文版序中所写,"教师需要知道如何行动,以便帮助学生们,使他们成为自主的求知者"。[1]另一方面,学习改进也可以为教学改进提供回应与支撑,所以,教学改进和学习改进又回到了"教—学—评"一体化的问题。

职业教育学习评价的教学改进与学习改进在师生关系和作用上是要切实发挥学生的自主性和教师的促进作用。首先,学生的自主改进最为重要。因为"教师不能把学习放进学生的脑子里"[2],学生要根据评价的结果和反馈,有意识地自主调整和改进。其次,教师在教学改进和学习改进中,要充分发挥指导和促进作用。只是知道学生没有学到某些概念或技能而进行重复教学是愚蠢的[3],教师还必须根据评价的结果,以新的方式呈现这些概念,让学生参与并获得不同的、更恰当的学习经验。但是在教师改进教学和构思新的教学设计之前,需要了解学生的想法,必须按照学生的思维方式和理解方式来阐述和建构教学的内容。再次,评价不是学生单向度或一次性的经历和体验,评价是帮助学生学习的持续努力的一部分。[4]如果教师能通过有用的纠正性教学来进行评价,那么学生应该有第二次机会来展示他们新的理解与实践。最后,评价不应只成为评价者个人的表演,而应成为被评价者共同参与进行的评价。[5] 课堂教学对教师而言,不只是为学生成长所作的付出,同时也是自己生命价值和自身发展的体现[6],教师的教学改进也是"通过成就学生而成就自己"。

---

[1] [英]伊恩·史密斯:《学习性评价丛书》,剑桥教育(中国)译,教育科学出版社2010年版,第1页。
[2] Council for the Curriculum Examinations and Assessment, *Assessment for Learning: A Practical Guide*, Belfast: CCEA Publication, 2009, p. 1.
[3] Sally Brown, "Assessment literacy: the foundation for improving student learning", *Assessment & Evaluation in Higher Education*, Vol. 39, No. 3, 2014, pp. 395–396.
[4] Erik E. J. Thoonen, Peter J. C. Sleegers, Frans J. Oort, et al., "How to improve teaching practices: The role of teacher motivation, organizational factors, and leadership practices", *Educational administration quarterly*, Vol. 47, No. 3, 2011, pp. 496–536.
[5] 李政涛:《教育生活中的表演——人类行为表演性的教育学考察》,博士学位论文,华东师范大学,2003年,第119—120页。
[6] 叶澜:《让课堂焕发出生命活力》,《教育研究》1997年第9期。

三 绩效：评价促进学生知识、技能与能力的发展

学习评价到底是教育改革的致命桎梏，还是教育发展的救命稻草？解答这个问题的关键在于职业教育学习评价最终发展了什么。从现代职业教育的目标以及经济社会发展的现实需求来看，知识（knowledge）、技能（skill）与能力（ability）是学生必不可少的素养。[①] 因此，探究职业教育学习评价究竟有什么用的问题可以等价转化为职业教育学习评价是否促进了学生 KSA 的发展。

（一）KSA：职业教育学习评价效用的结构性框架

"培养什么样的人？"和"培养人的什么？"是教育的首要问题。[②] 在"培养人的什么？"的问题上，先后出现了"双基""三维目标""核心素养"等许多理论和争论。[③] 不管教育目标和课程目标的理论如何演变，目标体系如何划分，知识（knowledge）、技能（skill）与能力（ability）始终都是最核心的要素。从职业教育本身和社会经济发展来看，KSA 也是最根本、最核心的发展目标，也是职业教育学习评价应该追求的最终效用。

第一，知识（knowledge），了解并明晰通用的和具体的原理，并能够分析问题的原因，并尝试解决问题。[④] 职业教育的职业知识是学生对科学原理、事实、职业活动现象及其相互之间的联系、性质和关系进行认识的

[①] Michaela Brockmann, Linda Clarke, Christopher Winch, "Knowledge, Skills, Competence: European Divergences in Vocational Education and Training (VET): The English, German and Dutch Cases", *Oxford Review of Education*, Vol. 34, No. 5, 2008, pp. 547 – 567.

[②] 新华社评论员：《以立德树人铸就教育之魂——学习贯彻习近平总书记在全国教育大会重要讲话》，人民网，http://opinion.people.com.cn/n1/2018/0911/c1003 – 30285366.html，2018年9月15日。

[③] 郑昀、徐林祥：《从"双基"到"三维目标"，再到"核心素养"——新中国成立以来语文学科教学目标述评》，《课程·教材·教法》2017年第10期。邝孔秀、张辉蓉：《双基教学：摒弃还是发展》，《教育学报》2013年第9期。崔允漷：《追问"学生学会了什么"——兼论三维目标》，《教育研究》2013年第7期。余文森：《从三维目标走向核心素养》，《华东师范大学学报》（教育科学版）2016年第1期。

[④] Anthony Kelly, "The evolution of key skills: towards a tawney paradigm", *Journal of Vocational Education & Training*, Vol. 53, No. 1, 2001, pp. 21 – 36.

结果，主要包括经验与实体型知识、理论型知识、方法型知识。①

第二，技能（skills），基于理论或经验分析，解决工作流程中的具体的问题。通常意义的技能意指通过训练而获得的顺利完成某种工作任务的动作方式和动作系统，狭义的技能即动作技能，可以分为感觉技能、动作技能、心智技能、语言技能、合作工作技能和交际技能。而广义的技能包括动作技能和智慧技能（心智技能），智慧技能可以在人脑中完成，外显为做事的技巧，内隐为心理调节策略，也即是认知策略。②

第三，能力（ability），是稳定的心理状态与特征，融合了知识与技能，能够在变化的情景中分析问题，并能借助外在条件和工具解决问题。也就是说，能力和知识、技能是有关联的，外显为成功地运用知识和技能。在知识与能力关系的理解中，吉尔伯特·赖尔（Gilbert Ryle）从知识论的角度将"knowing how"当作"能力之知"③，但是保罗·斯诺登（Paul Snowdon）认为将"knowing how"当作能力是完全错误的④，因为"能力之知"是"默会知识"。在技能与能力的关系上，当条件重复出现时，技能则明显地表现出来，能力也能够使人在新的情况下创造性地运用技能。事实上，KSA是一个完整的、相互关联的结构性框架，如图2—8所示：

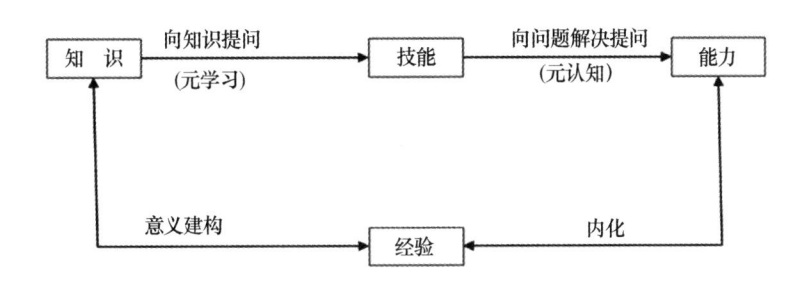

图2—8 知识、技能、能力和经验整合

① 李政：《职业教育现代学徒制的价值审视——基于技术技能人才知识结构变迁的分析》，《华东师范大学学报》（教育科学版）2017年第1期。
② 吴红耘、皮连生：《心理学中的能力、知识和技能概念的演变及其教学含义》，《课程·教材·教法》2011年第11期。
③ Gilbert Ryle, "The concept of mind", *Quarterly Review of Biology*, Vol. 25, No. 4, 1949, pp. 248–253.
④ Paul Snowdon, "Knowing How and Knowing That", *Philosophical Review*, Vol. 67, No. 3, 2003, pp. 120–121.

如图2—8所示，在职业工作情境中，解决问题的知识、技能、能力和经验整合就是认知、学习与元认知共同作用的过程。首先，知识是有价值的，人类通过知识获得解放。[①] 理论知识可以促进理解实践的过程、促进实践能力的迁移、创造性地指导实践。[②] 知识也可以是解决问题的探究工具、交往互动的社会对话，个体知识的积累有助于其技能和能力的提高。[③] 因此，通过职业教育学习评价促进学生的知识习得是评价效用的一种。其次，技能虽然有知识的指导和理解，却没有达到能力的成熟度和稳定性，大多数技能是连接理论知识与实践能力的过渡性品质。事实上，这正是职业教育人才培养最重要的任务，将学生的理论知识进行实践性转化，形成熟练的技能，最终转化为能力。最后，能力不是无源之水，也非与生俱来，而是与知识、技能和实践相互依存，密切相关，能力为人们掌握知识、获取技能提供了现实可能性；能力又是人们的知识技能不断增长、累积的结果。因此，KSA是一个整体性的结构模型。

（二）KSA与工作过程：职业教育学习评价效用的合理性

理论模型的提出必须有"集正确性与公正性于一体的合理性"[④]。职业教育学习评价效用的KSA模型以职业岗位的工作过程、职业教育课程与教学实践为基础，具有理论上的合理性。人才培养是职业教育适应经济社会发展的核心机制，但是人才培养必须面向经济社会的生产实际和工作过程的能力需求，因此，在职业教育的理论研究中，工作过程分析是非常强大的分析工具。通常情况下，工作过程分析要经过"获取信息—制定计划—作出决定—实施计划—检查计划—评定反馈"的循环流程。[⑤] 过程分析的目的就在于探寻具体工作岗位上究竟需要什么样的人，职业教育所培养的人需要什么样的素养，而分析的结果就是KSA框架，如图2—9所示。

---

① [英]卡尔·波普尔：《通过知识获得解放》，范景中、李本正译，中国美术学院出版社1998年版，第179页。
② 张良：《课程知识观研究——从表征主义到生成主义》，博士学位论文，华东师范大学，2015年，第120—128页。
③ 徐国庆：《实践导向职业教育课程研究》，博士学位论文，华东师范大学，2004年，第67页。
④ [德]尤尔根·哈贝马斯：《公共领域的结构转型》，曹卫东等译，学林出版社1999年版，第57页。
⑤ 赵志群：《职业教育工学结合一体化课程开发指南》，清华大学出版社2009年版，第35页。

第二章 职业教育学习评价效用的生成机理

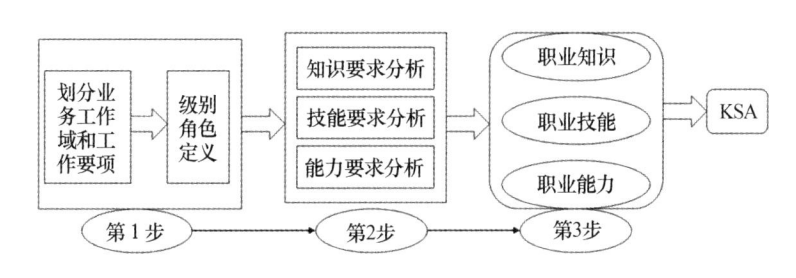

图 2—9 KSA 与工作过程分析

工作过程分析从划分工作域和工作要项开始，根据技能人才工作的职位簇划分工作域，梳理出业务要点、工作要项，进而明晰工作内容和业务流程。然后，按等级对工作要项的能力要素进行分级分析定位，逐级分析职业教育的工作任务、分任务和劳动行为[①]，进而确定相应的业务行为和应掌握的知识、技能及职业素养，最终抽象提炼出知识、技能与能力要素，构成了 KSA 框架。在实践上职业教育工作过程分析与 KSA 已经有机融合，并广泛运用于职业教育教学实践和企业人力资源培训、技术人才招聘等方面。如表 2—1 示，"风电设备运行"专项技能的四级 KSA 模型分析分解表用于指导职业教育教学，就是 KSA 框架的成功实践。

表 2—1　"风电设备运行"专项技能的四级 KSA 模型分析分解图

序号	KSA要项	KSA 要素分解项							
		1	2	3	4	5	6	7	8
A	基础知识	电工基础	机械基础	机械制图	电气识、绘图	液压			
B	专业知识	风力发电基本知识	继电保护、自动装置及二次回路	电气控制原理知识	电机学	电气一次设备及运行维护	变电站综合自动化和集中控制	电力系统分析	高压电技术

[①] 蒋乃平：《职业和工作过程分析是逆向思维的基础——"宽基础、活模块"课程模式再论之四》，《职业技术教育》2007 年第 25 期。

续表

序号	KSA要项	KSA要素分解项							
		1	2	3	4	5	6	7	8
C	相关知识	电力系统通信	变电检修	电气试验	新技术、新设备	电网调度运行	调度、变电运行相关规程标准	数字化变电站及智能电网	
D	基础技能	电气运行方式	调度操作术语应用及相关工作流程	调度范围内的电源、负荷分布情况	变电站主接线及设备	安全用具的使用及紧急救护	计算机操作	工作票、操作票执行	
E	专业技能	风电场设备运行	风电设备维护	风电设备检修与倒闸操作	异常运行与事故处理	低压电气及维护	电气安全安全接地与防雷	设备交接与验收	
F	相关技能	调度报表管理	新技术应用	电网事故处理					
G	职业素养	法律法规	职业道德	企业文化	电力安全生产及保护	电力应用文	沟通协调和团队建设	技能培训与传授技艺	组织管理

资料来源：转引自汤晓华、吕景泉、洪霞《基于职业能力的技能人才知识、技能、素质系统化模型建模与研究》，《职业技术教育》2012年第2期。

可以发现，在理论上，工作过程系统化的要素分析结果与 KSA 也具有内在的一致性。在实践中，职业工种的岗位需求在结果上也主要表征为职业知识、职业技能和职业能力，因此，无论是在理论上还是实践中，将KSA框架作为职业教育学习评价效用具有"正确而公正的合理性"①。

（三）KSA与职业能力测评：职业教育学习评价效用的合法性

KSA不仅仅是职业工作过程分析的结果，同时也在职业能力测评中发挥着重要作用，这是职业教育学习评价效用KSA模型的合法性依据。职业教育早已经从STW（school to work）转向了STC（school to career）②，因此，职业教育学习评价的目标必须由"知识本位"转向"能力本位"。但是，职业教育的"能力本位"的"能力"并不是具体的某一种能力，而是在工作岗位上所需要的系统化能力③，也是KSA的综合。知识、技能和能力在个人层面是分散存在的，需要经过行动和行为的转化，在具体的工作情境中才能转化为显性的能力表征，外显为综合性的能力体系，如图2—10所示。

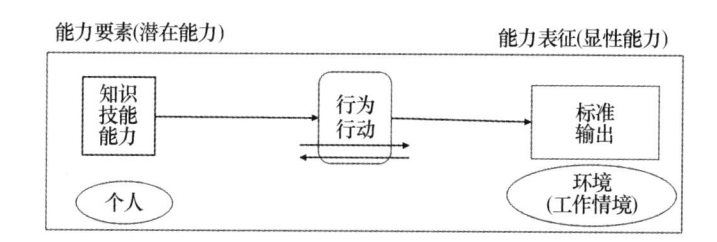

图2—10 KSA的转化

资料来源：根据Marc Schütte, Georg Spöttl的研究成果整理而成。参见Marc Schütte, Georg Spöttl, "Development of Entry-Level Competence Tests: A Strategy for Evaluation of Vocational Education Training Systems", *Research in Comparative & International Education*, Vol. 6, No. 3, 2011, pp. 285–299。

正是由于KSA的实践性和情境性，基于KSA的职业认证制度成为重

---

① ［德］尤尔根·哈贝马斯：《公共领域的结构转型》，曹卫东等译，学林出版社1999年版，第57页。
② Richard, Kazis, Hilary Pennington, *What's Next for School-to-Career?* Boston, MA: Jobs for the Future, 1999, p. 18.
③ Gavin Moodie, "Identifying vocational education and training", *Journal of Vocational Education & Training*, Vol. 54, No. 2, 2002, pp. 249–266.

要的职业教育学习评价和职业院校学生职业资格认证的重要指标。[①] KSA 在职业教育职业资格认证中已经成为纲领性的元素,完美地实现了"教—学—评"一体化,也为"以评促学"促进学生发展的实践性和合法性作出了认证。在实践中,广义的职业能力测评和学习评价紧密相连,还包括了职业技能大赛、职业资格考试等。现行的职业能力测评中,无论是职业教育领域的 ASCOT、COMET/KOMET,还是基于胜任特征的测评的"ICA 能力评价工具"、Kasseler 能力分类模型(Kasserler-Kompetenz-Raster,KKR),能力测评都不仅仅是测量能力本身。所测的职业能力是人在职业中发展与实现的过程性概念[②],包括了职业认知能力、职业行动能力、创业能力、关键能力、实践能力、职业素养、设计能力和跨学科能力等。[③] 职业教育的人应该是完整的人,职业教育的 KSA 必须是"整体性职业能力"[④]。在未来,如果教育的目标仍然是为某个具体行业培养人,那么教育所培养的学生就会"毕业即失业",所以 KSA 还应该包含培养学生的批判思维能力、表达能力与创造能力,不仅仅是为了当前的就业和职业,更是着眼于学生未来的进修、终身学习、公民身份、公民品德的发展。

[①] Elizabeth A. Witt, "Use of Knowledge, Skill, and Ability Statements in Developing Licensure and Certification Examinations", *Educational Measurement Issues & Practice*, Vol. 24, No. 1, 2005, pp. 15 – 22.

[②] 张弛:《基于企业视角的高技能人才职业能力培养研究》,博士学位论文,天津大学,2014 年,第 30 页。

[③] Jeroen Onstenk, "Entrepreneurship and Vocational Education", *European Educational Research Journal*, Vol. 2, No. 1, 2003, pp. 74 – 89. 周瑛仪:《大规模职业能力测评的预测效度——基于 COMET 方案在汽修、数控与电气专业领域的研究》,博士学位论文,北京师范大学,2015 年,第 36—55 页。石伟平:《比较职业技术教育》,华东师范大学出版社 2001 年版,第 294—301 页。吴雪萍:《培养关键能力:世界职业教育的新热点》,《浙江大学学报》(人文社会科学版)2000 年第 6 期。

[④] 姜大源:《职业教育教学思想的职业说》,《中国职业技术教育》2006 年第 22 期。

第三章 职业教育学习评价效用的价值尺度

制度是发展变化的，但制度的运行并不是杂乱无序的。尽管制度不会有自己的心智，但是制度内的人有着多重制度逻辑。[1] 所谓制度逻辑（institutional logic）就是特定组织内或具体场域中各种"行为信念"（behavior belief）或者"行为原则"（behavior principle）。[2] 制度逻辑为制度内的人提供决策与行动的指导，在很大程度上影响着人们的价值观和具体实践，甚至会影响个人目标与基本价值的实现。[3] 因此，在不断变迁的职业教育学习评价制度中，评价效用观也在不停地发生变化。而不同的制度逻辑，不同的利益诉求，也会催生不同的职业教育学习评价效用观，外显为不同的评价效用表征。

第一节 职业教育学习评价的制度变迁与效用观

事物是不断变化和发展的。诚如梁启超所言"变者，天下之公理"。教育是一个复杂的开放系统[4]，随着政治、经济、文化的变化而不断变化。

---

[1] ［英］玛丽·道格拉斯：《制度如何思考》，张晨曲译，经济管理出版社2013年版，第12页。
[2] Anne Murphy, "The Institutional Logics Perspective: A New Approach to Culture, Structure and Process", *Leadership & Organization Development Journal*, Vol. 15, No. 6, 2012, p. 583.
[3] ［德］柯武刚、史漫飞：《制度经济学：社会秩序与公共政策》，韩朝华译，商务印书馆2000年版，第61页。
[4] Wayne K. Hoy, Cecil G. Miskel, *Education administration: Theory Research and Pracitice*, New York: McGraw-Hill Book Co., 2005, pp. 6–7.

职业教育学习评价制度也随着外部变革而不断变化,在评价的目标取向上先后经历了"评定—选拔—调控—个性表现"的演变。① 然而,历史从来都不是孤立的、独立的、不相连的或静止的,总是辩证地与现在联系在一起。② 因此,分析职业教育学习评价制度变迁史,也就是探究现代性职业教育学习评价"效用观"。

一 职业教育学习评价的制度变迁:效用观的转向

职业教育学习评价不仅可以直接影响学生的学习行为,还可以直接为课程与教学设计提供参考。③ 所以,不同的职业教育评价制度往往会生成不同的评价效用。从技术转向的视角来看,职业教育学习评价制度的经验转向、伦理转向与文化转向促成了评价制度变革,也影响了评价的最终效用。

(一)经验转向:职业教育学习评价效用尺度的精细化

技术哲学的经验转向就是从关注抽象的、整体的技术对人类的影响转向关注具体的技术如何从物质和观念上来影响人类生活。④ 一是因为经验积累,人类的技术认知逻辑不断发生转变;二是因为经验转化,人类社会的具体技术手段与技术方法不断创新和改进;三是因为技术认知逻辑与技术手段革新,技术应用对象也相应变化。在不同时期,不同的技术认知逻辑形成不同的职业教育学习评价技术观,所以,人类对评价的认知从"客观主义认识论"转向"建构主义认识论"。⑤ 以评价的技术手段为分界点,职业教育学习评价主要经历了"质性评价——量化评价——混合评价"的转向,技术的认知和使用都越来越精细化。在前教

---

① 田杰:《评定·选拔·调控·个性化表现——试析教育评价理念变化的历史轨迹》,《中国教育学刊》2003 年第 3 期。
② Paulo Freire, *Pedagogy of the Oppressed*, New York: The Continuum International Publishing Group Inc., 2000, p. 68.
③ Philipp Grollmann, Melanie Hoppe, "Methods and Instruments for the Evaluation and Monitoring of Vocational Education and Training Systems: A Basis for Evidence-Based Policy Making?" *Research in Comparative and International Education*, Vol. 6, No. 3, 2011, pp. 250 – 254.
④ Peter-Paul Verbeek, *What Things Do: Philosophical Reflections on Technolgoy, Agency, and Design*, University Park, PA: The Pennsylvania State University Press, 2005, pp. 6 – 9.
⑤ 王俭:《教育评价发展历史的哲学考察》,《教师教育研究》2008 年第 2 期。

育测量时期，依靠基于经验积累的主观主义评价观；在教育测量时期，主要是基于测量技术的客观主义取向；在目标分析时期，主要是基于目标分类的科学主义取向；而进入后现代时期，职业教育学习评价的价值取向则走向了多元化。

职业教育学习评价技术的经验转向还体现在技术应用的变化上，评价技术的使用越来越精细化、全息化。在课堂学习的评价上，对职业院校学生的学习评价经历了"行为表征评价—行为结果评价—行为能力评价"的转向。从最开始评价学生的知识、能力转向评价学生的情感、态度、价值观，进而又转向学生的职业能力和职业素养评价。而这种技术使用的转向，所依赖的是技术经验的积累和技术手段的不断革新，而技术应用背后的技术认知逻辑是"整体型模糊评价—分解型精确评价—生态型精细评价"的转向。所以，技术经验的发展与转向让职业教育学习评价制度越来越追求精细、追求精确，无论是评价的技术范式从质性转向量化又转向混合，还是在技术应用上越来越操作化、全息化，都让评价结果越来越接近学生学习结果的真实水平，因而，职业教育学习评价效用尺度也越来越精细化。

（二）伦理转向：职业教育学习评价效用尺度的人本化

随着科学技术的进步，技术伦理的矛盾日益凸显，技术哲学家们对于技术伦理问题从"极力规避"转向"正面接受"。[①] 技术伦理转向的核心问题就是"休谟难题"[②]，在技术问题的事实判断和道德判断之间，"是"与"应该"的"两难问题"。伦理学的基本原则就是"真""善""美"，而且所有的"真""善""美"都以人为核心。因此，从伦理的角度去看技术，"是"与"应该"的问题不应该是非此即彼的排他性选择，也不应该是你先我后的时序性选择，伦理视角下的技术可以是"真""善""美"的共同存在，而且这种"真""善""美"应该服务于人。事实上，任何工具或技术只有当它们与人产生交互性时才有意义[③]，这种意义的存在是基于技术民主的前提：一是技术面前人人平等，人与技术的存在是民主的；二是技术所面向的人是平等的，人与人之间是民主的。

---

① 周志刚、杨彩菊：《教育评价范式特征演变的向度分析》，《江苏高教》2014年第4期。
② 李三虎：《技术伦理的休谟难题解——走近马克思的技术伦理思想》，《探求》2005年第1期。
③ ［美］约翰·杜威：《经验与自然》，傅统先译，江苏教育出版社2005年版，第31页。

但是，在职业教育学习评价制度的变迁中，人与技术的关系却在不断变化。在古代，传统学徒制的职业教育学习评价制度中，人与技术的矛盾或许并不显著。但是，近现代的职业教育学习评价中，技术经验与技术手段日益强势，学习评价中人的主体地位开始受到冲击，"以人为本"的理想逐渐让位给了技术的"座驾"。不仅如此，学习评价者牢牢控制着话语权，评价者与被评价者之间的不民主形成了评价控制问题。发展到当代，职业教育学习评价已经转向多元评估、第三方评价，作为评价的学习（AOL）、为了学习的评价（AFL）和学习即评价（AAL）等评价理论日益兴盛，职业教育学习评价中人与人的关系"从独裁转向民主协商"，人的地位和人本思想进一步在职业教育学习评价中得到彰显。职业教育学习评价的伦理转向对技术经验转向作了"真""善""美"的规引，避免了评价效用的"机械效率"，因而，职业教育学习评价效用尺度也越来越人本化。

（三）文化转向：职业教育学习评价效用尺度的学本化

在技术哲学突破"经典时期"的困境实现经验转向和伦理转向的同时，也在默默地进行着文化转向。[①] 事实上，技术既是对自然力的利用，又是一种社会文化过程，技术本身就是一种文化。现代意义的技术文化被定义为两个方面：一方面，技术文化是客观世界图景的表达；另一方面，技术文化又是人类自我意识的显现。[②] 所以，职业教育学习评价的文化转向是与职业教育学习评价息息相关的技术精神、技术价值观与技术知识、技术产品等因素在不断转向的过程中形成的新的世界图像，也是职业教育学习评价技术因子及其关系结构所组成的生态系统。从文化生态的意义上来说，职业教育学习评价技术经历了"单一技术—机械组合技术—情境性技术群"几个阶段，并实现了"从情境无涉转向情境关联"的转向。在这种生态的评价文化中，职业教育学习评价能更加聚焦于学习的本身，为学习提供情境性的评价指导，推进职业教育学习评价走向"以生为本"。

在职业教育学习评价的系统之外，职业教育学习评价制度还始终与政

[①] 林慧岳、丁雪：《技术哲学从经验转向到文化转向的发展及其展望》，《湖南师范大学社会科学学报》2012年第4期。

[②] Francesca Bray, "Technics and Civilization in Late Imperial China: An Essay in the Cultural History of Technology", *Osiris*, No. 13, 1998, pp. 11-33.

治、经济等生态圈层相连接,因而,也被打上了时代的烙印,学习评价的技术文化表征被典型化、标签化。在职业教育学习评价的初始阶段,技术的元素是微弱的,所以,彼时职业教育学习评价的技术风格是稳定和不鲜明的。在封建时期,技术学习的评价职权也牢牢地被官方控制,从评价标准到评价内容,无不体现了封建统治的味道,这个时期学习评价的文化是政治主导的。近代以来,心理测量技术成为了职业教育学习评价的主导性技术,精确的工业思维又成为职业教育学习评价的主流文化。如今,教育走向了全球化,"互联网+"正推动着职业教育学习评价的智能化发展,职业教育学习评价的技术文化风格转向多元,"以评促学"的职业教育学习评价理想逐渐被实现。尽管评价与政治、经济等教育之外的生态圈日益紧密,关系取向越来越多元,但是从宏观的评价文化来看,职业教育学习评价效用尺度越来越学本化。

二 职业教育学习评价效用观批判:倾向性的歧误

职业教育学习评价制度跟随评价文化和社会思想的演化而不断演化,逐渐形成现代性的职业教育学习评价制度体系,并为我国职业教育学习评价做出了巨大贡献。但是,不能否认的是,职业教育学习评价制度的"工具主义""空想主义"和"功利主义"等倾向性的歧误也相当突出,这些历史的局限性又影响了职业教育学习评价效用,因此必须理性地批判和反思学习评价效用的实践误区。

(一)效率纯粹:"工具主义"的职业教育学习评价效用观

"工具主义"追求纯粹的效率,只关心怎么做,而不关心是否应该去做,是实用主义取向的单向度思维。[①]"工具主义"取向的职业教育学习评价主要是基于传统的"技术就是力量"的认识论,一方面,过于相信技术的手段功能,一心追求"以评促教"的纯粹性,想通过"尽善尽美"的评价技术和评价工具,做出最美好的评价,生成最有效的结果。在"工具主义"效用观的职业教育学习评价中,分解思维、精确思维、逻辑思维、控

---

① 张晓东:《实践理性向工具理性的蜕变——杜威工具主义伦理观探析》,《学术研究》2009年第9期。

制思维得到了充分的体现①,评价走上了"麦当劳化"②的道路。另一方面,"工具主义"效用观的职业教育学习评价把评价当作工具,在教学实践中,事事都以评价考试为导向,从授新课到实习实践,到复习等,都指向了考试评价。同时,学生的考勤、自主阅读等都以评价的方式被量化,并纳入学生学习评价结果。"以评促学"理想在"工具主义"的评价中被扭曲为"以测代教""以练代学"。

"工具主义"的职业教育学习评价过分追求评价技术的完美和评价工具的效率,最终成为"欲速而不达"的学习评价。首先,"工具主义"的职业教育学习评价忽视了技术中人的"存在"和相应的伦理问题,最终造成了人与技术相分离。甚至于本为人类身心功能的延伸、为人类所控用的技术,逐渐膨胀扩张成为反控人类的"座驾",并不断"促逼"人类生产与生活"就范"于技术的机械发展规律。③其次,"工具主义"的职业教育学习评价颠覆了人与技术的正常关系,把人变成"被结合到机械体系中的一个部分",从而失去了人的主体地位。以"方法中心"为轴的职业教育学习评价忽视了价值观念的多元性和评价目的复杂性,从而容易导致评价目的与评价方法的分离。④最后,"工具主义"的职业教育学习评价也必然导致学习评价育人作用的迷失、公正之善的偏误以及和谐之美的缺失,评价的教育性价值被弱化,管理性价值被强化,最终职业教育学习评价变异成选拔与淘汰学生的工具。

(二)技术万能:"空想主义"的职业教育学习评价效用观

"空想主义"的职业教育学习评价无限夸大了评价的效用及其可能。"空想主义"的职业教育学习评价也强调科学技术的无限可能,信奉技术的"万能主义",认为技术可以完成所有的评价,通过无限可能的评价去实现职业教育的理想。具体来说,一是忽视现代学习的选择性、实践性、自主性、社会性和学习的创新性等复杂情况⑤,希望通过万能的技术,如大数据等,实现对学生的学习评价。二是在评价的技术上,凭空"创新",

---

① 王熙:《西方价值观教育评价的研究范式与研究方法》,《教育学报》2017年第4期。李雁冰:《论综合素质评价的本质》,《教育发展研究》2011年第24期。
② 潘玉驹:《高校学习评价的"麦当劳化"及其超越》,《高等工程教育研究》2016年第6期。
③ 包国光:《海德格尔"座架"的希腊来源和多重意义》,《哲学研究》2006年第7期。
④ 苏启敏:《教育评价改革的价值选择路径探寻》,《教育理论与实践》2012年第4期。
⑤ 裴娣娜:《论我国课堂教学质量评价观的重要转换》,《教育研究》2008年第1期。

以奇制胜。现在的考试用对付敌人的办法,搞突然袭击,出一些"怪题""偏题"整学生。① 三是寄望评价能解决所有问题,制度能改变一切。"空想主义"的职业教育学习评价效用观笃信"每一个人都生活在制度之下,他的行动和享受以及所变成的结果都是受这些制度所影响的"②,甚至于人人都会把学习成绩看作"为他人而存在"(being for others)。③

在本质上,"空想主义"的职业教育学习评价是笛卡尔主义的思维模式,充满了纯粹理性和极端理性的色彩,属于"纸上乱谈兵"的评价思想。在"空想主义"的职业教育学习评价的实践中,过于简单地相信和追问教育的"真"的存在,用各种数据和尺度去反映学习效果是什么、怎么样,而人的复杂性、情感性与评价的情境性被纯粹理性的职业教育学习评价无情遮蔽。事实上,"教育即生活,但评价永远不是生活"④。评价指标的分裂性与人的全面发展之悖论,评价的内容与学生成人所需要的知识之间的矛盾是永恒的。因此,不能寄希望于技术和评价制度解决所有问题。不过,尽管"空想主义"的职业教育学习评价中理性已经被扭曲、被误用,但理性可以转换和改造并适应新的问题、新的局面,因此,需要做的是重建启蒙理性,而不是对理性的全面否定。⑤

(三) 收益无限:"功利主义"的职业教育学习评价效用观

"功利主义"就是在"工具主义"效率取向和"空想主义"科学导向的影响下追求技术"最大效益"或者"收益无限"的效用观,简单地说就是让职业教育学习评价效用又快、又大、又好。一是不管评价的手段和方法,无论是客观测验还是描述式测验、相对评价还是绝对评价、"常模参照"还是"尺度参照"、终结性评价还是形式性评价、全能评价还是专长评价等都是无关紧要的问题,只要能有评价的结果。二是想一次付出、多重收获的"一箭多雕"式评价。通常一个单独的学习评价常常被用于实现

---

① 张礼永、郭军:《共和国教育60年:筚路蓝缕(1949—1966)》,广东教育出版社2009年版,第222—223页。
② [美]约翰·杜威:《人的问题》,傅统先等译,上海人民出版社2006年版,第45页。
③ Paulo Freire, *Pedagogy of the Oppressed*, New York: The Continuum International Publishing Group Inc., 2000, p.9.
④ 叶澜:《让课堂焕发出生命活力》,《教育研究》1997年第9期。
⑤ [德]尤尔根·哈贝马斯:《现代性的地平线——哈贝马斯访谈录》,李安东、段怀清译,上海人民出版社1997年版,第123页。转引自刘晓虹《个人观转型:中国现代性研究中的一个重要问题》,《华东师范大学学报》(哲学社会科学版)2004年第6期。

多个目的，不考虑教学多样性与评价统一性的冲突。① 三是对结果不负责任，不思考自己在评价中的责任，只想分享评价的结果和好处，纯粹地增加评价次数，只关注评价的工作，忽视了评价的目标和评价后的改进。特别是深受我国文化传统、政治经济状况等一系列社会因素的影响，现有考试评价制度仍然以选拔、排序和管理为主要功能。②

在本质上，"功利主义"的职业教育学习评价是基于"后果论"假设的行为实践，这样的逻辑行动往往因为功利主义的技术追求而忽视了对技术责任的担当，是典型的"我只要葫芦"的寓言故事再现。聚焦短期效益却忽视了长期利益，把非功利性的教育活动转化成了功利性的竞争。不过随着技术的不断发展，"功利主义"的职业教育学习评价的负面效应不断外显，人们开始怀疑通过技术来追求"最大的效益"和"最快利益"的想法与做法，反思技术是否应该承担一定的责任与技术后果。雪莉·本内特（Sherry Bennett）和戴尔·阿姆斯特朗（Dale Armstrong）就对反复的评价考试进行了批判，他们不相信"经常性考试评价"能促进学习成绩的提高，并戏谑道"每天给猪称重并不能使它更肥。"③

三 职业教育学习评价效用的标准：多维性的效度

职业教育学习评价制度在历史变迁中越来越精细化、人本化和促进学习，但是也客观存在着"工具主义""空想主义""功利主义"等问题。那么，现代性的职业教育学习评价究竟是什么样的？现代性意味着"自我决定"和"自我实现"，实现对人的价值理性的终极关怀。④ 站在现代性的立场上，从反思和批判的视角追问——职业教育学习评价需要什么样的制度？评价结果有什么样的标准？

---

① 郭丽君：《走向为教学的评价：地方高校教学评价制度探析》，《高等教育研究》2016年第6期。
② 杨向东、崔允漷：《课堂评价：促进学生的学习和发展》，华东师范大学出版社2012年版，第1—2页。
③ Sherry Bennett, Dale Armstrong, *Putting the Focus on Learning: Shifting Classroom Assessment Practices*, In *Leading Student Assessment*, Amsterdam: Springer Netherlands, 2011, pp. 263–282.
④ 宋晓丹：《交往理性规约工具理性：哈贝马斯交往理性理论转型及其中国启示》，《西北大学学报》（哲学社会科学版）2016年第1期。

(一) 职业教育"教—学—评": 内部一致性探究

"教—学—评"的关系是职业教育学习评价中最重要的问题之一。教与学的关系史上先后发生了三次转向: 20世纪前半叶,教学是"反应的强化"——教师奖惩,学生被奖惩; 20世纪中期,教学是"信息的获得"——教师提供信息、学生接受信息; 20世纪末,教学是"知识的建构"——基于学习经验,学生认知性地重建学习才会发生。[1] 尽管如此,教与学的关系并非不可分析。从分析的可操作性来说,"教学的过程范式"(teaching as process)是最常见的分析方法。[2] 伊·安·凯洛夫(Kaiipob, N. A.)教学论就认为教学是特殊的认识过程[3],但是教与学绝不是日常生活中随机进行的认识过程[4]。从教学过程来看,"教"与"学"的两边都有一种"传递"和"变革"存在,也就是"教"与"学"的"模仿范式"(mimetic mode)和"变革范式"(transformative mode)。扬·阿姆斯·夸美纽斯(Jan Amos Komenský)"把一切事物教给一切人类的全部艺术"和苏格拉底(Sokrates)的"产婆术"分别代表了"模仿"与"变革"的关系模式。

教学与评价之间的关系在根本上,教是为了"学"而存在,教学所追求的目标和结果也一定要通过"学"体现出来。[5] 所以"教—学—评"应该具有一致性。[6] 学习评价反映了课程、教学和学习之间的相互作用的动态[7],因此,学习评价必须和教师的"教"与学生的"学"联系起来。从建构主义的观点来看,评价学生如何进行知识建构要比评价知识学习的结果更为重要。[8] 进而,"教—学—评"的一致性问题可以通过课程标准与评价标准去衡量[9],理想的状态如图3—1中模式(d)所示:

---

[1] 钟启泉:《教学方法: 概念的诠释》,《教育研究》2017年第1期。
[2] 朱德全、李鹏:《课堂教学有效性论纲》,《教育研究》2015年第10期。
[3] [苏联]伊·安·凯洛夫:《教育学》,沈颖等译,人民教育出版社1950年版,第28页。
[4] 叶澜:《让课堂焕发出生命活力》,《教育研究》1997年第9期。
[5] 王策三:《教学论稿(第二版)》,人民教育出版社2005年版,第374页。
[6] Jean-Francois Richarad, Paul Godbout, "Formative assessment as an integral part of the teaching-learning process", *Physical & Health Education Journal*, Vol. 66, No. 3, 2000, p. 13.
[7] Susan M. Brookhart, "Successful Students' Formative and Summative Uses of Assessment Information", *Assessment in Education Principles Policy & Practice*, Vol. 8, No. 2, 2001, pp. 153–169.
[8] 郭裕建:《"学与教"的社会建构主义观点述评》,《心理科学》2002年第1期。
[9] 杨向东、崔允漷:《课堂评价: 促进学生的学习和发展》,华东师范大学出版社2012年版,第56页。

职业教育学习评价效用的制度分析

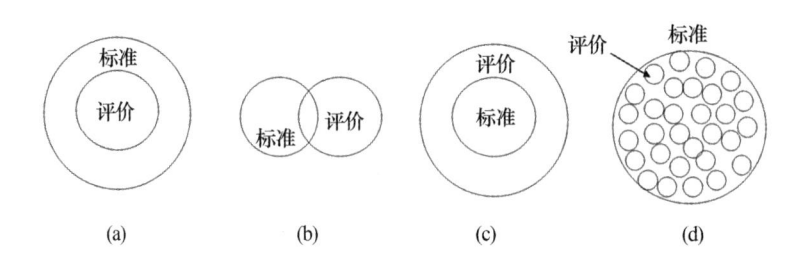

图3—1 "教—学—评"的关系模式

资料来源：杨向东、崔允漷：《课堂评价：促进学生的学习和发展》，华东师范大学出版社2012年版，第56页。

（二）职业教育学习评价制度：用现实勾勒理想

职业教育学习评价效用的诞生依赖于评价的制度。从对效用的实践误区反思来看，可以肯定职业教育学习评价需要这样的制度：

第一，职业教育学习评价制度要实现"教—学—评"的一致性，然而，"教—学—评"一致性的问题，需要评价设计者转变观念，理解课程标准与教学标准，在评价设计上与课程标准、教学标准看齐。所以，从评价制度设计的角度来说要坚持几个原则：清楚确定学习评价内容、重视使用多种学习评价方法、精心组织学习评价、及时反馈和利用评定结果。

第二，从克服"工具主义""空想主义""功利主义"等问题出发，职业教育学习评价必须要有明确的、长远的目标。在评价制度设计中，坚持过程性和目标性的统一，过程性为主；工具性和价值性的统一，工具性为主；现实性和发展性的统一，发展性为主；主体性和客体性的统一，主体性为主；事实判断和价值判断的统一，事实判断为主。[①]

第三，在评价的内容上，要充分体现职业教育的属性。职业教育的学习兼具工作属性（work-based）和教育属性（education-based）。[②] 因此，职

---

① 肖红缨、乔伟峰、王战军：《高等教育监测评估的哲学审视》，《中国高教研究》2015年第2期。
② Cathleen Stasz, Geoff Hayward, Su-Ann Oh, Susannah Wright, *Outcomes and processes in vocational learning: a review of the literature*, London: The Learning and Skills Research Centre, 2005, pp. 13–18.

业教育学习评价最理想的内容尺度就是教育目标的个体与社会统一、教育内容的文化与技能统一、教育方式的艺术与工业统一。①

第四，有效的职业教育学习评价制度必须做到量化评价与质性评价相结合、教师评学与学生自评相结合、过程评价与结果评价相结合。维持评价制度灵活性强和诊断性强的特征，综合运用多种方法收集评价数据，快速书面反馈、表现性评定、日常学习日志、同侪检查等。②

第五，评价结果能实现创价判断（evaluative judgments），扩展到评价那些"尚未存在的价值"并使这些价值产生。评价发现的所有测评的数据、数据的解释、分析发现等要有解释力，倘若评价结果不能被使用就沦为了不可触及的"评价空圣杯"（holy grail of evaluation）③，无论其质量好坏都是失败的评价。

（三）职业教育学习评价效用：以效度作为标准

从评价结果的角度，科学的、进步的学习评价首先要在评价结果的效度上有可靠的保障。具体来说，应有如下效度：

第一，后果效度（consequential validity），也可以称为目标效度，意指职业教育学习评价在多大程度上达成其预期的结果。④ "教学不是教师教了什么，而是学生学了什么。"⑤ 如果评价是一个黑箱，供给侧是学生、教师、其他资源，进过教学和评价的产出侧应该是更渊博的知识、更完美的技能、更强的能力和更优秀的学生等。因此，职业教育学习评价要保证评价结果尽可能地实现评价目标，提高职业教育学习评价的后果效度。

第二，结构效度，评价制度目标和教育对象之间的一致性程度。⑥ 职业教育学习评价制度的合法性、合理性、公平性以及可行性根源于帮助学生的可能性。如今，职业教育学习评价已经被所有学生视为"制度化的认

---

① 康红芹：《杜威职业教育思想探究》，博士学位论文，天津大学，2014年，第32—33页。
② 李坤崇：《学业评价——多种评价工具与设计的应用》，华东师范大学出版社2016年版，第3—5页。
③ James Leslie Herbert, "Researching evaluation influence: a review of the literature", *Evaluation Review*, Vol. 38, No. 5, 2014, pp. 388 – 419.
④ 崔允漷、徐瑰瑰：《论课堂评价的后果效度》，《课程·教材·教法》2014年第7期。
⑤ Paul Black, Dylan Wiliam, "Inside the Black Box: Raising Standards through Classroom Assessment", *The Phi Delta Kappan*, Vol. 80, No. 2, 1998, pp. 139 – 148.
⑥ 王少非：《效度概念的演进与课堂评价的效度》，《全球教育展望》2014年第6期。

可仪式"①，这种"制度化的认可仪式"与学生的认知、接受程度是职业教育学习评价制度能否成功运行的关键。因此，学习评价制度要尽可能的公正合理，与学生的学习能力、学习认知保持一致性。

第三，内在效度，即评价信息与客观事实之间的一致性程度。② 评价要反映学习、成为学习、促进学习并为学生提供多重成功机会。美国国家研究委员会（NationalResearch Council，NRC）出版的《了解学生所知》也强调教学和评价必须准确反映学生的学习，帮助学生学会学习、思考并学会用自己的知识与智慧去理解这个"真实的世界"③（real-world contexts）。因此，职业教育学习评价要充分利用监测技术，用准确的、全面的数据反映学生的学习结果。④

第四，交叉效度，即各种学习评价方法相互检验和验证的一致性。⑤ 不同的职业教育学习评价方法可能会有不同的评价，但是评价所要关注的远不止是测验分数等直接性的结果，而是要看学习评价对学生的影响和帮助。⑥ 因此，职业教育学习评价要规范评价的设计与实施，实现评价的制度化与标准化，确保评价结果可重复，经得起二次检验和不同方法的验证。

第五，主体效度，即各种评价主体对评价客体、评价结果的正确性和公平性。⑦ 因此，职业教育学习评价更应该制度化，通过规范的制度消解评价主体的主观性。因为"规则可以相互传递、传达、培育并反映周围世

---

① Charlotte Hess, Valentin Schaepelynck, "Institution, expérimentation, émancipation: autour de la pédagogie institutionnelle", *Tracés*, Vol. 25, No. 25, 2017, pp. 125–146.
② 鲍镇邦：《提高准实验研究内在效度的探索——基于统计学的一种职业教育教学效果评价方法》，《教育导刊》2012 年第 2 期。
③ National Research Council, *Knowing What Students Know: The Science and Design Of Educational Assessment*, Washington D. C.: National Academies Press, 2001, p. 222.
④ 李鹏、朱德全：《监测评估："互联网＋"时代职业教育质量评估体系创新》，《中国电化教育》2018 年第 6 期。王战军、乔伟峰、李江波：《数据密集型评估：高等教育监测评估的内涵、方法与展望》，《教育研究》2015 年第 6 期。
⑤ John R. McClure, Brian Sonak, Hoi K. Suen, "Concept map assessment of classroom learning: Reliability, validity, and logistical practicality", *Journal of Research in Science Teaching*, Vol. 36, No. 4, 1999, pp. 475–492.
⑥ Rick Stiggins, "Assessment through the Student's Eyes", *Educational Leadership*, Vol. 64, No. 8, 2007, pp. 22–26.
⑦ 黄小平、胡中锋：《论教育评价的效度及其构建》，《高教探索》2014 年第 2 期。

界的规范、信念、利益"①。因此,职业教育学习评价要尽可能地实施多元评估,在多元评估的基础上,确保参与评价成员的专业性、民主性与平等性,保障评价结果的主体效度,尽可能满足不同利益相关者的利益诉求。

第二节 职业教育学习评价效用的多重制度逻辑

学习评价是多元主体参与的公共治理,政府、学校、教师、学生、家长、企业行业都是参与其中的利益相关者。评价的利益相关者立场则是在辩证性的解释过程中获得最大益处②,而不同主体的角色定位和转换主要取决于制度变迁对各自利益的影响。③ 所以,职业教育学习评价制度及其效用也会深受利益相关者逻辑的影响。制度逻辑的一个首要任务就是赋予参与者以身份和角色④,在职业教育学习评价制度中,政府、学校、企业、家长、社区、学生等价值主体共同构成了网状的评价制度结构,每个主体都有不同的价值诉求和制度逻辑,外显为不同的职业教育学习评价效用表征。

一 国家的逻辑:"立德树人"的政治理想

国家代表政治的、统治阶层的利益,参与教育是为了让教育为政治服务、为国家经济建设和发展服务。在中国,国家参与教育治理和学习评价,最核心的逻辑就是"立德树人"。"立德树人"的教育理想从理论到实践已经深入到中国教育的方方面面,在职业教育学习评价的制度中,国

---

① [加拿大]艾维纳·格雷夫:《制度、历史和发展》,李增刚等译,《制度经济学研究》2006年第1期。
② [美]埃贡·G. 古巴、伊冯娜·S. 林肯:《第四代评估》,秦霖等译,中国人民大学出版社2008年版,第24—29页。
③ 黄少安:《关于制度变迁的三个假说及其验证》,《中国社会科学》2000年第4期。周雪光、艾云:《多重逻辑下的制度变迁:一个分析框架》,《中国社会科学》2010年第4期。
④ 周雪光:《制度是如何思维的?》,《读书》2001年第4期。

家在制度层面、政策层面进行方向上的把控,引导职业教育学习评价的具体行动实践。

(一) 国家理想:"以评促教""以评促学"和"立德树人"

评价是一个带有社会政治色彩的过程。[①] 尽管学习评价只是教育制度中很微观的层级,但是学习评价却始终包含着国家的政治影响与逻辑驱动。无论是中国古代的科举考试,还是美国的 Tyler "八年研究",抑或是现代的标准化学业测评都是如此。正如杜威所言,"一切教育都是通过个人参与和分享人类的社会意识而进行的"。[②] 而且这个过程从人一出生就已不知不觉地开始了。国家参与并支持职业教育学习评价,并在宏观层面的职业资格认证、教学质量评估等活动中发挥了重要的作用,经常提及"以评促教""以评促建""以评促管"等,事实上,这些口号也是国家参与职业教育学习评价的逻辑出发点,国家层面也希望通过评价促进教师教学改进,促进学生学习改进,整体性培养职业教育学生的 KSA,进而最终实现"立德树人"的教育理想。

(二) 国家利益:人才培养、人力资本、经济发展与社会稳定

"立德树人"是国家参与职业教育学习评价的教育"中国梦"。但实际上,教育"中国梦"远远不止"立德树人",教育"中国梦"也是政治"中国梦"。从"建国君民教为先"的封建时代,到"科教兴国"的改革时代,教育都是与政治紧密相关的。国家参与和支持职业教育学习评价,正是从职业教育学习评价效用的角度出发的。职业教育学习评价效用最终一定会体现在促进职业教育学生 KSA 的发展,也就实现了职业教育人才培养的目标。人才培养是职业教育适应经济社会发展的核心机制,也是职业教育对经济社会和国家的最大贡献。国家通过职业教育学习评价效用实现了职业技能人才的培养,助推人力资本的增长,实现中国人口红利向人才红利的转向,进而促进国家经济社会发展。此外,职业教育学习评价在促进学生 KSA 发展、职业资格认证等系列工作之外,还有助于帮助职业院校学生的就业、创业,也进一步助推实现劳动人民安居乐业和"中国梦"。

(三) 国家行动:顶层设计、政策规制、资金支持与宏观监控

中国实行的是"向上负责"的科层制行政管理体制,在政府间的等级

---

① [美] 埃贡·G. 古巴、伊冯娜·S. 林肯:《第四代评估》,秦霖等译,中国人民大学出版社 2008 年版,第 186 页。
② [美] 约翰·杜威:《民主·经验·教育》,彭正梅选译,上海人民出版社 2009 年版,第 1 页。

关系中"下级政府接受上级部门的指令,并贯彻实行之"①。所以,国家层面的教育理想和教育方针都必须依靠一级一级的政府去具体实施。国家和各级政府通过顶层设计、政策支持、资金支持与宏观监控,创新职业教育学习评价制度,刺激职业教育学习评价效用。在具体政策上,如国家教育部新推出的"教学诊改",早期的《职业技能鉴定规定》《国家职业资格全国统一鉴定工作规程(试行)》《国家职业技能鉴定命题技术标准》《以"双证"并重制度引领技能型人才培养与评价》②等系列文件和规定都对职业教育学习评价目标、内容、方式方法、标准等内容进行规定,引导其与国家、地方和校本课程的学习目标相一致③,与教育质量监测目标所确立的学生发展水平相吻合,确保职业教育学习评价效用朝着国家期待的方向发展。

二 学校与教师的逻辑:"教化育人"的本职工作

在职业教育学习评价制度体系中,职业院校和教师具有相似的行动逻辑——以"教化育人"为核心的实践逻辑。但是,学校和教师的"教化育人"并不是简单实践,"学校和教师作为教育体制的代表,会体现教育过程以外的社会意志"④。一方面,"教化育人"是执行国家"立德树人"教育任务的一部分,体现国家的意识形态和政治意志,所以,正式的学校教育组织都是具有教育性和政治性的"双核结构"(dual-core structure)的系统。⑤ 另一方面,"教化育人"也是教育机构、教育工作者本职工作,教化育人的本职工作会与家长、社区、企业等产生关联,形塑"学校—教师—学生"之间的利益关系链。

---

① 王富伟:《独立学院的制度化困境——多重逻辑下的政策变迁》,《北京大学教育评论》2012年第2期。朱德全、李鹏:《论统筹城乡职业教育的多重治理逻辑》,《西南大学学报》(社会科学版)2013年第4期。
② 杨金土:《30年重大变革:中国1979—2008年职业教育要事概录》(上卷),教育科学出版社2011年版,第252、257、263、283页。
③ 沈南山:《学业评价标准研究:内涵、范式与策略》,《课程·教材·教法》2011年第11期。
④ 陈桂生:《教育原理》,华东师范大学出版社1993年版,第75页。
⑤ William B. Tyler, "The Organizational Structure of The School", *Annual Review of Sociology*, Vol. 11, No. 1, 1985, pp. 49–73.

职业教育学习评价效用的制度分析

（一）教育者的理想：教育工作的"幸福感"与"成就感"

在教育职业场中，工作的"幸福感"和"成就感"是教师追求的职业理想之一，此种"幸福感"和"成就感"不仅相互关联，同时也与众多的其他因素密切相关，特别是工作的"舒适度"和工作的业绩、劳动的回报。首先，从职业教育学习评价效用的角度去思考，提高工作的"舒适度""幸福感"的最快捷的办法就是通过评价管理和驯服学生。正如黑格尔（Georg Wilhelm Friedrich Hegel）所言："教育就是要把（学生的）特殊性加以琢磨，使它的行径合乎事物的本性。"[1] 通过考试、评价、资格证书鉴定等方法"打磨"学生的特殊性是学校和教师常用的手法，也是"教化育人"本质的一部分。其次，职业教育学习评价也切实可以帮助教师掌握学生的学习情况，有助于教师针对性地调整和改进教学，进而提高教学产出。最后，学校和教师的职业成就感除了来自工作的舒适和工作的回报之外，还来自学生的成就。职业教育学习评价不仅可以认证学生的学业成就，还可以通过评价促进学习改进，帮助学生获得更高的学业成就，进而获得"增值"。所以，职业教育学习评价效用和教育工作者的"幸福感"与"成就感"具有一致性的尺度。

（二）教育者的利益：教育工作的"付出度"与"回报率"

职业教育学习评价在测度学生的学业成就时，也同样可以用来测度学校和教师的工作业绩，以学生学业成就为标准评价教师教学效果是所有教育中最常见的方式。尽管以学生的学业成绩来测度教师的教学业绩存在"循环逻辑悖论"的问题[2]，但是这并不妨碍学校教育管理者用学生学习评价来管理教师。很多时候，"评学"即"评教"，学生的学业成就就是教师工作"回报率"的体现，也是学校和教师工作"付出度"的直接结果。因此，职业教育学习评价效用与教师的工作产出也有一定的一致性，在"评学"即"评教"的制度逻辑中，教师想要的直接性利益也可以通过学习评价而获得，"付出度"与"回报率"可以等值。在实践中，职业教育学习评价也成为测度教师工作投入与工作绩效的一种方法。然而，在全社会都在追求阶层流动和关注教育的时代里，学习评价的结果、学业成就等

---

[1] 郭坤：《黑格尔〈法哲学原理〉教育思想探析》，《湖北社会科学》2015 年第 11 期。
[2] Haggai Kupermintz, "Teacher Effects and Teacher Effectiveness: A Validity Investigalion of the Tennessee Value-added Assessment System", *Educational Evaluation and Policy Analysis*, Vol. 25, No. 3, 2003, pp. 287–298.

级被过分夸大，并演化成为"社会达尔文主义"的恶性竞争，最终的结果就是学生学习的竞争变成了教师工作的竞争，教师工作的职业幸福感缺失，职业倦怠变得严重。越是在职业倦怠、幸福感不强的情况下，教育工作者往往越追求更实在的利益。

（三）教育者的行动："春蚕""园丁""警察"还是"同行人"

在教育史上，教师形象的隐喻最开始是"春蚕""蜡烛"，为学生无悔付出，后来是"园丁"，按教师的意愿修剪成长[1]，再后来是"警察"，督促学生学习。在学生学习评价结果就是教育工作者的结果的时代，教师为了提高自身的绩效，往往会在增大自身投入之时，想办法尽可能增加学生的学习投入，正如保罗·弗莱雷（Paulo Freire）所说"储蓄概念教育"（*banking concept* of education）[2]，机械式增加背诵、记忆等低级的投入与付出。另外，为了维护学校制度的"轴心主义"，学校和教师会用学业成绩、文凭等学习评价的结果与学生交换，"用知识获得尊重，用指导换取控制"[3]。学校物理空间上的教室编座和操场分区、心理空间上的道德灌输与关系调控无不是"被压迫式"的教育和被控制的教育。当然，也有第三类教育——教育者用自己的"全身心"去影响学生的"全身心"，在通往同一个"目的地"的路上，平等地交流、共同地探索。教师与学生成为共同发现之旅路上的"同行人"，就像马丁·布伯（Martin Buber）曾言："一旦我们学会在与他人的关系中生活，认识到我们之间的空间的可能性，我们就能成长和发展。"[4] 在职业教育学习评价制度中，教师也会在"评学"即"评教"中成长。

三 学生与家长的逻辑："追求发展"的投资行为

职业教育是发展个人专业能力、社会能力、行动能力的重要方式。[5]

---

[1] 陈向明：《教师的作用是什么——对教师隐喻的分析》，《教育研究与实验》2001年第1期。
[2] Paulo Freire, *Pedagogy of the Oppressed*, New York: The Continuum International Publishing Group Inc., 2000, p.72.
[3] ［英］保罗·威利斯：《学做工：工人阶级子弟为何继承父业》，秘舒等译，译林出版社2013年版，第84页。
[4] ［德］马丁·布伯：《我与你》，陈维纲译，生活·读书·新知三联书店1986年版，第57页。
[5] Gavin Moodie, "Identifying vocational education and training", *Journal of Vocational Education & Training*, Vol.54, No.2, 2002, pp.249–266.

在中国的文化语境与教育生态中，学生和家长选择职业教育是因为职业教育的"有用性"，从经济学角度来看是一种教育投资。而家长和学生关心并参与职业教育学习评价，则更多的是"追求发展"的投资行为，因为评价也是一种学习，职业教育学习评价，特别是职业准入的资格认证与学生自我发展、劳动力市场的认可和社会资本符号的增长密切相关。

（一）教育消费者的理想：教育投资与发展性资本积累

中国家长和学生选择职业教育是"非主动的"，但是家长和学生依旧选择职业教育的关键原因就是职业教育能给学生带来比较理想的个人收益。读职校的有用性和职业教育学习评价效用在本质上高度耦合，家长与学生作为顾客身份参与职业教育学习评价的终极性目的是获取发展资本。一方面，学生通过三年左右的职业教育学习与培训，在无数次的职业教育学习评价、教学改进和学习改进循环中，学生的人生和生命意义会发生重要变化[1]，培养并发展了学生向"善"的禀赋、独立的人格和"科学的态度"，这些结果最终转化为学生的知识、技能和能力的综合性发展。另一方面，职业教育学习评价让学生通过过程性途径，以知识来获取发展资本；通过结果性途径，以考试来检测知识；通过表象性结果，以分数来表征考试的结果。毕业之际，学习成绩等合格，还可以获得毕业证书，更是制度化形态的文化资本。[2] 在劳动力市场上，职业教育的文凭所代表的能力信号具有良好的"羊皮效应"。[3]

（二）教育消费者的利益：学习结果与学习改进的支持

家长和学生不仅是职业教育的消费者，也是职业教育学习评价的消费者。在职业教育学习评价制度中，家长和学生，特别是学生是评价效用最直接的受益者。对于职业院校学生来说，评价效用即利益，具体来说，一是职业教育学习评价制度保障了教育消费者的利益。评价即学习，参加学习评价的经历对学生的知识、能力和技能等方面有所促进。

---

[1] John M. Dirkx, "Leaning in and Leaning Back at the Same Time Toward a Spirituality of Work-Related Learning", *Advances in Developing Human Resources*, Vol. 15, No. 4, 2013, pp. 356–369.
[2] ［法］皮埃尔·布尔迪厄、［美］华康德：《实践与反思：反思社会学导引》，李猛等译，中央编译出版社1998年版，第162页。
[3] Onstenk Jeroen, "Entrepreneurship and Vocational Education", *European Educational Research Journal*, Vol. 2, No. 1, 2003, pp. 74–89.

不过，评价经历的增值还是基于评价制度的公正合理，不合理的评价制度不会给学生带来学习经历上的增值。二是职业教育学习评价结果解释、反馈和指导到位，给学生提供了反思、调整和不断改进的机会。大多数人都会犯错，评价不能"一竿子打死"，需要给学生改进和"试错"的机会。错误的经验对学生的成长和发展也具有重要的价值。正如柯武刚所说："多数恰当知识都是边干边学的产物，它们是由无数不同的人在分散化的试错选择过程中获得的。"① 三是学生参与了教学改进与学习改进，且得到了学校和教师的应有支持。职业教育学习评价效用主要来自教学改进和学习改进，尽管学习改进主要依赖学生的自主性，但是学习改进也离不开教师的指导与支持；而参与教师教学改进的过程，更是学生评价效用获得的重要来源。

（三）教育消费者的行动："格局差异"与"家校博弈"

卡西尔曾言，"人之为人的特性就在于他的本性的丰富性、微妙性、多样性和多面性"。② 在职业教育学习评价制度中，家长和学生、家长和家长、学生和学生对职业教育学习评价效用的感知和反应都是不尽相同的。一方面，每个人对职业教育学习评价效用的需求不一样，处理的方式就自然不一样；另一方面，即使有学生对职业教育学习评价效用的需求相同，但是各自的学习能力、学习态度以及相关资源各不一样，所以，面对学习评价，职业教育家长和学生最终会形成各不相同的"格局差异"。一类是家长和学生面对评价结果，可能会层层加码，追求更好的评价结果和评价效用，形成学习评价"剧场效应"；另一类是家长和学生也许会自我放弃，对评价的结果置之不理；还有一类家长甚至可能会反抗评价，根本就不相信评价的结果和结论。除了家长和学生反应上的"格局差异"之外，家庭与学校之间或许会有关于职业教育学习评价的"家校博弈"。在家庭里面，家长和学生会因为年龄、立场和价值观不同，即使面对同一份职业教育学习评价的结果，家长和学生之间会有各不相同的看法和行动，有时候甚至会有冲突和博弈；相反，倘若父母与学生之间有一定的"独立性"，父母发现自己的子女"学坏了"、混迹

---

① ［美］柯武刚、史漫飞：《制度经济学：社会秩序与公共政策》，韩朝华译，商务印书馆2000年版，第55页。
② ［德］恩特斯·卡西尔：《人论》，甘阳译，上海译文出版社1985年版，第5页。

于"伙计们"之间①,那么他们会走访学校,并试图支持学校的措施,甚至会有父母认为这是学校教师的失职。

四 企业的逻辑:"人才选拔"的参考依据

企业也是职业教育学习评价的参与主体之一,而且,在职业教育学习评价制度中,部分企业还具有身份的"二重性":一方面,部分企业参与了职业教育校企合作,参与了职业教育人才培养的过程和职业教育学习评价的过程,所以,部分企业也是职业教育学习评价结果的生成推动者;另一方面,大部分企业的招聘、用人,又要参照学生的学习成绩、综合素养,查看学生的毕业证书和职业资格证书,所以,大多数企业又是职业教育学习评价的参与方和学习评价结果、评价效用的使用方。在中国的职业教育环境中,"校企合作"氛围和真实开展情况都还不够理想②,所以绝大多数企业仍然是职业院校学习评价效用的使用者。

(一)企业理想:在"真实有效"的评价中选拔"真人才"

企业是大多数职业院校学生毕业后的终端流向③,但是,职业院校毕业生进入企业的过程却不是"自然流向"这么简单,在人力资源极其发达的用工社会,企业要通过规范的用人进人程序确保所聘之人有真才实学,能够胜任企业招聘岗位的能力需求;而应聘的职业院校学生也会通过完整的招聘程序,争取和捍卫个人劳动权利和福利。通常的企业招聘环节,企业都会特别重视招聘对象的各种证书,尽管职业院校学生没有学位证,但是毕业证书和其他职业资格证书、荣誉证书都是招聘方看中的参照,更有用人单位要求应届毕业生提供学习成绩证明。事实上,毕业证书、职业资格证、荣誉证书和学习成绩证明很多都是职业教育学习评价的直接结果或者学习评价之后,通过学习改进而获得的评价效用。企业和用人单位以毕业证书、职业资格证书、学习成绩作为选拔人才的参考依据,其行动的逻辑就是相信职业教育学习评价的结果与评价效用,并且默认毕业证书、职业资格证书、学习成绩都是真实有效的职业

---

① [英]保罗·威利斯:《学做工:工人阶级子弟为何继承父业》,秘舒等译,译林出版社2013年版,第96页。
② 和震:《职业教育校企合作中的问题与促进政策分析》,《中国高教研究》2013年第1期。
③ 胡斌成:《中等职教毕业生就业困难的原因及对策研究》,《教育发展研究》2000年第5期。

教育学习评价结果和评价效用,以此选拔的人才也是具有真才实学的"真人才"。

(二)企业利益:在"交易费用"的博弈中获得"真收益"

校企合作是企业参与职业教育发展的重要条件之一,但是企业参与职业教育也是需要一定的条件和成本的,特别是交易费用。"交易费用"是制度经济学家提出用于分析人与人之间交流与合作成本的概念。因为人都是"有限理性的人",即便"人的意欲是合理的,但只能有限地做到"[1],所以,从认知的层面来看,人与人之间的交流与合作并不是绝对顺畅的。同时,囿于人际交往环境的嵌入性和信息不对称,处于合作两端的人很容易陷入"囚徒困境"[2]或者集体行动的"奥尔森困境"[3]。更何况,人都是自私的,在复杂的、不对称的信息环境中,更容易经常性出现"机会主义"行为。我国职业教育的校企合作并不是很理想,绝大多数企业目前只是职业教育学习评价结果和评价效用的使用者,还没有成为职业教育学习评价的参与者。问题的根结就在于学校和企业之间也存在着高额的交易费用和多重的复杂博弈。但是,即便如此,国家和学校依旧要推动校企合作,制定专业标准、课程标准与教学标准,成为职业教育学习评价的重要依据。在实践中,部分企业也愿意参加校企合作,因为校企合作也能给企业带来"真收益"。长远来看,企业参与校企合作的"真收益"的回报率也可能超出了交易费用等合作与博弈的成本。[4]

(三)企业行动:在"互利双赢"的合作中推动"真变化"

校企合作是职业教育发展的重要助推力量。尽管当前职业教育校企合作并不顺畅,但是并不代表校企合作是不合理的。对于企业而言,企业的天职就是创造利润,但是,在创造利润之余,企业也必须担负一定的社会责任。[5] 企业参加校企合作、帮助职业院校学习评价就是企业服务社会、

---

[1] [美]奥利弗·E.威廉姆森、西德尼·G.温特:《企业的性质——起源、演变和发展》,姚海鑫、邢源源译,商务印书馆2010年版,第116—121页。
[2] 张维迎:《博弈与社会》,北京大学出版社2013年版,第36页。
[3] 张振华:《当奥尔森遇上奥斯特罗姆:集体行动理论的演化与发展》,《人文杂志》2013年第10期。
[4] 祁占勇、王君妍:《职业教育校企合作的制度性困境及其法律建构》,《陕西师范大学学报》(哲学社会科学版)2016年第6期。
[5] 周三多、陈传明等:《管理学——原理与方法》,复旦大学出版社2014年第六版,第193—195页。

履行社会职责的一种具体行动。事实上，中国职业教育校企合作不成功的根源不在企业的不参与，而在于整体制度环境的不成熟、不规范。[①] 从理论上说，人都是愿意合作的，人类都是群居性的动物，合作是人类强大的重要原因之一。人们之所以合作也并不仅仅是出于自利的原因，也是出于对他人福利的真正关心、试图维护社会规范的愿望，以及给合乎伦理的行为本身以正面的价值。[②] 所以，企业也是愿意参与校企合作的，从理想的层面来说，企业也是愿意参与职业教育学习评价，为自己选拔"真人才"的。在实践上，企业参与校企合作并不会损害企业的任何利益，相反，无数实践案例已经证明校企合作是互利双赢的事情。[③] 所以，企业和职业院校应该在人才培养、技术研发等方面深度合作，深度参与职业院校学习评价。同时，只有企业深度参与校企合作，才能推进职业教育学习评价制度改进、教师教学改进和学生学习改进，进而培养出企业、行业需要的技术技能型人才，推动技术生产的变革与升级，实现企业生产创新的"真变化"。

第三节　职业教育学习评价效用的价值理性逻辑

杜威说："每一个人都生活在制度之下，他的行动和享受以及所变成的结果都是受这些制度所影响的。"[④] 所以，在职业教育学习评价制度中的学生、教师、家长、学校、企业等都会受到制度的影响。尽管在职业教育学习评价制度中，不同主体的制度逻辑、利益诉求不尽相同，但人类的实践性需求是一致的——人本、自由与发展。[⑤] 因此，职业教育学习评价效

---

① 冉云芳、石伟平：《企业参与职业院校校企合作成本、收益构成及差异性分析——基于浙江和上海67家企业的调查》，《高等教育研究》2015年第9期。
② 张衍、魏中许：《如何破解人类合作之谜——与黄少安教授商榷》，《中国社会科学》2016年第8期。
③ 顾健：《高职院校技术研究所管理探析》，《科技管理研究》2010年第10期。
④ ［美］约翰·杜威：《人的问题》，傅统先等译，上海人民出版社2006年版，第45页。
⑤ 辛鸣：《制度论：关于制度哲学的理论建构》，人民出版社2005年版，第221页。

用的价值理性就是人本、公平与发展，同时也是职业教育学习评价的实践性尺度。

一 人本：人的本性、人的需求和人的价值

教育是培养人的工程，人是教育的对象，也是教育的结果，所以，"以人为本"的尺度也必须是职业教育学习评价效用的价值理性。然而，人性是复杂的，"一半是天使，一半是野兽"。卡西尔："人之为人的特性就在于他的本性的丰富性、微妙性、多样性和多面性。"[①] 职业教育学习评价效用的"以人为本"在尊重人的本性之余，也必须对人性中"恶"的部分进行惩戒，满足人的"需要"之时，更要引领和帮助人的价值实现。

（一）人本的内涵："善性"为本，发展规律为纲

尊重人、关心人、解放人、发展人是教育的基础，也是学习评价制度建设的根本。尊重人、关心人、解放人、发展人并不是完全尊重、关心、解放和发展人的"本性"，因为人性的成分是复杂的，有"善的本性"，也有"恶的本性"。任何一种教育的"以人为本"，首先都应该是以人的"善性"为本，甚至要对人的部分"恶性"进行惩罚。职业教育学习评价及其效用也是如此，应该鼓励认真学习、踏实付出、诚信参与学习评价，而应该惩罚在学习评价中投机取巧、抄袭作弊以及平时学习中懒惰、无为的人。其次，职业教育学习评价效用以人为本，应该是以"全体人"为本，以"全面的人"为本，职业教育学习评价不针对每一个具体的人而特殊化，也不针对人的某一方面而特别化，整个职业教育学习评价制度和评价效用都以发展广义的"人"为根本。最后，职业教育学习评价是教育的活动，以人为本还要以人的发展规律为本，兼顾和统筹教育的规律。教育是培养人、开发人的过程，职业教育学习评价效用也是对教育过程进行评价而产生的结果，评价制度既要符合职业院校学生发展的规律，也要满足教育发展的规律，促进人的发展与教育发展相统一，这才是职业教育学习评价效用的实践理性。

（二）人本的诉求："需求"为本，价值实现为矢

人的需求是多样化的，亚伯拉罕·马斯洛（Abraham H. Maslow）的需

[①] ［德］恩特斯·卡西尔：《人论》，甘阳译，上海译文出版社1985年版，第5页。

求层次理论将人的需要分成了五个层次：生理上的需要、安全上的需要、情感和归属的需要、尊重的需要和自我实现的需要。① 因此，从人的需求与发展来说，职业教育学习评价效用应该满足相关的心理需要。但是，学习评价所满足的不是低级层次上的生理需要和安全需要，而是高级层次的价值需要。学习评价具有人的"存在价值""交往价值""主客体价值"等多方面的价值内涵，因此，职业教育学习评价效用要在满足学生基本需要的前提下，更多的帮助学生"价值实现"。充分利用职业教育学习、评价、改进、探索的过程，帮助学生成长，帮助学生的价值实现。在职业教育学习与教学中，教会学生"学会生存"，教会学生"学会做人"；在评价理念和内容上，以学生职业能力为核心，深化学生知识、技能、能力、态度等多方面的系统性评价，助推职业院校学生的全面成长；在职业教育的出口上，坚守为学生的职业生涯做好准备，不仅仅坚持"就业教育"的导向，更要完成职业教育培养"社会人"的使命、满足人的社会化价值诉求，为学生的职业生涯和人生幸福奠基。

（三）人本的实践："自主"为本，引领指导为辅

"以人为本"的职业教育实践是多方面的，既要以人的"善性"为本，又要兼顾职业教育的规律，还要满足学生的基本需求。因此，实现学生的个人价值并不是轻而易举的实践。但是"以人为本"的实践也并不是无从下手。在尊重人的"本性"和"善性"的前提下，最好的"以人为本"实践就是给职业院校学生相应的"自由"和"自主"。职业教育的学习在根本上是一场自由探索之旅，学生的发展最主要也是靠个人。在职业技术领域内，也有"师傅领进门，修行靠个人"的老话。所以，要充分发挥学生的自主性、善性、创造性，满足学生的个性需要和价值实现的需要，归还学生的自主权相当重要。自由不仅是发展的首要目的，也是发展的主要手段。② 但是完全的自主和过多的自主并不利于学生的成长，也不是"人本"价值取向所乐见的结果。杜威曾说："自由是相对于既有的行动力量的分配情况而言的……如果不把某一个人能做什么同其他的人们能做什么和不能做什么关联起来，这个人就不能做任何事情。"③ 可见，教育的自由

---

① 苏东水：《管理心理学（第五版）》，复旦大学出版社2014年版，第153页。
② [印] 阿马蒂亚·森：《以自由看待发展》，任赜等译，中国人民大学出版社2002年版，第7页。
③ [美] 约翰·杜威：《人的问题》，傅统先译，上海人民出版社2006年版，第93页。

也只是与教育控制相对立,在职业教育的学习、评价和学习改进中,除了让学生足够自主之外,教师也必须在方向上、可行性上、经验上予以必要指导和辅导。

二 公平:起点公平、过程公平与结果公平

制度是公平的。因为制度没有憎恨和激情,也没有"爱"和"狂热"……制度不会因人而异,在形式上对人人都一样。[1] 制度的公平是所有制度得以存在并发挥功能的关键之所在,正如 Smith 所言,公平是支撑人类社会大厦的重要支柱:"如果这根柱子松动的话,那么人类社会这个雄伟而巨大的建筑必然会在倾刻之间土崩瓦解。"[2] 公平也是对职业教育本体价值和普遍性的肯定。因此,职业教育学习评价制度和效用都必须坚持公平的价值尺度。

(一)制度的起点公平:面向人人的职业教育学习评价设计

起点公平是职业教育学习评价制度设计上的公平问题。美国《不让一个孩子落伍法》(*No Child Left Behind*,NCLB)和《每一个学生成功法》(*Every Student Succeeds Act*,ESSA)就是制度设计公平上的彰显。当然,这些制度法的执行效果未必完全实现了最初的公平理想,但是在起点上的公平的初衷是毋庸置疑的。对于职业教育学习评价制度来说,起点公平首先是给每个学生提供公平的教育,给每个学生提供公平的评价,让每一个人展示自己的学习成果。正如杜威所言:"每一个人都享有平等的机会来发展他自己的才能,无论这些才能的范围是大是小。"[3] 事实上,职业教育学习评价制度设计是要统筹兼顾国家、学校、教师、学生、家长和企业等多方面主体的逻辑,除了考虑到评价对象、评价目标之外,职业教育学习评价制度设计还必须考虑到评价的方式方法,因为评价方法、技术等也是影响最终评价结果和评价效用是否公平可信的重要因素。因此,多元化的评价目标,可以选择的评价模式、先进的评价方法和手段等都是职业教育学习评价制度设计公平性尺度的内在要求。

---

[1] Rita Cobb Rodabaugh,"Institutional commitment to fairness in college teaching",*New Directions for Teaching & Learning*,Vol. 19,No. 66,2010,pp. 37–45.
[2] [英] 亚当·斯密:《道德情操论》,蒋自强等译,商务印书馆1997年版,第106页。
[3] [美] 约翰·杜威:《人的问题》,傅统先等译,上海人民出版社2006年版,第96—97页。

职业教育学习评价效用的制度分析

（二）制度的过程公平：公正严谨的职业教育学习评价实施

现代性的教育公正需要引入"反规范教育公正"，反思"谁的教育公正？""什么内容的教育公正？"以及"怎么样的教育公正？"等问题。① 在职业教育学习评价制度中，谁的公平和什么内容的公平都属于制度实施的公平问题。第一个问题是评价主体的真实性参与问题，在制度设计公平问题上可能做到了面向人人，但这也只是理论上的，要转化成为现实关键在于评价主体的参与。在单项的、具体的职业教育学习评价中很难实现从国家到企业的人人参与，但是在抽象意义上，如果国家、学校、教师、学生、企业，甚至家长总是缺席，这样的职业教育学习评价结果和效用显然不值得相信。除了评价过程的主体性参与之外，评价过程的技术运用、过程调控等具体的问题也都会影响职业教育学习评价效用的公平性。过度的"平均主义""对等公平"等已经在社会文化的关键转变和神秘转化过程中成为道德约束、人道主义和社会责任的迷雾。② 而"一刀切""一言堂"的评价则陷入了"行政官僚主义"的陷阱。因此，公正而严谨的评价实施过程是职业教育学习评价效用公正尺度的重要保障。

（三）制度的结果公平：真实有效的职业教育学习评价结论

评价结果是职业教育学习评价效用产生的重要基础。通常来说，职业教育学习评价制度运行后，都会生成相应的评价结果，但是这些结果并不是评价的结论，需要相关人员对职业教育学习评价所收集的数据、所生成的结果进行解释分析，形成真实、有效的评价结论。一是能够保证所评的是学生成就，即职业教育学习评价是真实的评价，具有良好的内在效度；二是保证评价的目标和方法的透明性，即职业教育学习评价是科学的评价，具有良好的交叉效度和主体效度；三是保证学生有均等的学习机会，即职业教育学习评价是发展性的评价，具有良好的结构效度；四是保证学生有多重或多种的机会来展示学习，即职业教育学习评价是公平的评价；五是保证所有学生在评价中获益，即职业教育学习评价是有效的评价，具有较好的后果效度。

---

① ［美］南茜·弗雷泽、［德］阿克塞尔·霍耐特：《再分配，还是承认：一个政治哲学对话》，周穗民译，上海人民出版社2009年版，第5—70页。
② ［英］保罗·威利斯：《学做工：工人阶级子弟为何继承父业》，秘舒等译，译林出版社2013年版，第89页。

三 发展：学习发展、KSA 发展和人的全面发展

发展（development）最早指生命意义上的生物体生长发育过程，后来人们把生命的演变特征推广到宇宙、自然和人自身这些对象上去，以揭示自然世界和人类社会运动变化的原因、目的和规律。① 古希腊时期，亚里士多德把事物的本性看成一个发展的过程，并指出事物发展到最高阶段才能充分体现它们的本性。② 所有的评价都必须指向发展，否则就是没有意义的评价。因此，聚焦于发展也是职业教育学习评价标准制定的重要准则和基准取向。

（一）学习的发展："学习—评价—改进"的探究过程

按照作为学习的评价（AAL）理论，"评价即教育，评价即学习，评价即改进"。职业教育学习评价促进学习的发展也就是"学习—评价—改进"的探究过程。在职业教育的学习中，学习一开始，学习评价也就开始，进而就生成了评价的结果和评价的反馈。通过评价反馈，教师可以根据评价结果反思并改进自己的教学，学生可以根据评价结果反思和改进自身的学习，进而开始新一轮的教与学过程，如图3—2所示：

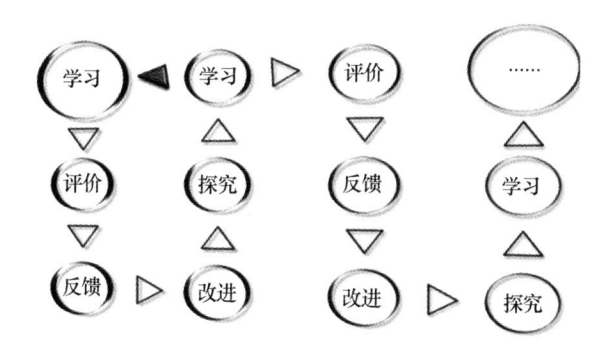

图3—2 职业教育学习、评价、改进、探索推进

---

① 陆彬：《论可行能力视野中的发展——阿玛蒂亚·森的发展思想探析》，《云南行政学院学报》2006年第5期。
② ［古希腊］亚里士多德：《政治学》，吴寿彭译，商务印书馆1997年版，第10页。

如图3—2所示,在职业教育学习评价促进学习发展的过程中,教师的教、学生的学以及学习的评价相继发生,"教—学—评"在实践中形成一体化的行动,然后,评价的结果反馈给学生,刺激学生反思,改变学习策略,增加学习投入,进入到新的学习。但是,此处的新的学习不是具体内容意义上的新,而是用反思改进后的学习方法、学习方式去进行新的学习,其内容可以是原来的内容,也可以是新的内容。也就是说,职业教育"学习—评价—改进—探索",整个学习发展并不是围绕一个学习内容和评价方式的"单向循环",学习评价中的反馈、改进、探究既可以是对原有学习内容的再次学习,也可以是对新学习内容在动机、投入和策略上的调整,如此反复的"学习—评价—改进—探索",多轮循环,进而促进了职业院校学生的学习发展。

(二) KSA的发展:"知识—技能—能力"的学业进步

Sen认为发展可以看作扩展人们享有的真实自由的一个过程。[①] 也就是说,发展本身是一个充满价值预设的概念,又是一个充满价值观的实践活动。所以,发展,一方面是价值预设;另一方面,也是客观实在的实践活动,而且这种实践活动以进步、量变为主要的衡量尺度。职业教育学习评价的发展也有价值预设,这就是通常的学业进步,尽管在实践中,职业院校学生学业进步的指标和内容很多,但是归根结底,也就是知识、技能和能力的发展和进步,因此,KSA是职业教育学习评价促进发展的重要尺度。在实践的状态下,KSA的发展是整体性的,是一体化的。但是在职业教育学习评价的过程中,KSA一般又被分割开来。特别是在传统的职业教育学习评价中,用得最多的理论性考试往往更多的是评价学生的知识掌握情况,而实验、实训则是对学生理论知识与动手技能的综合性评价。之所以将职业能力测评也当作学习评价,正是因为职业能力测评与教学、学习在本质上具有高度的关联性,如图3—3所示。

如图3—3所示,职业能力测评在具体的工作情境中考核评价学生的知识掌握与技能习得情况,但是能力测评的维度和项目多是通过工作分析而来的,这正是职业教育教学目标中的常规能力目标。基于教学目标和职业维度,又衍生出了职业教育学习评价标准,在每一个评价标准之下,学生

---

① [印] 阿玛蒂亚·森:《以自由看待发展》,任赜等译,中国人民大学出版社2002年版,第1页。

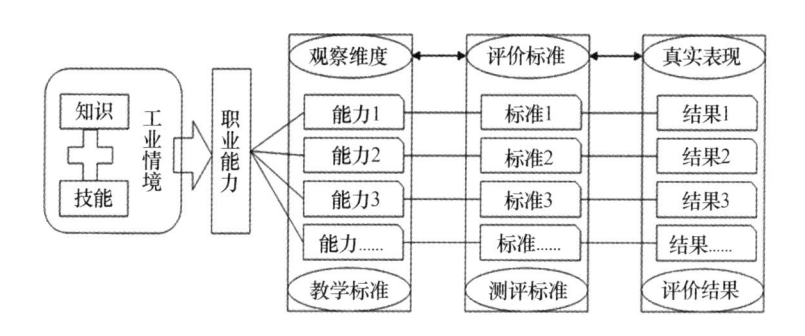

图3—3 职业能力测评与职业教育学习评价

表现出来的真实水平就成了职业能力测评的结果，也是学生学习和技能掌握的综合结果。可以说，现代性职业教育学习评价吸取了传统学习评价的教训，开始了整体性的职业能力测评。但是，职业能力测评并不仅仅是能力的测评，因为能力本身就是对知识与技能的运用，在具体情境中分析问题和解决问题。所以，职业能力测评的本质是在具体情境中、在工作过程中考查学生运用知识、运用技能的水平。

（三）人的全面发展："学校—职业—生涯"的价值实现

职业教育学习评价效用深受职业教育的目标、价值取向等因素的影响。21世纪初，在"职业教育就是就业教育""坚持就业导向"等价值观的影响下，职业教育的人才培养方案、课程教学、评价等都始终将职业教育当作"为职业做准备"的教育[1]。但随着工业经济的转型和职业流动的增强，加上受美国STW转向STC浪潮的波及，中国职业教育界开始反思"职业教育就是就业教育"等命题，并将人才培养的目标转向了为学生职业生涯做准备，而不再仅仅是为职业做准备。事实上，杜威早就发现，只为具体职业做准备的职业教育是失败的，"儿童通过让他理解供给人们日常需要的各种职业的基本要素，认清他自己社会的生活脉络，而不是通过教他某种精巧的技艺，让他局限于所在地区的某些工业上"[2]。所有教育的

---

[1] 孟景舟：《就业导向下的职业教育改革》，《教育发展研究》2005年第1期。
[2] ［美］约翰·杜威：《学校与社会·明日之学校》，赵祥麟等译，人民教育出版社2005年版，第369页。

目的是让学生自由发展，让学生更好地成为"人"。[1] 正是在这种思想的影响下，职业学校的价值不再是单纯地传授知识，也不是单纯地培养能力，职业教育领域内也开始强调"价值观的塑造"，注重培养具有健全人格、创新思维、全球视野、社会责任感的新一代人才。[2] 从学校教育走向职业，再从职业走向生涯，职业教育的价值取向和目标任务发生了转向，职业教育学习评价效用亦然。如今的职业教育学习评价既要注重人的专业技术知识和能力考查，又要注重人良好的道德品质、审美情趣、社交能力、身心素质的评价，通过评价、反馈、改进和探索，发掘学生潜质，促进学生的心智健全发展、品格德性的提升[3]，最终帮助学生实现"学校—职业—生涯"的价值链统整。

---

[1] 郭广生、赵曙东：《以"教会学生学习"引领教与学的改革》，《中国高等教育》2013年第23期。
[2] 鲁白：《人工智能与未来学校、未来教育》，《华东师范大学学报》（教育科学版）2017年第4期。
[3] 王永林：《我国高职业教育评估的价值取向研究——兼论评估制度的重构与监测评估的应用》，博士学位论文，上海交通大学，2014年，第56页。

第四章 职业教育学习评价效用的制度基础

职业教育学习评价制度运行情况是评价效用生成的制度基础，但是职业教育学习评价制度运行情况是动态的、复杂的，需要借助强有力的分析方法与工具。1969 年，Scriven 提出了"元评估"[1]（meta-evaluation），并认为元评估是人类的一种"自我参照"，既可用于人类所有努力的过程与成果的再度衡量，也适用于对评价本身的评价，故称为"meta-evaluation"，也即是"评价的评价"[2]（the evaluation of evaluation）。因此，探析职业教育学习评价效用的制度基础可以从元评估的方法与视角出发，对现行职业教育学习评价制度设计、运行与结果进行再度评价，分析职业教育学习评价制度的实用性、可行性、合理性和准确性，测度职业教育学习评价制度的公平指数，进而洞悉职业教育学习评价效用的制度基础。

第一节 元评估设计

元评估也是完整的教育评价。因此，职业教育学习评价效能的制度基础分析必须根据学习评价和元评估的基本原理，设计科学的、可操作的职业教育学习元评估方案，全面分析职业教育学习评价制度的运行情况。

---

[1] Michael Scriven, "An Introduction to Meta-Evaluation", *Educational Products Report*, Vol. 2, No. 5, 1969, pp. 36 – 38.
[2] Michael Scriven, "Types of evaluation and types of evaluator", *Evaluation Practice*, Vol. 17, No. 2, 1996, pp. 151 – 161.

一 元评估的目标

教育元评估是多功能性的评价，常见的功能有：（1）通过信息收集、价值判断为政策制定、课程设计以及学生学习提供支持；（2）通过文本资料分析助推教育政策制定与改革；（3）通过获取、描述、分析初始评价信息的全过程，指导评价活动改进。[①] 因此，职业教育学习评价制度元评估的目标为：

（一）建构职业教育学习评价制度的元评估标准

元评估也是价值判断和事实判断，因此，需要一定的参照标准。因此，职业教育学习评价制度元评估必须建构职业教育学习评价制度元评估的评价标准。结合国内外现有的教育元评估标准体系与职业教育学习评价的自身规律，分析并建构有信度、有效度的职业教育学习评价制度元评估标准是实施元评估的关键所在，也是研究的核心目标之一。

（二）收集职业教育学习评价制度的基础性信息

任何评价的价值判断和事实判断都是基于所掌握信息与评价标准的衡量。因此，收集职业教育学习评价制度基础信息是研究实施的第二个重要目标。通过 CIPP 评价模式的评价过程分解，收集我国职业教育学习评价制度的基本信息，具体从评价设计、评价实施和评价结果等维度收集相应的信息数据，用于统计、决策与结果分析。

（三）判断职业教育学习评价效用的现实性条件

元评估标准制定与职业教育学习评价制度基础性信息的收集都是为了分析和判断职业教育学习评价效用的现实性条件。因此，研究的最核心目标就是要基于元评估标准和基本信息的分析，判断职业教育学习评价效用的现实性条件，尤其要重点分析职业教育学习评价制度的现实问题，进而为职业教育学习评价制度的改进奠定基础。

[①] Danile L. Stufflebeam, "The meta-evaluation imperative", *American Journal of Evaluation*, Vol. 22, No. 2, 2001, pp. 183 – 209. Sandra Speer, "Peer Evaluation and its Blurred Boundaries: Results from a Meta-evaluation in Initial Vocational Education and Training", *Evaluation*, Vol. 16, No. 4, 2010, pp. 413 – 430.

二 元评估的假设

职业教育学习评价制度运行相当复杂，并不能一概而论地判定其运行究竟是好是坏，必须借助科学的标准体系或者指数体系，通过可以观测、可以量化的指标才能准确判断职业教育学习评价制度运行的具体情况。

（一）假设的理论前提

目前，国际上通行的元评估标准是美国教育评价标准联合委员会（JCSEE）开发的实用性、可行性、合理性和准确性四个指标尺度。[1] 国内教育元评估的标准主要有高考公平指数[2]和义务教育督导评估公平指数。[3] 尽管东西方教育元评估的标准尺度在形式上略有差异，但在本质上有着良好的内部一致性，具体如图4—1所示：

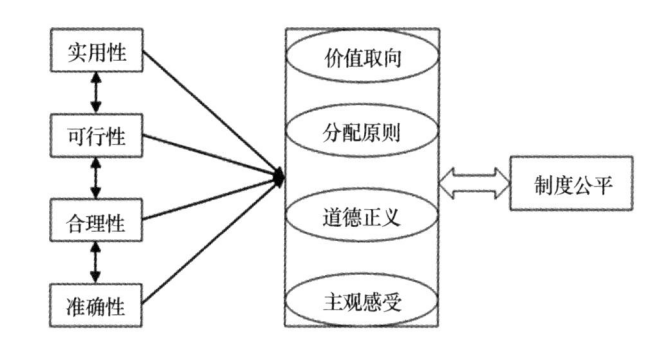

图4—1 职业教育学习评价制度公平与JCSEE标准的一致性

西方教育元评估的实用性、可行性、合理性、准确性标准与中国教育元评估的公平指数在本质上是一致的。经济视角的公平就是最终的效益分

---

[1] Danile L. Stufflebeam, *Standards for Evaluations of Educational Programs, Projects, and Materials*, New York: McGraw-Hill Book Co., 1981, p.186.
[2] 张和生、余军民、郑岱:《高考公平指数的建构与测评——以湖南省为例》,《北京大学教育评论》2013年第1期。
[3] 李鹏、朱德全:《公平与发展：中国义务教育督导绩效的实证研究》,《教育学报》2016年第2期。

配与共享，这是实用性标准；法律视角的公平是评价程序的公正和参与，这是可行性标准；伦理学视角的公平强调评价制度的无伤害和道德性，这是合理性标准；技术哲学视角的公平衡量评价制度的科学与效率，这是准确性标准。因此，职业教育学习评价制度的元评估既可以从实用性、可行性、合理性、准确性四个维度去衡量，也可以从评价制度的公平性去衡量。

（二）假设提出与分解

从制度公平的角度出发，引入公平指数，借鉴 JCSEE 的教育元评估标准，职业教育学习评价制度运行的好坏就可以直接通过公平指数大小来判断。因此，需要证明的零假设为：

H0：职业教育学习评价制度运行的公平指数较好；

然而，职业教育学习评价制度是一个复杂的庞大体系，因此，需要把职业教育学习评价制度运行分解为可以评价和论证的组成部分。根据 Stufflebeam 的 CIPP 评价模式的经验，将职业教育学习评价制度运行假设为一个过程性系统并分解为评价设计、评价实施和评价结果三个部分。从职业教育学习评价制度的"评价设计—评价实施—评价结果"的分析框架，学习评价元评估将检测评价制度的"起点公平—过程公平—结果公平"。因此，元评估的零假设分解为三个分假设：

H0 - 1：职业教育学习评价设计（起点公平）的公平指数较好；

H0 - 2：职业教育学习评价实施（过程公平）的公平指数较好；

H0 - 3：职业教育学习评价结果（结果公平）的公平指数较好。

三 元评估的程序与方法

元评估也是评价，但是元评估又区别于普通的评价。因此，职业教育学习评价的元评估必须有严格、规范又区别于普通评价的程序与方法。

（一）元评估的程序

评价工作是一个循环流程（loop），离不开元评估[1]，但不同学派的元评估程序却并不相同。在美国，Stufflebeam 等人提出了经典的四维尺度元

---

[1] Schoepp, Kevin, Scott Benson, "Meta-Assessment: Assessing the Learning Outcomes Assessment Program", *Innovative Higher Education*, Vol. 41, No. 4, 2016, pp. 287 - 301.

评估"十步骤"流程[①],具体如表4—1所示:

表4—1　　　　　　　　　元评估的实施步骤

观测点	工作内容
第1步	建立符合资质的团队
第2步	识别元评估的利益相关者,并与相关团队进行互动交流
第3步	确定元评估的目标和需要解决的问题
第4步	协商并制定元评估的要求和标准
第5步	完成互动沟通备忘录,(或者)签订正式协议与合同
第6步	搜集并审核相关的信息
第7步	收集所需要的新信息
第8步	分析并综合相关资料的信息,得出初步的元评估结论
第9步	判定初步结论是否符合元评估的目标与标准
第10步	通过汇报、回应、标书等方式,呈现元评估的最终发现与建议

根据 Stufflebeam 和 Shinkfield "十步骤"流程,结合职业教育学习评价制度元评估的三个目标,职业教育学习评价效用制度基础考察拟采用实用性、可行性、合理性、准确性"四维尺度"元评估与公平指数元评估相结合的评价方式,将复杂任务分解成相互关联的操作性步骤,各个步骤按照元评估工作任务有序关联,进而形成一个完整的"元评估流程圈"(meta-evaluation loop),如图4—2所示:

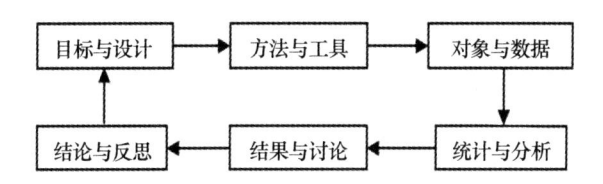

图4—2　职业教育学习评价制度元评估的流程

---

① Danile L. Stufflebeam, Anthony J. Shinkfield, *Evaluation Theory, Models, and Applications*, San Francisco, CA: Jossey-Bass publishers, 2007, pp. 663–670.

第一步，明确职业教育学习评价制度元评估的主要目标，并基于目标设计研究假设和研究思路；第二步，根据研究目标与思路，选择研究的方法，并结合前期访谈和元分析，开发职业教育学习评价制度元评估的评价工具，也就是标准体系；第三步，结合研究目标与研究资源，选择研究对象，收集元评估的分析数据；第四步，运用统计技术，整理并分析所收集的数据，分别计算"四维尺度"和公平指数的具体情况；第五步，基于数据统计结果，验证研究假设，讨论并分析职业教育学习评价制度的运行情况；第六步，形成最终结论，并与研究目标、既有研究等相比较，分析并归结职业教育学习评价制度运行的问题。

（二）元评估的方法

为准确探究职业教育学习评价制度运行的现状，保障研究结果的信度与效度，元评估综合采用问卷调查法、内容分析法、德尔菲法（Delphi method）和层次分析法（Analytical Hierarchy Process，AHP）等方法，具体来说：

第一，问卷法。问卷法主要是为了大面积收集职业教育学习评价制度运行的基本信息，并实现结果的量化分析。此处的问卷主要陈述职业教育学习评价制度运行的基本情况，然后依靠专家、学生评价以及实习实训负责人和企业行业相关负责人元评估打分来收集数据。问卷法的研究工具是自主编制的《职业教育学习评价制度元评估问卷》（见本书附录1—1—1、1—1—2和1—1—3）。

第二，内容分析法。问卷调查从"面"上收集了职业教育学习评价制度运行的基本信息，为了深入到"点"以及制度运行的背后，职业教育学习评价元评估还通过实地考察、文献检索等多种方法收集职业教育学习评价制度运行的相关质性资料，例如教育部《中等职业学校电力机车运用与检修专业教学标准（试行）》《中等职业学校护理专业顶岗实习标准》、湖南省电气自动化技术专业PLC课程技能抽查考核试题库、江苏省某中职《"工学一体化"学生学习评价方案》、重庆某高职学生诊改考核系统等。通过对质性资料的内容分析，佐证量化研究发现的问题，从而在"点"的角度更加深入和生动地论证职业教育学习评价制度运行的具体情况。

第三，德尔菲法、层次分析法。职业教育学习评价元评估是基于专家、学生和行业企业代表的综合性元评估，但各类评价主体不能等值处理，需要赋予权重。同理，职业教育学习评价制度评价标准本身，也需要赋予权重。因此,综合采用 Delphi method 和 AHP 对评价标准各个维度赋予权重,对三类元评估结果赋予相应权重,进而计算职业教育学习评价制度的公平指数。数据处理所借助的研究工具为 MCESS 1.0 中的 mceahp1.0,同时还设计了《职业教育学习评价制度与效用的专家赋权打分表》(见附录1—2)。

第二节 元评估的标准体系

标准体系建构是实施职业教育学习评价制度元评估的首要工作。制定学习评价标准的方法有多种,不同的方法有不同的依据、价值选择与方法论[1],也有不同的实施程序。尽管教育元评估标准的编制程序各有不同,但是元评估标准的标准是相同的。理想的元评估标准体系必须具备满足以下条件:(1)有具体的、完整的评价观测点;(2)有细致的、准确的评价尺度;(3)有良好的信度和效度;(4)有合理的、权变的权重指标;(5)有公正的、清晰的结果等级。[2] 因此,参照教育元评估标准的理想表征,运用元分析、访谈法等多种研究方法开发编制职业教育学习评价制度运行的元评估标准。

一 元评估观测点的选择

元评估的根本就是基于信息收集与分析做出事实判断与价值判断,所以评价最关键的还是收集什么样的信息。建构职业教育学习评价制度元评估的评价标准,首先必须确立元评估信息收集的内容标准,明确元评估标准的内容观测点。职业教育学习评价制度元评估标准的内容观测点来自两个方面,一是从国内外经典元评估模型中汲取精华;二是通过实践观察,

---

[1] Danile L. Stufflebeam, "Meta-Evaluation", *Journal of Multidisciplinary Evaluation*, Vol. 7, No. 2, 2011, pp. 99 – 158.
[2] Nyirenda Stanley, "Assessing highly accomplished teaching: Developing a metaevaluation criteria framework for performance-assessment systems for national certification of teachers", *Journal of Personnel Evaluation in Education*, Vol. 8, No. 3, 1994, pp. 313 – 327.

用实践经验进一步补充完善观测体系。

（一）文献中的元评估观测点

Stufflebeam 主张考究评价主体是否得当、评价对象是否准确、评价过程是否科学合理、评价的目的是否达到。[①] Scriven 认为完整的元评估主要包括：检查或重新实施数据收集，重新检测信度效度，评价原来的设计，检查数据分析方法与过程，分析并评价原来的结论。[②] 金·柯恩博科（Kim Keun-bok）和扬陈谷（Yong Chan-goo）从元评估的评价范式、评价资源、评价过程、评价的绩效、评价结果的应用建构了三阶元评估内容框架。[③] 费尔南多·阿勒武（Fernando G. Aleu）和海尔瑟尔·凯瑟利（Heather Keathley）则设计了元评估的"环境—资源—过程—绩效—应用"内容框架。[④] 在研究 JCSEE 和 AEA 元评估制度基础上，还借鉴了国内《教育元评估检核表》的教育元评估问卷项目。[⑤] 因此，整合国内外经典的元评估内容框架，结果如表 4—2 所示：

表4—2　　　　　　　　职业教育学习元评估的内容观测点

观测点	Stufflebeam	Scriven	Keun-bok	Aleu	严芳	累计频次
评价目标	○	○	○	○	○	5
评价标准	○	○	○	○	○	5
评价工具		○	○	○	○	4
评价主体	○	○	○	○	○	5
评价程序	○			○	○	3
评价组织			○		○	2

---

① Danile L. Stufflebeam, "The meta-evaluation", *American Journal of Evaluation*, Vol. 22, No. 2, 2001, pp. 66 – 69.
② Michael Scriven, "Meta-Evaluation Revisited", *Journal of Multi Disciplinary Evaluation*, Vol. 6, No. 11, 2009, pp. iii – viii.
③ Kim Keun-bok, Yong Chan-goo, *A design of the meta-evaluation model*, Montréal: Canadian Evaluation Society, May 16, 2000.
④ Fernando G. Aleu, Heather Keathley, *Design and Application of a Meta-evaluation Framework*, Iie Conference & Expo, 2015, pp. 2640 – 2651.
⑤ 严芳：《教育元评估的理论与实践研究》，博士学位论文，华东师范大学，2010年，第120—123页。

续表

观测点	Stufflebeam	Scriven	Keun-bok	Aleu	严芳	累计频次
评价技术		○	○	○	○	4
评价监控			○		○	2
结果形式				○		1
结果质量		○	○	○	○	4
结果反馈	○		○	○	○	4
结果应用			○	○	○	3

从归纳结果来看，Stufflebeam、Scriven、Keun-bok 和 Aleu 的元评估模型所关注的评价内容观测点主要为评价目标 5 次、评价标准 5 次、评价工具 4 次、评价主体 5 次、评价程序 3 次、评价组织 2 次、评价技术 4 次、评价监控 2 次、结果形式 1 次、结果质量 4 次、结果应用 3 次。实际上，评价环境、评价资源、评价方案等内容之间相互联系、相互包含，几乎所有的元评估模型都要对初始评价的评价目标、评价方案、评价工具、评价主体、评价程序、评价组织、评价技术、评价监控、结果形式等实施再评价。

（二）实践中的元评估观测点

2016 年 3 月—2016 年 6 月，研究者作为北碚职教中心《学前教育研究方法》代课教师。依托于这样的"特殊身份"，研究者深入中职院校进行课堂摸底，主要通过学生访谈和作业问答掌握学生们对职业院校学习评价制度的认知，通过开放式问答表收集了第一批资料（资料集合见附录 2—1）。同时，研究者于 2016 年 6 月，在重庆电子工程职业学院机电学院对 2015 级高职学生和部分教师进行了相同的开放式访谈，收集了第二批初始资料（见附录 2—2）。整理所有初始探索的访谈对象，基本情况如表 4—3 所示。

通过对两所学校的多次实地访谈和调研分析发现，学生与教师对学习评价的评价目的、评价方式、评价标准、评价的频次、评价的过程、评价的结果形式、评价的结果应用等非常关心。对两期访谈的文档进行编码整理（见附录 3—1），最终得到实践中的职业教育学习元评估观测点如表 4—4 所示。

表4—3　职业教育学习元评估问卷编制访谈对象

一级维度	二级维度	人数	比例
身份	教师	8人	12.50%
	学生	56人	87.50%
性别	男	36人	56.25%
	女	28人	43.75%
学校	中职	45人	70.31%
	高职	19人	29.69%
访谈次数	1次	12人	18.75%
	2次	35人	54.69%
	3次①	17人	26.56%

表4—4　职业院校学生访谈中的职业教育教学制度元评估的观测点

节点命名	级别	材料源	节点数	参考点举例	编码
*评价设计	父节点	64	488个	评价之初（ELD）的意图与思路会影响评价结果	ELD
评价目标	子节点	53	169个	为了激励学生学习（ELD1）必须要实施评价	ELD1
评价方法	子节点	51	158个	必须要强化考勤（ELD2），否则学生都不来听课	ELD2
评价模式	子节点	42	130个	学生学得不认真，一般期末考试都开卷（ELD3）	ELD3
评价工具	子节点	36	102个	我喜欢用实践作品（ELD4），小组交个实践作品来	ELD4

① 由于研究者在最初的访谈中是以代课教师身份参与访谈，每次访谈均是面向同一个班级的学生，访谈过程中没有刻意区分学生，因此对部分学生的访谈采用了重复访谈的办法，对部分学生有过3次访谈。

续表

节点命名	级别	材料源	节点数	参考点举例	编码
评价标准	子节点	45	141个	很多学生连及格线（ELD5）都达不到，挂科一半	ELD5
*评价实施	父节点	64	396个	不放心把考核交给学生，都是自己负责评价（ELI）	ELI
评价组织	子节点	25	77个	学校都会组织（ELI1）期末考试	ELI1
评价主体	子节点	55	175个	让学生自己（ELI2）给自己打分，我再给个平时成绩	ELI2
评价客体	子节点	64	188个	学生（ELI3）都讨厌考试	ELI3
评价程序	子节点	27	85个	在我的课上，学生当堂（ELI4）就做完了实训任务	ELI4
评价监控	子节点	24	76个	期末都是两个人监考（ELI5），平时还要守晚自习	ELI5
评价技术	子节点	31	95个	学校有诊改系统（ELI6），学生自己也会参与评分	ELI6
*评价结果	父节点	62	262个	评价结果（ELO）都记录并进入档案	ELO
结果形式	子节点	53	176个	一个分数（ELO1），对学生的激励意义不大	ELO1
结果质量	子节点	41	135个	很多时候，平时分都是白送（ELO2）的	ELO2
结果反馈	子节点	40	118个	成绩出来，会通知学生在教务处网上查询（ELO3）	ELO3
结果应用	子节点	44	133个	会根据成绩对学生进行奖励（ELO4）	ELO4

资料来源：根据访谈资料编码后，从Nvivo 11统计数据整理而成。

（三）职业教育学习评价元评估观测点

以 Stufflebeam 的评价过程分析为理论支点，结合元分析的结果和实地访谈中所形成的问题项目，进一步归纳编码职业教育学习评价制度的元评估主要内容，可以把评价目标、评价方案、评价工具等 12 个内容观测点聚类为评价设计、评价实施和评价结果三个二阶维度，如图4—3所示：

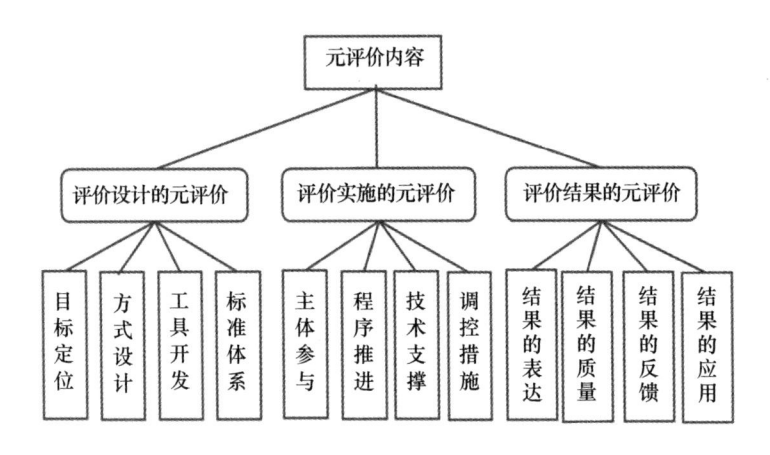

图4—3 职业教育教学制度元评估的内容框架

如图4—3所示，职业教育学习评价制度元评估内容的二阶模型，在设计的元评估环节，主要评价初始评价的目标定位、评价方式选择与设计、评价工具或评价标准开发*；在评价实施环节，主要评价主体的参与、程序的推进、技术支撑和评价调控措施；在评价结果环节，主要评价结果的表达、结果的质量、结果的反馈以及结果的应用。

二 元评估尺度标准设计

尺度标准是元评估对评价内容、评价对象的信息作出价值判断的依

---

* 有时候评价工具和标准体系是融为一体的，例如有些问卷作为评价工具，但也包含了评价的等级尺度。不过更多的教学评价，如考试、作品等，评价工具是信息收集的主要手段，价值判断的标准并不与评价标准一体。因此，本研究把评价工具和评价标准分为两个部分，分开进行元评价。

据，不同的尺度往往会得出不同的结论，评价尺度一般具有哲学意义上的普遍性与稳定性，而且必须有客观的公信力。因此，职业教育学习评价制度元评估尺度必须从经典文献与成熟体系中寻找答案。

（一）国际标准的元评估尺度

目前，国际上比较通用的教育元评估的标准尺度是1981年美国教育评价标准联合委员会（JCSEE）开发的元评估标准尺度，如表4—5所示：

表4—5　　　　　　　　**JCSEE的元评估标准体系**

一级指标	指标含义	二级观测点
实用性（performance）	确保评价为实际信息需求服务	经费提供人的身份鉴别
		评价人员的可信度
		信息的范围和选择
		评价价值观的鉴别
		评价报告的透明度
		评价报告的时效性
		评价的影响
可行性（feasibility）	确保评价是现实的和稳健的	评价程序的实用性
		行政力量的支持程度
		评价的成本效益
合理性（propriety）	确保评价合法且合乎道德实施	评价服务的方向性
		正式评价协议包含的项目
		公众的权利
		人际交往情况
		报告的公开性和坦率性
		评价结果的公示性
		评价中的利益冲突
		财政的责任

续表

一级指标	指标含义	二级观测点
准确性（accuracy）	确保评价揭示和传达专业上的充分信息	评价的计划和执行
		评价的背景环境
		目的与程序的阐述
		信息来源的可靠性
		测量的效度
		测量的信度
		数据的系统控制
		评价信息的定量分析
		评价信息的定性分析
		评价结论的公正性
		评价报告的客观性
		评价的再评价

JCSEE从实用性、可行性、合理性和准确性四个一级维度，对元评估的标准进行了系统性的规定。唐纳德·也巴亓（Donald B. Yarbrough）和琳·苏拉哈（Lyn M. Shulha）等人基于JCSEE的元评估标准开发深化了五个维度的元评估标准尺度，分别是效用性标准（performance standard）、可行性标准（feasibility criterion）、适切性标准（practical standard）、精确性标准（accuracy standard）以及问责标准（accountability standards）。[①] 此外，比较通用的标准还有美国评价协会（American Evaluation Association，AEA）开发的55条元评估标准[②]，这套标准尺度按照元评估的流程来设计不同阶段的不同标准，将元评估分为"规划与协商—结构与设计—数据搜集与准备—资料分析与解释—沟通与公布—结果运用"六大模块流程，并在不同阶段设置相应的评价标准。

---

① Donald B. Yarbrough, Lyn M. Shulha, Rodney K. Hopson, *The program evaluation standards: A guide for evaluators and evaluation users*, Tapa blanda: Sage Publications, 2010.
② Lori A. Wingate, *The Program Evaluation Standards Applied for Meta-evaluation Purposes: Investigating Interrater Reliability and Implications for Use*, Proquest Llc, 2009, p. 181.

(二) 国际元评估标准的启示

从国际通用的元评估标准可以看出：第一，元评估最核心的标准是可实用性、可行性、合理性和准确性四个基础性标准[①]；第二，不同评价环节的元评估标准可能会有所不同，因此可以借鉴 AEA 的元评估标准尺度，在不同阶段设置相应的评价标准；第三，评价标准不宜过于细化，因为过分精致化的元评估标准往往会淡化对现实评价活动的意义作更深层次的思考，阻碍了对评价本身的"价值"作"元"层次的不断追问。[②] 因此，职业教育学习评价制度的元评估标准建构必须以此为基准。首先，要在根本上实现评价效用"保障公平、促进发展"的目标；其次，以公平与发展的基本尺度为基准，整合 JCSEE 的实用性、可行性、合理性以及准确性标准和 AEA 等其他评价指标体系的尺度标准；最后，所有职业教育学习评价制度元评估的尺度标准根据不同环节设定相应的评价标准。

(三) 职业教育学习评价元评估的标准尺度

通过对国际教育元评估标准的梳理与反思，结合 Stufflebeam 教育元评估的过程分析和 AEA 分流程设计标准的原则，建构职业教育学习评价制度元评估的标准尺度体系框架，如图 4—4 所示：

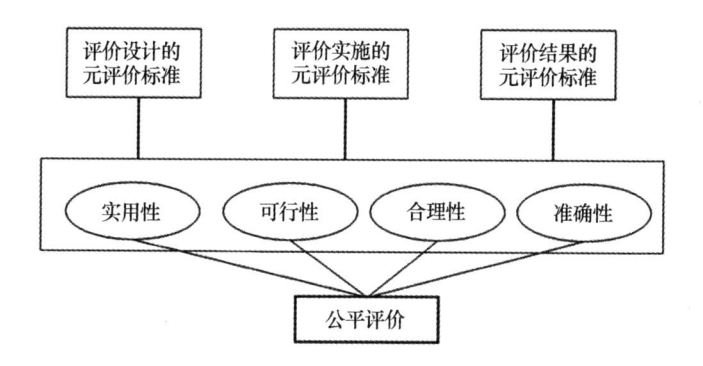

图 4—4 职业教育学习评价制度元评估的标准体系框架

[①] Sandra Speer, "Peer Evaluation and its Blurred Boundaries: Results from a Meta-evaluation in Initial Vocational Education and Training", *Evaluation*, Vol. 16, No. 4, 2010, pp. 413–430.
[②] 阎光才：《教育评价的正当性与批判性评价》，《北京师范大学学报》（社会科学版）2003 年第 2 期。

如图4—4所示，职业教育学习评价制度元评估的标准体系框架以"公平和发展"为基准，将元评估标准分解为实用性、可行性、合理性以及准确性四个二阶维度。但四个二阶维度并不是按照JCSEE评价标准体系进行组合，而是根据元评估的具体流程，分为评价设计、评价实施和评价结果的元评估标准。

三 元评估标准体系的质量分析

元评估标准体系在本质上就是元评估的评分问卷。元评估标准体系的内容观测就是评分问卷的具体项目，项目关系之和就是维度。因此，元评估标准体系的质量分析就是职业教育学习评价制度元评估的初始评分问卷的质量分析。

（一）初始问卷：元评估标准体系成型

首先，维度与内容设计。职业教育学习评价制度元评估的初始评分问卷设计整合了教育元评估的评价内容与评价标准，其中，基本维度的设计主要依据初始评价的各个环节，分为评价设计元评估、评价实施元评估和评价结果元评估三个二阶维度，然后根据评价内容观测点分配三阶维度。

其次，项目评分标准选择。根据"不同评价环节采用不同评价指标"[1]的原则，集合初始评价目标定位、评价方式选择、评价工具、评价标准、评价主体、评价程序、技术支撑、评价调控措施、评价结果表达、结果质量、结果的应用选择对应评价标准。

最后，项目评分等级。职业教育学习评价制度元评估部分的所有问题都采用封闭式作答，每个项目的评分用李克特量表（Likert scale）的五级评分模式，其中5分为最高分，代表"非常好"，依次为4分（比较好）、3分（一般）、2分（比较差）和1分（非常差）。因此，整合初始框架与初始项目，得到初始问卷结构如表4—6所示：

---

[1] Lori A. Wingate, *The Program Evaluation Standards Applied for Meta-evaluation Purposes: Investigating Interrater Reliability and Implications for Use*, Proquest Llc, 2009, p. 181.

表4—6　　　　　　　　问卷维度与项目分布

预设维度	预设维度	题数（道）	预试题号
被试基本信息	被试信息	5	1—5
评价制度运行元评估	评价目标	17	6—22
	评价实施	16	23—38
	评价结果	15	38—52
总问卷	—	52	—

（二）问卷预测：元评估标准体系调试

为了保障问卷的信度和效度，还必须征集意见以修订初始问卷项目。因此，研究者就问卷征集了2位职业教育学专家、2位教育评价专家、2位教育统计与测评博士研究生和1位一线职业院校教师的意见，根据7人对问卷的审读和修改意见，对初始问卷的项目进行了第一轮删减和优化，专家情况如表4—7所示：

表4—7　　　　　　　初始问卷征求意见专家列表

序号	专家/教师	性别	所在单位	研究专长	建议改动题号
1	沈××	男	重庆市教育评估院	职业教育评价	25、28
2	谢××	男	重庆市教育评估院	职业教育评价	25、30、38
3	周××	男	重庆市教育科学研究院	职业教育学	—
4	谭××	男	重庆市教育科学研究院	职业教育学	25、30、32
5	安××	女	深圳电子信息职业学院	职业教育学	—
6	刘××	男	中国基础教育质量监测中心	教育评价	25、30、32、47
7	周××	女	重庆电子工程职业学院	职业教育管理	25、30、32、47、49

根据专家意见，删掉意思重复、意见集中的项目25、30、32、47，对表达模糊、不易理解的28、49进行了重新陈述，就此形成包含57个项目的初始问卷。

(三) 元评估标准体系的质量：信度与效度分析

评价工具质量不好，可能会影响主体判断的准确性。[①] 为此，采用随机抽样的方法，在重庆青年职业技术学院、重庆电子工程学院以及北碚职教中心的学生中实施预调研[②]，发放学生问卷156份，回收154份，有效问卷149份，有效回收率为95.51%。检验结果如下：

第一，前测抽样。抽样的学生中，男生104人，占69.8%；女生45人，占30.2%。学校层面，中职43人，占28.9%；高职106人，占71.1%。年级分布，一年级82人，占55.0%；二年级58人，占39%；三年级9人，占6.0%。

第二，信度分析。对《职业教育学习元评估调查初始问卷》及其各因子进行信度分析，得到结果如表4—8所示。

表4—8　　　　　　　　　　问卷信度分析结果

维度	因素	Cronbach's Alpha	基于标准化项的 Cronbach's Alpha	N
1	评价设计	0.819	0.817	16
2	评价过程	0.745	0.681	16
3	评价结果	0.768	0.724	15
总问卷	—	0.815	0.773	—

如表4—8所示，问卷的各个因子和总问卷的信度都在0.681到0.819，最低水平的评价过程维度信度为0.681，也达到了"尚可"的标准，其余因子和总问卷都在"佳"和"甚佳"之间，但没有因子达到"非常理想"的信度水平。[③]

第三，效度分析。首先，《职业教育学习元评估调查问卷》的项目源于成熟文献和访谈观察整理后的结果，并请了教育评价专家和一线教师对

---

① 钱存阳、李丹青、潘岚：《课堂教学质量评价元评价中的效度和信度分析》，《中国计量学院学报》2004年第2期。
② 由于学生问卷、专家问卷和企业、行业人员问卷具有相同的问卷结构，此处预测以学生问卷为例进行问卷预测。
③ 具体尺度标准可参见吴明隆《问卷统计分析实务——SPSS操作与应用》，重庆大学出版社2010年版，第249页。

问卷的项目进行了评判,均认为本问卷基本能够代表要测量的问题,量表内容效度良好。其次,《职业教育学习元评估调查问卷》由三个因子构成,各因子之间的区分度与调查点明晰,探索性因子分析的结果如附录3—2所示。整个模型的 $X^2 = 116.037$,$X^2/df = 1.253$,显著性概率值 $p = 0.06 > 0.05$,接受虚无假设,因此理论模型与数据之间具有较好的拟合度。在重要参考的绝对拟合指数中,$RMSEA = 0.052 < 0.08$,$AGFI = 0.963 > 0.9$,检验结果都达到了较好及其以上的水准;在增值适配度指数中,CFI、NFI、IFI、TLI、RFI 等判断结果都为好。所以,问卷的结构效度可以接受。《职业教育学习元评估调查问卷》的信度、效度良好。

四 元评估标准体系的权重、结果指数与等级

职业教育学习元评估体系由不同维度的评价指标构成,但各种评价维度的重要性有所差异。因此,需要借助相应的方法确定各个维度权重,以权重为基础合成最终的结果指数,进而确定职业教育学习评价元评估的结果等级。

(一) 评价体系的权重

层次分析法(Analytical Hierarchy Process,AHP)常常用来将评价对象的复杂系统进行分解,通过矩阵运算给评价系统的不同对象赋权。因此,职业教育学习评价元评估体系可以通过 AHP 分析法来完成赋权。但是,传统 AHP 分析方法是建立在判断矩阵的基础之上的,而判断矩阵存在着很大的主观性,为了减少主观性带来的缺陷,可以借助"群组层次分析"(Mufti-AHP)[1]。Mufti-AHP 的实施步骤和传统 AHP 分析方法大同小异,主要步骤如下:

第一,分解问题,搭建层次结构。事实上,职业教育学习评价元评估的指标体系已经实现了问题的分解,参见图4—4。以图4—4为基础,职业教育学习评价元评估体系可以分解为四个问题,一阶维度评价设计、评价过程与评价结果的权重分配以及三个二阶维度的权重分配。

---

[1] "群组层次分析"(Mufti-AHP)模拟人思维中的分解、判断和综合,将一位专家扩大到 m 位专家,将一组判断矩阵扩大到 m 组判断矩阵,通过对比较判断结果的综合计算处理,得到关于指标重要性的排序。参见熊小刚《国家科技奖励制度运行绩效评价》,社会科学文献出版社2013年版,第114—119页。

第二，收集数据，构建判断矩阵。以图4—3为基础，构建职业教育学习评价元评估的一阶矩阵，如表4—9所示：

表4—9　职业教育学习评价制度元评估的标准体系一级维度判断矩阵

评价制度	评价设计	评价实施	评价结果
评价设计	1	X	Y
评价实施		1	Z
评价结果			1

记表4—9中的矩阵为矩阵A。矩阵A中，1表示评价设计与评价设计相比一样重要，X、Z、Y则是专家根据自己的判断，在1—9级重要与相对重要中选择对应分数等级。[①] 同理，可以得到评价设计、评价过程和评价结果的判断矩阵B、C、D。以此矩阵为基础，在重庆市教育评估院邀请6位专家进行判断，进而得到4×6合计24个判断矩阵。其中，一阶矩阵结果如表4—10所示：

表4—10　　　　　专家1对一阶判断矩阵得分

评价制度（A）	评价设计（B）	评价实施C	评价结果D
评价设计（B）	1	3	5
评价实施（C）	1/3	1	4
评价结果（D）	1/5	1/4	1

转换为矩阵，则有 $A-1 = \begin{matrix} 1 & 3 & 5 \\ 1/3 & 1 & 4 \\ 1/5 & 1/4 & 1 \end{matrix}$，同理，可整理得到其他23个矩阵，所有24个判断矩阵要素都必须满足三个基本条件：

（1）同一个矩阵内，指标得分必须大于零，也就是矩阵要素条件（i）：

[①] 杜栋、庞庆华、吴炎：《现代综合评价方法与案例精选》，清华大学出版社2015年版，第15页。

$a_{ij} > 0$；

（2）同一矩阵内，同一指标的得分在上下两个半区矩阵内的得分，互为倒数，也就是矩阵要素条件（ii）：$a_{ij} = \dfrac{1}{a_{ji}}$（$i \neq j$）；

（3）同一矩阵，同一指标的两两对比必须为1，也即是矩阵要素条件（iii）：$a_{ij} = 1$（$i,j = 1,2,3,\cdots,n$）。

第三，数据检测，矩阵一致性判断。在获得24个实数矩阵后，需要对矩阵进行一致性检验，一致性不合格者，不能参与权重计算。在单层次判断矩阵A中，当$a_{ij} = \dfrac{a_{ik}}{a_{jk}}$时，判断矩阵为一致性矩阵。此时，相应的判断指数有三个：

（1）偏离完全一致性程度CI：

$$CI = \sum_{i=1}^{m} a_i CI_i$$

其中，CI_i为A_i相应的B层次中判断矩阵的一致性指标。

（2）平均随机一致性指标RI：

$$RI = \sum_{i=1}^{m} a_i RI_i$$

其中，RI_i为A_i相对应的B层次中判断矩阵随机一致性指标。

（3）随机一致性比率CR：

$$CR = \dfrac{CI}{RI}$$

其中，当$CR \leq 0.10$时，认为层次总排序的结果具有满意的一致性。

当然，以上指数也可以通过Mce-AHP 3.2直接计算，专家1对一阶维度的判断和矩阵$A-1$的计算结果，如图4—5所示。

如图4—5，基于专家1的判断，得到矩阵$A-1$的一致性指数：$CR = 0.0462$，$\lambda max = 3.0536$，$CI = 0.0268$，$RI = 0.5800$。同理，可得专家1的另外3个矩阵判断指数和另外5位专家的20个矩阵判断指数。删除不一致的矩阵6个，还剩可以参与权重决策的矩阵18个。事实上，如图4—5所示，一旦Mce-AHP检验为一致性的矩阵，各个维度的相对权重Wk_i和层次单排序已经计算出来。

职业教育学习评价效用的制度分析

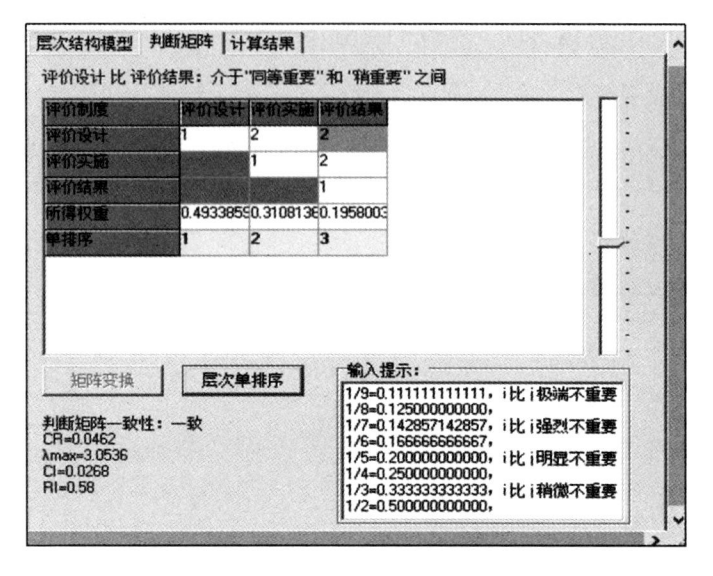

图 4—5　专家 1 对一阶判断的计算结果

资料来源：截图自 MCE 3.2。

第四，确定每一位专家相对权重，整合所有专家的权重。利用 CR 求得专家的相对权重，计算公式为：

$$P_k = \frac{1}{1 + aCk_R} \ (a > 0, k = 1, 2, 3, \cdots, m)$$

式中 a 是调节参数，当 a 的取值过大或过小的时候，专家权重难以衡量，此时的 a 可以确定为 10。[①] 将专家相对权重归一化处理，则有：

$$P\#_k = \frac{p_k}{\sum_{k=1}^{m} p_k}$$

在求得每一位专家的权重 $P\#_k$ 和单个维度的权重 Wk_i 后，进而可以确定多位专家的相对权重：

$$W'_i = \sum_{k=1}^{m} Wk_i P\#_k$$

对 W'_i 进行归一化处理，得到多位专家的指标权重：

[①] 熊小刚：《国家科技奖励制度运行绩效评价》，社会科学文献出版社 2013 年版，第 119 页。

$$W\#_k = \frac{W}{\sum_{k=1}^{m} W_k}$$

因此，经过6位专家评判之后，职业教育学习元评估体系的各维度权重如表4—11所示：

表4—11　　　　　职业教育学习评价元评估体系权重

一级维度	权重	二级维度	权重
评价设计	0.3115	评价目标	0.2364
		评价方法	0.2583
		评价工具	0.2467
		评价标准	0.2586
评价过程	0.3367	评价参与	0.2637
		评价组织	0.2412
		技术运用	0.2498
		评价调控	0.2453
评价结果	0.3518	结果形式	0.2331
		结果质量	0.2601
		结果反馈	0.2489
		结果运用	0.2579

（二）评价结果的合成

为全面、综合、准确判断职业教育学习评价效用的制度基础，职业教育学习评价元评估采用多元主体评价，分别邀请了职业教育专家和教育评估专家、职业院校学生和企业代表进行综合评分。同样采用Mufti-AHP分析方法，确定了专家权重、学生权重和企业权重分别为0.4136、0.3271和0.2593。故此，职业教育学习评价元评估的各个指标权重和各种主体权重都已明确。根据权重结果，可以得到：

（1）职业教育学习评价元评估的总体得分或者单维度评分：

$$E = \sum_{i=1}^{n} W_i P_i$$

其中，W_i 表示每一类主体的评分，P_i 表示对应的主体评分权重。
（2）职业教育学习评价元评估的单主体评分：

$$E' = \sum_{i=1}^{n} W'_i P'_i$$

其中，W'_i 表示每一个维度的实际评分，P_i 表示对应维度的权重。

（三）元评估结果的等级

职业教育学习评价元评估主要采用李克特量表（Likert scale）五级评分机制收集原始分，基于原始分进行 Mufti-AHP 分维度赋权和分主体赋权，最终求得职业教育学习评价元评估真实评分。结合五级评分的优点以及专家建议，职业教育学习评价元评估结果等级拟通过加权后的真实得分与评价体系应得分（满分）之间的比率关系衡量最终的元评估结果等级，计算公式如下：

$$X_i = \frac{\sum n_i = 1 W_i P_i}{\sum n_i = 15 n P_i}$$

因此，确定职业教育学习评价元评估结果的五级水平如下：
第Ⅰ级：$X \geq 80\%$
第Ⅱ级：$60\% \leq X < 80\%$
第Ⅲ级：$40\% \leq X < 60\%$
第Ⅳ级：$20\% \leq X < 40\%$
第Ⅴ级：$X < 20\%$

五　元评估数据收集及其处理方法

在开发好评价工具、确定好评分权重与等级之后，职业教育学习评价的元评估开始正式实施，主要通过现场调查、电话调查、邮件调查等方式，收集到大量的元评估资料。

（一）数据收集过程与方法

此次元评估的数据收集主要采取三个步骤，一是大规模问卷调查，利用自编问卷，在全国范围内寻找职业教育评价专家、职业教育学生和相关行业企业人员，通过问卷调查收集职业教育学习评价制度运行的信息与数据。二是在问卷调查的同时，采用个人访谈法。通过与职业教育评价专家、职教学生的深度访谈，获取关于职业教育学习评价制度运行的质性资料。最后，利用相关社会关系资源收集相应的文本资料，主要通过部分省市教育评估院、教育科学研究院以及中高职校长、教师获取大量关于职业教育学习评价制度的质性资料。

（二）数据收集结果与评价对象确认

2017年11月初到2017年12月上旬，职业教育学习评价元评估在全国范围内随机找寻职业教育评价专家、职业院校学生和职业教育行业企业伙伴，而后邀请各类主体结合问卷进行评分。抽样的第一原则是分层随机抽样，特别是对学生的来源，重点考虑中职院校与高职院校的适当比例，同时对于不同级别的中职和高职，例如国家示范与非国家示范等。抽样的第二原则是分地区抽样，尽可能兼顾东中西部的平衡。基于以上抽样原则，研究采用了四种问卷发放方式：实地发放、委托关系人发放、通过问卷星平台邀请和邮件精准发放。经过前后2个月的工作，发放专家问卷45份，有效回收32份，有效回收率为71.11%；发放学生问卷450份，有效回收337份，有效回收率为74.88%；发放企业问卷120份，有效回收103份，有效回收率为85.83%。整理相关信息，得到被试的情况如表4—12所示：

表4—12　　　　　　　　元评估被试基本情况

专家信息				学生信息				行业企业代表			
基本维度		人数（人）	比例（%）	基本维度		人数（人）	比例（%）	基本维度		人数（人）	比例（%）
性别	男	21	65.60	性别	男	113	33.50	性别	男	53	51.50
	女	11	34.40		女	224	66.50		女	50	48.50
单位	高校	12	37.50	学校	中职	56	16.60	身份	高管	8	7.80
	科研院所	11	34.40		高职	281	83.40		中层干部	28	27.20
	评估机构	9	28.10		—	—	—		实训老师	67	65.00
学历	专科	—	—	区域	东部	69	20.50	区域	东部	10	9.70
	本科	11	34.40		中部	79	23.40		中部	20	19.40
	研究生	21	65.60		西部	189	56.10		西部	73	70.90

续表

专家信息				学生信息				行业企业代表			
基本维度		人数（人）	比例（%）	基本维度		人数（人）	比例（%）	基本维度		人数（人）	比例（%）
职称	讲师级	7	21.90	年级	一年级	186	55.20	参与形式	招工用工	19	18.40
	副教授级	15	46.90		二年级	125	37.10		技能培训	29	28.20
	教授级	10	31.30		三年级	26	7.70		带徒弟	11	10.70
	—	—	—		—	—	—		其他	44	42.70

（三）数据整理与统计分析方法说明

数据处理和分析要根据研究的目标和需要而进行，为了准确把握与判断职业教育学习评价制度运行的基本情况，拟完成三个方面的数据分析：一是通过描述性统计，分别得出专家、学生和企业判断的职业教育学习评价制度的运行概况；二是通过加权评分，综合判断职业教育学习评价的实用性、可行性、合理性以及准确性；三是通过沃斯特根指数（Verstegen index）判断职业教育学习评价的公平指数。以此为基础，综合判断职业教育学习评价效用的制度基础。

第三节 四维尺度比较元评估

从结构分析到过程分析是制度分析在公共管理领域新的趋势。[①] 职业教育学习评价的元评估是公共管理在教育领域内的一种实践，因此也可以尝试新的过程分析解读职业教育学习评价制度的运行情况。

---

① Michael Barzelay, Raquel Gallego, "From 'New Institutionalism' to 'Institutional Processualism': Advancing Knowledge about Public Management Policy Change", Governance, Vol. 19, No. 4, 2010, pp. 531–557.

一 职业教育学习评价制度设计元评估

从抽象意义上看学习评价制度，评价设计主要有评价的目标设定、评价的方式选择、评价的工具以及评价标准的使用等问题。参照职业教育学习评价元评估的标准体系，得到评价设计的元评估结果如下：

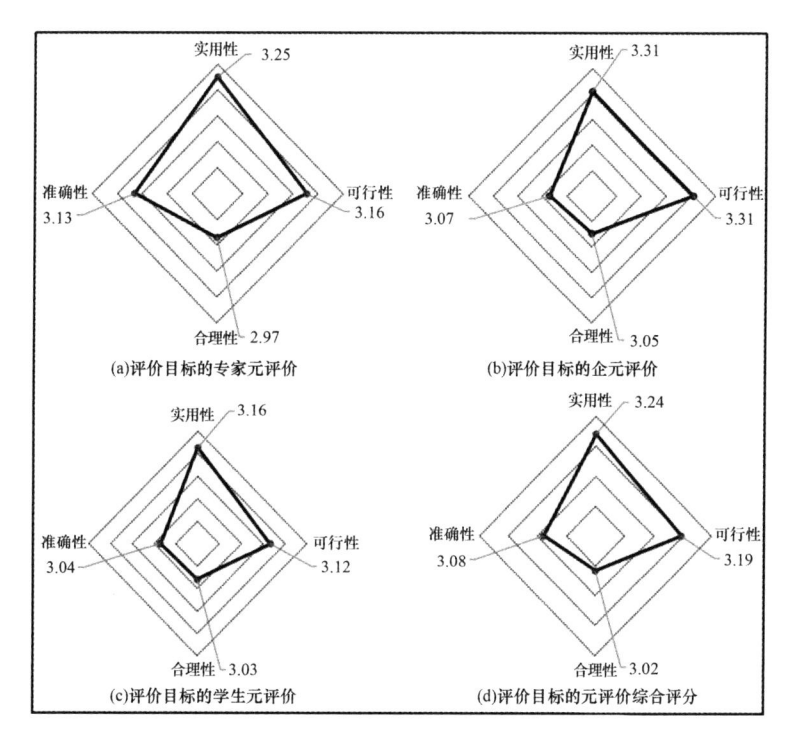

（一）职业教育学习评价目标元评估

评价目标是评价制度运行的方向和动力原点，也是职业教育学习评价直接效用的参考依据。专家、企业代表和学生的元评估结果如图4—6所示：

图4—6 职业教育学习评价目标元评估

如图4—6所示，在职业教育学习评价目标的设置上，专家、企业与学生一致认为评价目标的实用性最好，可行性其次，准确性与合理性相对较差，特别是专家和企业一致认为评价目标的合理性稍差。加权综合来看，

· 131 ·

职业教育学习评价目标的四项元评估水平依次为：实用性、可行性、准确性、合理性。综合四个维度来看，职业教育学习评价目标的专家元评估平均得分12.50，企业元评估平均得分12.75，学生元评估平均得分12.34，综合权重的平均得分12.54。从总体水平来看，评价目标元评估加权后实际得分1673.61，加权后应得总分2686.21，真实得分率为62.30%，达到了元评估结果水平的第Ⅱ级。

职业教育学习评价的目标设定通常都是以使用的、很明显的效用为目标，所以，评价目标的实用性非常好，而且经常把实用性的评价目标和教学目标一体化，因而，职业教育学习评价目标的实用性和可行性都较强。但是，大部分评价目标都是聚焦在了学生知识和能力的评价上，对学生情感、道德等方面的评价相对较少，而且评价目标都是以能够测量、可以量化为基础，在合理性和评价目标应有的准确性定位上略有不足。所以，元评估的综合等级定为第Ⅱ级。

例如，教育部《中等职业学校电力机车运用与检修专业教学标准（试行）》中的评价考核目标如下：

> 关注学生专业能力的提高，又关注学生社会能力的发展。既要加强对学生知识技能的考核，又要加强对学生课程学习过程的督导，从而激发学生学习的主动性和积极性，促进教学过程的优化……主要对学生在顶岗实习期间的劳动纪律、工作态度、团队合作精神、人际沟通能力等方面的情况进行考核评价。
> ——教育部《中等职业学校电力机车运用与检修专业教学标准（试行）》（第28—29页）

虽然，《标准》从目标定位上包含了专业能力、社会能力以及知识、技能等全方位的KSA评价，但与此同时，还强调"加强对学生课程学习过程的督导"等管理主义和控制主义色彩的评价目标，评价目标实用性强的特点明显。而且整个评价目标都方便量化操作，可行性也较好，但是聚焦"管理和控制"的目标出发点，又有些不合理；"激发学生学习的主动性和积极性"不够准确，因为评价并不一定能激发学生学习主动性和积极性，有时候可能打击学生学习的积极性。

(二) 职业教育学习评价方式元评估

职业教育学习评价方式是评价主体、评价技术等多种因素的组合,专家、企业代表和学生对职业教育学习评价方式的元评估结果如图4—7所示:

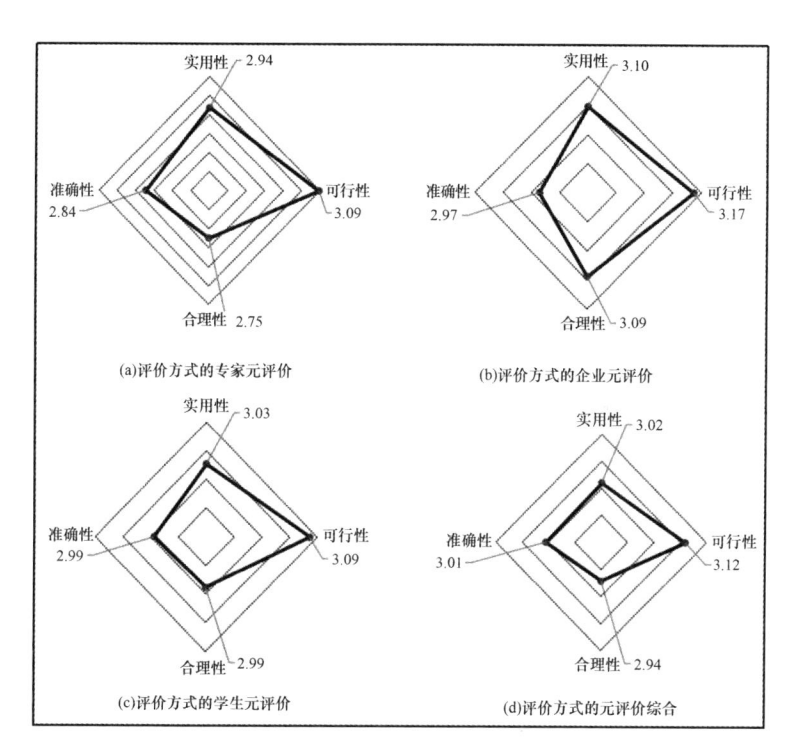

图4—7 职业教育学习评价方式元评估

如图4—7所示,在职业教育学习评价方式的选择上,专家、企业与学生一致认为评价目标的可行性最好,实用性其次,合理性相对较差。加权综合来看,职业教育学习评价方式的四项元评估水平依次为:可行性、实用性、准确性、合理性。综合四个维度来看,职业教育学习评价方式专家元评估平均得分11.63,企业评分平均分为12.33,学生评分平均分12.09,综合权重的平均得分为11.98。从总体水平来看,职业教育学习评价方式元评估加权后实际得分1626.18,加权后应得总分2686.21,真实得分率为60.54%,达到了元评估结果水平的第Ⅱ级。

现代职业教育学习评价的方式选择越来越多元化、创新化,但"实用主义"风格从未改变，大多数职业教育学习评价依旧采用考试、考查的方式，这样的评价方式可行性极好，实用性也不差。但是，职业教育学习是情境性的，考试、考查等并不能准确反映学生的动手能力，因此，职业教育学习评价方式的合理性与准确性相对得分较低。如表4—13所示，某职校的课程评价、学习评价依旧采用考试、考查和考勤等为基础，相对缺乏情境性评价，对学生真实职业能力的评价不够准确。因此，元评估结果综合判定为第Ⅱ级。

表4—13　　　　　某高职人才培养方案中课程评价方式

培养方向：智能制造与工业机器人				适用年级：2015级		
学期	学习领域课程名称	课程代码	必修学分（分）	考核方式	理论课/理实一体课		实训课
^	^	^	^	^	总学时（学时）	实践学时（学时）	实训周（周）
一	工程制图	2060137	3	考试	48	8	/
^	机械制造基础	2060138	4	考查	64	16	/
^	电路基础	2060135	4	考试	64	24	/
二	机械设计基础	2001063	3	考试	48	12	/
^	电子技术基础	/	4	考试	64	24	/
^	液压与气压传动	2060060	3	考查	48	12	/
^	钳工实训	2060041	1	考查	/	/	1
^	车工实训	2005014	2	考查	/	/	2
三	机器人技术	2001072	4	考试	64	16	/
^	电机与电气控制技术	/	4	考试	64	24	/
^	互换性与测量技术	2060024	2	考查	32	12	/
^	C语言程序设计	2060080	3	考查	48	12	/
^	传感器与检测技术	2002032	2	考查	32	12	/
^	伺服驱动技术与应用	/	3	考查	48	16	/
^	单片机原理及应用（汇编）	2060089	3	考查	48	12	/
^	维修电工实训	2005020	2	考查	/	/	2

续表

学期	学习领域课程名称	课程代码	必修学分（分）	考核方式	理论课/理实一体课 总学时（学时）	理论课/理实一体课 实践学时（学时）	实训课 实训周（周）
四	三维设计基础	2060086	2	考查	32	8	/
四	可编程控制器原理与应用	2060010	4	考试	64	24	/
四	计算机控制与现场总线技术	/	2	考查	32	12	/
四	工业机器人系统安装调试与维护	/	3	考试	48	12	/
四	工业机器人离线编程与仿真（后半学期）	/	2	考查	/	/	2
四	工业机器人现场编程与调试（后半学期）	/	2	考查	/	/	2
五	专用工业机器人应用课程设计	/	3	考查	/	/	3
五	顶岗实习（一）	2060077	2	考查	/	/	6
六期	顶岗实习（二）	2060078	4	考查	/	/	12
六期	毕业设计（论文）及答辩	2060079	6	答辩	/	/	6
理论课或理实一体课程学分、学时及课内实践学时			53	/	848	256	/
整周实训课程必修学分、实践周数			24	/	/	/	36
专业必修课程毕业学分小计			77学分				

资料来源：某高职人才培养方案。

（三）职业教育学习评价工具元评估

评价工具提供各种收集信息的方法、解释和报告信息的途径——收集信息、解释信息、保存记录和通信。专家、企业代表和学生对于职业教育学习评价工具的元评估结果如图4—8所示。

如图4—8所示，职业教育学习评价工具的选择上，专家、企业与学生一致认为评价工具的准确性最好，实用性其次，合理性相对较差。加权综合来看，职业教育学习评价工具的四项元评估水平依次为：准确性、实用

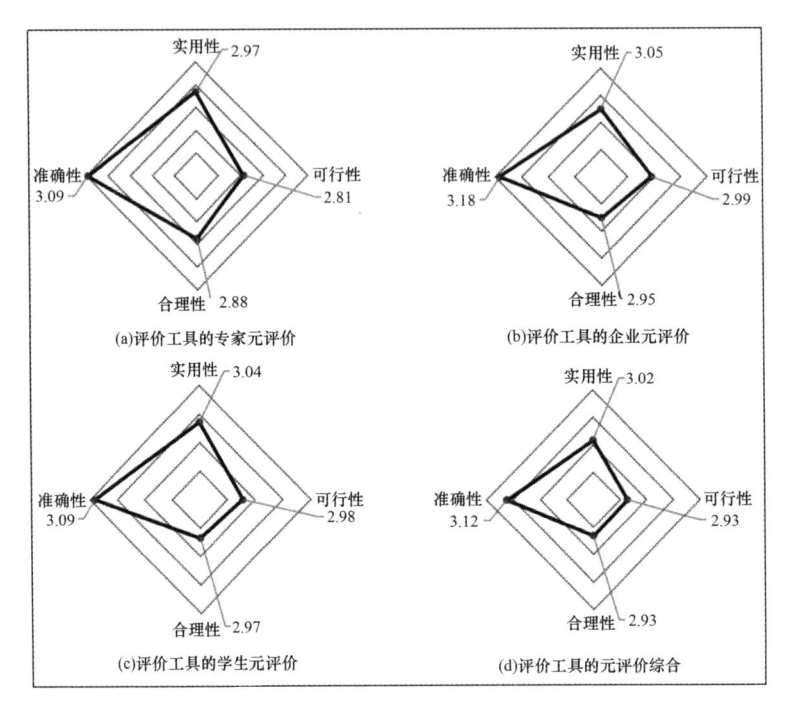

图4—8 职业教育学习评价工具元评估

性、可行性、合理性。综合四个维度来看，专家评分，评价方式四维度平均得分11.75，企业评分平均得分12.17，学生评分平均得分12.07。综合权重的平均得分为11.97。从总体水平来看，职业教育学习评价工具元评估加权后实际得分1620.79，加权后应得总分2686.21，真实得分率为60.34%，达到了综合水平的第Ⅱ级。

职业教育学习评价的工具越来越先进、越来越科学，仅仅从实现评价目标的准确性上来说，评价工具的实用性和可行性越来越好。如表4—14所示，重庆市某高职的质量诊改系统采用了非常先进的信息化工具，对学生的各种学习数据进行采集，在准确性、实用性和可行性上都令人相当满意，但信息收集过于精细显然不够合理，而且对于学习评价本身的价值不高。故此，认定为第Ⅱ级。

表4—14　　　　　　　　　重庆市某高职的学习评价系统

学生出勤率	学生出勤率	90%	1.出勤情况和平时成绩相挂钩。	90%
学生听课率	学生认真听课率	90%	1.严格强调课堂纪律，上课不允许玩	90%
学生教学资料携带率	学生教学资料携带率	90%	学生携带教学资料情况和平时成绩相挂钩	90%

资料来源：来自重庆市某高校诊改系统的教师登录界面。

（四）职业教育学习评价标准元评估

标准体系一方面直接关联着评价的内容，另一方面也决定着最后的结果等级，职业教育学习评价标准元评估结果如图4—9所示。

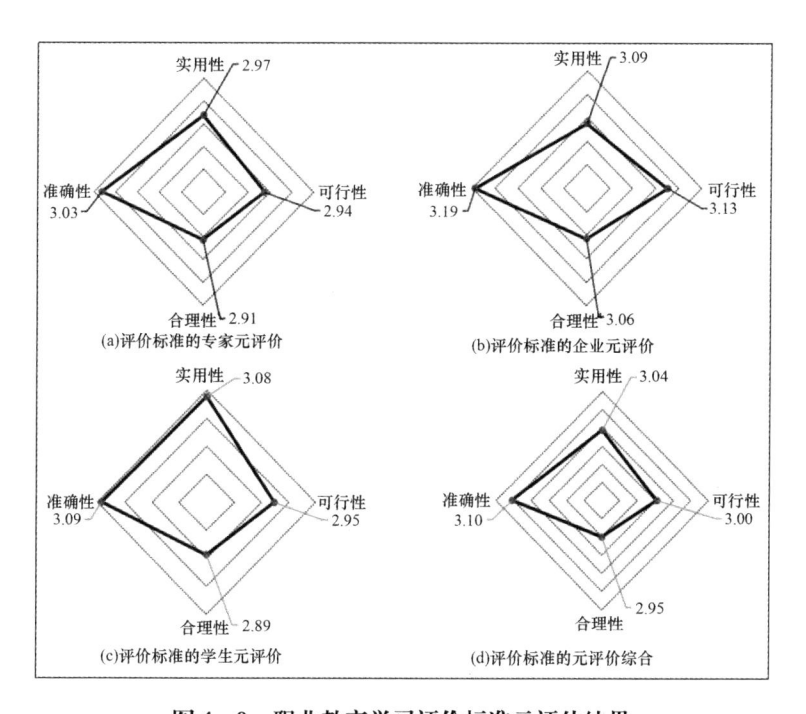

(a) 评价标准的专家元评价
　实用性 2.97
　可行性 2.94
　合理性 2.91
　准确性 3.03

(b) 评价标准的企业元评价
　实用性 3.09
　可行性 3.13
　合理性 3.06
　准确性 3.19

(c) 评价标准的学生元评价
　实用性 3.08
　可行性 2.95
　合理性 2.89
　准确性 3.09

(d) 评价标准的元评价综合
　实用性 3.04
　可行性 3.00
　合理性 2.95
　准确性 3.10

图4—9　职业教育学习评价标准元评估结果

如图4—9所示,在职业教育学习评价标准的选择上,专家、企业与学生一致认为评价标准的准确性最好,实用性其次,合理性相对较差。加权综合来看,职业教育学习评价标准的四项元评估水平依次为:准确性、实用性、可行性、合理性。综合四个维度来看,职业教育学习评价标准四维度的专家评分平均得分11.84,企业评分平均得分12.47,学生评分平均得分11.99。综合权重的平均得分为12.08。从总体水平来看,职业教育学习评价标准元评估加权后实际得分1625.10,加权后应得总分2686.21,真实得分率为60.50%,达到了综合水平第Ⅱ级。

现代职业教育学习评价在评价标准的制定上,一是评价指标越分越细,二是指标权重越来越复杂,这样的学习评价的优点是结果相当准确,操作性和实用性特别好。但是,也存在一个严重的问题,就是过分精细化、标准化的指标未必符合全部学生,"一把尺子"的评价标准虽然好操作、很准确、很实用,但是对成绩较差或者成绩很好的学生来说都是不公平不合理的,也就是说评价结果的区分度未必很好。因此,专家、企业和学生的元评估定位在第Ⅱ级。如表4—15所示,某高职《数控加工工艺与编程》之"轮廓铣削"评价标准规定非常详细,准确性和操作性达到了近乎标准化的程度。但是在这种标准之下,很显然一部分学生要经历学习失败,所以,也存在评价尺度"一刀切"的不合理之处。

表4—15 某高职《数控加工工艺与编程》之"轮廓铣削"评价细则

序号	评价项目	评价指标	权重分数
1	面铣刀装配	刀体与刀柄组装是否正确	5
2	百分表安装	百分表与磁力表座固定在机床上的位置	5
3	平口虎钳找正	虎钳钳口平行度误差不大于0.03mm	10
4	虎钳导轨平行度	长度不小于100mm,平行度误差不大于0.03mm	10
5	工件装夹	工件装夹基准面是否与垫铁和钳口贴实无间隙	5
6	建立工件坐标系	工件坐标系与图纸相对应	5
7	切削参数选择	合理选择主轴转速、进给速度	10
8	工件测量	误差满足图纸要求	10
9	加工表面粗糙度	加工表面粗糙度不超过Ra3.2um	10

续表

序号	评价项目	评价指标	权重分数
10	平面度误差	不超出图纸要求	10
11	平行度误差	不超出图纸要求	10
12	安全操作	着装标准，操作符合安全规范	5
13	结束工作	规范清理、复位机床、归放刀具、夹具和量具	5
合计			100

资料来源：来自某高职机电工程系××老师的课件。

（五）职业教育学习评价设计元评估的最终等级

从职业教育学习评价的目标设计、方式选择、工具与标准的运用来看，专家、企业和学生的元评估都达到了比较满意的程度，综合评定都达到了第Ⅱ级水平。整合职业教育学习评价目标、评价方式、评价工具与评价标准得到职业教育学习评价设计的专家元评估评分平均得分49.72，企业元评估平均得分47.71，学生元评估平均得分48.51，加权综合元评估平均得分48.57。整个评价设计元评估加权后实际得分6545.68，加权后应得总分10744.84，真实得分率为60.92%。所以，职业教育学习评价设计元评估的最终等级也为第Ⅱ级。

二　职业教育学习评价制度实施元评估

评价实施是职业教育学习评价制度运行的核心环节，其中评价主体的参与、评价工作的组织、评价技术运用以及评价调控等都是评价实施的核心问题。参照职业教育学习评价元评估的标准体系，得到评价实施的元评估结果如下：

（一）职业教育学习评价参与元评估

职业教育学习评价是多元利益相关主体共同关注的综合性实践活动，学校、教师、学生、政府、企业、第三方机构以及社会参与等。主体参与的元评估结果如图4—10所示：

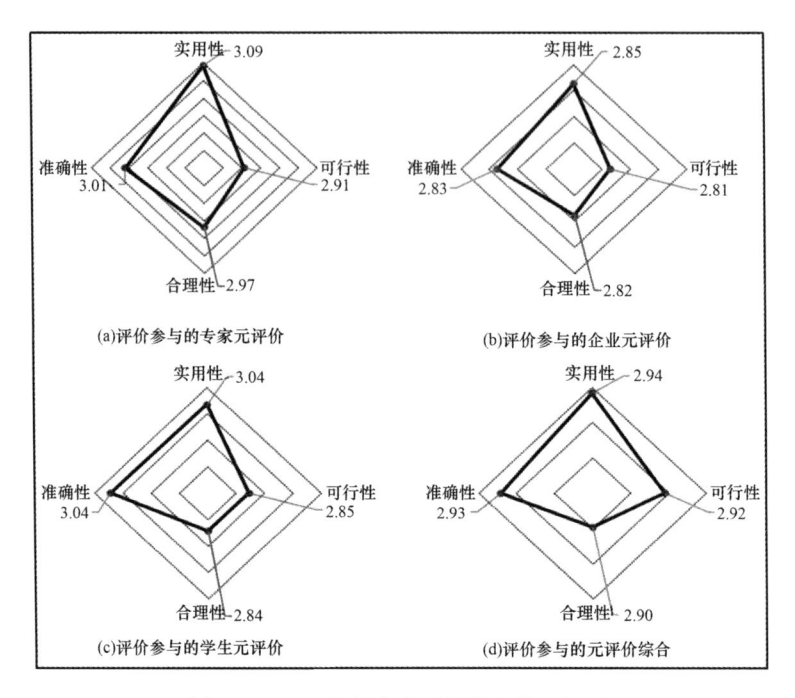

图 4—10 职业教育学习评价主体元评估

如图 4—10 所示，在职业教育学习评价的参与上，专家、企业与学生一致认为主体参与的实用性最好，准确性其次，合理性与可行性相对较差。加权综合来看，职业教育学习评价主体参与的四项元评估水平依次为：实用性、准确性、合理性、可行性。综合四个维度来看，职业教育学习评价主体参与的专家元评估平均得分为 11.30，企业元评估平均得分为 12.00，学生元评估平均得分为 11.76，综合权重的平均得分为 11.71。从总体水平来看，职业教育学习评价参与的元评估加权后实际得分 1567.95，加权后应得总分 2686.21，真实得分率为 58.37%，只达到最终等级的第Ⅲ级。

理论上，利益相关主体都可以参与职业教育学习评价，但在实践中，一方面由于职业教育学习评价活动本身的"高利害性"以及评价活动实施场域的狭隘性，很多利益主体并没参与到评价活动之中，甚至有时候学生都是被动地参与，直接接受"被评价"[①]。另一方面，也因为部分利益相关主体不明白学习评价的技术、操作等，并不适合直接参与学习评价活动。

表4—16　　江苏省某中职《"工学一体化"学生学习评价方案》

一体化课程＿＿＿＿＿＿＿＿＿＿＿＿＿＿＿＿＿＿＿＿活动日期＿＿＿＿＿＿								
学习情境＿＿＿＿＿＿＿＿＿＿＿＿＿＿＿＿＿＿＿								
班级＿＿＿＿姓名＿＿＿＿学号＿＿＿＿教师＿＿＿＿								
项目过程评价					成果质量评价			
40分	配分	自评	互评	教师	40分	配分	自评	互评	教师
个人	技术能力	2				个人	项目内容	2			
	工作态度	2					项目说明	2			
	协调能力	4					项目展示	4			
	工作质量	4					效果图	4			
	复杂程度	4					工作主动	4			
	创新节约	4					交流沟通	10			
小组	计划合理	4				小组	规划周密	4			
	项目创意	4					分工合理	4			
	过程有序	4					特色	4			
	完成情况	4					接受批评	4			
	协作情况	4					提出建议	4			
项目阐述（方案优化）					加减分理由：			
20分		配分	得分						
个人	涉及项目的细节和相关知识	10			满分	加减分	合计得分		
小组		10							

资料来源：学校文件及截图。

如表4—16所示，职业教育学习评价中，也在开始尝试自评、互评和教师评价相结合等多元评估方法，学生也成为评价的主体。这样的主体参

[①] Linda Vanasupa, Jonathan Stolk, Trevor Harding, "Application of Self-Determination and Self-Regulation Theories to Course Design: Planting the Seeds for Adaptive Expertise", *International Journal of Engineering Education*, Vol. 26, No. 4, 2010, pp. 914 – 929.

与是很准确的，但在实践中，企业、第三方机构等并没有参与学习评价，而且很多时候不具备参与的可行性，因此，在职业教育学习评价主体参与上，最终为第Ⅲ级。

（二）职业教育学习评价组织元评估

职业教育学习元评估的形式多种多样，但是大部分学习评价都需要经过严密的组织和安排。专家、企业和学生对职业教育学习评价组织的元评估结果如图4—11所示：

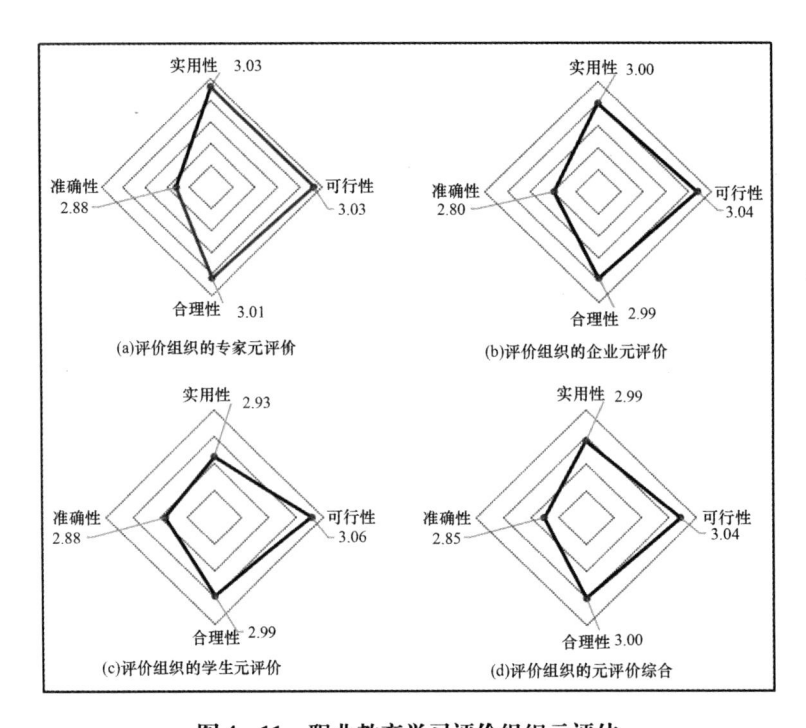

图4—11 职业教育学习评价组织元评估

如图4—11所示，在职业教育学习评价组织工作的元评估上，专家、企业与学生一致认为评价组织工作的可行性最好，实用性其次，准确性与合理性相对较差。加权综合来看，职业教育学习评价组织的四项元评估水平依次为：可行性、实用性、合理性、准确性。综合四个维度来看，职业教育学习评价组织的专家元评估平均得分为11.82，企业元评估平均得分为12.00，学生元评估平均得分为11.85，综合权重的平均得分为11.90。从总体水平来看，职业教育学习评价组织元评估加权后实际得分1593.39，加权后应得总分2686.21，真实得分率为59.32%，只达到最终等级的第Ⅲ级。

职业教育学习评价组织工作要统筹兼顾，综合考虑评价目标、评价方式、评价标准等内容，更多时候，评价工作的可行性与评价的实用性是评价组织者更看重的，而合理性以及准确性可能是相对靠后的考虑因素。例如，某市《中等职业学校学生学业水平评价实施办法》对于学业评价组织的规定：

三、评价组织与实施

……

1. 考试报名

……参加合格性考试的学生的基本信息由本市中等职业学校学生信息系统统一提供，学生通过其学籍所在学校集体报名。

……

以上各类考试，每位学生各有1次报考机会。

2. 考试费用

学生参加考试的费用均在教育经费中统筹安排。

3. 考试组织

所有科目考试均由市教育考试院组织统一报名、统一命题、统一考试、统一网上评卷和统一成绩评定。

4. 考试时间安排

年级	考试科目	考试类别	考试时间
一年级	信息技术基础	选考	第一学期末或第二学期末
二年级	语文、数学英语	必考（合格性考试）选考（等级性考试）	第一学期末

说明：（1）……（2）……

5. 考试管理要求

语文、数学、英语和信息技术基础4门科目考试应按照国家教育考试

职业教育学习评价效用的制度分析

的标准和要求，规范考场设置和实施程序。加强安全保密，建立健全诚信机制，严肃考风考纪，对考试作弊等违规行为，严格按照《国家教育考试违规处理办法》（中华人民共和国教育部令第33号）等有关规定进行处理。
——《××市中等职业学校学生学业水平评价实施办法》（×府发〔2014〕57号）

整个评价组织方案从可行性上毫无争议，但是，也不得不说，这样的学业评价更像行政导向下的集中考评，对于学生的真实情况、学生的需求情况考虑并不是很多。

（三）职业教育学习评价技术元评估

评价技术与评价工具略有相似的地方，但是在评价实施中的评价技术，更多的是数据收集技术和数据分析技术等。专家、企业和学生对职业教育学习评价技术的元评估结果如图4—12所示：

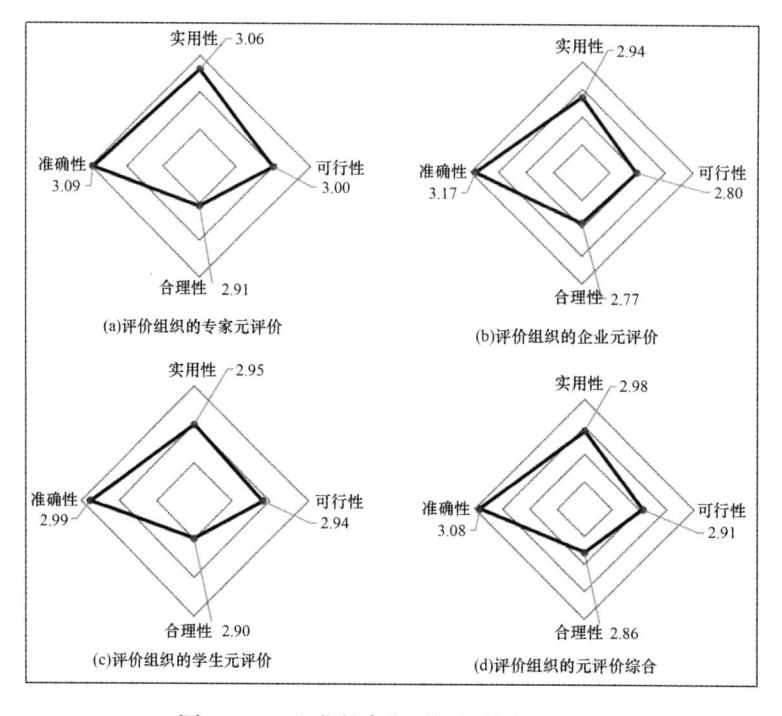

图4—12　职业教育学习评价技术元评估

(a)评价组织的专家元评价：实用性3.06，可行性3.00，合理性2.91，准确性3.09

(b)评价组织的企业元评价：实用性2.94，可行性2.80，合理性2.77，准确性3.17

(c)评价组织的学生元评价：实用性2.95，可行性2.94，合理性2.90，准确性2.99

(d)评价组织的元评价综合：实用性2.98，可行性2.91，合理性2.86，准确性3.08

如图4—12所示,在职业教育学习评价技术的设置上,专家、企业与学生一致认为评价技术的准确性最好,实用性、可行性其次,合理性最差。加权综合来看,职业教育学习评价技术的四项元评估水平依次为:准确性、实用性、可行性、合理性。综合四个维度来看,职业教育学习评技术的专家元评估平均得分12.06,企业元评估平均得分为11.67,学生元评估平均得分为11.78,综合权重的平均得分为11.86。从总体水平来看,职业教育学习评价技术元评估加权后实际得分1581.98,加权后应得总分2686.21,真实得分率为58.89%,只达到最终等级的第Ⅲ级。

职业教育学习评价技术的使用取决于评价组织者所掌握和拥有的技术资源与平台,在信息技术不断飞速发展的新时代,职业教育学习评价技术也随着信息技术的发展而不断更新。如图4—13所示,在重庆市某高职的课堂教学评价中,通过一卡通刷卡的方式采集学生的出勤情况,虽然这样的数据十分准确,但是也让学习评价变成了"军事化管理"的控制,也有其不合理的地方。

(一)学生方面

第十一条 高度重视课堂教学环节,认真学习,按计划上好每一节课,不发表不当言论。

第十二条 衣着整洁,不迟到、早退或旷课,不吃东西,不玩手机等通讯工具,不睡觉、不打瞌睡。

第十三条 迟到学生需经老师同意,方可进入教室;必须早退的学生,需经老师同意,方可离开。

第十四条 按要求携带上课教辅资料,认真做好笔记。

第十五条 学生上课前应持本人校园卡进行打卡,任课教师可根据学生出勤情况随时对任课班级打卡考勤进行复核。

第十六条 凡需请假的学生必须严格执行请假和销假制度。

第十七条 对违反考勤和课堂管理制度的同学,除报送学院办公室外,任课教师应对其严肃处理。

……

图4—13 职业教育学习评价技术:考勤打卡

资料来源:摘自《重庆××××职业学院课堂管理办法》。

(四) 职业教育学习评价调控元评估

职业教育学习评价的调控在评价实施中非常重要，一方面评价工作本身随时都可能出现意外，必须有相应的调控准备；另一方面，对于被试的心理调控，让评价测出真实的学业水平也是评价工作的重要组成部分。专家、企业和学生对职业教育学习评价调控的元评估结果如图4—14所示：

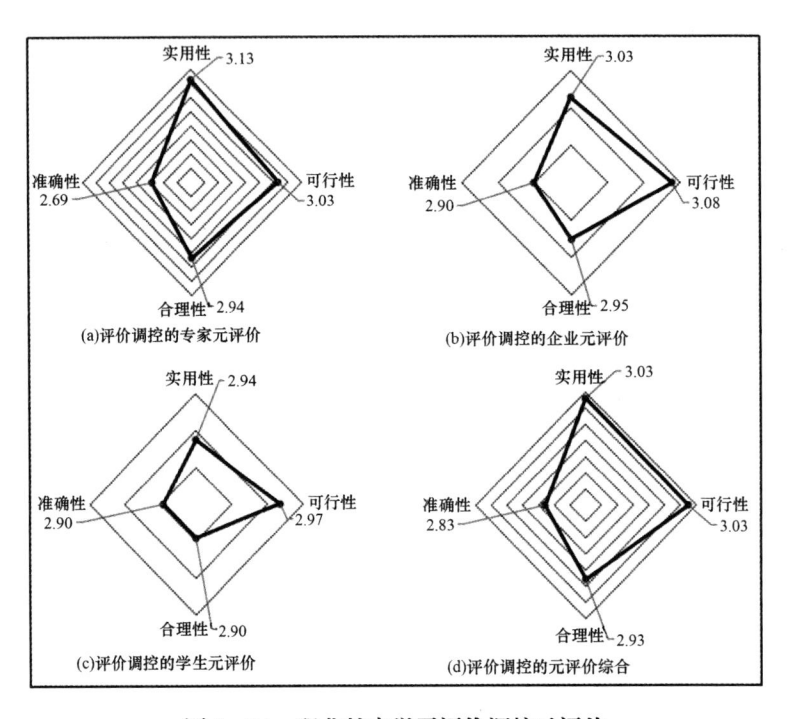

(a) 评价调控的专家元评价 实用性 3.13 可行性 3.03 合理性 2.94 准确性 2.69

(b) 评价调控的企业元评价 实用性 3.03 可行性 3.08 合理性 2.95 准确性 2.90

(c) 评价调控的学生元评价 实用性 2.94 可行性 2.97 合理性 2.90 准确性 2.90

(d) 评价调控的元评综合 实用性 3.03 可行性 3.03 合理性 2.93 准确性 2.83

图4—14　职业教育学习评价调控元评估

如图4—14所示，在职业教育学习评价过程调控的设置上，专家、企业与学生一致认为评价过程调控的可行性最好，实用性其次，准确性与合理性相对较差。加权综合来看，职业教育学习评价调控的四项元评估水平依次为：可行性、实用性、合理性、准确性。综合四个维度来看，职业教育学习评价调控的专家元评估平均得分11.78，企业元评估平均得分11.96，学生元评估平均得分11.69，综合权重的平均得分为11.82，从总体水平来看，职业教育学习评价调控元评估加权后实际得分1580.29，加权后应得总分2686.21，真实得分率为58.83%，只达到最终等级的第Ⅲ级。

评价过程调控是职业教育学习评价很容易忽视的一个问题,更多时候,评价实施都集中在评价的工具、方法、标准等方面,而忽视了评价的调控,忽视了对评价对象的人文关怀。例如,某省《PLC控制系统的安装与调试》测评中,已经注意到了对学生的提醒与调控,但是也仅限于"注意安全"等字样的提示,并没有对学生的心理、意识以及一旦出现问题之后的调控进行考虑。事实上,职业教育实习实践的学习评价,有些工作任务、实地操作等是很危险的,评价调控等不仅必不可少,甚至相当重要,但是遗憾的是大部分评价实施依旧只考虑评价结果的问题,忽视了评价过程的调控。

二、要求

1. 根据现场提供的控制程序正确进行程序输入、下载。
2. 正确选择元器件(提供100%的元件)进行布置安装、接线及调试。
3. 正确选择和使用仪器仪表对系统的技术参数进行测量和调试。
4. 通电试车完成系统功能演示。
5. 要求装配后不能出现开路、短路、接触不良、元件损坏等现象,线路安装完成后进行器件的整定、安装工艺符合国家、行业相关标准。
6. 考核注意事项:严格遵守电工安全操作规程,必须带电检查时一定要注意人身和设备仪表的安全。

——摘自××省《电气自动化技术专业PLC课程技能抽查考核试题库》

（五）职业教育学习评价实施元评估的最终等级

从职业教育学习评价的主体参与、工作组织、技术运用和过程调控来看,专家、企业和学生的元评估都达到了一般满意的程度,综合评定都达到了第Ⅲ级水平。整合职业教育学习评价主体参与、工作组织、技术运用和过程调控得到职业教育学习评价实施的专家元评估平均得分为47.84,企业元评估平均得分为46.75,学生元评估平均得分为47.09,综合权重得分为47.29。整体性职业教育学习评价实施元评估加权后实际得分6323.62,加权后应得总分10744.85,真实得分率为58.85%。所以,职业教育学习评价实施元评估的最终评价等级也为第Ⅲ级。

三 职业教育学习评价制度结果元评估

职业教育学习评价结果是"泰勒效用"最关注的部分。评价结果的元评估，需要考虑结果的形式、结果的质量、结果的反馈以及结果的运用等。参照职业教育学习评价元评估的标准体系，得到评价结果的专家、学生和企业代表的元评估结果如下：

（一）职业教育学习评价结果形式的元评估

学习评价的结果包括了标准陈述（overview）、含义解释（explanations）、实施指南（guidelines）、常见错误（common errors）、案例分析（illustrative cases）和支持文献（supporting documentation）等。[1] 专家、企业和学生对职业教育学习评价结果形式的元评估如图4—15所示：

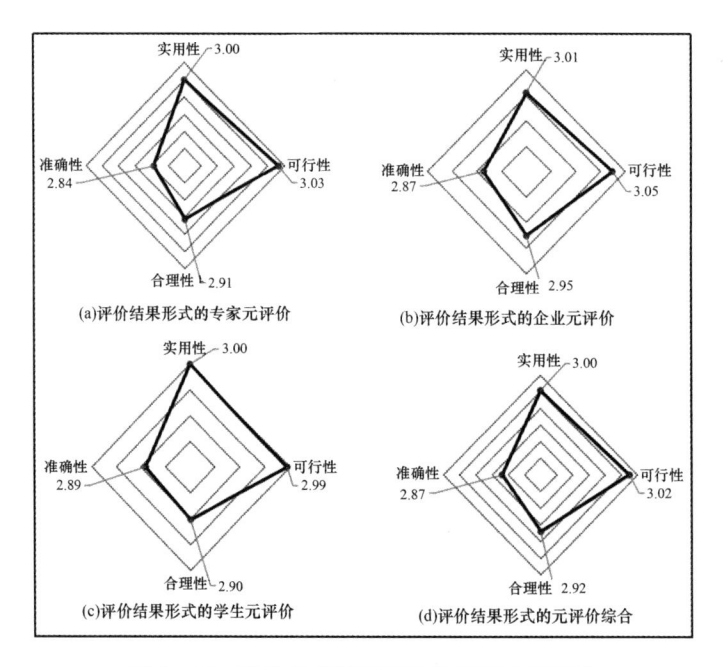

图4—15 职业教育学习评价结果形式元评估

---

[1] Linda Vanasupa, Jonathan Stolk, and Trevor Harding, "Can feedback improve teaching? A review of the social science literature with a view to identifying the conditions under which giving feedback to teachers will result in improved performance", *Research Papers in Education*, Vol. 13, No. 1, 1998, pp. 43–66.

如图 4—15 所示，在职业教育学习评价结果形式的元评估上，专家、企业与学生一致认为结果形式的可行性最好，实用性其次，准确性与合理性相对较差。加权综合来看，职业教育学习评价结果形式的四项元评估水平依次为：可行性、实用性、合理性、准确性。综合四个维度来看，职业教育学习评价结果形式的专家元评估平均得分 11.78，企业元评估平均得分 11.88，学生元评估平均得分为 11.78，综合权重的平均得分为 11.81。从元评估结果的从总体水平来看，职业教育学习结果形式元评估加权后实际得分 1586.23，加权后应得总分 2686.21，真实得分率为 59.05%，从元评估得分的等级来看，职业教育学习评价结果的元评估只达到最终等级的第Ⅲ级。

表 4—17　　　　安徽某高职学生学习评价结果汇报表

资料来源：安徽某高职学校文件截图。

尽管职业教育学习评价的技术不断发展，评价方式等创新不断，但是在评价结果的形式上，人们依旧相信量化的分数结果和一个简单的纸质报告。如表 4—17 所示，职业教育学习评价中，评价结果的形式依旧是一张纸质汇报表，表中有各门课程的学习成绩，结果为量化的分数，同时也有个人的总结式评价。但是总体来说，评价只是一个数字化的结果，缺少了对结果的分析和阐释，因而，评价结果形式的元评估等级仅为第Ⅲ级。

(二) 职业教育学习评价结果质量的元评估

职业教育学习评价结果的质量比评价结果的形式更为重要，专家、企业和学生对职业教育学习评价结果质量的元评估如图4—16所示：

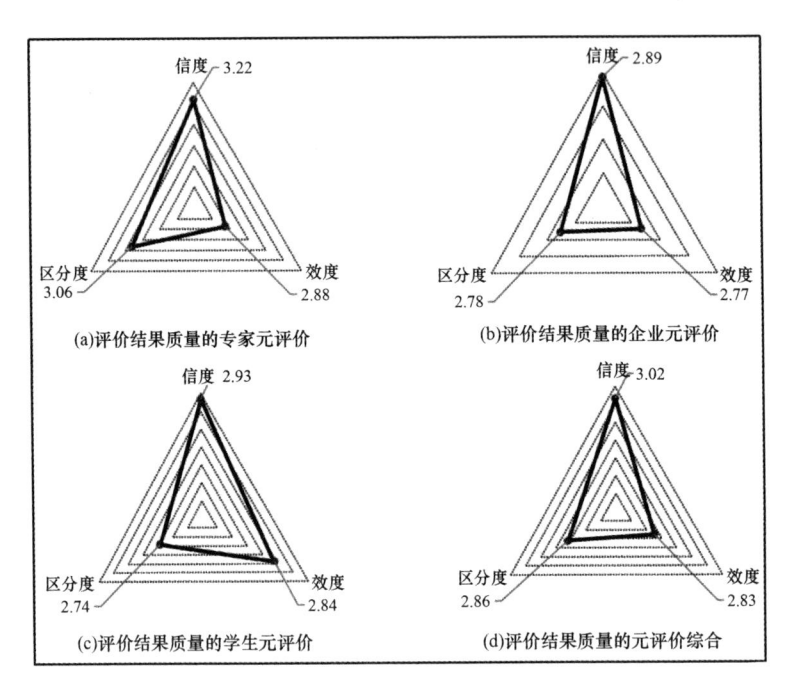

图4—16 职业教育学习评价结果质量元评估

如图4—16所示，职业教育学习评价结果质量的元评估，专家、企业与学生一致认为结果质量的信度最好，区分度其次，效度相对较差。加权综合来看，职业教育学习评价结果质量的三项元评估水平依次为：信度、区分度、效度。综合四个维度来看，职业教育学习评价结果质量的专家元评估平均得分9.15，企业元评估平均得分8.45，学生元评估平均得分8.51，综合权重的平均得分为8.76。从总体水平来看，职业教育学习结果质量元评估加权后实际得分1150.02，加权后应得总分2014.65，真实得分率为57.08%，只达到最终等级的第Ⅲ级。

职业教育学习评价结果的质量问题不仅仅影响学生的学习改进和教师的教学改进，而且有些学习评价结果还可以在更深层次上影响学生的就业，甚至影响职业教育的口碑。例如，我国职业教育的资格证书政出多门，整体的含金量不高①，劳动力市场对职业教育的职业资格认证不是很认可。这样的结果是不仅造成了学生学习、时间和金钱的浪费，还影响了职业院校学生就业，影响了职业教育的质量与口碑。

（三）职业教育学习评价结果反馈的元评估

没有反馈就没有学习②，学生技能习得的重要前提就是对训练结果的了解，如果学生个人收到关于技能训练的正确反馈，他们就能更快地获得这项技能；如果反馈不正确，他们需要知道错误的本质。③ 职业教育学习评价结果的反馈元评估结果如图4—17所示：

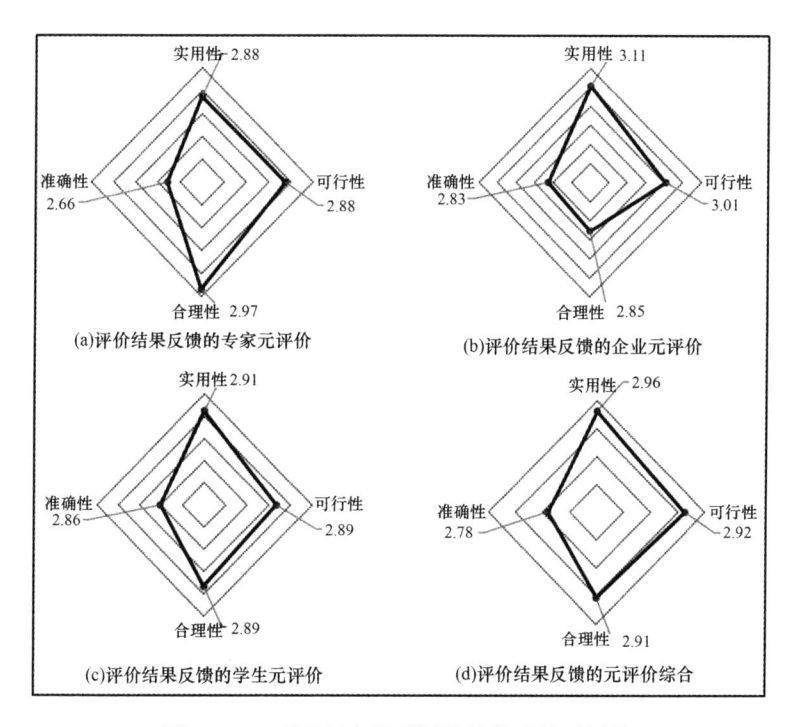

图4—17 职业教育学习评价结果反馈元评估

---

① 李鹏、朱德全：《读职校有用吗？——美国职业教育个人收益的元分析与启示》，《清华大学教育研究》2018年第1期。
② Edward Lee Thorndike, "Other facts concerning mental connections: Conditioned reflexes and learning, Human Learning", The Century Company, Retrieved from http://ovidsp.ovid.com/ovidweb.cgi? T = JS&PAGE = reference&D = psyc1 & NEWS = N&AN = 2006 - 20941 - 007.
③ Mark Wilson, Kathleen Scalise, "Assessment to Improve Learning in Higher Education: The BEAR Assessment System", Higher Education, Vol. 52, No. 4, 2006, pp. 635 - 663.

如图4—17所示，在职业教育学习评价结果的反馈上，专家、企业与学生一致认为结果反馈的实用性最好，可行性次之，准确性相对较差。加权综合来看，职业教育学习评价结果反馈的四项元评估水平依次为：实用性、可行性、合理性、准确性。综合四个维度来看，职业教育学习评价结果反馈的专家元评估平均得分11.37，企业元评估平均得分结果反馈11.70，学生元评估平均得分结果反馈11.54，综合权重的平均得分为11.52。从总体水平来看，职业教育学习结果反馈元评估加权后实际得分1553.96，加权后应得总分2686.21，真实得分率为57.85%，只达到最终等级的第Ⅲ级。

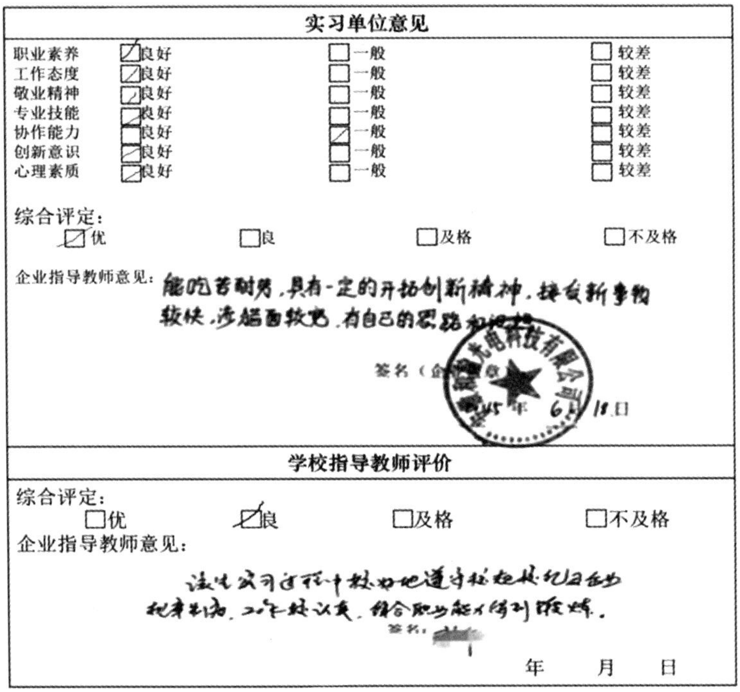

实习单位意见

职业素养	☑良好	□一般	□较差
工作态度	☑良好	□一般	□较差
敬业精神	☑良好	□一般	□较差
专业技能	☑良好	□一般	□较差
协作能力	□良好	☑一般	□较差
创新意识	☑良好	□一般	□较差
心理素质	☑良好	□一般	□较差

综合评定：
☑优　□良　□及格　□不及格

企业指导教师意见：能吃苦耐劳，具有一定的开拓创新精神，接受新事物较快，涉猎面较宽，有自己的职业规划。

签名（企业盖章）　15年　6月18日

学校指导教师评价

综合评定：
□优　☑良　□及格　□不及格

企业指导教师意见：
该生实习过程中能够如地遵守校纪和纪律规章制度，工作较认真，综合职业能力得到锻炼。

签名：

年　月　日

图4—18　安徽某高职实习结果反馈

资料来源：企业（实习单位）的评价反馈文件截图。

如图4—18所示，职业教育实践学习评价的结果反馈中，包含了每一项考核指标的评价结果、综合性的评价结果、教师的评价等级与指导意见。反馈比较完善，而且能够通过纸质版评价报告轻而易举地反馈给学生本人。不过问题是，这种反馈方式在反馈时间上滞后于学习评价本身，同时也是没有个性化和针对性的反馈，虽然是一对一，但是只能在对应的等级中勾选，反馈意见通常都是形式化的"口水意见"，不具有建设性和指导性。

（四）职业教育学习评价结果运用的元评估

职业教育学习评价结果运用是评价效用生成的关键环节。专家、企业和学生对职业教育学习评价结果形式的元评估如图4—19所示：

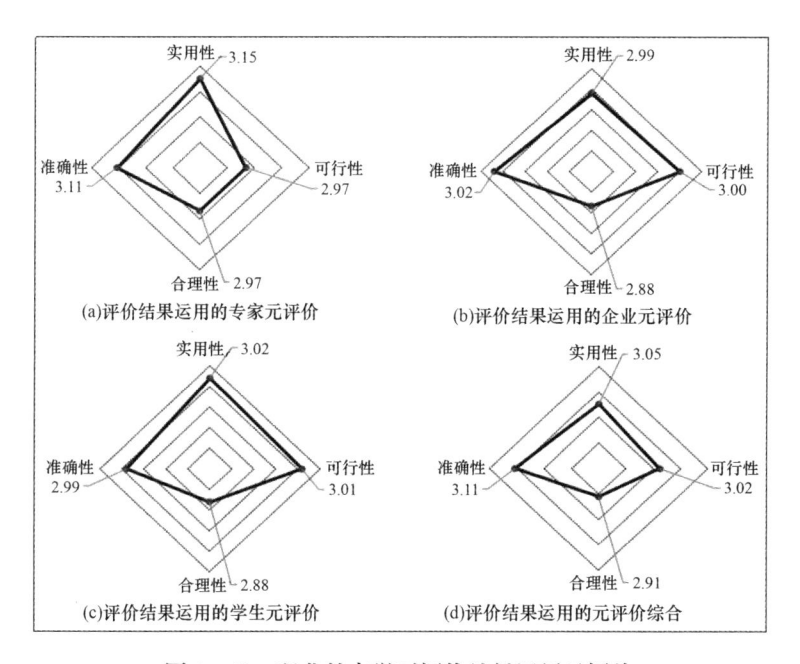

（a）评价结果运用的专家元评价　实用性3.15　可行性2.97　合理性2.97　准确性3.11

（b）评价结果运用的企业元评价　实用性2.99　可行性3.00　合理性2.88　准确性3.02

（c）评价结果运用的学生元评价　实用性3.02　可行性3.01　合理性2.88　准确性2.99

（d）评价结果运用的元评价综合　实用性3.05　可行性3.02　合理性2.91　准确性3.11

图4—19　职业教育学习评价结果运用元评估

如图4—19所示，在职业教育学习评价结果运用上，专家与学生一致认为评价结果运用的准确性最好，实用性次之，合理性最差；企业则认为准确性最好，实用性其次，合理性最差。加权综合来看，职业教育学习评价结果运用的四项元评估水平依次为：准确性、实用性、可行性、合理性。综合四个维度来看，职业教育学习评价结果运用的专家元评估平均得分12.12，企业元评估平均得分11.58，学生元评估平均得分11.79，综合权重的平均得分为11.86。从总体水平来看，职业教育学习结果运用元评估加权后实际得分1581.68，加权后应得总分2686.21，真实得分率为58.88%，只达到最终等级的第Ⅲ级。

事实上，关于职业教育学习评价结果的运用，最常见的是用于升学、就业、奖惩、问责等，所以在用于干什么以及如何用的问题上，准确性和实用性都非常好。如某市《中等职业学校学生学业水平评价实施办法》关于学习评价的结果用途十分明确，也关注实际效果。但问题是，很少有人会将评价的结果用于改进，用于学生的再学习。因此，从评价结果使用的合理性上，又存在着客观的局限性。

四、评价结果应用

（一）作为学生综合素质评价的组成部分

学业水平评价是衡量中等职业学校学生达到国家规定相关学习要求的重要评价手段，其评价结果是学校对学生综合素质评价的重要组成部分。

（二）作为用人单位录用和高等学校招生的重要参考

学业水平评价能够客观反映中等职业学校学生文化素养和专业技能水平，其评价结果是用人单位录用员工和高等学校招生的重要参考。

（三）作为评价和改进学校教学工作的重要依据

学业水平评价是检验中等职业学校教学质量的一种重要方式，其评价结果既是评估学校教学工作的重要依据，也是学校深化课改、改进教学的重要依据。

——××市《中等职业学校学生学业水平评价实施办法》（×府发〔2014〕57号）

（五）职业教育学习评价结果的元评估的最终等级

从职业教育学习评价的结果形式、结果质量、结果反馈和结果运用来看，专家、企业和学生的元评估都达到了一般满意的程度，综合评定都达到了第Ⅲ级水平。整合职业教育学习评价结果形式、结果质量、结果反馈和结果运用得到职业教育学习评价结果的专家元评估平均得分43.63，企业元评估平均得分44.43，学生元评估平均得分43.64，综合加权得分43.96。从总体水平来看，职业教育学习评价结果元评估加权后实际得分

5871.91，加权后应得总分 10073.29，真实得分率为 58.29%，也为第Ⅲ级水平。

第四节　公平指数参照元评估

评价驱动着教育，控制并主导着学校里的各种行为①，因而，评价制度是否公平对教育发展至关重要。在本质上，评价制度的公平性与教育元评估的实用性、可行性、合理性、准确性是一致的。所以，在对职业教育学习评价进行实用性、可行性、合理性、准确性的元评估之后，引入公平系数进行第二轮元评估。

一　职业教育学习评价制度的公平指数模型

教育公平的问题是教育学的难点和热点问题之一，教育公平的测算指数方法也非常丰富。基尼系数、麦克伦指数（McLoone index）等都是常用的教育公平测算指数。② 沃斯特根指数（Verstegen index）是衡量教育公平的常用指数之一，近年来，美国教育经费公平[3]、教育机会公平[4]、教育资源公平[5]、区域内教育公平[6]的测算都用到了 Verstegen index，计算公式为：

---

① ［美］帕特丽夏·F. 卡利尼：《让学生强壮起来：关于儿童、学校和标准的不同观点》，张华译，高等教育出版社 2005 年版，第 173 页。
② 岳昌君：《教育计量学》，北京大学出版社 2009 年版，第 6—9 页。
③ Deborah A. Verstegen, Teresa S. Jordan, "A Fifty-State Survey of School Finance Policies and Programs: An Overview", *Journal of Education Finance*, Vol. 34, No. 3, 2009, pp. 213 – 230.
④ Deborah A. Verstegen, Lisa G. Driscoll, "Educational Opportunity: The Illinois Dilemma", *Journal of Education Finance*, Vol. 33, No. 4, 2008, pp. 331 – 351.
⑤ Deborah A. Verstegen, "Invidiousness and Inviolability in Public Education Finance", *Educational Administration Quarterly*, Vol. 26, No. 3, 1990, pp. 205 – 234. Robert Knoeppel, Deborah A. Verstegen, James Rinehart, "What Is the Relationship between Resources and Student Achievement? A Canonical Analysis", *Journal of Education Finance*, Vol. 33, No. 100, 2007, pp. 183 – 202.
⑥ Deborah A. Verstegen, "Concepts and measures of fiscal inequality: A new approach and effects for five states", *Journal of Education Finance*, Vol. 22, No. 2, 1996, pp. 145 – 160.

$$V = \frac{\sum_{i=m}^{n} X_i P_i}{\sum_{i=m}^{n} X_{MP} P_i}$$

式中，X_{MP} 表示中位数；当 n 为偶数时，$m = \frac{n}{2} + 1$；当 n 为奇数时，$m = \frac{n+1}{2}$；P_i 是权重。

根据以上计算公式的数理可以推断，Verstegen index 是指坐落在中位数以及中位数以上的总和，除以这些观测值都取中位数所得总和的比例。① 因此，Verstegen index 的取值范围在 1 以上，其中，Verstegen index 的数值越小表示越公平，数值越大则表示越不公平。

二 职业教育学习评价制度的公平指数计算

根据 Verstegen index 的计算公式，职业教育学习评价的公平指数主要以专家、企业和学生三类元评估打分数据和各自权重为基础进行计算。具体来说：

第一步，按照职业教育学习评价标准，分别计算专家、企业和学生的元评估打分的总和，通过每类打分总和的排序确定中位数；

第二步，分别计算两类数据：（1）中位数及其以上的数据之和，（2）中位数以上所有数据都为中位数的和；

第三步，计算两类数据之和的比例，算得最终的职业教育公平指数。

相应步骤的计算结果如表 4—9 所示：

表 4—9　　职业教育学习评价元评估公平系数的计算过程与结果

步骤	数据类别	数据结果	数据说明
1	专家元评估	138	中位数（X'_{MP}）
	企业元评估	139	中位数（X''_{MP}）
	学生元评估	134	中位数（X'''_{MP}）

---

① 岳昌君：《教育计量学》，北京大学出版社 2009 年版，第 9 页。

续表

步骤	数据类别	数据结果	数据说明
2	专家元评估	2391	中位数以上之和（$\sum_{i=m}^{n} X'_i$）
		2208	假设全为中位数之和（$\sum_{i=m}^{n} X'_{MP}$）
	企业元评估	7768	中位数以上之和（$\sum_{i=m}^{n} X''_i$）
		7728	假设全为中位数之和（$\sum_{i=m}^{n} X''_{MP}$）
	学生元评估	32044	中位数以上之和（$\sum_{i=m}^{n} X'''_i$）
		16065	假设全为中位数之和（$\sum_{i=m}^{n} X'''_{MP}$）
3	实际分布	12013.35	三类数据的中位数之上数据和（$\sum_{i=m}^{n} X_i P_i$）
	理想分布	7606.71	三类数据假设全为中位数之和（$\sum_{i=m}^{n} X_{MP} P_i$）
	最终比值	1.5793	V（Verstegen index）

注：为了能够精准比较各个维度的公平系数，此处公平系数的最终计算结果统一保留四位小数。

同理，可得，职业教育学习评价设计的 Verstegen index 为 1.6151，评价实施的 Verstegen index 为 1.6320，评价结果的 Verstegen index 为 1.7008。

三 职业教育学习评价制度的公平指数结果与假设验证

通过专家、企业和学生的元评估数据，结合 Mufti-AHP 的权重系数，从制度公平的角度出发,引入公平指数,借鉴 JCSEE 的教育元评估标准和 Verstegen index。然而,Verstegen index 计算结果发现,职业教育学习评价制度运行的 Verstegen index 为 1.5793 > 1,这说明职业教育学习评价制度运行的公平指数并不好,因此,H0:职业教育学习评价制度运行的公平指数较好,不成立。同理,从职业教育学习评价制度"评价设计—评价实施—评价结果"的分析框架来看,Verstegen index 计算发现,职业教育学习评价设计的 Verstegen index 为 1.6151 > 1,评价实施的 Verstegen index 为 1.6320 > 1,评价结果的 Verstegen index 为 1.7008 > 1。因此,分假设 H0-1、H0-2、H0-3 也不成立。

第五节 元评估的结果与讨论

经过专家、企业和学生的多元打分,运用 Mufti-AHP 和 Verstegen index 指数,对职业教育学习评价制度进行了系统的元评估,元评估发现的主要结论和相关问题如下:

一 结果归纳

整理职业教育学习评价元评估的四维尺度元评估和公平指数元评估,得到基本结果如表 4—20 所示:

表 4—20　　职业教育学习评价元评估结果归纳

分析维度	四维尺度评价	公平指数评价
评价设计/起点公平	第Ⅱ级	1.6151
评价实施/过程公平	第Ⅲ级	1.6320
评价结果/结果公平	第Ⅲ级	1.7008

(一)评价设计与起点公平

从"四维尺度"元评估的结果来看,职业教育学习的专家元评估评分平均得分为49.7184，企业元评估平均得分为47.7188，学生元评估平均得分为48.5104，加权综合元评估平均得分48.5781，真实得分率为60.92%，元评估的综合等级为第Ⅱ级。同时，Verstegen index 为 1.6151 > 1。可见，职业教育学习评价制度运行处于优良水平，但评价起点并不绝对公平。

（二）评价实施与过程公平

从"四维尺度"元评估的结果可以发现，职业教育学习评价实施的专家元评估平均得分47.8438，企业元评估平均得分评价实施46.7573，学生元评估平均得分评价实施47.0920，综合权重得分47.2935，真实得分率为58.85%，元评估的最终等级也为第Ⅲ级。同时，过程公平的 Verstegen index 为 1.6320 > 1，也说明职业教育学习评价制度还有巨大的进步空间。

（三）评价结果与结果公平

从"四维尺度"元评估可以发现，职业教育学习评价结果的专家元评估平均得分43.6311，企业元评估平均得分44.4375，学生元评估平均得分43.6439，综合加权得分43.9679，真实得分率为58.29%，元评估的最终等级为第Ⅲ级水平。同时，结果公平的 Verstegen index 为 1.7008 > 1，因此，评价结果的公平性还有待提高。

二 问题讨论

元评估结果表明，职业教育学习评价制度运行整体较好，但是依旧存在客观问题，具体问题如下：

（一）评价设计：制度设计愈发科学，但实用主义的色彩浓重

四维尺度的分析可以发现，职业教育学习评价目标、方式、工具、标准等都达到了第Ⅱ级水平，但是在实用性、可行性、合理性与准确性各维度差异较大，而且实用性和可行性的得分明显高于合理性。评价目标方面，职业教育学习评价目标已经由过去的"知识本位"走向"能力本位"[1]，但是又

---

[1] Milena Corradini, Amir Sarajlic, Belma Ziga, Mirza Karic, "Bosnia and Herzegovina: impact assessment of vocational education and training reform", *Osong Public Health & Research Perspectives*, Vol. 5, No. 5, 2014, pp. 279 - 285.

陷入了"强调职业技能多，关注职业精神少"的"实用主义误区"。评价形式上，评价方式逐渐多元化，但是在多元化的过程中，一是强调终结性评价，过程性评价较少；二是把评价被窄化为外部考试，且评价与教学相分离。① 评价工具上，不断创新，直接观察、书面回应、口头回应、他人评价、自我报告、问卷、访谈、刺激回忆、有声思维、对话等评价法方法逐渐多元②，但是，大部分评价工具还是以"实用""可量化"为基础。评价标准上，学习评价标准的结构大都是运用课堂教学因素分解的方法形成的，对职业教育质量的滞后性、隐蔽性、生成性等特点无法评价；同时也缺乏自我参考的标准，没有区分度，陷入"什么都行，什么都好"的误区。③

（二）评价实施：制度运行更加先进，但技术主义的依赖严重

四维尺度元评估分析发现，职业教育学习评价主体参与、工作组织、技术运用和过程调控等都达到了第Ⅲ级水平，但在实用性、可行性、合理性与准确性各维度的差异较大，可行性的因素考虑多于合理性和准确性的思量。主体参与意识越来越强，但是真正参与的还是教师，缺少来自企业、用人单位的评价。④ 评价组织越来越精细化，但多从好操作的角度出发，避免模糊不太可预见的任务，并且将所有任务视为可预测的方式来简化评价过程。⑤ 评价技术越发先进可靠，但是也存在着单纯强调自然科学方法的移植和强调日常经验总结的方法论倾向⑥，对量化工具的迷信，导致学习评价公正之善的偏误。评价的调控对于心理、伦理等因素的关怀开始被提及，但在真实的实践中又往往被忽视，职业教育学习评价往往忽视学习过程、脱离情境。

---

① 周文叶：《学生表现性评价研究》，博士学位论文，华东师范大学，2009年，第14—18页。
② [美]戴尔·H. 申克：《学习理论》，何一希等译，江苏教育出版社2003年版，第14—17页。
③ 冯惠敏、黄明东、左甜：《大学通识教育教学质量评价制度及指标设计》，《教育研究》2012年第11期。
④ 吴苏苹：《英国企业参与高等职业教育的经验及启示》，《高等工程教育研究》2017年第2期。
⑤ Robert L. Bangert-Drowns, James A. Kulik, Chen-Lin C. Kulik, "Effects of Frequent Classroom Testing", *Journal of Educational Research*, Vol. 85, No. 2, 1991, pp. 89–99.
⑥ 安桂清、李树培：《课堂教学评价：描述取向》，《教育发展研究》2011年第2期。

(三) 评价结果：制度输出更加丰富，但形式主义的作秀较多

四维尺度的分析可以发现，职业教育学习评价的结果形式、结果质量、结果反馈和结果运用等都达到了第Ⅲ级水平，但是在实用性、可行性、合理性与准确性各维度的差异较大，实用性、可行性的因素考虑多于合理性和准确性的思量。评价结果的形式创新不够，教师往往用正式的书面报告或者口头报告，客观的语言和图表，甚至是单一的分数总结来反映学生的学习结果。[1] 评价结果的质量上，由于缺乏足够的证据，很多评价结论与决策的制定都是基于经验的判断[2]，缺少权威的、公正的、可信的、专业的第三方评价机构，对评价结果的解释与使用不合理导致评价功能窄化与异化。[3] 评价结果反馈不够精准，学生不了解学习的结果，教师也不能及时、全面地了解学生的学习情况。评价结果运用上，"为评而评，评而不用"。对职业教育质量评价结果不能正确看待，对评价结果的处理不规范，或只评价不指导、只问责不放权、只奖惩不支持、只反思不行动、只要求他人不要求自己、走过场而无实效。

三 元评估结论

通过四维尺度与公平指数的评价，结合问题反思，可以初步判断：职业教育学习评价制度运行情况较好，但是存在着严重的实用主义、技术主义和形式主义的问题。不完美的制度运行可以生成评价效用，但也可能会限制效用，具体来说：

(一) 起点公平得到重视，但是制度逻辑倾向实用

从起点上重视评价的公平已经是现代学习评价的共识。[4] 职业教育学习评价制度也意识到了起点公平的问题，从"四维尺度"元评估的结果来看，职业教育学习的专家元评估平均得分49.71，企业元评估平均

---

[1] Jeremiah Johnson, Jori N. Hall, Jeehae Ahn, "Exploring Alternative Approaches for Presenting Evaluation Results", *American Journal of Evaluation*, Vol. 34, No. 4, 2013, pp. 486–503.

[2] Regina Vollmeyer, Falko Rheinberg, "A surprising effect of feedback on learning", *Learning & Instruction*, Vol. 15, No. 6, 2005, pp. 589–602.

[3] Diane N. Ruble, Ronda Eisenberg, Higgins E. Tory, "Developmental changes in achievement evaluation: motivational implications of self-other differences", *Child Development*, Vol. 65, No. 4, 2010, pp. 1095–1110.

[4] 李碧虹：《高等教育的起点公平与系统分化》，《高教发展与评估》2005年第5期。

得分47.72，学生元评估平均得分48.51，加权综合元评估平均得分为48.57，真实得分率为60.92%，元评估的综合等级为第Ⅱ级。可见，职业教育学习评价制度运行处于优良水平。但是从职业教育学习评价制度的"起点公平—过程公平—结果公平"来看，起点公平的Verstegen index 为1.6151>1。可见，职业教育学习评价制度并不完全公平。在评价设计的过程中，过于局限于教学目标和既定目标，讲究评价的"实用主义"，不关注评价之外的"游离"成果，所以，忽视了职业教育学习评价的长远效用。

（二）过程公平得到彰显，但是具体流程依赖技术

现代学习评价的实施过程得益于信息技术的发展而日益精细，过程性公平的问题已经得到了彰显。[1] 从"四维尺度"元评估的结果可以发现，职业教育学习评价实施的专家元评估平均得分为47.84，评价实施的企业元评估平均得分46.75，学生元评估平均得分为47.09，综合权重得分为47.29，真实得分率为58.85%，元评估的最终等级也为第Ⅲ级。可见，现行职业教育学习评价制度的实施过程处在及格水平左右。但从职业教育学习评价制度的"起点公平—过程公平—结果公平"来看，过程公平的Verstegen index 为1.6320>1，也说明职业教育学习评价制度还有巨大的进步空间。特别是制度运行过程中，量化主义、精细主义等虽然保证了评价制度的运行，也生成了评价结果与效用，但是这些缺陷也会限制评价制度功能最大化。

（三）结果公平得到认同，但是实际行动流于形式

评价结果公平是学习评价最关心的问题[2]，在职业教育学习结果的公平性问题上得到认同。从"四维尺度"元评估可以发现，职业教育学习评价结果的专家元评估平均得分43.63，企业元评估平均得分44.43，学生元评估平均得分43.64，综合加权得分43.96，真实得分率为58.29%，元评估的最终等级也为第Ⅲ级水平。可见，职业教育学习评价的结果公平得到了足够的重视。但是，从职业教育学习评价制度的"评价设计—评价实施—评价结果"的分析框架结果公平的Verstegen index 为1.7008>1，因

---

[1] 王少非：《课堂评价需要什么样的公平性》，《教育发展研究》2014年第24期。
[2] Kay Bussey, "Lying and Truthfulness: Children's Definitions, Standards, and Evaluative Reactions", *Child Development*, Vol. 63, No. 1, 2010, pp. 129-137.

此，职业教育学习评价结果的公平性有待提高。特别是职业教育学习评价结果的反馈和运用的问题格外突出，由于评价结果的信效度不高，加上对评价结果的解释不到位，很多时候的反馈与运用都是流于形式，并没有真正发挥作用，影响学习评价的最终效用。

第五章　职业教育学习评价效用的现状测度

现状不是肉眼所看到的个别化现象，肉眼所见也未必是现状。现状不仅是一种物理实体意义上"existence"式存在，更多的还是一种哲学意义上"being"式的存在。[1] 职业教育学习评价效用的现状也是一种真实的"存在"，外化为职业教育学习评价在促进教学改进、学习改进和 KSA 发展方面的实际贡献。而实施职业教育学习评价效用的测度是"面对实事本身"[2] 的探究和对"存在的真实性"[3] 的验证。正如爱德华·桑代克（Edward L. Thorndike）所断言："任何真实情况可以被分解成供量化科学研究的材料。"[4] 因此，为了准确把握职业教育学习评价效用的现状及其生成过程，必须开发科学的测评工具收集职业教育学习评价效用的各种信息数据，然后运用统计分析和逻辑推理验证职业教育学习评价效用现状水平。

第一节　测度设计与实施

职业教育学习评价效用测度是一项复杂而浩大的学术工程，开展复杂

---

[1] Russell Pannier, Thomas D. Sullivan, "Being, Existence, and the Future of Thomistic Studies", *American Catholic Philosophical Quarterly*, Vol. 69, No.1, 1995, pp. 83–88.
[2] 倪梁康：《面对实事本身——现象学经典文选》，东方出版社 2000 年版，第 6—7 页；辜筠芳：《关于教育存在的思考》，《教育科学》2000 年第 4 期。
[3] 康健：《是家乡，不是异乡：个人存在的真实性及其限度》，中央编译出版社 2000 年版，第 3 页。
[4] Edward L. Thorndike, *An Introduction to the Theory of Mental and Social Measurments*, New York: Science Press, 1940, p. V.

的测度与调查，必须有科学的设计与论证。因此，在开展职业教育学习评价效用测度之前，必须明确此次测度的目标与任务、主张与假设、思路与流程、方法与工具、对象及其数据来源。

一　测度的目标与任务

职业教育学习评价效用测度的目的就是要精准探测学习评价究竟产生了什么样的现实效果。效能现状是对各种效用的笼统概括，要具体测度职业教育学习评价效用就必须合理分解测度的目标任务。对于职业教育学习评价效用的测度，目标任务可以分解为三个具体任务：

（一）开发职业教育学习评价效用测度的量表工具

目前，国内外关于职业教育学习评价效用测度的研究相对较少，测度工具更是几乎没有。因此，要实施职业教育学习评价效用测度，首先要解决的问题就是结合职业教育学习评价及其效能的实际，开发可操作的、具有良好信效度的测度工具。此为职业教育学习评价效用现状测度的前提性目标任务。

（二）收集并分析职业教育学习评价效用相关数据

职业教育学习评价效用在现实中是分散到一个个学生和教师身上的，外显为各种学与教的意识或行为表征。只有大量收集这些效能表征数据，通过大样本的数据统计分析，才能综合判断职业教育学习评价效用的"存在样态"，特别是在促进教师教学改进与学生学习改进的发展指数。

（三）判断职业教育学习评价效用的现实状况与生成机制

职业教育学习评价不仅需要过程的公平，还要能够在结果上促进学生发展。但是这种效果有良有莠，因此，还必须构建客观的、科学的评价尺度，基于数据统计与分析的结果，判断职业教育学习评价效用现状的良莠，在此基础之上，探寻职业教育学习评价效用的生成机制。

二　测度的变量与假设

职业教育学习评价效用的四种分析变量，组成了三种变量关系与假设：一是自变量、因变量之间的关系及其假设；二是因变量、控制变量的关系与假设；三是中介变量与自变量、因变量之间的关系与假设。

（一）自变量与因变量：制度运行与制度绩效的关系假设

追问"学习评价到底是教育改革的致命桎梏，还是教育发展的救命稻草？"就已经表明职业教育学习评价效用客观存在，而且职业教育学习评价制度具有"两面性"，在特定情况下"以评促教"和"以评促学"目标并不能完全实现。从制度绩效的分析框架来看，制度运行也必然会生成一定的结果并产生相应的效果和影响[1]，但负面的效应不能算作真正意义上的有效评价[2]，只有对人类有益的效果才能算作效用。而且，在根本上教是为了"学"而存在，教学所追求的目标和结果也一定要通过"学"体现出来[3]，因而，学生的 KSA 发展才是最终的效用，也即是因变量。所以，职业教育学习评价效用的基本分析如图 5—1 所示：

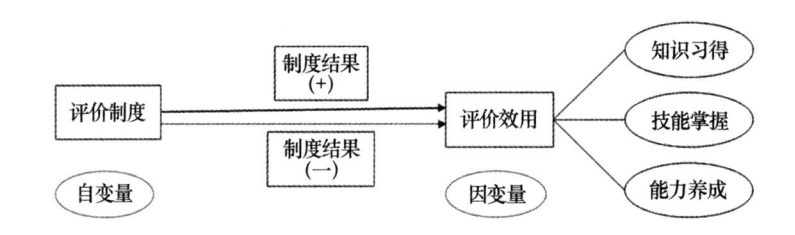

图 5—1　职业教育教学评价制度绩效因变量、自变量以及分析维度

如图 5—1 所示，从制度分析的视角来看，职业教育学习评价制度只要在运行就必然产生一定的制度结果，有正向的也有负向的。尽管只有正向的结果才能够成为真正意义上的效用，但是负向的结果会和正向的结果一起，共同影响职业教育学习评价的最终效用。因此，在第一组变量关系中，职业教育学习评价制度运行是自变量，评价效用是因变量。"以评促学"的效用观最终还是要体现在学习的发展之上，从职业教育学习的内涵来看，职业教育学习评价的最终效用必须以发展人的职业能力为终极目

---

[1] 甄志宏：《制度、组织与经济绩效》，《吉林大学社会科学学报》2005 年第 6 期。
[2] Egon G. Guba, Yvonna S. Lincoln, *Effective evaluation: Improving the usefulness of evaluation results through responsive and naturalistic approaches*, San Francisco, CA: Jossey-Bass publishers, 1983, pp. 60 – 62.
[3] 王策三：《教学论稿》，人民教育出版社 2005 年第二版，第 374 页。

标，帮助学生 KSA 的发展，也即知识习得、技能掌握和能力养成等方面的发展。因此，因变量又可以分解为三个观测变量。

至此，从职业教育学习评价效用的自变量和因变量之间的关系，以及因变量的操作性定义，可以提出研究假设1：

H1：职业教育学习评价能够促进学生的知识掌握、技能习得与能力养成。

当然，知识、技能、能力是不同层次和属性的效用。因此，以上假设可以进一步分解为：

H1-1：职业教育学习评价能够促进学生知识掌握；

H1-2：职业教育学习评价能够促进学生技能习得；

H1-3：职业教育学习评价能够促进学生能力养成。

（二）中介变量与因变量：教学改进、学习改进与 KSA 发展

从制度分析的视角来看，制度实施与制度绩效之间，并不一定是直接性的关系，因为从行动到结果之间，还有漫长的空间和各种复杂的因素[1]，这是制度绩效总是不能让人满意的原因所在。事实上，从职业教育学习评价实施到促进职业院校学生知识掌握、技能习得和能力养成之间，还有一个重要的变量就是改进。一方面，随着人类知识与智慧的增长，学生学习的过程本来就是"不断试错，不断改进"的过程。[2] 例如著名的"刺激—反应"实验，其实就是一个反复"试误"并不断改进的过程。[3] 另一方面，Stufflebeam 关于评价的目标也早有论断，"评价的目标最主要不是为了证明（prove），而是为了改进（improve）"[4]——在职业教育学习评价的框架中，改进主要是教师的教学改进和学生的学习改进。所以，在评价制度实施与评价效用产生之间的中介变量就是教师教学改进与学生学习改进。然而，教学改进和学习改进也不是完全独立的两个变量，从评价效用生成的过程来看，教学改进会影响学习改进，当然学习改进也可以为教学

---

[1] Bekele Afessa, Mark T. Keegan, Rolf D Hubmayr, et al., "Evaluating the Performance of an Institution Using an Intensive Care Unit Benchmark", *Mayo Clinic Proceedings*, Vol. 80, No. 2, 2005, pp. 174–180.

[2] Richard Bensel, "Politics in Time: History, Institutions, and Social Analysis", *Perspectives on Politics*, Vol. 3, No. 3, 2006, pp. 647–648.

[3] 施良方：《学习论》，人民教育出版社2001年版，第27页。

[4] Danile L. Stufflebeam, "A conceptual framework for study of superintendent evaluation", *Journal of Personnel Evaluation in Education*, Vol. 9, No. 4, 1995, pp. 317–333.

改进提供一定的信息支撑。然而，从最终效用的方向性来看，依旧是教学改进作用于学习改进。因此，职业教育学习评价效用的中介变量与自变量、因变量之间的关系结构如图5—2所示：

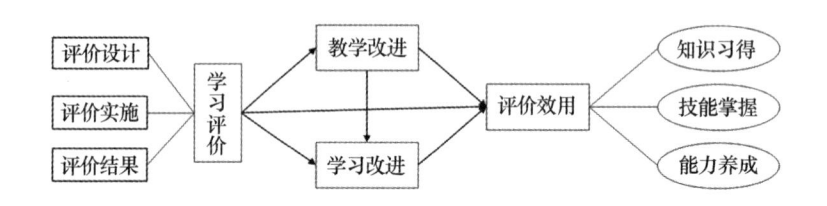

图5—2 职业教育学习评价制度效用"改进分析模型"

如图5—2所示，职业教育学习评价实施之后会产生一定结果，当结果反馈给教师和学生的时候，教师和学生都会面对评价结果，评价可能会让教师反思自身的教学，并做出相应的调整；学生也可能会反思自己的学习，并做出针对性改进，如此就生成了评价的效用。不可否认，也有一部分教师或学生并不会反思并改进，这样评价对他们的作用就会相对降低。因此，研究假设2就是：

H2：职业教育学习评价通过促进教师教学改进、学生学习改进而促进学生的发展。

但是，教师教学改进、学生学习改进并不是同一主体的活动，而且教学改进与学习改进之间还存在着一定的关系。因此，研究假设2可以分解为：

H2-1-1：职业教育学习评价能够促进教师教学改进；

H2-1-2：职业教育学习评价引起的教学改进能够促进学生KSA发展；

H2-2-1：职业教育学习评价能够促进学生学习改进；

H2-2-2：职业教育学习评价引起的学习改进能够促进学生KSA发展。

H2-3：职业教育学习评价引起教师教学改进能够帮助学生学习改进。

(三) 控制变量与因变量：制度环境、制度绩效的关系假设

按照制度经济学的观点，制度实施的效应、效果或功能就是制度绩效。[①] 但制度实施并不是脱离具体情境的，制度总是处于一定的文化、结构和政治环境中[②]，而且制度只有与人相结合才能生成制度绩效。[③] 因而，制度运行的过程以及制度运行的环境都会影响最终的制度绩效。从制度本身来说，评价制度运行的每个环节以及整体性的状况都会影响到职业教育学习评价效用。在职业教育学习评价制度运行的环境中，学校因素、教师因素和学生因素也是重要的环境变量。特别是学校，在场域和文化意义上俨然是一个微型的社会[④]，不同的学校文化会形成不同的教师文化与学生文化。因此，学校变量可以影响职业教育学习评价的教师和学生，进而影响教学改进与学习改进。据此，可以提出假设3：

H3：不同院校的职业教育学习评价效用有所差异。

具体来说，高职、中职的差异，东中西部职业院校的差异以及院校级别的差异都会影响职业教育学习评价的最终效用。因此，研究假设H3可以分解为：

H3-1-1：不同类型职业院校的职业教育学习评价效用有所差异；

H3-1-2：不同级别职业院校的职业教育学习评价效用有所差异；

H3-1-3：不同区域职业院校的职业教育学习评价效用有所差异。

同时，学校、教师和学生差异也会影响职业教育学习评价与教学改进，所以：

H3-2-1：不同类型职业院校学习评价的教学改进有所差异；

H3-3-2：不同级别职业院校学习评价的教学改进有所差异；

H3-2-3：不同区域职业院校学习评价的教学改进有所差异。

同理，学校、教师和学生差异也会影响职业教育学习评价与学习改进，所以：

---

① 饶旭鹏、刘海霞：《非正式制度与制度绩效——基于"地方性知识"的视角》，《西南大学学报》（社会科学版）2012年第2期，第139—144页。
② Keith D. Brouthers, "Institutional, Cultural and Transaction Cost Influences on Entry Mode Choice and Performance", *Journal of International Business Studies*, Vol. 44, No. 1, 2013, pp. 14-22.
③ 甄志宏：《制度、组织与经济绩效》，《吉林大学社会科学学报》2005年第6期。
④ 石艳、田张霞：《作为社会空间的学校——基于西方空间社会学研究的新进展》，《外国教育研究》2008年第7期。

H3-3-1：不同类型职业院校学习评价的学习改进有所差异；

H3-3-2：不同级别职业院校学习评价的学习改进有所差异；

H3-3-3：不同区域职业院校学习评价的学习改进有所差异。

三 测度的工具与实施

职业教育学习评价效用测度运用问卷法从量化的角度测度分析评价效用的现实水平。因此，测度的主要工具是调查问卷。规范的社会调查问卷编制需要经过"探索性工作—设计问卷初稿—试用—修订定稿"等步骤。[①] 为了确保测度工具的科学性，《职业教育学习评价效用调查问卷》的编制严格按照问卷编制的流程。

（一）探索性工作：开放式访谈与元分析

问卷设计首先必须明确要收集的指标与数据。[②] 因此，开发职业教育学习评价效用调查问卷首先必须明确所需要收集的信息及其问题，理论联系实践，从实践访谈与成熟问卷的分析入手：一是要广泛收集职业教育学习评价效用调查的相关项目；二是探索职业教育学习评价效用调查问卷的初始维度。

第一，开放式访谈——教师所理解的学习评价及其效用。为了获取一线的真实材料，深入了解职业院校学习评价的实践及效用，研究者于2017年11月分别在重庆青年职业技术学院机电系和重庆电子工程职业学院管理学院展开了开放式访谈，先后邀请到了6位专业课教师和2位辅导员，就职业学院校的学习评价及其效用进行简单访谈，被访谈对象的基本信息如下：

表5—1　　　　　职业教育学习评价效用问卷开发的访谈对象

序号	对象编码	教龄（年）	职称	所在专业	访谈时长
1	杜老师	12	副教授	机电产品营销	20分钟
2	杨老师	15	教授	机械制造	20分钟
3	高老师	3	讲师	机器人制造	20分钟

[①] 风笑天：《社会学研究方法》，中国人民大学出版社2009年第3版，第168—170页。

[②] [英]马克·桑德斯、菲利普·刘易斯等：《经管研究方法》，余宇莹等译，东北财经大学出版社2011年第五版，第345—346页。

续表

序号	对象编码	教龄（年）	职称	所在专业	访谈时长
4	王老师	5	讲师	物流管理	20分钟
5	黄老师	25	教授	电子商务	20分钟
6	郭老师	26	副教授	思想政治	20分钟
7	廖老师	3	讲师	（辅导员）	20分钟
8	周老师	3	讲师	（辅导员）	20分钟

整理访谈所收集的资料，借助 Nvivo 11 质性分析软件，分三次对所有的访谈记录进行编码：第一步，编码采用专家独立编码。抽取两份访谈记录，并付费邀请两位心理学博士进行独立编码，集中抽取关于评价制度和评价效用的节点。在两位经验丰富的编码高手完成编码之后，对编码结果进行对比、整合与讨论，形成基础编码本。

第二步，参照基础编码本主要采用开放式编码，一边阅读和整理访谈材料，一边提炼关于评价制度运行和评价效用的节点。初次提取关于评价制度方面，评价目标、评价方式、评价工具、评价主体、评价技术、评价反馈等方面的节点；重点提取职业教育学习评价在促进教师教学改进和学生学习改进的编码，重点围绕教学动力、教学筹备、教学方法、教学管理、教学效果，以及学习动机、学习适应性、学习策略、学习习惯、学习效果等进行节点编码。

第三步，基于第二次的编码的节点整合，提取并建构节点间的上级维度，同时初步构建问卷调查的初始维度。三次编码得到初始编码与节点的相关关系的节点分布如表5—2所示：

表5—2　职业院校学生访谈中的职业教育教学制度元评估的观测点

节点命名	级别	材料源	节点数（个）	参考点举例	编码
*教学改进	父节点	8	80	评价对我们的教学（改进）(TI)有很大的帮助。	TI
教学目标	子节点	7	15	可能会调整一下教学的难度系数（TI1）。	TI1
教学筹备	子节点	8	16	多考虑一下学生(TI2)的学习基础	TI2

续表

节点命名	级别	材料源	节点数（个）	参考点举例	编码
教学方法	子节点	8	18	（教学方法）也会调整一下，增加些案例（TI3）。	TI3
教学内容	子节点	6	13	可能会删掉一些难度大的内容（TI3），加点简单的（内容）。	TI4
教学管理	子节点	6	16	学生考差了，我会管得严一点（TI4）。	TI5
教学评价	子节点	7	15	把题目出得简单点，或者平时分多加一点（TI6）。	TI6
*学习改进	父节点	8	76	基础太差，习惯不好，考了也不怎么改（SI）。	SI
学习动机	子节点	8	16	技能大赛获奖后，他们几个学得更认真（SI1）。	SI1
学习投入	子节点	7	17	周末都会留下来（SI2），看竞赛的书。	SI2
学习行为	子节点	6	13	学生对于不懂的问题，也开始提问（SI3）。	SI3
学习策略	子节点	7	14	还是不怎么会学，死脑筋（SI4）。	SI4
*KSA	父节点	8	52	综合能力（SA）还是长期的培养。	SA
知识掌握	子节点	8	16	书本知识（SA1）要学好了很多，考试前会背。	SA1
技能习得	子节点	8	17	能做出来，也就能得分，看动手（SA2）。	SA2
能力养成	子节点	8	19	参加竞赛的学生，综合能力（SA3）要好很多。	SA3

资料来源：根据访谈资料编码后，从 Nvivo 11 统计数据整理而成。

第二，文献的启示——别人所理解的学习评价及其效用。经过第一轮的开放式访谈和编码，初步提取职业教育学习评价在促进教师教学改进和学生学习改进的编码，重点围绕教学动力、教学筹备、教学方法、教学管理、教学效果，以及学习动机、学习适应性、学习策略、学习习惯、学习效果等进行节点编码。为了进一步验证这些编码的结果，还必须借助成熟的文献。

一是教学改进研究。教学改进的维度是多元的,威拉德·渥廷顿(Willard G. Warrington)在密歇根州(Michigan state)的教学改革就提出了教师投入、学生兴趣和成就、师生互动、课程组织与实施等维度。[1] 约翰·森缇阿(John A. Centra)的教学效能的提升改革主要包括教学的组织结构或清晰度、教师和学生间的交流或关系、教学技巧表达或讲课能力。[2] 卡尔·罗杰斯(Carl R. Rogers)将讲授、复述、操作与练习、示范、讨论、小组合作、引导式探索、契约、角色扮演、计划、探究、自我评价12种教学方法连接起来。[3] 在职业教育的教学改进方面,阮先会认为职业教育教学评价应该评价教学态度、教学筹备、教学内容、教学方法、教学效果,进而促进教学质量提升。[4] 张耀嵩则认为可以通过教学态度、教学筹备、教学内容、教学方法、教学效果方面实施评价,进而督促教学改进。[5] 王利明认为可以从教学目标、教学内容、教学策略、教学媒体、教学过程、教学效果、教学管理方面实施评价,促进教学改进。[6] 因此,整合现有教学改进的研究,可以推断,职业教育学习评价促进教学改进的具体维度如表5—3所示:

表5—3　　　　　　职业教育学习元评估的内容观测点

观测点	Warrington	Centra	Rogers	阮先会	张耀嵩	王利明
教学目标		教学清晰度				教学目标
教学组织	课程组织实施	教学的组织	操作与示范	教学内容	教学内容	教学内容
教学方法		教学技巧	讲授、复述、讨论、探究	教学方法	教学方法	教学策略 教学媒体

---

[1] Willard G. Warrington, *Student evaluation of instruction at Michigan State University*, East Lansing, MI: college of education Michigan State University, 1973, pp. 164 – 182.
[2] John A. Centra, *Determining faculty effectiveness*, San Francisco, CA: Jossey-Bass publishers, 1979, pp. 167 – 169.
[3] Carl R. Rogers, Freiberg, H. Jerome, *Freedom to learn*, Toronto: Maxwell Macmillan Canada, 1994, p. 170.
[4] 阮先会:《职业教育教学质量监控与评价》,光明日报出版社2010年版,第212—230页。
[5] 张耀嵩:《高等职业教育质量评价与保障体系研究》,复旦大学出版社2014年版,第213页。
[6] 王利明、刘鹏飞等:《高等职业教育教学评价理论、评价制度与评价技术》,中国轻工业出版社2011年版,第153—154页。

续表

观测点	Warrington	Centra	Rogers	阮先会	张耀嵩	王利明
教学筹备	教师投入/学生兴趣		计划、角色扮演	教学筹备	教学筹备	
教学管理	师生互动	师生交流或关系	契约			
教学素养		教学表达		教学示范		
教学评价			自我评价			
教学效果				教学效果	教学效果	教学效果

二是学习改进的探索。学习改进是学习评价效用的终极体现。从访谈的编码可以看出，学习动机、学习投入、学习适应性、学习策略、学习习惯与学习绩效是学习关注的重点。学习动机的分类和维度都比较复杂，约翰·比格斯（John B. Biggs）《学习过程问卷》（Study Process Questionnaire, SPQ）把学习动机分为表面型动机、深层型动机、成就型动机三种。[①] 保罗·滨太奇（Paul R. Pintrich）的《学习动机策略问卷》（Motivated & Strategies For Learning Questionnaire, MSLQ）中，学习动机部分包括内在目标定向、外部目标定向、任务价值信念、控制学习的信念、自我效能信念、情绪成分等。[②] 林克松将学习动机分为热衷型动机、服务型动机、外在型动机、补偿型动机。[③] 施良方把学习动机分为认知驱动、自我增强驱动以及附属驱动三类。[④] 学习投入是指学生对学习活动的参与程度。詹妮弗·弗雷迪克斯（Jennifer A. Fredricks）认为学习投入包括行为投入（behavioral）、情绪投入（emotional）和认知投入（cognitive）三个独立

[①] John B. Biggs, "Student Approaches to Learning and Studying", *Australian Council for Educational Research*, No. 1, 1987, pp. 1156–1159.

[②] Paul R. Pintrich, Teresa Garcia, *Self-regulated learning in college students: knowledge, strategies and motivation*, Hillsdale, NJ: Lawrence Erlbaum Associates, 1995, pp. 113–133.

[③] 林克松：《工作场学习与专业化革新——职业教育教师专业发展路径探新》，博士学位论文，西南大学，2014年，第75页。

[④] 施良方：《学习论》，人民教育出版社2001年版，第242—246页。

维度。① 而学习投入要素进一步外化,就表征为学习态度、学习行为与学习习惯。《学习行为问卷》(Study Behavior Inventory,SBI)把学习行为分为短期学习行为、长期学习行为等。② 《学习行为量表》(Learning Behavior Scale,LBS)则把学习行为分解为能力动机、学习态度、注意力与坚持性、策略与灵活性四个维度。③ 学习策略既包括了具体的学习方法、技能和程序,也包括对学习的调节与控制的技能,同时还包括了学习的规则系统。④《学习激励策略问卷》(Motivated Strategies for Learning Questionnaire,MSLQ)将学习策略分为认知策略、元认知策略。⑤ Pintrich 等编制的《学习动机策略问卷》(Motivated & Strategies For Learning Questionnaire,MSLQ)认为学习策略部分包括认知策略、元认知策略、资源管理策略等组成部分。⑥

三是 KSA 发展的探索。知识的分类方法是非常多的,但职业教育学习评价效用的知识多指向职业知识。与职业和工作相关的知识可以分为"学科本位"知识、"职业标准本位"知识和"工作过程本位"知识。⑦ 现代职场工作任务不断变化,职业知识与工作任务的确定性联系被根本性地销蚀,职业知识的结构正朝着横向、纵向往上、纵向往下三个方向发展。⑧ 因而,在知识学习与运用的环境中,知识获取、知识内化、知识共享、知识创造⑨是重要的测量维度。技能习得是职业教育的核心目标。

---

① Jennifer A. Fredricks, Phyllis C. Blumenfeld, Alison H. Paris, "School Engagement: Potential of the Concept, State of the Evidence", *Review of Educational Research*, Vol. 74, No. 1, 2004, pp. 59 – 109.
② Bliss, Leonard B, Richard J. Mueller. "Assessing Study Behaviors of College Students: Findings from a New Instrument", *Journal of Developmental Education*, Vol. 11, No. 2, 1987, pp. 14 – 18.
③ Paul A. McDermott, "National scales of differential learning behaviors among American children and adolescents", *School Psychology Review*, Vol. 28, No. 2, 1999, pp. 280 – 291.
④ 刘电芝:《学习策略研究》,人民教育出版社 2001 年版,第 24 页。
⑤ Menucha Birenbaum, Filip Dochy, *Alternatives in assessment of achievements, learning processes and prior knowledge*, London: Kluwer Academic Publilshers, 1996, pp. 319 – 339.
⑥ Raymond P. Perry, John C. Smart, *Student Motivation and Self-Regulated Learning in the College Classroom*, Amsterdam: Springer Netherlands, 2007, pp. 731 – 810.
⑦ 杨子舟、龚云虹、陈宗富:《学校到底教什么:职业知识的知识观探析》,《中国高教研究》2016 年第 7 期。
⑧ 徐国庆:《新职业主义时代职业知识的存在范式》,《职教论坛》2013 年第 21 期。
⑨ 林克松:《工作场学习与专业化革新——职业教育教师专业发展路径探新》,博士学位论文,西南大学,2014 年,第 139 页。

通常职业技能可以分为心智技能和操作技能①,"21世纪学生技能"是比较权威的学生技能结构分类,主要包括:(1)学习与创新技能;(2)信息、媒介与技术素养;(3)生活与事业技能三大类别群。其中P21的"彩虹"框架②(Partnership for 21st Century Skills,P21)如图5—3所示。

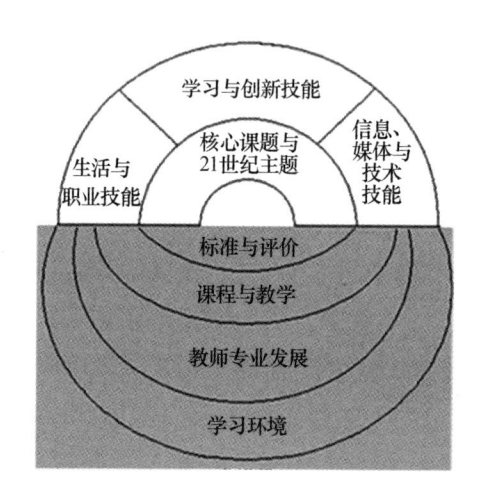

图5—3 21世纪学生技能"彩虹桥"结构

能力是对知识与技能的成熟运用,因此,常有"职业能力即职业技能""职业能力即职业知识""职业能力即职业潜能"以及"职业能力即情境性的综合能力"的说法。③ 常见的能力可以分为三类:行为主义的能力观、个性特征的能力观和综合的能力观。④ 从能力与知识的角度,又可以分为"概念能力"——知道是什么(know-what),"过程能力"——知

---

① 邓泽民、姚梅林、王泽荣:《职业技能教学原则探究》,《教育研究》2012年第5期。
② Partnership for 21st Century Skills, *Curriculum and instruction: A 21st century skills implementation guide*, Tucson, AZ: Springer, 2009, p.3. 李子建、姚伟梅、许景辉:《二十一世纪技能与生涯规划教育》,转引自李子建《21世纪技能教学与学生核心素养:趋势与展望》,《河北师范大学学报》(教育科学版)2017年第3期。
③ 匡瑛:《究竟什么是职业能力——基于比较分析的角度》,《江苏高教》2010年第1期。
④ 周瑛仪:《大规模职业能力测评的预测效度——基于COMET方案在汽修、数控与电气专业领域的研究》,博士学位论文,北京师范大学,2015年,第7页。

道如何做（know-how），"解释能力"——知道为什么（know-why）。[1] 在职业教育研究中，"纵横结构能力说"将职业能力分为两类，横向维度层面包括专业能力、方法能力和社会能力；纵向维度层面包括基本职业能力和综合职业能力。[2] "四因素职业能力说"认为能力可以分为专业能力、方法能力、社会能力和实践能力。[3] "圈层能力结构说"将职业能力解构为基本能力、核心能力和拓展能力。[4]

第三，探索性工作的发现——问卷的观测维度与提问点。通过前期的实地访谈与理论探索，结合理论分析框架，得到《职业教育学习评价效用调查问卷》的初设观测维度和问题点，如表5—4所示：

表5—4　　职业教育学习评价效用调查问卷的初始结构与观测项目

一阶维度	二阶维度	三阶维度	理论依据
评价制度	评价设计	评价目标、评价方式、评价工具、评价标准等	Stufflebeam 的 CIPP 评价理论与评价过程、Scriven 元评估理论
	评价实施	主体参与、组织工作、技术运用、过程调控等	
	评价结果	结果形式、结果质量、结果反馈、结果运用等	
教学改进	教学目标	目标设置、目标表达、目标呈现、目标验收等	教学要素理论 教学过程理论 教学系统理论
	教学准备	学情准备、资料准备、教具准备等	
	教学内容	教材选择、案例选择、内容组合等	

---

[1] Esther Winther, Frank Achtenhagen, "Measurement of vocational competence: A contribution to an international large-scale assessment on vocational education and training", *Empirical research in vocational education and training*, Vol. 1, No. 1, 2009, pp. 85 – 102.
[2] 姜大源：《当代德国职业教育主流教学思想研究——理论、实践与创新》，清华大学出版社2007年版，第24—26、95—99页。
[3] 蒋乃平：《对综合职业能力内涵的再思考》，《职业技术教育》2001年第10期。陈宇：《职业能力以及核心技能》，《职业技术教育》2003年第11期。
[4] 吕红、朱德全：《试论从职业能力标准到人力培养标准的转化》，《中国职业技术教育》2008年第24期。

续表

一阶维度	二阶维度	三阶维度	理论依据
教学改进	教学方法	案例教学、分组教学、对分课堂等	教学要素理论 教学过程理论 教学系统理论
	教学管理	纪律要求、互动要求、实验要求等	
	教学评价	考试次数、评价方式、评价标准等	
学习改进	学习动机	学习兴趣、学习目标、学习效能感等	学习心理学 学习动机理论 学习策略 学习行为
	学习投入	时间投入、精力投入、资本投入等	
	学习行为	学习方式、课堂行为、实践表现等	
	学习策略	元认知、学习求助、学习迁移等	
	学习成效	考试成绩、课堂表现、竞赛成果等	
学生发展	知识掌握	知识发现、知识认知、知识运用等	知识结构 21世纪技能 能力结构
	技能习得	技能训练、技能水平、技能大赛成绩等	
	能力养成	职业资格认证、能力测评、能力观察等	

（二）问卷初稿设计：维度划分与项目分配

经过开放式访谈和元分析，结合理论模型与变量关系，初拟构想了《职业教育学习评价效用测度问卷》，问卷分为五个组成部分：

第一部分：被试的基本情况。相比起专家、学生等，教师是同时了解教学改进、学习改进、评价效用的人。因此，参照成熟文献[①]，问卷被试基本情况的调研包括教师所在学校的基本情况和教师的基本信息。

第二部分：自变量数据收集工具，也即《职业教育学习评价制度运行调查问卷》（命名为分卷Ⅰ），依旧采用元评估调查工具，从评价设计、评价实施和评价结果收集相应数据。在此，不再做质量分析。

第三部分：中介变量1数据收集工具，即《教师教学改进效果调查问

---

① 背景变量设计参照了林克松博士论文的调查问卷《职业教育教师工作场学习问卷》的项目进行修改。按照教师的工作岗位类型，将教师的身份分为：①专业理论课教师②专业实践课教师③双师型教师。按照国家现行职业院校评级，将中职、高职分为三类：①国家级示范/骨干校②省级示范/骨干校③普通职业院校。参见林克松《工作场学习与专业化革新——职业教育教师专业发展路径探新》，博士学位论文，西南大学，2014年，第221页。

卷》(分卷Ⅱ),主要从教学目标、教学筹备、教学内容、教学方法、教学管理、教学评价等维度展开调查,收集教师教学改进的相关数据,作为间接性效用和中介变量。

第四部分:中介变量2数据收集工具,也即《学生学习改进效果调查问卷》(分卷Ⅲ),主要从学习动机、学习投入、学习行为、学习策略、学习成效等维度展开调查,收集学生学习改进的真实效果,既作为间接性效用,又作为中介变量进行后续分析。

第五部分:因变量数据收集问卷,也即《KSA调查问卷》(分卷Ⅳ),分别对学习评价促进学生知识习得、技能掌握和能力发展的效果进行测度,并作为最终的结果变量。

根据问卷的理论构想,在各个维度分配并编写项目。一是所有的项目要强调"通过学习评价……",强化教学改进、学习改进、KSA发展都是因为评价引起的。例如:教学改进问卷项目:"通过对学生的学习评价与分析,我会改变评价的方式";学习改进问卷项目"通过学习评价与结果反馈,学生课堂玩手机的现象减少"。

二是问卷项目在规避提问的倾向性、项目间的非互斥性、问题的杂糅性等前提下,将单个问卷的所有项目按要求排序,方便答题人的准确答题和方便答题,同时也要兼顾研究者的资料整理。此外,为了有效杜绝说谎和社会赞许效应等问题,在问卷Ⅱ、Ⅲ、Ⅳ中分别加入若干"反向题",同时作为测谎题清除回收问卷中的不合要求答卷。

三是除了背景变量外,所有问卷都采用Likert 5点记分方式封闭式回答,其中5为最高分,代表"非常符合",依次递减为4="比较符合"、3="一般符合"、2="比较不符合"和1="非常不符合"。因此,初始问卷的基本维度和项目结构如图5—4所示。

为便于统计,将问卷中的关键变量进行字母编码,编码结果见附录3—2,具体来说:自变量评价制度为EI,相应的,评价设计为ELD,其中,评价目标为EA、评价方式为Emt、评价工具为Etl、评价标准为ES;评价实施为ELI,其中,主体参与为EP、评价组织为EO、评价技术为Etg、评价调控为Emd;评价结果为ELO,其中,结果形式为Eop、结果质量为Eoq、结果反馈为Eof、结果应用为Eoa。中介变量1教学改进为TI,相应的,教学目标为TA、教学筹备为TP、教学方法为TM、教学管理为TS、教学评价为TE;中介变量2学习改进为SI,相应地,学习动机为SM、学习投入为 SIP、学习行为为 SH、学习策略为 SS。因变量学业成就为 SA，相应的知识掌握为 K、技能习得为 S、能力养成为 A。

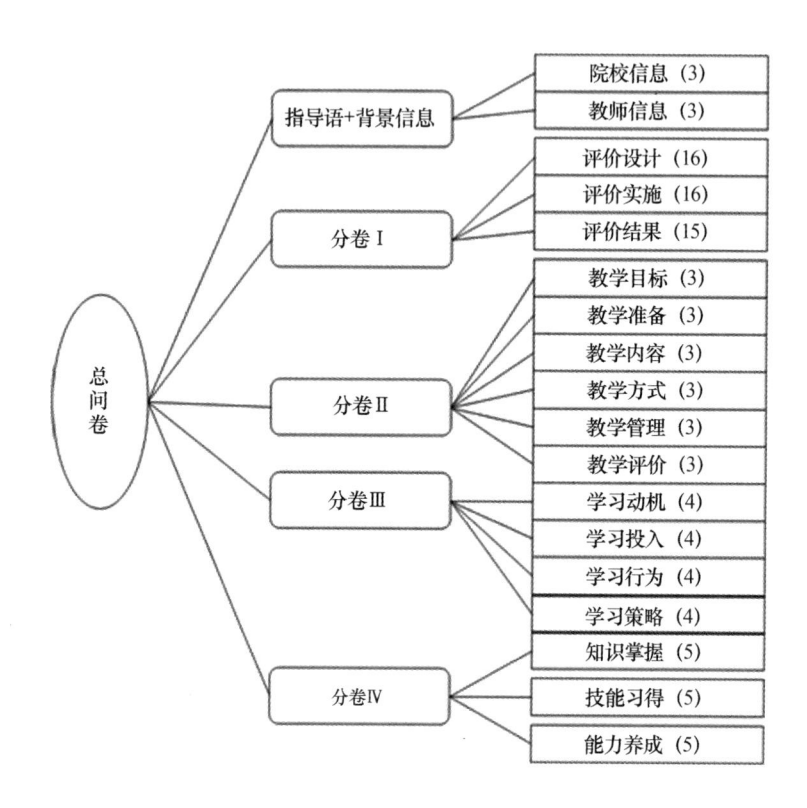

```
总问卷
├── 指导语+背景信息
│   ├── 院校信息 (3)
│   └── 教师信息 (3)
├── 分卷 I
│   ├── 评价设计 (16)
│   ├── 评价实施 (16)
│   └── 评价结果 (15)
├── 分卷 II
│   ├── 教学目标 (3)
│   ├── 教学准备 (3)
│   ├── 教学内容 (3)
│   ├── 教学方式 (3)
│   ├── 教学管理 (3)
│   └── 教学评价 (3)
├── 分卷 III
│   ├── 学习动机 (4)
│   ├── 学习投入 (4)
│   ├── 学习行为 (4)
│   └── 学习策略 (4)
└── 分卷 IV
    ├── 知识掌握 (5)
    ├── 技能习得 (5)
    └── 能力养成 (5)
```

图 5—4　现状测度教师问卷的初始结构与题项分布

说明：括号后数字代表项目数。

（三）初始问卷试测：质量分析与问卷修正

《职业教育学习评价效用测度问卷》由四个分问卷组成，由于分卷 I 的结构、信效度等已经得到检验，再次基于教师预调查数据，进行简单的验证性因子分析即可（见附录3—2）。此处主要对分卷 II、分卷 III 和分卷 IV 进行质量分析。

第一，预测实施。为探究《职业教育学习评价效用测度问卷》分卷 II、分卷 III 和分卷 IV 的测量学性能，研究者在重庆市展开了小范围的试测。2017 年 11 月底，先后在重庆电子工程职业技术学院、重庆青年职业技术学院、重庆三峡职业学院以及北碚区职教中心等学校开展试测。经过一周的数据收集，发放问卷431份，回收问卷386份。在录入数据后，将反向计分题TI4、TI6、SI3、SI15、SA10、SA14的计分反向处理，然后清理：连续3题及以上没有作答的问卷；通过描述性统计，剔除含有极端值的答卷；波浪状作答的问卷，合计清理问卷22份，剩余有效问卷364份，有效回收率为84.05%，得到被试的基本情况如表5—5所示。

表5—5　　　　　　　　问卷试测的被试信息

维度	指标	被试数	比例（%）
学校类型	中职	137所	37.60
	高职	227所	62.40
学校级别	国家级示范校/骨干校	159所	43.70
	省级示范校/骨干校	150所	41.00
	普通职校	55所	15.10
学校所在区域	东部	—	—
	中部	122所	33.50
	西部	242所	66.50
教师身份类型	理论课教师	135人	37.10
	实践课教师	85人	23.40
	双师型教师	144人	39.60
教师性别	男	206人	56.60
	女	158人	43.40
教师职称	中职助教	27人	7.40
	高职助教	30人	8.20
	中职讲师	41人	11.30
	高职讲师	77人	21.20
	中职高级讲师	44人	12.10
	副教授	87人	23.90
	中职正高级讲师	15人	4.10
	教授	43人	11.80

第二，项目分析。项目分析检验量表鉴别项目的适切性与可靠程度[①]。常用的方法是高低分组检验同一个项目鉴别力[②]，通过题项条目—总分相关分析（corrected-item total correlation，CITC）判断项目与问卷的相关性[③]。分别对分卷Ⅱ、分卷Ⅲ和分卷Ⅳ进行以总水平排序，升序排列，进行高低分组。然后，分别对两个分问卷高低分组进行独立样本 T 检验，求出断决值（Critical Ratio，CR）。对 CR 值未达到显著水平的题项，也即是显著概率 P 大于 0.05 的项目可以考虑删除[④]。

如表 5—6，在 95% 的置信区间内，尽管分卷Ⅱ第 16 题 TI16（$t = -2.141, p = 0.033 > 0.01$）和分卷Ⅲ第 13 题 SI13（$t = -2.311, p = 0.022 > 0.01$）、第 15 题 SI15（$t = -2.552, p = .011 > 0.01$）未达到极其显著的水平，但是都小于 0.05，达到了显著水平，其他项目的区分度都达到了显著性差异水平。

表 5—6 　　　　　　　　　独立样本 T 检验

问卷	题号	T 值	P 值	题号	T 值	P 值	题号	T 值	P 值
分卷Ⅱ	TI1	-7.565	0.000	TI7	-12.089	0.000	TI13	-4.248	0.000
	TI2	-7.813	0.000	TI8	-7.163	0.000	TI14	-8.065	0.000
	TI3	-7.314	0.000	TI9	-5.872	0.000	TI15	-6.593	0.000
	TI4	-8.769	0.000	TI10	-8.378	0.000	TI16	-2.141	0.033
	TI5	-3.047	0.000	TI11	-7.770	0.000	TI17	-5.943	0.000
	TI6	-7.699	0.000	TI12	-4.107	0.000	TI18	-5.020	0.000
分卷Ⅲ	SI1	-6.889	0.000	SI6	-3.788	0.000	SI11	-5.788	0.000
	SI2	-7.763	0.000	SI7	-8.484	0.000	SI12	-7.250	0.000

---

① 吴明隆：《问卷统计分析实务——SPSS 操作与运用》，重庆大学出版社 2010 年版，第 158 页。
② 张伟豪：《SEM 论文写作不求人》，三星统计技术服务有限公司 2011 年版，第 15 页。
③ 甄美荣：《组织创新气氛对员工创新行为的影响》，博士学位论文，南京大学，2012 年，第 69 页。
④ 邱皓政：《量化研究与统计分析》，重庆大学出版社 2009 年版，第 285 页。也可以考虑 >0.01 的项目。

续表

问卷	题号	T值	P值	题号	T值	P值	题号	T值	P值
分卷Ⅲ	SI3	-3.291	0.001	SI8	-7.797	0.000	SI13	-2.311	0.022
	SI4	-4.213	0.000	SI9	-6.426	0.000	SI14	-5.255	0.000
	SI5	-9.106	0.000	SI10	-8.476	0.000	SI15	-2.552	0.011
分卷Ⅳ	SA1	-3.950	0.000	SA6	-10.193	0.000	SA11	-4.967	0.000
	SA2	-8.385	0.000	SA7	-5.928	0.000	SA12	-8.379	0.000
	SA3	-6.825	0.001	SA8	-6.889	0.001	SA13	-6.197	0.001
	SA4	-8.612	0.000	SA9	-7.900	0.000	SA14	-7.372	0.000
	SA5	-5.251	0.000	SA10	-7.073	0.000	SA15	-6.677	0.000

注：$*p<0.05$，$**p<0.01$。

CITC 分析结果如表 5—7 所示，分卷Ⅱ、分卷Ⅲ和分卷Ⅳ的题项与分问卷总分之间都达到了显著相关的水平，但是，在具体相关系数上，分卷Ⅱ的第 TI16 题，$R=0.141^*$，$P=0.007$，相关水平低于同问卷其他项目；分卷Ⅲ第 SI13 题，$R=0.173^*$，$P=0.001$，第 SI15 题，$R=0.191^*$，$P=0.000$，同比同类测量项目，相关水平低于同问卷其他项目。分卷Ⅳ第 SA11 题，$R=0.177^*$，$P=0.000$，同比同类测量项目，相关水平低于同问卷其他项目。因此，可以删去 TI17、SI13、SI15 和 SA11 等项目。

表5—7　　　　　　　　项目与总水平的相关分析

问卷	题号	TI1	TI2	TI3	TI4	TI5	TI6	TI7	TI8	TI9
分卷Ⅱ	R	0.402**	0.396**	0.439**	0.447**	0.166**	0.452**	0.527**	0.389**	0.342**
	P	0.000	0.000	0.000	0.000	0.001	0.000	0.000	0.000	0.000
	N	364	364	364	364	364	364	364	364	364
问卷	题号	TI1	TI2	TI3	TI4	TI5	TI6	TI7	TI8	TI9
分卷Ⅱ	R	0.463**	0.409**	0.252**	0.273**	0.431**	0.371**	0.141*	0.294**	0.220**
	P	0.000	0.000	0.000	0.000	0.000	0.000	0.007	0.000	0.000
	N	364	364	364	364	364	364	364	364	364

续表

问卷	题号	TI1	TI2	TI3	TI4	TI5	TI6	TI7	TI8	TI9
分卷 Ⅲ	R	0.368**	0.442**	0.134*	0.233**	0.466**	0.201**	0.419**	0.422**	
	P	0.000	0.000	0.010	0.000	0.000	0.000	0.000	0.000	
	N	364	364	364	364	364	364	364	364	

问卷	题号	TI1	TI2	TI3	TI4	TI5	TI6	TI7	TI8	TI9
分卷 Ⅲ	R	0.362**	0.391**	0.326**	0.401**	0.173*	0.316**	0.191*		
	P	0.000	0.000	0.000	0.000	0.001	0.000	0.000		
	N	364	364	364	364	364	364	364		

问卷	题号	TI1	TI2	TI3	TI4	TI5	TI6	TI7	TI8	TI9
分卷 Ⅳ	R	0.207**	0.417**	0.372**	0.463**	0.299**	0.548**	0.340**	0.343**	
	P	0.000	0.000	0.000	0.000	0.000	0.000	0.000	0.000	
	N	364	364	364	364	364	364	364	364	

问卷	题号	TI1	TI2	TI3	TI4	TI5	TI6	TI7	TI8	TI9
分卷 Ⅳ	R	0.415**	0.423**	0.177*	0.418**	0.341**	0.390**	0.376**		
	P	0.000	0.000	0.000	0.000	0.000	0.000	0.000		
	N	364	364	364	364	364	364	364		

注：*$p<0.05$，**$p<0.01$。

第三，探索性因子分析。在验证单个项目的鉴别力及其与分问卷的相关性之后，还需要讨论项目与项目之间的关系，分析量表维度之间的建构效度。因子分析之前，首先要对问卷变量进行 Bartlett 球形检验，判断纳入项目是否适合进行因素分析，通常用适当性数值 KMO 值（Kaiser Meyer-olkin measure of sampling adequacy）的大小来判别。因此，分别对分卷Ⅱ、分卷Ⅲ和分卷Ⅳ进行球形检验，得到 KMO 及其显著性结果，如表5—8所示：

表5—8　　　　　　　　　KMO 和 Bartlett 检验

Kaiser-Meyer-Olkin Measure of Sampling Adequacy.		分问卷Ⅱ	分问卷Ⅲ	分问卷Ⅳ
		0.762	0.685	0.685
Bartlett's Test of Sphericity	Approx. Chi-Square	1896.324	1759.268	1759.268
	df	903	903	903
	Sig.	0.000	0.000	0.000

如表5—9所示，分卷Ⅱ、分卷Ⅲ和分卷Ⅳ的KMO和Bartlett的检验发现，KMO值最低为0.663，三份问卷的KMO值都大于0.5，且χ^2值都达到了显著性水平。在此基础上，对三份问卷进行因素抽取，主要采用主成分分析法与转轴法得到三份问卷的主成分及其因子负荷，如表5—9所示：

表5—9　　　　　　　　主成分与解释的总变异量

因子成分	分卷Ⅱ					分卷Ⅲ			分卷Ⅳ			共同度
	1	2	3	4	5	1	2	3	1	2	3	
TI8	0.679											0.634
TI6	0.583											0.593
TI15	0.559											0.595
TI3		0.675										0.547
TI4		0.572										0.616
TI10		0.543										0.515
TI1		0.540										0.431
TI11			0.730									0.416
TI14			0.556									0.750
TI5			0.541									0.649
TI17			0.461									0.591

续表

因子成分	分卷Ⅱ 1	分卷Ⅱ 2	分卷Ⅱ 3	分卷Ⅱ 4	分卷Ⅱ 5	分卷Ⅲ 1	分卷Ⅲ 2	分卷Ⅲ 3	分卷Ⅳ 1	分卷Ⅳ 2	分卷Ⅳ 3	共同度
TI18				0.685								0.414
TI2				0.664								0.784
TI9				0.609								0.719
TI13					0.693							0.690
TI12					0.571							0.771
TI7					0.427							0.707
SI8						0.509						0.696
SI5						0.487						0.756
SI13						0.476						0.730
SI12						0.415						0.589
SI14							0.646					0.690
SI11							0.600					0.523
SI3							0.540					0.478
SI9							0.495					0.822
SI2							0.419					0.743
SI6								0.588				0.759
SI1								0.545				0.712
SI7								0.446				0.711
SI10								0.428				0.738
SA13									0.748			0.719
SA12									0.721			0.716
SA2									0.629			0.475
SA4									0.554			0.667
SA5									0.553			0.664
SA8										0.805		0.488
SA6										0.782		0.551
SA14										0.621		0.516

续表

因子成分	分卷Ⅱ					分卷Ⅲ			分卷Ⅳ			共同度
	1	2	3	4	5	1	2	3	1	2	3	
SA7							0.471					0.517
SA3							0.434					0.476
SA11										0.779		0.536
SA10										0.627		0.448
SA1										0.603		0.375
SA9										0.564		0.362
特征根	2.619	1.323	1.312	1.152	1.079	2.978	1.801	1.269	3.126	1.910	1.197	
贡献率%	15.405	23.190	30.908	37.684	44.033	21.272	36.766	46.529	22.329	35.975	44.525	

资料来源：根据三个问卷的探索性因子分析结果整理。

如表5—9所示，剔除TI16之后，分问卷Ⅱ的17个项目的主成分萃取之后，特征根大于1的成分有5个，与构想维度的6因子模型略有不同，但是仔细分析后也可以发现，除去已经删除的T16题，初始问卷的教学内容改进维度的题项被分配到了教学筹备改进和教学方法改进之中，新的测量维度为教学目标改进、教学筹备改进、教学方法改进、教学管理改进和教学评价改进，五个因子的特征根分别为2.619、1.323、1.312、1.152、1.079，累计解释率为44.033%，较为理想。

分问卷Ⅲ剔除SI13、SI15项目之后，13个项目的主成分萃取之后，特征根大于0.4的项目有13个，可以分为3个成分，与构想维度的4因子模型略有不同，学习行为改进的1项目被分散到了学习投入的改进之中。新的测量维度为学习动机、学习投入、学习策略，三个因子的特征根分别为2.978、1.801、1.269，累计解释率为46.529%，较为理想。

分问卷Ⅳ的15个项目探索性因子分析，得到特征根大于0.4的项目14个，分布在三个成分上，与构想效度一样。三个成分依次为知识掌握、技能习得与能力养成，三个成分的特征根分别为3.126、1.910和1.197，累计解释率为44.525%，较为理想。

第四，验证性因子分析。项目分析和探索性因子分析修正了初始问卷的基本结构，但是这种修正的结果是否达到了理想的测量学效果还需要通过验证性因子分析来证明。同样是预测收集的数据，但是剔除探索性因子分析之后，因子负荷小于0.4的项目，并按照旋转后的项目调整问卷结构和数据结构。运用Amos 21.0进行验证性因子分析。

验证性因子分析需要考虑模型配适度。基于分问卷Ⅱ探索性因子分析的五维度结构建构多因素斜交模型。结果发现虽然拟合指数较好，但是题项TP4的因素负荷小于0.5，因此，需要进行模型修正。[①] 因此，删除TP4再次进行模型验证，得到分问卷Ⅱ的验证性因子分析的模型拟合指数如表5—10所示，整个模型的$\chi^2 = 131.038$，$\chi^2/df = 1.394$，显著性概率值$p = 0.07 > 0.05$，接受虚无假设，因此理论模型与数据之间具有较好的拟合度。[②] 在重要参考的绝对拟合指数中，$RMSEA = 0.032 < 0.08$，$AGFI = 0.943 > 0.9$，检验结果都达到了较好及其以上的水准；在增值适配度指数[③]中，CFI、NFI、IFI、TLI、RFI等判断结果都为好。

表5—10　　　　　　　　　　分问卷Ⅱ验证性因子分析结果

分问卷	χ^2	df	χ^2/df	$RMSEA$	$AGFI$	NFI	IFI	CFI	TLI
标准值	$p > 0.05$	—	< 3	< 0.08	> 0.9	接近1	接近1	接近1	接近1
模型值	131.038	94	1.394	0.032	0.943	0.935	0.985	0.949	0.981
结果判断	较好	—	较好	较好	较好	好	好	好	好

分问卷Ⅱ的多因素斜交模型运行结果如图5—5所示，教学目标改进、教学筹备改进、教学方法改进、教学管理改进与教学评价改进五个维度之间，相关系数在0.48—0.70之间，表明各维度之间既有关系，但是又不雷同。各个观测值与各因子维度之间的因子负荷最低为0.62，最高为

[①] 标准化验证性因子分析的单个项目因素负荷不少于0.45（SMC≤0.2），则需要进行模型修正。SMC（squared multiple correlations）并不是误差项的残差，而是1减去残差得到的结果，也即是SMC＝1－标准化估计残差。参见张伟豪《SEM论文写作不求人》，三星统计技术服务有限公司2011年版，第121、130、133页。
[②] 参见吴明隆《结构方程模型：AMOS的操作与应用》，重庆大学出版社2009年版，第156页。
[③] "增值适配度指数"是台湾的用语，参见吴明隆《结构方程模型：AMOS的操作与应用》，重庆大学出版社2009年版，第254页。在大陆，常用的术语为"相对拟合指数"，参见温忠麟、侯杰泰、马什赫伯特《结构方程模型检验：拟合指数与卡方准则》，《心理学报》2004年第2期。

0.84，都不低于 0.45；同时，SMCs 值最低为 0.38，也大于 0.2。故此，分问卷Ⅱ的结构效度良好。

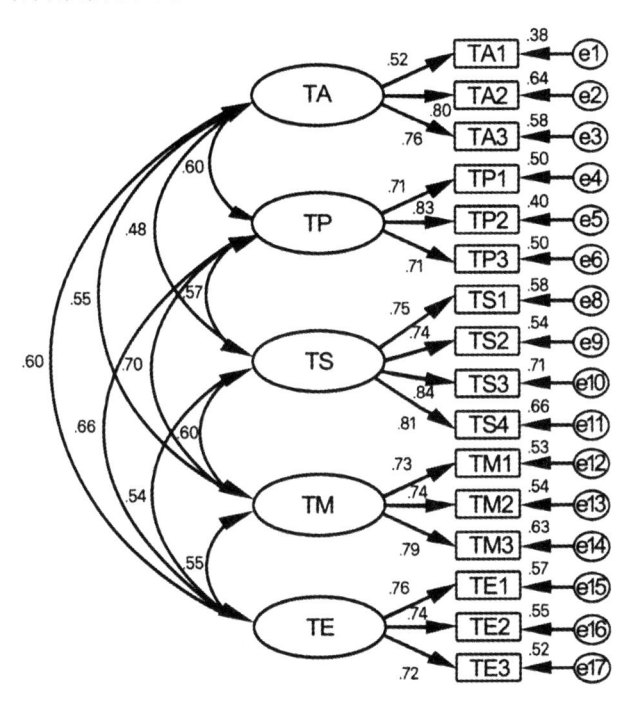

图 5—5　分问卷Ⅱ的验证性因子分析

资料来源：截图自 Amos 分析结果，已删除项目 TP4。

表 5—11　　　　　　　　分问卷Ⅲ验证性因子分析结果

分问卷	χ^2	df	χ^2/df	RMSEA	AGFI	CFI	NFI	IFI	TLI
标准值	$p>0.05$	—	<3	<0.08	>0.9	接近1	接近1	接近1	接近1
模型值	94.921	62	1.531	0.038	0.945	0.958	0.948	0.985	0.981
结果判断	较好	—	较好	较好	较好	好	好	好	好

同理，可得分问卷Ⅲ的验证性因子分析结果，学习评价促进学生学习改进的一阶三因子验证模型的拟合指数结果如表 5—11 所示，整个模型的 $\chi^2=94.921$，$\chi^2/df=1.531$，显著性概率值 $p=0.06>0.05$，接受虚无假设，因此理论模型与数据之间具有较好的拟合度。在重要参考的绝对拟合

指数中，$RMSEA = 0.038 < 0.08$，$AGFI = 0.945 > 0.9$，检验结果都达到了较好及其以上的水准；在增值适配度指数中，*CFI*、*NFI*、*IFI*、*TLI*、*RFI*等判断结果都为好。

分问卷Ⅲ的多因素斜交模型运行结果如图5—6所示，学习动机改进、学习投入改进和学习策略改进三个维度之间，相关系数在0.54—0.59之间，表明各维度之间既有关系，但是又不雷同。各个观测值与各因子维度之间的因子负荷最低为0.61，最高为0.90，都不低于0.45，同时，SMCs值最低为0.38，也大于0.2。故此，分问卷Ⅲ的结构效度良好。

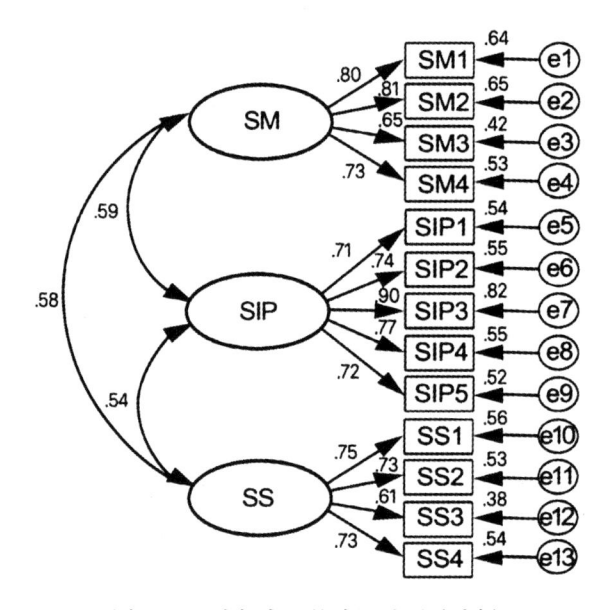

图5—6　分问卷Ⅲ的验证性因子分析

资料来源：截图自Amos 21.0分析结果。

同理，可得分问卷Ⅳ的验证性因子分析结果，学习评价促进学生发展的一阶三因子验证模型的拟合指数结果如表5—12所示，整个模型的$\chi^2 = 102.445$，$\chi^2/df = 1.384$，显著性概率值$p = 0.16 > 0.05$，接受虚无假设，因此理论模型与数据之间具有较好的拟合度。在重要参考的绝对拟合指数中，$RMSEA = 0.014 < 0.08$，$AGFI = 0.989 > 0.9$，检验结果都达到了较好及其以上的水准；在增值适配度指数中，*CFI*、*NFI*、*IFI*、*TLI*、*RFI*等判断结果都为好。

表 5—12　　　　　　　　分问卷Ⅳ验证性因子分析结果

分问卷	χ^2	df	χ^2/df	RMSEA	AGFI	CFI	NFI	IFI	TLI
标准值	$p>0.05$	—	<2	<0.08	>0.9	接近1	接近1	接近1	接近1
模型值	102.445	74	1.384	0.014	0.989	0.991	0.989	0.997	0.997
结果判断	好	—	好	好	好	好	好	好	好

分问卷Ⅳ的多因素斜交模型运行结果如图5—7所示，知识掌握、技能习得和能力养成三个维度之间，相关系数在0.51—0.56之间，表明各维度之间既有关系，但是又不雷同。各个观测值与各因子维度之间的因子负荷最低为0.61，最高为0.88，都不低于0.45；同时，SMCs值最低为0.39，也大于0.2。故此，分问卷Ⅳ的结构效度良好。

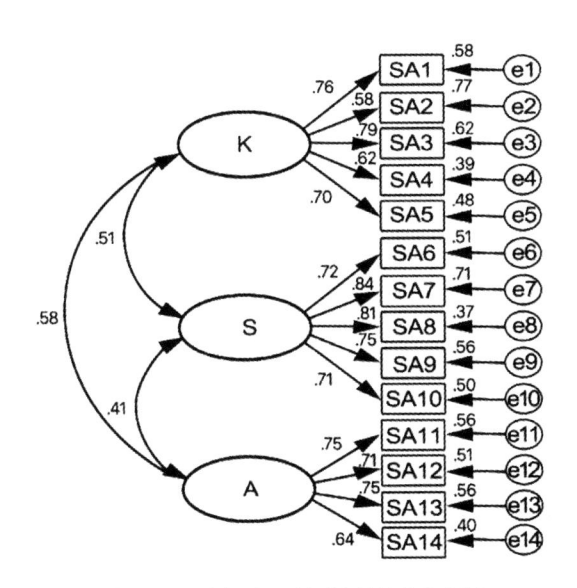

图5—7　分问卷Ⅳ的验证性因子分析

资料来源：截图自 Amos 21.0 分析结果。

第五，质量分析的结论。经过项目分析、探索性因子分析和验证性因子分析，确定了问卷的具体项目与基本结构，正式问卷见附录1—3。

信度分析结果显示三个问卷的信度较好，达到了用于实测的水平。

如表 5—13 所示，α 系数和 *Guttman Split-Half Coefficient* 系数检验表明，分问卷 Ⅱ 的各维度中，只有教学方法的 α 系数小于 0.7，信度较好，其余的各个维度和因素 α 系数均大于 0.7，都达到了"佳"或者"甚佳"的水平。①

表 5—13　　　　　　　　　问卷信度分析结果

问卷	因素	项目数	α 系数	*Guttman Split-Half Coefficient*
分问卷 Ⅱ	教学目标改进	3	0.782	0.730
	教学筹备改进	3	0.758	0.788
	教学方法改进	4	0.693	0.785
	教学管理改进	3	0.784	0.736
	教学评价改进	3	0.800	0.761
	分问卷 Ⅱ	16	0.885	0.798
分问卷 Ⅲ	学习动机改进	4	0.882	0.826
	学习投入改进	5	0.875	0.817
	学习策略改进	4	0.792	0.818
	分问卷 Ⅲ	13	0.888	0.814
分问卷 Ⅳ	知识掌握	5	0.864	0.817
	技能习得	5	0.847	0.885
	能力养成	4	0.803	0.880
	分问卷 Ⅳ	14	0.880	0.860

效度分析结果。首先，所有问卷的项目都来自成熟文献，并借鉴了现有的问卷，在理论构想上是成立的；同时，所有观测点是基于对教师的访谈而获得，且初始问卷经过一线教师阅读审核，故此，问卷的内容效度不存在问题。其次，在因素分析的过程中，探索性因子分析和验证性因子分析结果已经表明，所有问卷的结构、项目以及累计解释率都较为理想；同时三个验证性因子分析的模型拟合指数都已经达标，故此，问卷的结构效度也不存在问题。

---

① 吴明隆：《问卷统计分析实务——SPSS 操作与应用》，重庆大学出版社 2010 年版，第 244 页。

（四）正式问卷施测：测度对象与数据处理

结构方程模型是大样本的分析技术，样本数量不能太小，因为共变异数矩阵大小的差异对样本数非常敏感。① 但是，关于结构方程模型究竟该抽取多少样本却历来争议不断。最早的结构方程模型建议样本量不少于198 个，200 个及其以上样本为最好②，甚至有学者建议审稿委员会拒绝样本量小于200 个的结构方程模型研究结果。但随后，经验法则的统计学派发现，在最大概似法估计之下，估计参与与样本的比例（$p:n$）最好在1:20 或者 1:10。③ 不过随着统计软件与统计技术的发展与进步，采用 R 语言统计软件计算 *RMSEA* 估计样本量发现，在鉴定力及其影响效果固定的情况下，自由度越大样本数就会越少。④ 可见，结构方程分析的都是大样本的量化研究。事实上，样本数量的确定是大范围调查问卷的一个难题，在调查样本量的研究上以估计简单随机抽样的总体比例时的样本量为基础，可以用公式：⑤

$$n = \frac{Nt^2 p(1-p)}{\triangle_p^2 N + t^2 p(1-p)}$$

式中，n 为理想样本，N 为总体，t 为一定置信度下所对应的临界值，p 为样本比例，$\triangle p$ 为抽样平均误差。教育部官方数据显示，2015 年全国高职专任教师454576 人，中职844086 人⑥，则总体为 $N = 1298662$ 人。按照

---

① 张伟豪：《SEM 论文写作不求人》，三星统计技术服务有限公司2011 年版，第28 页。
② Paul Barrett, "Structural equation modelling: Adjudging model fit", *Personality & Individual Differences*, Vol. 42, No. 5, 2007, pp. 815 – 824. 转引自张伟豪《SEM 论文写作不求人》，三星统计技术服务有限公司2011 年版，第28—29 页。
③ Dennis L. Jackson, "Revisiting Sample Size and Number of Parameter Estimates: Some Support for the N: q Hypothesis", *Structural Equation Modeling A Multidisciplinary Journal*, Vol. 10, No. 1, 2003, pp. 128 – 141.
④ Robert MacCallum, Taehun Lee, Michael W. Browne, "The Issue of Isopower in Power Analysis for Tests of Structural Equation Models", *Structural Equation Modeling A Multidisciplinary Journal*, Vol. 17, No. 1, 2010, pp. 23 – 41.
⑤ 在社会科学的调查研究中，大多数取95%的置信度，此时 $t = 1.96$，由于 p 值较难估计，采用保守策略，取 $p = 0.5$，一般误差率（最大允许绝对误差），$\triangle p$ 取值为5%或更小。具体算法参见阚维《有效课堂教学评价标准框架的实证研究——以北京市两区中学问卷调查为例》，《教育学术月刊》2013 年第1 期。
⑥ 教育部发展规划司：《各级各类学校校数、教职工、专任教师情况》，http://www.moe.gov.cn/s78/A03/moe_560/jytjsj_2015/2015_qg/201610/t20161012_284511.html，2018 年1 月29 日。

95%的置信区间，$p=0.5$；由于$\triangle p$可以取值5%或更小，此处抽样取值为$\triangle p=3\%$，则理想的抽样人数应该为1066人。以此为参考，研究者在实际发放问卷中，按双倍样本量进行实测。具体来说，首先考虑区域的代表性与均衡性，在区域选择上进行分层抽样；其次，在学校类型上，适当考虑中职与高职的比例，在学校的级别上，尽量按照国家示范（骨干）、省级示范（骨干）和普通职校分层实施抽样。在整体学校分层之后，学校内部则实施随机抽样，先后在江苏、浙江、广东、河北、北京、上海、湖北、湖南、河南、山西、重庆、四川、贵州、云南等省市实施调研，通过实地发放、纸质邮寄、邮箱传递以及问卷星等方式，合计发放问卷2132份，回收问卷1958份。为了保证结构方程模型的顺利运行，严格筛选所有问卷，剔除了五类问卷：有缺失值、反向作答明显没区分、平行作答、波浪状作答、答案高度雷同的问卷。最后获得有效问卷1867份，有效回收率为87.57%，整理出被试的基本情况如表5—14所示：

表5—14　　　　　　　　问卷试测的被试信息

维度	指标	被试数	比例
学校类型	中职	844 所	45.20%
	高职	1023 所	54.80%
学校级别	国家级示范校/骨干校	643 所	34.40%
	省级示范校/骨干校	879 所	47.10%
	普通职校	345 所	18.50%
学校所在区域	东部	424 所	22.70%
	中部	538 所	28.80%
	西部	905 所	48.50%
教师身份类型	理论课教师	561 人	30.00%
	实践课教师	465 人	24.90%
	双师型教师	841 人	45.00%
教师性别	男	894 人	47.90%
	女	973 人	52.10%

续表

维度	指标	被试数	比例
教师职称	中职助教	59 人	3.20%
	高职助教	255 人	13.70%
	中职讲师	416 人	22.30%
	高职讲师	114 人	6.10%
	中职高级讲师	130 人	7.00%
	副教授	375 人	20.10%
	中职正高级讲师	340 人	18.20%
	教授	178 人	9.50%

数据统计整理保存之后，便利用 Spss 21.0、Amos 21.0、Mplus 7.0、Excel 2007、Mce 3.2 对数据进行统计分析，计算职业教育学习评价的发展指数，对职业教育学习评价效用进行多维比较，并尝试运用 Causal steps approach、Boottrap 等方法探索职业教育学习评价效用的链式中介效应[1]，探索职业教育学习评价制度生成效用的过程机制。

第二节　数据统计与分析

职业教育学习评价效用的现状主要包含三个方面的内容：一是职业教育学习评价促进学生发展的整体水平；二是不同院校、不同区域的职业教育学习评价效用差异特征；三是职业教育学习评价效用的运行机制。通过对全国 1867 名教师的问卷调查，统计分析得到职业教育学习评价制度效用的现状，具体如下：

---

[1] 链式中介模型在本质上是二因子有因果中介变量模型，或者多中介模型。参见王孟成《潜变量建模与 Mplus 应用·基础篇》，重庆大学出版社 2014 年版，第 40—42 页。柳士顺、凌文辁：《多重中介模型及其应用》，《心理科学》2009 年第 2 期。李耀、周密、王新新：《顾客知识对顾客独创价值行为的驱动机理：一个链式中介模型》，《管理评论》2017 年第 7 期。

一　职业教育学习评价效用的发展指数

促进发展是职业教育学习评价制度最重要的效能目标。借鉴中国民生发展指数总体设计框架[①]、信息化发展指数[②]、人文发展指数[③]等研究成果的研究思路和计算方法，设计职业教育学习评价发展指数测度职业教育学习评价效用的现状。

（一）发展指数的提出

通常的现状测度采用描述性统计的数据结果进行判断，倘若统计数据的阈值和判断尺度十分明细，这种测评方法未尝不可。但是就五级量表和大部分学习评价而言，五级量表的描述性统计结果并不能直接地、生动地反映出数据背后的问题，其原因有三：一是五级量表测得的数据结果没有明确的数据阈值，即使有也是满分、零分之类的说法，但都是基于传统教育考试的评价尺度。二是缺乏明确的衡量尺度，通常的描述性统计结果并没有与阈值或者标准尺度进行比较，即使要借助传统考试评价的衡量尺度，五级量表数据结果的描述性统计也必须单独最终得分与及格线、优分线等作比较。三是分散的描述性统计结果不能直接地反映综合性指标的结果水平，即使有也是累计相加而得出的和，再往常见的评价尺度相比较。

职业教育学习评价发展指数采用指数合成的方法替换五级量表数据结果的描述性统计分析：在内涵上，职业教育学习评价发展指数意指职业教育学习评价制度在促进学生发展方面的效果指数，具体来说，包括职业教育学习评价制度促进学生知识掌握、技能习得与能力养成方面的成效。在形式上，职业教育学习评价发展指数采用函数模型，用简单、直观的数据判定职业教育学习评价促进学生 KSA 发展的实际效果，既可以反映综合性的 KSA 发展水平，也可以反映和测度单维度知识掌握、技能习得与能力养成发展水平。在性能上，职业教育学习评价发展指数具

---

① 国务院发展研究中心"中国民生指数研究"课题组：《我国民生发展状况及民生主要诉求研究——"中国民生指数研究"综合报告》，《管理世界》2015 年第 2 期。
② 国家统计局统计科研所信息化统计评价研究组：《信息化发展指数优化研究报告》，《管理世界》2011 年第 12 期。
③ 杨家亮：《中国人文发展指数比较分析》，《调研世界》2014 年第 1 期。

有函数的单调性和指数的判断阈值，通过阈值自动判别职业教育学习评价发展指数的优劣，从而能够灵敏而准确地判断职业教育学习评价促进学生发展的实际效果。

(二) 发展指数的合成

第一步，分解职业教育学习评价效用，建构职业教育学习评价发展指数的指标框架。事实上，职业教育学习评价效用的调查问卷已经将评价效用分为了"改进"维度的效用和"发展"维度的效用，但是改进始终是为了促进发展，因此，职业教育学习评价发展指数的最终框架依旧是 KSA 框架。

第二步，计算职业教育学习评价效用调查问卷的描述性统计结果，对职业教育学习评价促进学生发展的各种成效表现进行数据描述，得出职业教育学习评价效用的描述性统计结果。运用 Spss 21.0 求得各维度的描述性结果，如表 5—15 所示：

表 5—15   KSA 描述性统计分析结果

发展维度	Min	Max	Sum	Mean	SD
K	5.00	25.00	29060.00	15.56	±0.12
S	5.00	25.00	27922.00	14.96	±0.12
A	4.00	20.00	22886.00	12.26	±0.09
KSA	18.00	69.00	79868.00	42.78	±0.26

第三步，运用 Mufti-AHP 分析方法，计算职业教育学习评价效用的各种指标权重，通过权重系数与描述性统计结果综合判定具体维度的效用结果。同元评估的评价方法，将知识掌握、技能习得、能力养成三个维度的专家矩阵意义纳入 Mce 3.2，得到专家 1 判断矩阵 $A-8$ 的计算结果，如图 5—8 所示。依次判断其他七位专家的矩阵一致性及其群众指数，整合 8 位专家的一致性矩阵结果，最终得到三个维度的权重系数分别为 $W_K = 0.315, W_S = 0.324, W_A = 0.361$。

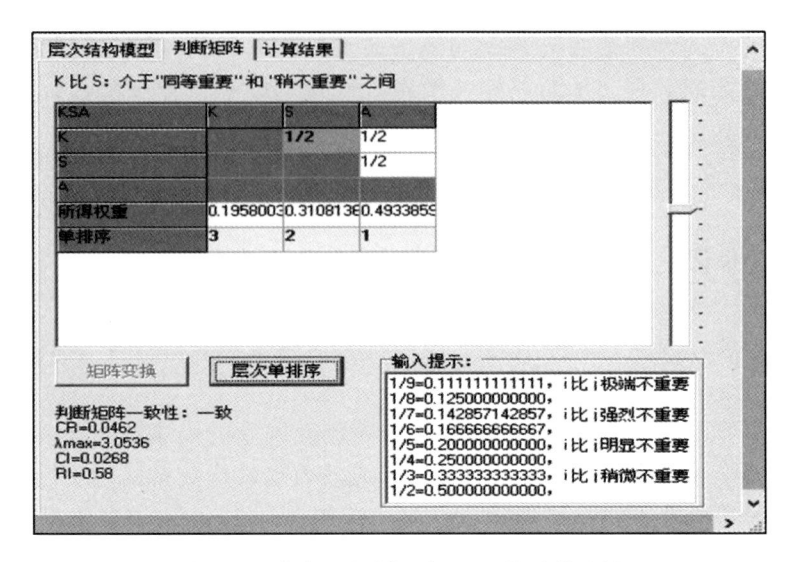

图5—8　专家1判断矩阵A-8的计算结果

资料来源：截图自Mec 3.2分析结果。

第四步，将各个指标结果进行无量纲化。对于1—5级量表的原始的分，可以借鉴人类发展指数①等指数标准化的方法，采用对数法或者阈值法对原始数据进行标准化，进而确定指数的阈值。其中，对数法的计算公式为：

$$Z_i = \frac{lgX_i - lgX_{min}}{lgX_{max} - lgX_{min}}$$

直接阈值法的计算公式为：

$$X'_i = \frac{x_i - x_{min}}{x_{max} - x_{min}}$$

两个计算公式中，X'_i为转换后的值，x_i为原始值，x_{max}为最大样本值，x_{min}为最小样本值。以此标准化之后，单个指标的发展指数阈值就在0—1之间②，越接近1说明发展水平越好，越接近0则说明发展水平越差。

---

① 王志平：《"人类发展指数"（HDI）：含义、方法及改进》，《上海行政学院学报》2007年第3期。
② 有时为了让指数更加直观，也有对标准化数据乘以10或100的做法。参见曹颢、尤建新、卢锐等《我国科技金融发展指数实证研究》，《中国管理科学》2011年第3期。

第五步，选择合适的指数合成方式，合成职业教育学习评价发展指数。指数合成的常见方法有三：一是求和平均法，例如教育公平与发展指数①，计算公式为：

$$I = \frac{\sum n_i = 1 P_i}{n}$$

其中，n 为发展指数二级指标的个数，P_i 为第 i 个指标标准化后的值。这种计算方式简单直接，非常实用；但是主观性地将指数的各个二级维度等价，显然与实际情况有所背离，计算指数不能完全反映真实的发展结果。

二是幂数整合法（几何合成法），例如中国人文发展指数②，其计算公式为：

$$I = \sqrt[n]{W_1 P_1 \times W_2 P_2 \times \cdots \times W_n P_n}$$

其中，n 依旧表示指数的维度个数，W_i 为第 i 类指数在总指数中的权重，且 $\sum_{i=1}^{n} W_n = 1$；P_n 为第 n 个指标标准化后的值。几何计数法相对科学合理，但是计算过程相对复杂，而且最终的阈值会因为二级维度的数量而不断变化。

三是权重组合法。通过相应的数学方法，将发展指数的二级指标赋予相应权重，然后直接用权重系数与标准化的指数相乘，最后求和即可获得整合性的发展指数，例如信息化发展指数③，其计算公式为：

$$I = \sum_{i=1}^{n} W_i P_i$$

其中，n 为发展指数二级指标的个数，W_i 为第 i 类指数在总指数中的权重，且 $\sum_{i=1}^{n} W_i = 1$；P_i 为第 i 个指标标准化后的值。由于 $\sum_{i=1}^{n} W_i = 1$，所以发展指数 I 的阈值区间依旧是（0，1），越接近 1 说明发展水平越好，与接近 0 则说明发展水平越差。职业教育学习评价发展指数只有三个二级维度，

---

① 李慧勤、伍银多、杨晋等：《教育发展指数的测算和比较——基于公平—效率视角的分析》，《昆明理工大学学报》（社会科学版）2015 年第 6 期。
② 杨家亮：《中国人文发展指数比较分析》，《调研世界》2014 年第 1 期。
③ 国家统计局统计科研所信息化统计评价研究组：《信息化发展指数优化研究报告》，《管理世界》2011 年第 12 期。

指数结构相对简明,而且各二级维度的权重已经计算清楚,因此,可采用权重组合法计算最终的发展指数。

(三) 发展指数的计算结果

根据以上的发展指数计算公式与计算步骤,测算中国职业教育学习评价的发展指数计算结果,如表5—16所示:

表5—16　　　　职业教育学习评价效用的发展指数计算结果

发展维度	W_i	P_i	W_iP_i
K	0.315	0.5282	0.1664
S	0.324	0.4977	0.1612
A	0.361	0.5161	0.1863
KSA	1	—	0.5140

数据统计显示,评价促进知识发展维度,最小值 X_{min} 为5.00,最大值 X_{max} 为25.00,总和为29060.00,均值为15.56±0.12, $P_i=0.5282$;同理,评价促进技能发展维度,最小值 X_{min} 为5.00,最大值 X_{max} 为25.00,总和为27922.00,均值为14.95±0.12, $P_i=0.4977$;评价促进能力发展维度,最小值 X_{min} 为4.00,最大值 X_{max} 为20.00,总和为22886.00,均值为12.25±0.09, $P_i=0.5161$;KSA的最小值 X_{min} 为18.00,最大值 X_{max} 为69.00,总和为79868.00,均值为42.78±0.261。结合KSA各维度的权重系数,得到各二级维度的发展指数,分别为:知识发展指数0.1664,技能发展指数0.1612,能力发展指数0.1863。事实上,单维度的发展指数并不需要考虑权重的问题。例如在早期的《人类发展报告》,HDI指数并不考虑具体维度的权重问题[1],而只关注 Pi;中国科技金融发展指数的单项指数也不考虑权重,直接计算标准化发展指数。[2] 因此,在不考虑单项指标权重数的前提下,KSA的发展指数 Pi 分别是0.5282、0.4977、0.5161,这组数据在一定程度上反映了KSA的基础性发展水平。可见,知识发展最

---

[1] 王志平:《"人类发展指数"(HDI):含义、方法及改进》,《上海行政学院学报》2007年第3期。
[2] 曹颢、尤建新等:《我国科技金融发展指数实证研究》,《中国管理科学》2011年第3期。

好，技能发展最差，能力发展居中。同理，加权后的综合发展指数为0.5140，说明职业教育学习评价促进发展的水平尚可，但从0.5140到1之间，还有巨大的改进和发展空间。

二 职业教育学习评价效用的多维比较

学校因素、教师因素和学生因素也是职业教育学习评价制度运行的重要环境变量，因此，不同类型的学校、不同类型的教师和不同类型的学生会有不同类型的评价效用。通过多重差异检验分析，得到多维比较结果如下：

（一）教学改进的多维比较

评价最主要的目标就是在于改进，教学改进是职业教育学习评价的第一直接效用。通过学习评价促进教师教学的反思，进而在教学目标、教学筹备、教学方法、教学管理和教学评价方面进行调整改进。多维比较结果如表5—17所示：

表5—17 职业教育学习评价促进教学改进的多维比较分析结果

影响因素	比较维度	TA	TP	TS	TM	TE	TI
学校类型	中职 $M \pm SD$	9.51±0.11	9.58±0.10	12.46±0.12	9.39±0.11	9.46±0.11	50.40±0.41
	高职 $M \pm SD$	9.67±0.10	9.84±0.09	12.91±0.11	9.72±0.10	9.86±0.10	52.00±0.38
	F	1.110	3.452	7.400	4.970	7.250	8.036
	p	0.292	0.063	0.007**	0.026*	0.007**	0.005**
	均值比较	1<2	1<2	1<2	1<2	1<2	1<2
学校级别	普通 $M \pm SD$	9.54±0.12	9.70±0.12	12.56±0.14	9.45±0.12	9.70±0.12	50.96±0.48
	省级 $M \pm SD$	9.63±0.11	9.68±0.10	12.60±0.12	9.61±0.11	9.65±0.11	51.17±0.41
	国家 $M \pm SD$	9.62±0.18	9.86±0.16	13.27±0.19	9.69±0.17	9.70±0.18	52.13±0.64
	F	0.149	0.494	5.204	0.765	0.054	1.118
	p	0.862	0.610	0.006**	0.465	0.948	0.327
	LSD	2>3>1	3>1>2	3>2>1	3>2>1	3>1>2	3>2>1

续表

影响因素	比较维度	TA	TP	TS	TM	TE	TI
所在区域	西部 $M \pm SD$	9.53 ± 0.16	9.58 ± 0.15	12.52 ± 0.17	9.30 ± 0.15	9.75 ± 0.15	50.69 ± 0.59
	中部 $M \pm SD$	9.46 ± 0.14	9.82 ± 0.13	12.63 ± 0.16	9.61 ± 0.14	9.66 ± 0.14	51.18 ± 0.52
	东部 $M \pm SD$	9.71 ± 0.11	9.73 ± 0.10	12.84 ± 0.12	9.68 ± 0.10	9.65 ± 0.11	51.61 ± 0.40
	F	1.109	0.717	1.296	2.085	0.158	0.844
	p	0.330	0.489	0.274	0.125	0.854	0.430
	LSD	3>1>2	2>3>1	3>2>1	3>2>1	1>2>3	3>2>1

注：$*p < 0.05$，$**p < 0.01$。

如表 5—18 所示，在不同学校类型比较维度上，中职与高职院校的职业教育学习评价促进教师 TI 存在显著性差异（$F = 8.036$，$p = 0.005^{**} < 0.01$），均值比较发现，高职院校学习评价促进教学改进（50.40 ± 0.41）好于中职院校（52.00 ± 0.38）。而具体到各个维度：教学目标改进，中职和高职并无显著差异（$F = 1.110$，$p = 0.292 > 0.05$），均值比较发现，高职院校学习评价促进教学目标改进（50.40 ± 0.41）好于中职院校（52.00 ± 0.38）；教学筹备的改进，中职和高职并无显著差异（$F = 3.452$，$p = 0.063 > 0.05$），均值比较发现，高职院校学习评价促进教学筹备改进（9.84 ± 0.09）好于中职院校（9.58 ± 0.10）；教学方法改进，中职和高职存在显著差异（$F = 7.400$，$p = 0.007^{**} < 0.01$），均值比较发现，高职院校学习评价促进教学方法改进（12.91 ± 0.11）好于中职院校（12.46 ± 0.12）；教学管理改进，中职和高职存在显著差异（$F = 4.970$，$p = 0.026^* < 0.05$），均值比较发现，高职院校学习评价促进教学管理改进（9.72 ± 0.10）好于中职院校（9.39 ± 0.11）；教学评价改进，中职和高职存在显著差异（$F = 7.250$，$p = 0.007^{**} < 0.01$），均值比较发现，高职院校学习评价促进教学改进（9.86 ± 0.10）好于中职院校（9.46 ± 0.11）。

在学校级别比较维度上，普通职校、省级职校与国家级职校学习评价促进教学改进的差异并不显著（$F = 1.118$，$p = 0.327 > 0.05$），LSD 比较发现，国家级职校学习评价促进教学改进（50.96 ± 0.48）优于省级职校（51.17 ± 0.41），省级职校优于普通职校（52.13 ± 0.64）。而具体到各维度：教学目标改进，普通职校、省级职校与国家级职校并无显著差异（$F=0.149$，$p=0.862>0.05$），LSD 比较发现，省级职校学习评价促进教学目标改进（$9.63±0.11$）优于国家级职校（$9.62±0.18$），国家级职校优于普通职校（$M±SD=9.54±0.12$）；教学筹备的改进，普通职校、省级职校与国家级职校并无显著差异（$F=0.494$，$p=0.610>0.05$），LSD 比较发现，国家级职校的学习评价促进教学筹备改进（$9.86±0.16$）优于普通职校（$9.70±0.12$），普通职校优于省级职校（$9.68±0.10$）；教学方法改进，普通职校、省级职校与国家级职校存在显著差异（$F=5.204$，$p=0.006<0.01$），LSD 比较发现，国家级职校的学习评价促进教学方法改进（$13.27±0.19$）优于省级职校（$12.60±0.12$），省级职校优于普通职校（$12.56±0.14$）；教学管理改进，普通职校、省级职校与国家级职校并无显著差异（$F=0.765$，$p=0.465>0.05$），LSD 比较发现，国家级职校的学习评价促进教学管理改进（$9.69±0.17$）优于省级职校（$9.61±0.11$），省级职校优于普通职校（$9.45±0.12$）；教学评价改进，普通职校、省级职校与国家级职校并无显著差异（$F=0.054$，$p=0.948>0.05$），LSD 比较发现，国家级职校的学习评价促进教学评价改进（$9.70±0.18$）优于普通职校（$9.65±0.11$），普通职校优于省级职校（$9.65±0.11$）。

学校所在区域比较维度上，东部职校、中部职校与西部职校学习评价促进教学改进的差异并不显著（$F=0.844$，$p=0.430>0.05$），LSD 比较发现，东部职校学习评价促进教学改进（$51.61±0.408$）优于中部职校（$51.18±0.52$），中部职校优于西部职校（$50.69±0.59$）。具体到教学改进的各维度，统计结果如下：教学目标改进，中职和高职并无显著差异（$F=1.109$，$p=0.330>0.05$），LSD 比较发现，东部职校学习评价促进教学目标改进（$9.71±0.11$）优于西部职校（$9.53±0.16$），西部职校优于中部职校（$9.46±0.14$）；教学筹备的改进，中职和高职并无显著差异（$F=0.717$，$p=0.489>0.05$），LSD 比较发现，中部职校学习评价促进教学改进准备效用（$9.82±0.13$）优于东部职校（$9.73±0.10$），东部职校优于西部职校（$9.58±0.15$）；教学方法改进，中职和高职并无显著差异（$F=1.296$，$p=0.274>0.01$），LSD 比较发现，东部职校学习评价促进教学方法改进（$12.84±0.12$）优于中部职校（$12.63±0.16$），中部职校优于西部职校（$12.52±0.17$）；教学管理改进，中职和高职并无显著差异（$F=2.085$，$p=0.125>0.05$），LSD 比较发现，东部职校学习评价促进教学管理改进（9.68±0.10）优于中部职校（9.61±0.14），中部职校优于西部职校（9.30±0.15）；教学评价改进，中职和高职并无显著差异（$F=0.158$，$p=0.854>0.05$），LSD 比较发现，西部职校学习评价促进教学评价改进（9.75±0.15）优于中部职校（9.66±0.14），中部职校优于东部职校（9.65±0.11）。

（二）学习改进的多维比较

职业教育学习评价除了促进教师教学改进之外，更重要的是促进学生学习改进。各类学校中，职业教育学习评价促进学习改进的结果如表5—18所示：

表5—18　职业教育学习评价促进学习改进的多维比较分析结果

影响因素	比较维度	SM	SIP	SS	SI
学校类型	中职 $M±SD$	12.55±0.14	15.43±0.18	12.43±0.14	40.41±0.38
	高职 $M±SD$	12.97±0.13	16.06±0.16	12.94±0.13	41.98±0.34
	F	4.699	6.846	7.422	9.554
	p	0.030*	0.009**	0.007**	0.002**
	均值比较	1<2	1<2	1<2	1<2
学校级别	普通 $M±SD$	12.94±0.14	15.98±0.18	12.98±0.14	40.22±0.44
	省级 $M±SD$	12.74±0.22	16.05±0.26	12.82±0.19	41.61±0.54
	国家 $M±SD$	15.35±0.21	12.29±0.16	15.42±0.21	41.90±0.37
	F	1.409	3.292	5.429	4.575
	p	0.245	0.037*	0.004**	0.010*
	LSD	3>1>2	2>1>3	3>1>2	3>2>1
所在区域	西部 $M±SD$	12.56±0.21	15.32±0.26	12.18±0.20	40.07±0.55
	中部 $M±SD$	12.64±0.18	15.83±0.22	12.91±0.17	41.38±0.46
	东部 $M±SD$	12.97±0.14	15.95±0.17	12.84±0.14	41.76±0.36
	F	1.795	2.162	4.635	3.505
	p	0.166	0.115	0.010*	0.030*
	LSD	3>2>1	3>2>1	2>3>1	3>2>1

注：*$p<0.05$，**$p<0.01$。

如表5—18所示，学校类型比较，中职与高职院校的职业教育学习评价促进学生学习改进存在显著性差异（$F=9.554$，$p=0.002<0.01$），均值比较发现，高职院校学习评价促进学习改进（41.98±0.34）好于中职院校（40.41±0.38）。而具体到各个维度：学习动机，中职与高职院校的职业教育学习评价促进学生学习动机改进存在显著性差异（$F=4.699$，$p=0.002<0.01$），LSD比较发现，高职院校学习评价促进学习动机改进（12.97±0.13）好于中职院校（12.55±0.14）；学习投入，中职与高职院校的职业教育学习评价促进学生学习投入改进存在显著性差异（$F=6.846$，$p=0.009<0.01$），LSD比较发现，高职院校学习评价促进学习投入改进（16.06±0.16）好于中职院校（15.43±0.18）；学习策略，中职与高职院校的职业教育学习评价促进学生学习策略改进存在显著性差异（$F=7.422$，$p=0.007<0.01$），LSD比较发现，高职院校学习评价促进学习策略改进（12.94±0.13）好于中职院校（12.43±0.14）。

学校级别比较，普通职校、省级职校与国家级职校学习评价促进学习改进存在显著性差异（$F=4.575$，$p=0.010<0.05$），LSD比较发现，国家级职校学习评价促进学习改进（41.90±0.37）优于省级职校（41.61±0.54），省级职校优于普通职校（40.22±0.44）。具体到各个维度：学习动机，普通职校、省级职校与国家级职校学习评价促进学习动机改进并无显著性差异（$F=1.409$，$p=0.245>0.05$），LSD比较发现，国家级职校学习评价促进学习动机改进（15.35±0.21）优于普通职校（12.94±0.14），普通职校优于省级职校（12.74±0.22）；学习投入，普通职校、省级职校与国家级职校学习评价促进学习投入改进存在显著性差异（$F=3.292$，$p=0.037<0.05$），LSD比较发现，省级职校学习评价促进学习投入改进（16.05±0.26）优于普通职校（15.98±0.18），普通职校优于国家级职校（12.29±0.16）；学习策略，普通职校、省级职校与国家级职校学习评价促进学习策略改进存在显著性差异（$F=5.429$，$p=0.004<0.01$），LSD比较发现，国家级职校学习评价促进学习策略改进（15.42±0.21）优于普通职校（12.98±0.14），普通职校又优于省级职校（12.82±0.19）。

学校区域比较，东部职校、中部职校与西部职校学习评价促进学习改进存在显著性差异（$F=3.505$，$p=0.030<0.05$），LSD比较发现，东部职校学习评价促进学习改进（41.76±0.36）优于中部职校（41.38±

0.46），中部职校优于西部职校（40.07±0.55）。而具体到各个维度：学习动机，西部职校、中部职校与东部职校学习评价促进学习动机改进并无显著性差异（$F=1.795$，$p=0.166>0.05$），LSD 比较发现，东部职校学习评价促进学习动机改进（12.97±0.14）优于省中部职校（12.64±0.18），中部职校优于西部职校（12.56±0.21）；学习投入，西部职校、中部职校与东部职校学习评价促进学习投入改进并无显著性差异（$F=2.162$，$p=0.115>0.05$），LSD 比较发现，东部职校学习评价促进学习投入改进（15.95±0.17）优于中部职校（15.83±0.22），中部职校优于西部职校（15.32±0.26）；学习策略，西部职校、中部职校与东部职校学习评价促进学习策略改进存在显著性差异（$F=4.635$，$p=0.010<0.05$），LSD 比较发现，中部职校学习评价促进学习策略改进（12.91±0.17）优于东部职校（12.84±0.14），东部职校又要优于西部职校（12.18±0.20）。

（三）KSA 发展的多维比较

职业教育学习评价效用最终还是体现在学生的 KSA 发展之上，通过学习评价，基于教师教学改进和学生学习改进，进一步促进学生的知识掌握、技能习得和能力养成。调查结果如表 5—19 所示：

表 5—19　职业教育学习评价促进 KSA 发展的多维比较分析结果

影响因素	比较维度	K	S	A	KSA
学校类型	中职 $M±SD$	15.23±0.17	14.94±0.17	11.70±0.13	41.87±0.37
	高职 $M±SD$	15.84±0.16	14.97±0.16	12.72±0.14	43.53±0.36
	F	6.532	0.020	8.778	10.102
	p	0.011*	0.888	0.000**	0.002**
	均值比较	2>1	2>1	2>1	2>1
学校级别	普通 $M±SD$	15.42±0.21	14.67±0.20	12.24±0.17	42.32±0.45
	省级 $M±SD$	15.50±0.17	14.96±0.17	12.05±0.14	42.52±0.38
	国家 $M±SD$	16.00±0.27	15.47±0.27	12.83±0.20	44.30±0.59
	F	1.573	2.797	4.421	3.907
	p	0.208	0.061	0.012*	0.02*
	LSD	3>2>1	3>2>1	3>1>2	3>2>1

续表

影响因素	比较维度	K	S	A	KSA
所在区域	西部 $M \pm SD$	15.29 ± 0.26	14.43 ± 0.25	11.60 ± 0.20	41.31 ± 0.56
	中部 $M \pm SD$	15.55 ± 0.22	15.20 ± 0.22	12.33 ± 0.17	43.08 ± 0.48
	东部 $M \pm SD$	15.71 ± 0.17	15.06 ± 0.17	12.52 ± 0.14	43.29 ± 0.37
	F	0.978	3.101	7.383	4.699
	p	0.376	0.045*	0.001**	0.009**
	LSD	3>2>1	2>3>1	3>2>1	3>2>1

注：*$p<0.05$，**$p<0.01$。

如表5—19所示，学校类型比较，中职与高职院校的职业教育学习评价促进学生KSA发展存在显著性差异（$F=10.102$，$p=0.002<0.01$），均值比较发现，高职院校学习评价促进学生KSA发展（43.53±0.36）好于中职院校（41.87±0.37）。而具体到各个维度：知识掌握，中职与高职院校的职业教育学习评价促进学生知识掌握存在显著性差异（$F=6.532$，$p=0.011<0.01$），LSD比较发现，高职院校学习评价促进学生知识掌握（15.84±0.16）好于中职院校（15.23±0.17）；技能习得，中职与高职院校的职业教育学习评价促进学生技能习得并无显著性差异（$F=0.020$，$p=0.888>0.05$），LSD比较发现，高职院校学习评价促进学生技能习得（14.97±0.16）好于中职院校（14.94±0.17）；能力养成，中职与高职院校的职业教育学习评价促进学生能力养成存在显著性差异（$F=8.778$，$p=0.000<0.01$），LSD比较发现，高职院校学习评价促进学生能力养成（12.72±0.14）好于中职院校（11.70±0.13）。

学校级别比较，普通职校、省级职校与国家级职校学习评价促进学生KSA发展存在显著性差异（$F=3.907$，$p=0.02<0.05$），LSD比较发现，国家级职校学习评价促进学生KSA发展（44.30±0.59）优于省级职校（42.52±0.38），省级职校优于普通职校（42.32±0.45）。而具体到各个维度：知识掌握，普通职校、省级职校与国家级职校学习评价促进学生知识掌握并无显著性差异（$F=1.573$，$p=0.208>0.05$），LSD比较发现，国家级职校学习评价促进学生知识掌握（16.00±0.27）优于普通职校（15.50±0.17），普通职校优于省级职校（15.42±0.21）；技能习得，普通职校、省级职校与国家级职校学习评价促进学生技能习得并无显著性差异（$F=2.797$，$p=0.061>0.05$），LSD比较发现，国家级职校学习评价促进学生技能习得（15.47 ± 0.27）优于省级职校（14.96 ± 0.17），省级职校优于普通职校（14.67 ± 0.20）；能力养成，普通职校、省级职校与国家级职校学习评价促进学生能力养成存在显著性差异（$F=4.421$，$p=0.012<0.05$），LSD比较发现，国家级职校学习评价促进学生能力养成（12.83 ± 0.20）优于普通职校（12.24 ± 0.17），普通职校优于省级职校（12.05 ± 0.14）。

学校区域比较，东部职校、中部职校与西部职校学习评价促进学生KSA发展存在显著性差异（$F=4.699$，$p=0.009<0.01$），LSD比较发现，东部职校学习评价促进学生KSA发展（43.29 ± 0.37）优于中部职校（43.08 ± 0.48），中部职校优于西部职校（41.31 ± 0.56）。而具体到各个维度：知识掌握，西部职校、中部职校与东部职校学习评价促进学生知识掌握并无显著性差异（$F=0.978$，$p=0.376>0.05$），LSD比较发现，东部职校学习评价促进学生知识掌握（15.71 ± 0.17）优于中部职校（15.55 ± 0.22），中部职校优于西部职校（15.29 ± 0.26）；技能习得，西部职校、中部职校与东部职校学习评价促进学生技能习得存在显著性差异（$F=3.101$，$p=0.045<0.05$），LSD比较发现，中部职校学习评价促学生技能习得（15.20 ± 0.22）优于东部职校（15.06 ± 0.17），东部职校优于西部职校（14.43 ± 0.25）；能力养成，西部职校、中部职校与东部职校学习评价促进学生能力养成存在显著性差异（$F=7.383$，$p=0.001<0.01$），LSD比较发现，东部职校学习评价促进学生能力养成（12.52 ± 0.14）优于中部职校（12.33 ± 0.17），中部职校优于西部职校（11.60 ± 0.20）。

三 职业教育学习评价效用的链式中介模型

描述性统计和差异性分析已经表明职业教育学习评价对教学改进、学习改进以及KSA发展的作用是客观存在的，评价制度、教学改进、学习改进和评价效用之间形成了稳定的作用机制与数量化结构关系。因此可以借助结构方程模型进行多变量之间的数量关系分析。

(一)链式中介模型建构

从变量分析以及理论假设出发,将评价制度、教学改进、学习改进和评价效用之间的关系结构化,可以得到自变量、中介变量和因变量的链式中介模型[①],如图5—9所示:

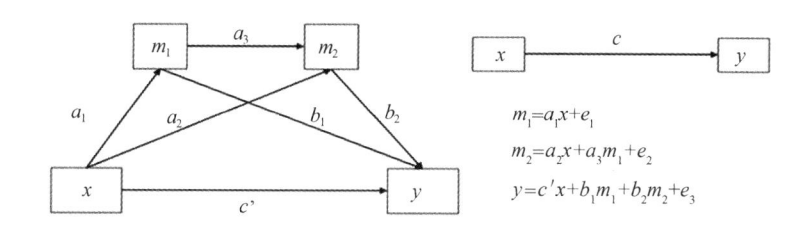

$$m_1 = a_1 x + e_1$$
$$m_2 = a_2 x + a_3 m_1 + e_2$$
$$y = c'x + b_1 m_1 + b_2 m_2 + e_3$$

图5—9 职业教育学习评价效用的链式中介模型

如图5—9所示,评价制度(自变量,编码为EI,记为x),教学改进(第一个中介变量,编码为TI,记为m_1),学习改进(第二个中介变量,编码为SI,记为m_2)与KSA(因变量,编码为SA,记为y)之间构成了一个典型的链式中介模型。在直接模型中(右),自变量(x)职业教育学习评价制度对因变量(y)学生KSA的发展的作用系数为c。在中介模型中(左),从自变量到因变量存在着四种路径:一是评价制度直接性地通过评价促进学生的KSA发展,作用关系路径为$x—y$,可以记为作用路径c';二是评价制度促进教学改进,进而促进学生KSA发展,作用关系路径为$x—m_1—y$,可以记为作用路径$a_1—b_1$;三是评价制度促进学生学习改进,进而帮助学生KSA发展,作用关系路径为$x—m_2—y$,可以记为作用路径$a_2—b_2$;四是评价制度促进教学改进和学习改进,在教学改进和学习改进的共同作用下,促进学生KSA发展,作用关系路径为$x—m_1—m_2—y$,可以记为路径$a_1—a_3—b_2$。同时,各变量之间,存在稳定的结构关系,如图5—9中三个方程所示。

(二)中介效应检测程序

常见的中介效应检测的方法有逐步检测法或因果步骤法(Causal Steps Approach)、系数成绩检验法(product of coefficients approach)、差异系数

---

① 王孟成:《潜变量建模与Mplus应用·基础篇》,重庆大学出版社2014年版,第40—42页。

检验、Bootstrap 检验法、效应分解法、Baron & Kenny 层级回归、Sobel 验证法和时间延迟模型等多种方法。然而，各种单一的中介检验方法都有自身的优点和不足，因此，温忠麟等整合了个多种中介效应检验方法，提出了能克服数据统计的第一类和第二类错误，又能检验部分中介效应和完全中介效应[1]，如图 5—10 所示：

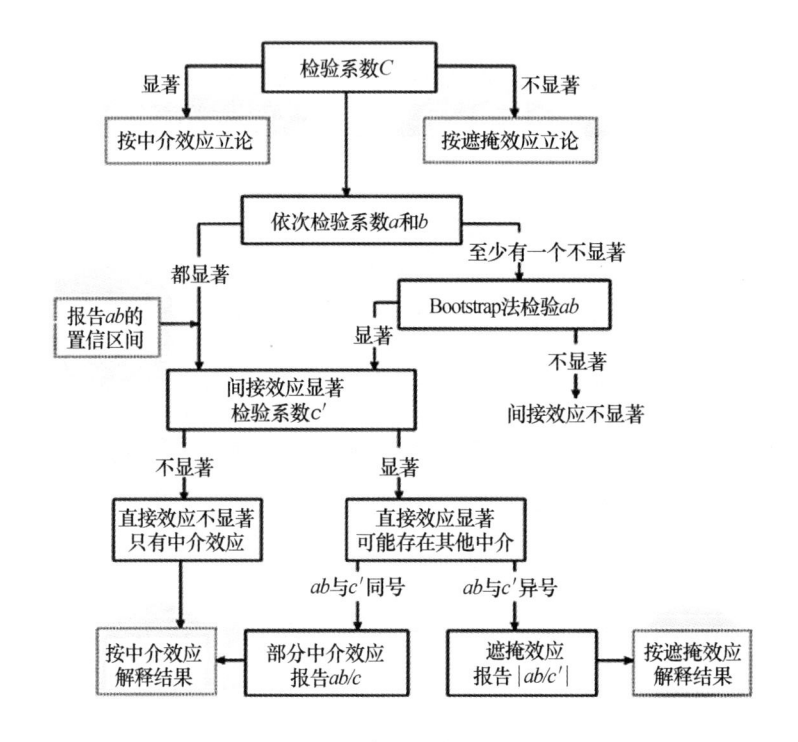

图 5—10 中介效应检验流程

资料来源：引自温忠麟、叶宝娟《中介效应分析：方法和模型发展》，《心理科学进展》2014 年第 5 期。

事实上，以上中介效应的检验程序是严格意义的中介检验程序，在实践中，在进行第一步检验之前，还需要进行数据的共同方法变异（common method variance，CMV）检验。因为在使用测量方法的研究中，如果数据

---

[1] 温忠麟、叶宝娟：《中介效应分析：方法和模型发展》，《心理科学进展》2014 年第 5 期。

来源越单一，测量方法越类似，CMV 效应使研究结果产生偏差的可能性越大。① 因此，在进行系数 C 的检验前，先要完成 CMV 检验。② CMV 效应的控制方法包括过程控制法和统计控制法，因而，为尽量减少共同方法偏差对研究结果的不良干扰和影响，问卷实施的过程中都采用了三种方法：（1）匿名问卷调查，并做了必要的答题指导以及答题信息仅用于科学研究等说明，消除被试的担忧；（2）平衡项目顺序，避免被试不看题作答、前后一致性作答或者波浪状作答；（3）不同施测者施测，在多个省市、学校实施调研等程序控制的方法。除了控制方法之外，更重要的是数据结果本身不存在共同方法偏差，而常见的 Harman 单因素因子分析（Haman's Single-Factor Test）也能对 CMV 进行检测，但并不能对 CMV 进行控制。通过 Harman 单因素检验法进行统计检验，所有项目进入单因子分析分解出 18 个特征根大于 1 的因子，第一个公共因子的解释率为 23.56% < 40%③，这说明职业教育学习评价效用的测量数据不存在严重的共同方法偏差问题。

在 CMV 检测通过的前提下，还需要对所有分析变量进行描述性统计与相关性分析，得到职业教育学习评价、教学改进、学习改进和 KSA 发展的相关性矩阵，如表 5—20 所示。各变量之间都呈现出显著的正相关，相关系数 R 在 [0.110, 1] 之间。可见，教学改进、学习改进分别与学习评价之间存在正相关关系；KSA 发展与评价制度、教学改进、学习改进之间也存在显著的正相关关系。

表 5—20 职业教育学习评价效用各变量的描述性统计与相关性分析

变量	$M \pm SD$	1	2	3	4	5	6	7	8	9
EI	3.289 ±0.012									
ELD	3.141 ±0.017	0.776**								

---

① 熊红星、张璟、叶宝娟等：《共同方法变异的影响及其统计控制途径的模型分析》，《心理科学进展》2012 年第 5 期。
② Timothy Teo, "Considering common method variance in educational technology research", *British Journal of Educational Technology*, Vol. 42, No. 5, 2011, pp. 94–96.
③ 熊红星、张璟、叶宝娟等：《共同方法变异的影响及其统计控制途径的模型分析》，《心理科学进展》2012 年第 5 期。

续表

变量	$M \pm SD$	1	2	3	4	5	6	7	8	9
ELI	3.559±0.017	0.815**	0.400**							
ELO	3.132±0.013	0.685**	0.360**	0.362**						
TI	3.206±0.018	0.224**	0.181**	0.116**	0.240**					
SI	3.174±0.019	0.223**	0.180**	0.110**	0.254**	0.473**				
KSA	3.082±0.019	0.386**	0.304**	0.240**	0.377**	0.482**	0.439**			
K	3.113±0.024	0.263**	0.216**	0.157**	0.254**	0.392**	0.377**	0.811**		
S	3.080±0.023	0.232**	0.173**	0.143**	0.242**	0.345**	0.340**	0.797**	0.513**	
A	3.067±0.023	0.474**	0.375**	0.302**	0.451**	0.399**	0.339**	0.774**	0.472**	0.449**

注：$*p<0.05$，$**p<0.01$。

（三）中介效应检测结果

在 CMV 检验和相关性分析之后，严格意义的职业教育学习评价效用的中介模型检验就可以正式开始。根据温忠麟等人的中介效应检验流程，中介效应若显著需满足以下三个条件：（1）自变量（评价制度）对因变量（KSA 发展）的作用显著；（2）自变量（评价制度）对中介变量（教学改进、学习改进）预测显著；（3）中介变量（教学改进、学习改进）对因变量（KSA 发展）的预测显著。[①] 因此，首先检验学习评价对 KSA 发展的影响，Mplus 7.0 的运行结果，如图 5—11 所示：

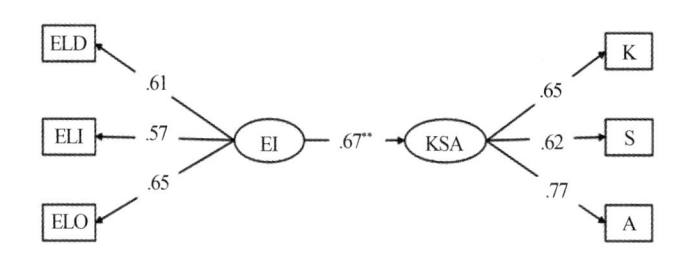

图 5—11 评价制度与 KSA 的影响

资料来源：截图自 Mplus 7.0 分析结果。

---

① 温忠麟、叶宝娟：《中介效应分析：方法和模型发展》，《心理科学进展》2014 年第 5 期。

如图 5—11 所示，数据对模型的拟合度良好。其中，重要参考的绝对拟合指数中，$\chi^2 = 211.722$（$p = .000 < 0.001$）、$\chi^2/df = 1.96$ 的判断结果都达到了较好及其以上的水准，$GFI = 0.962 > 0.9$、$AGFI = 0.913 > 0.9$、$RMSEA = 0.077 < 0.8$，指数结果良好；相对拟合指标 $CFI = 0.957 > 0.9$、$NFI = 0.914 > 0.9$、$IFI = 0.917 > 0.9$、$TLI = 0.945 > 0.9$、$RFI = 0.939 > 0.9$ 等判断结果都为好。[1] 结构方程模型分析显示，职业教育学习评价可以显著正向预测 KSA 发展（$\beta = 0.67$，$p < 0.001$）。

其次，对链式中介进行分析。用 Amos 21.0 计算的结果如图 5—12 所示。数据对模型的拟合度良好。重要参考的绝对拟合指数中，$\chi^2 = 445.751$（$p = .000 < 0.001$）、$\chi^2/df = 1.278$ 的判断结果都达到了较好及其以上的水准，$GFI = 0.966 > 0.95$、$AGFI = 0.950 > 0.95$、$RMSEA = 0.053 < 0.8$，指数结果良好；相对拟合指标 $CFI = 0.951 > 0.95$、$NFI = 0.942 > 0.95$、$IFI = 0.951 > 0.95$、$TLI = 0.937 > 0.90$、$RFI = 0.925 > 0.90$ 等判断

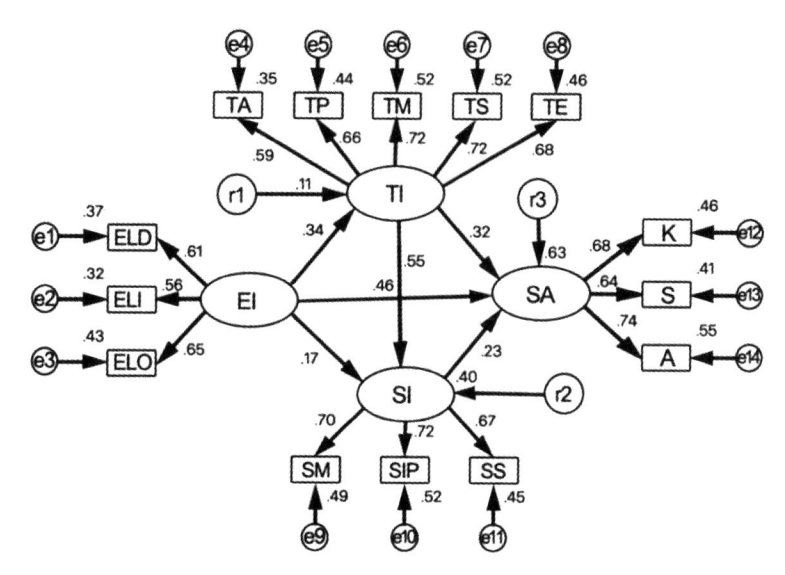

图 5—12 职业教育学习评价效用的链式中介模型结算结果

资料来源：截图自 Amos 21.0 分析结果。

---

[1] 吴明隆：《结构方程模型：AMOS 的操作与应用》，重庆大学出版社 2009 年第 2 版，第 52 页。

结果良好。在职业教育学习评价效用的结构方程模型中，从自变量出发，分析发现：学习评价（EI）对教学改进（TI）的路径作用显著（$\beta=0.34$，$p<0.001$）；对学习改进（SI）的路径作用显著（$\beta=0.17$，$p<0.001$）；对 KSA 发展（SA）的路径作用显著（$\beta=0.46$，$p<0.001$）。从中介变量出发，分析发现：教学改进（TI）对学习改进（SI）的路径作用显著（$\beta=0.55$，$p<0.001$）；对 KSA 发展（SA）的路径作用显著（$\beta=0.32$，$p<0.001$），这就说明教学改进在学习评价促进 KSA 发展过程中起到了中介作用。同理，学习改进（SI）对 KSA 发展（SA）的路径作用显著（$\beta=0.23$，$p<0.001$），因此，学习改进在学习评价促进 KSA 发展过程中起到了显著中介作用。

最后，采用 Bootstrap 分析方法来检验中介效应是否显著。通常情况下，中介效应显著性的 Bootstrap 分析都将置信区间设定为 95%，如果路径系数 95% 的置信区间没有包括 0，这就说明中介效应是显著的。[1] 为了二次验证分析结构，运用 Spss 21.0，借助美国俄亥俄州立大学哈耶斯（Hayes，A. F.）教授的 Model templates for PROCESS for SPSS and SAS[2] 分析方法，选择模型 6，运用重复取样 2000 次的偏差校正百分位 Bootstrap 检验，检验结果如表 5—21 所示：

表 5—21　　　　　职业教育学习评价效用的中介效用检测结果

效应类型	路径关系	效应值	效果量	BootLLCI	BootULCI
直接效应	EI→SA	0.464	71.06%	0.1574	0.2272
中介效应	EI→TI→SA	0.106	16.23%	0.1065	0.1713
	EI→SI→SA	0.042	6.43%	0.0328	0.0586
	EI→TI→SI→SA	0.041	6.28%	0.0350	0.0772

---

[1] 王伟、雷雳、王兴超：《大学生主动性人格对学业成绩的影响：学业自我效能感和学习适应的中介作用》，《心理发展与教育》2016 年第 5 期。

[2] Andrew F. Hayes, "Introduction to mediation, moderation, and conditional process analysis: A regression-based approach", *Journal of Educational Measurement*, Vol. 51, No. 3, 2013, pp. 335 – 337. Andrew F. Hayes, *Model templates for PROCESS for SPSS and SAS*, Hayes and The Guilford Press, 2013, p. 9.

续表

效应类型	路径关系	效应值	效果量	BootLLCI	BootULCI
总中介效应	——	0.189	28.94%	0.1927	0.2762
总效应	——	0.653	100%	0.2818	0.0925

注：效果量为各单个路径效应除以总效应。参见郭明佳、刘儒德、甄瑞等《中学生亲子依恋对主观幸福感的影响：师生关系及自尊的链式中介作用》,《心理与行为研究》2017年第3期。王孟成：《潜变量建模与Mplus应用·基础篇》,重庆大学出版社2014年版,第43页。

如表5—21所示,Bootstrap检验发现,在中介作用上：第一,教学改进在学习评价与KSA发展之间的中介效应为0.106,效果量为16.23%,95%的置信区间为[0.1065,0.1713],不包括0。[1] 因此,教学改进对于学习评价与KSA发展的中介效应显著。第二,学习改进在学习评价与KSA发展之间的中介效应为0.042,效果量为6.43%,95%的置信区间为[0.0328,0.0586],不包括0。因此,学习改进对于学习评价与KSA发展的中介效应显著。第三,教学改进+学习改进在学习评价与KSA发展之间的中介效应为0.041,效果量为6.28%,95%的置信区间为[0.0350,0.0772],不包括0。因此,教学改进、学习改进对于学习评价与KSA发展的中介效应显著。三条中介路径的总体中介效应达0.189,效果量为28.94%,可见,教学改进、学习改进对于学习评价与KSA发展的部分中介效应极其显著。

第三节 测度结果与讨论

人类知识是猜测性的（conjectural）,猜想被证实或者被证伪就是科学发现的逻辑之一。[2] 因此,职业教育学习评价效用的最终结论也可以通过

---

[1] 用Bootstrap检验中介作用,若95%的置信区间不包括0则说明中介作用显著。参见郭明佳、刘儒德、甄瑞等《中学生亲子依恋对主观幸福感的影响：师生关系及自尊的链式中介作用》,《心理与行为研究》2017年第3期。

[2] [英]卡尔·波普尔：《猜想与反驳——科学知识的增长》,傅季重等译,中国美术学院出版社2003年版,第46页。

理论假设与实证分析,基于实证结果证明并检验理论猜想,进而发现职业教育学习评价效用的问题,并得出相关结论。

一 假设验证

职业教育学习评价效用从制度绩效的分析框架出发,借助关于学习的评价(AOL)、促进学习的评价(AFL)和作为学习的评价(AAL)以及其他评价理论提出了相应的三类假设,数据分析与假设检验结果如下。

(一)制度运行与制度绩效:直接效应与假设验证

从制度绩效的定义出发,绩效就是制度运行而生成的结果与效用。因此,职业教育学习评价制度的运行可以促进职业院校学生 KSA 的发展。这是研究的第一假设。数据统计发现,第一,职业教育学习评价在促进 KSA 的发展的单维度指数 Pi 分别为 0.5282、0.4977、0.5161,这足以证明职业教育促进学生 KSA 发展有数据事实。第二,相关分析发现,学习评价与 KSA 及其各个维度之间的相关系数分别为 0.263、0.232、0.474,都呈现出显著的正相关。第三,结构方程模型的直接效应分析显示,职业教育学习评价可以显著正向预测 KSA 发展 ($\beta = 0.67$,$p < 0.001$);中介效应检测发现,学习评价对 KSA 发展的路径作用显著 ($\beta = 0.46$,$p < 0.001$)。Bootstrap 检验也发现,学习评价对 KSA 发展的直接效应为 0.464,效果量为 71.06%,95% 的置信区间为 [0.1574,0.2272]。因此,职业教育学习评价能够促进学生的 KSA 发展,也即假设 H1 成立。具体的效用维度上,学习评价对 K、S、A 的标准化总体效用(standardized total effects)分别为 0.445、0.417、0.483,因此,研究的假设 H1-1、H1-2、H1-3 也成立。

(二)教学改进、学习改进与 KSA 发展:中介效应与假设验证

通过评价促进教学改进、学习改进与 KSA 发展是职业教育学习评价效用的理论分析模型。第一,相关性统计发现,学习评价与教学改进、学习改进和 KSA 发展的相关系数分别为 0.224、0.223、0.386,这说明学习评价与教学改进、学习改进和 KSA 发展呈现紧密的正相关关系。第二,结构方程分析发现,学习评价对教学改进的路径作用显著 ($\beta = 0.34$,$p < 0.001$),因此,H2-1-1 成立;对学习改进的路径作用显著 ($\beta = 0.17$,$p < 0.001$),因此,H2-2-1 成立。同时,教学改进对 KSA 发展的路径作

用显著（$\beta = 0.32$，$p < 0.001$），因此，H2-1-2成立。同理，学习改进对KSA发展的路径作用显著（$\beta = 0.23$，$p < 0.001$），因此，H2-2-2成立。教学改进对学习改进的路径作用显著（$\beta = 0.55$，$p < 0.001$），因此，H2-3成立。第三，Bootstrap检验也发现，教学改进在学习评价与KSA发展之间的中介效应为0.106，效果量为16.23%，且中介效应显著。学习改进在学习评价与KSA发展之间的中介效应为0.042，效果量为6.43%，且中介效应显著。教学改进+学习改进在学习评价与KSA发展之间的中介效应为0.041，效果量为6.28%，且中介效应显著。因此，假设H2，分假设H2-4成立。

（三）制度环境、制度绩效与差异特征：控制变量的假设验证

制度环境是影响制度绩效的重要因素。对职业教育学习评价效用来说，职业院校的类型、级别、区域等因素都可能形成相对稳定的文化场域，进而影响学习评价效用。多维测度分析发现，中职与高职院校的职业教育学习评价促进教师教学改进存在显著性差异（$F = 8.036$，$p = 0.005 < 0.01$），因此，假设H3-1-1成立；普通职校、省级职校与国家级职校学习评价促进教学改进的差异并不显著（$F = 1.118$，$p = 0.327 > 0.05$），假设H3-1-2不成立；东部职校、中部职校与西部职校学习评价促进教学改进的差异并不显著（$F = 0.844$，$p = 0.430 > 0.05$），假设H3-1-3也不成立。同理可证，在职业教育学习评价促进学生学习改进方面，假设H3-2-1成立、假设H3-2-2也成立、假设H3-2-3成立。在职业教育学习评价促进学生KSA发展方面，假设H3-3-1成立、假设H3-3-2成立、H3-3-3也成立。尽管职业教育学习评价效用均值呈现差异，但部分控制变量在统计学意义上并没有显著性差异，所以研究的H3需要修正。

二 问题归结

职业教育学习评价促进教学改进、学习改进以及学生KSA发展的作用不用质疑。但数据分析也表明职业教育学习评价效用在整体上依旧偏弱，评价效用的内部结构有待完善，在教师教学改进和学生学习改进保障机制也有待完善。

（一）职业教育学习评价效用整体水平依旧偏低

数据分析的结果显示，绝对统计数据方面，职业教育学习评价促进知识发展的平均水平为 15.56 ± 0.12，$P_i = 0.5282$；促进学生促进技能发展的平均水平为 14.96 ± 0.11，$P_i = 0.4977$；促进学生能力发展的平均水平为 12.25 ± 0.09，$P_i = 0.5161$；整体性促进 KSA 发展的平均水平为 42.78 ± 0.261。职业教育学习评价促进学生 KSA 综合发展指数为 0.5140，尽管职业教育学习评价促进发展的水平尚可，但从 0.5140 到 1 之间，还有巨大的改进和发展空间。相对统计数据方面，职业教育学习评价对 KSA 发展的路径作用系数仅为 $\beta = 0.46$。Bootstrap 检验发现，职业教育学习评价对评价效用的直接效应值为 0.464，效果量 71.06%，加上教学改进与学习改进的中介变量，职业教育学习评价对评价效用的总效应值也才 0.653。可见，无论是绝对效用结果还是相对路径系数，都充分表明职业教育学习评价对学生 KSA 发展的贡献值偏低。

（二）职业教育学习评价效用内部结构不太合理

职业教育学习评价效用的诞生是一个复杂的结构过程，从评价制度实施到评价效用之间还有很多过程性因素。因此，职业教育学习评价效用还具有复杂的内部结构。结构方程的拟合指数已经表明，职业教育学习评价与教学改进、学习改进、评价效用之间形成了拟合度较好的链式中介模型，χ^2、χ^2/d、GFI、AGFI、RMSEA 以及 CFI、NFI、IF、TLI、RFI 等指数已经证明了职业教育学习评价效用的中介结构。但是，模型计算的结果却发现，职业教育学习评价对教学改进的路径系数 $\beta = 0.34$ 远远高于对学习改进的路径系数 $\beta = 0.17$。同时，Bootstrap 检验发现，教学改进的中介效应为 0.106，效果量为 16.23%，远远高于学习改进的中介效应 0.042 和效果量 6.43%，显然，职业教育学习评价在帮助教师方面的作用大于帮助学生，这种效用结构的不合理很可能是职业教育学习评价制度的设计、实施与结果处理上的深层问题。

（三）职业教育学习评价效用保障机制有待完善

评价效用生成除了评价工作本身可以引领和督促学生发展之外，最根本的是评价之后基于评价结果进行相应的改进。数据统计发现，在职业教育学习评价促进教学改进之后，教学改进对学习改进的贡献值为 $\beta = 0.55$，对 KSA 发展贡献值为 $\beta = 0.32$；学习改进对 KSA 发展的作用系数为 $\beta = 0.23$。教学改进在学习评价与 KSA 发展之间的中介效应为 0.106，效果量为16.23%；学习改进在学习评价与KSA发展之间的中介效应为0.042，效果量为6.43%；教学改进+学习改进在学习评价与KSA发展之间的中介效应为0.041，效果量为6.28%。可以发现，在评价促进教学改进和学习改进之后，教师的教学改进和学生的学习改进工作存在着客观上的问题。数据结果上显示，教学改进和学习改进对KSA发展的作用系数偏低，本质上，是因为相关主体并没有改进，或者想要改进而不具相应的保障机制。

三 主要发现

综合运用多种统计工具测算了职业教育学习评价效用的发展指数，实现了职业教育学习评价效用的多维比较以及作用路径机制的分析研究，主要的研究发现有：

（一）职业教育学习评价效用的整体水平：发展指数尚可，但绝对水平偏低

通过描述性统计和Mufti-AHP，测算出职业教育学习评价整体性促进KSA发展的平均水平为42.78 ± 0.26，综合发展指数为0.5140。KSA的具体维度上，知识发展指数$P_i = 0.5282$，技能发展指数$P_i = 0.4977$，能力发展指数$P_i = 0.5161$。可以发现，职业教育学习评价效用的所有发展指数都在0.4977—0.5282之间，可见，职业教育学习评价促进学生发展的整体水平尚可。但是，从发展指数也表明，学习评价促进学生的知识发展效果最好，技能发展相对较差，而且综合发展指数从0.5140到1之间，还有巨大的改进和发展空间。另外，职业教育学习评价对KSA发展的路径作用系数仅为$\beta = 0.46$，直接效应值为0.464，总效应值也才0.653。因此，职业教育学习评价对学生KSA发展的绝对贡献值偏低。

（二）职业教育学习评价效用的差异特征：局部有所差异，但总体相对稳定

方差分析与多维均值比较发现职业教育学习评价效用的差异性特征明显。教学改进效用上，中职与高职存在显著性差异（$p = 0.005$），但是普通职校、省级职校与国家级职校的差异并不显著（$p = 0.327$），东部职校、中部职校与西部职校的差异也并不显著（$p = 0.430$）。在学习改进上，中职与高职差异显著（$p = 0.002$），普通职校、省级职校与国家级职校也差

异显著（$p = 0.010$），东部职校、中部职校与西部职校差异显著（$p = 0.030$）。在 KSA 发展上，中职与高职差异显著（$p = 0.002$），普通职校、省级职校与国家级职校也差异显著（$p = 0.02$），东部职校、中部职校与西部职校差异显著（$p = 0.009$）。尽管如此，但学习评价、教学改进、学习改进与 KSA 发展之间的关系相对稳定，链式中介模型检验的拟合指数良好，各变量值之间的数量关系稳定。

（三）职业教育学习评价效用的作用机制：中介效用明显，内部结构还需完善

教学改进对学习改进的贡献值为 $\beta = 0.55$，对 KSA 发展贡献值为 $\beta = 0.32$；学习改进对 KSA 发展的作用系数为 $\beta = 0.23$。教学改进在学习评价与 KSA 发展之间的中介效应为 0.106，效果量为 16.23%；学习改进在学习评价与 KSA 发展之间的中介效应为 0.042，效果量为 6.43%；教学改进 + 学习改进在学习评价与 KSA 发展之间的中介效应为 0.041，效果量为 6.28%。Bootstrap 检验发现，教学改进与学习改进之于学习评价与 KSA 发展的中介效应在 95% 的置信区间内，并不包含 0。因此，教学改进与学习改进的中介效应是显著的。但是，中介效用分析也发现，职业教育学习评价对教学改进的路径系数 $\beta = 0.34$，明显大于对学习改进的路径系数 $\beta = 0.17$，Bootstrap 检验发现，教学改进的中介效应为 0.106，效果量为 16.23%，学习改进的中介效应为 0.042，效果量为 6.43%，可见，职业教育学习评价效用的内部结构还有待完善。

第六章 职业教育学习评价效用的影响因素

万物皆有因果,任何制度的最终绩效都是多种因素作用的结果。尽管因果分析是人类重要的思维方式,但不同的因果分析有着不同的方法。"方法的普遍性不是绝对的,客观性也不是科学研究的至高原则,论释、理解等在科学研究中也起着十分重要的作用。"① 大卫·斯科特(David Scott)认为,"如果对客体的属性和状态进行解释,数学的或数据的解释就很合适;同样,如果对客体的结果和内涵进行解释,质化方法就很合适。"② 在教育研究中采用质性方法有助于研究者发现不易察觉的问题,既能补充定量评价的不足,也能更全面、深刻地评价其整个过程,并能提出更为有效的改进意见。③ 职业教育学习评价效用结果的原因分析是"由果溯因"的探索过程,因此,探究职业教育学习评价的影响因素可以采用理论分析与质性方法相结合的方法。

第一节 研究设计与实施

质性研究方法是以研究者本人作为研究工具,在自然情境下采用多种资料收集方法对社会现象进行整体性探究,使用归纳法分析资料形成理

---

① 王嘉毅:《定性研究及其在教育研究中的应用》,《西北师大学报》(社会科学版)1995年第2期。
② David Scott, "Resolving the quantitative-qualitative dilemma: A critical realist approach", International Journal of Research & Method in Education, Vol. 30, No. 1, 2007, pp. 3–17.
③ 李慧:《论质性研究方法的特殊价值》,《大学教育科学》2011年第6期。

论，在与研究对象的互动中对其行为和意义建构获得解释性理解的一种活动。[1] 因此，质性研究也有规范的程序与设计，采用理论思辨与质性研究相结合的方法探究职业教育学习评价效用亦是如此。

一 目标与任务

在职业教育学习评价元评估、现状测度的基础上，初步发现了职业教育学习评价效用的主要问题。在此基础之上的后续探索旨在分析职业教育学习评价效用问题影响因素。具体来说：

（一）建立职业教育学习评价效用影响因素的分析框架

因果分析是职业教育学习评价效用"由果溯因"的重要路径。因此，需要建构有解释力的分析框架，从宏观、中观、微观三个层面，依次从制度环境与文化、制度结构与决策、制度心理与博弈等分析职业教育学习评价效用的影响因素，具体分析方法则是质性资料总结与理性思辨。

（二）收集职业教育学习评价效用影响因素的分析资料

从纯粹理性的角度来说，逻辑演绎的方法也可以分析职业教育学习评价效用的影响因素。但是为了增强逻辑演绎的说服力，职业教育学习评价效用的影响因素分析还需要在逻辑演绎的基础上加上质性访谈资料予以辅证。因此，研究的第二个目标在于收集职业教育学习评价效用影响因素的质性资料。

（三）归纳判断职业教育学习评价效用影响因素的作用方式

职业教育学习评价效用影响因素的作用结果就是元评估和现状测度所发现的评价效用问题。但制度的宏观、中观和微观因素又是如何作用并影响职业教育学习评价效用，这就需要用质性的访谈再现生成的作用过程，需要用逻辑演绎再现抽象的作用过程。

二 程序、方法与工具

逻辑演绎是学术研究最基本的思维方式和研究手法，但是每个研究

---

[1] 陈向明：《质的研究方法与社会科学研究》，教育科学出版社2000年版，第12页。

者的使用程序和问题分析方式都不尽相同。因此，采用质性分析与逻辑演绎相结合的分析方法，逻辑演绎分析需要根据质性研究的过程而富于变化。

（一）程序设计

质性研究的程序是"进入情境—资料收集—资料分析—资料解释"[1]，中间必须特别强化研究伦理与成员审查，具体如图6—1所示：

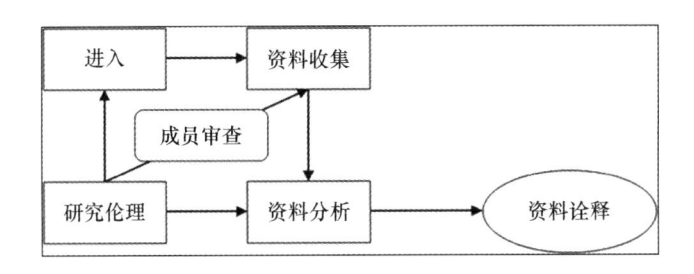

图6—1 质性分析的研究程序

资料来源：根据刘世闵网路俗民志研究程序整理而成。

如图6—1所示，职业教育学习评价效用影响因素的分析主要分为五个步骤，具体来说：

第一步，进入"情境"。选定合适的观察和访谈场地，邀请被试进行关于职业教育学习评价效用影响因素的访谈；

第二步，收集数据。通常情况下质性研究的数据收集主要有访谈法、观察法以及其他相关资料收集法。但是所有的资料收集方法又必须借助于一定的工具。

第三步，资料分析。在收集到足够的质性资料之后，借助相关工具和人员进行资料分析。首先要完成资料的信度检证（reliability check），以此为基础，提高访谈资料编码节点（nodes）分析的可信度（confidence），以及整个研究的信度（credibility）。[2]

---

[1] 刘世闵、曾世丰、钟明伦等：《NVivo 11 与网路质性研究方法论》，五南图书出版股份有限公司2017年版，第312—313页。

[2] 刘世闵、曾世丰、钟明伦等：《NVivo 11 与网路质性研究方法论》，五南图书出版股份有限公司2017年版，第312页。

第四，研究伦理。从进入研究现场开始，质性研究的每一步都必须突出研究的伦理问题，所有访谈、观察，以及各种文本、图片等资料的获取都必须征得被试的完全同意，尊重被试的意愿，并确保被试信息的隐私性。同时，研究者也要有良好的身份自觉，尽量不主观引导被试的回答与代入工作情境。在遵守研究伦理的基础上，对可以选择的被试进行审查，特别是关键资讯（key information）的提供者及其信息的可信度。同时，也可以排除部分不适合参与调查的被试。

第五，资料诠释。对编码后的资料进行分析与阐释，一是对重要原始资料进行直接引注，以增加证据力①；二是要将不同意见的资料相互对比，以凸显研究观点与研究立场的客观性；三是实施原因分析，还需要通过资料反映的现象解释资料背后的问题。

（二）方法选择

质性研究的常见行动方式有"深入实地""专注于文本""建立理论为目标""影响和干预社会实践"几种。② 因此，在职业教育学习评价效用影响因素的分析中，主要的研究方式有深入实地、文本收集等方法。具体来说，一是访谈法，通过对职业院校教师、学生的访谈，收集职业教育学习评价效用影响因素；二是通过实地观察、课堂观察、实践基地观察等方式，收集相应的职业教育学习评价效用影响因素资料。

（三）工具使用

工具使用上，一类是资料收集工具。主要是《职业教育学习评价效用影响因素访谈提纲》，分为教师访谈提纲与学生提纲。提纲主要分为三个部分，在引导语部分，简要说明研究的目的与意义，同时也对研究伦理进行强化声明：

"在访谈过程中，若有涉及您的隐私，您可以拒绝回答；或者有您不愿意回答的问题，我们可以随时终止。我们所有的访谈结果，也都严格保密，只用于此项学术研究。同时，我们也希望您所有的回答都是基于事实。"

在提问部分，一方面从教师与学生个体的角度，再次验证职业教育学习评价效用元评估与现状测度的问题发现，进而论证"职业教育学习评价

---

① "证据力"是台湾用语，为尊重原意，文中来自台湾的固定用语保留原语用习惯，不作更改。
② 风笑天：《定性研究概念与类型的探讨》，《社会科学辑刊》2017年第3期。

究竟有没有用?"的问题,在论证量化研究的研究发现之余,也可以作为原因探索的先导式提问。教师访谈与学生访谈在这方面的提问不超过三个。另一方面,深入探究职业教育学习评价效用影响因素,让被试从自身的理解分析以下问题:

1. 为什么评价是没有用的?或者,是有用的?哪些因素影响了学习评价的"有用"?或者哪些因素让学习评价"没用"?
2. 为什么教师不愿意/愿意按照评价结果进行教学改进?
3. 为什么学生不愿意/愿意按照评价结果进行学习改进?

除了以上两类问题之外,研究者也根据访谈的实际情况,积极追问,深度探究职业教育学习评价是否有用,以及哪些因素影响了教师教学改进和学生学习改进,以及如何影响的问题。

第二类是数据分析工具,主要借助澳大利亚 QSR 公司发行的 Nvivo 11.0 软件对数据进行辅助编码与分析。在职业教育学习评价效用影响因素的探究中,Nvivo 11.0 的使用一是用于数据编码,二是进行编码结果的可视化与简要量化处理。

三 访谈实施与数据整理

2017 年 11 月初到 2017 年 12 月初,在实施量化研究问卷调查之时,对职业院校教师和学生的访谈也在同步进行,经过前后一个月左右的实地访谈和资料收集,得到了职业教育学习评价效用影响因素分析的相关资料。

(一) 进入情境

遵照质性研究的规范,经过多方面协调,确定进入调查情境的方式有三种:一是利用平时关系熟悉的职业院校,在重庆电子工程职业学院选择了几位老师和学生,在机电学院辅导员办公室进行简单的访谈;在重庆青年职业技术学院教务处的安排下,在机电部实训实验室进行教师与学生访谈;二是经重庆工程职业学院纪委的安排,协调了通讯学院、汽车学院等相关学院的教师和学生在信息工程学院学生会办公室进行访谈;三是通过熟人介绍,在湖北工业职业技术学院和深圳信息职业技术学院的协调下,对 6 位学生进行电话访谈。

(二) 对象选择

经过双方一致同意，在认同研究理念、遵循研究伦理的基础上，结合研究需要和数据的结构，对访谈对象进行了粗略筛选，最后确认的访谈对象有10位教师和18位学生。其中，10位被访谈教师的基本信息如表6—1所示：

表6—1　　　　　　　　10位被访谈教师的基本信息

序号	身份	对象编码	教龄（年）	职称	所在专业	访谈时长
1	教师	ST1	3	讲师	建筑设计	20分钟左右
2	教师	TT2	12	副教授	机电一体化	20分钟左右
3	教师	FT3	3	讲师	（辅导员）	20分钟左右
4	教师	ST4	8	讲师	电子信息工程技术	20分钟左右
5	教师	TT5	25	教授	机械制造	20分钟左右
6	教师	ST6	26	副教授	数控技术与应用	20分钟左右
7	教师	ST7	3	讲师	智能控制技术	20分钟左右
8	教师	ST8	3	讲师	地质勘探	20分钟左右
9	教师	ST9	6	副教授	通信技术	20分钟左右
10	教师	FT10	5	讲师	（辅导员）	20分钟左右

如表6—1所示，对10位教师都采用直接面谈的方式，每人单次面谈时间约为20分钟左右。10位教师中，有2位辅导员，其他均为专业课教师，且专业分布各不相同；教龄分布上，最低为3年，最高为26年。

如表6—2所示，在18位学生的访谈中，12位学生采用了面对面访谈，6位学生进行了电话访谈；除3位中职学生的访谈时间约为15分钟之外，其他学生的访谈时间都在20分钟左右；性别分布上，男生12人，女生6人；年级集中在大一和大二；专业结构则相对较为分散。

表6—2　　　　　　　　**18位被访谈学生的基本信息**

序号	身份	对象编码	性别	在读年级	所在专业	访谈方式	访谈时长
1	学生	S1	男	2015级	机电一体化	面对面访谈	20分钟左右
2	学生	S2	男	2015级	机电营销	面对面访谈	20分钟左右
3	学生	S3	男	2016级	机器人专业	面对面访谈	20分钟左右
4	学生	S4	男	2016级	机电一体化	面对面访谈	20分钟左右
5	学生	S5	男	2016级	数控专业	面对面访谈	20分钟左右
6	学生	S6	男	2016级	地质勘探	面对面访谈	20分钟左右
7	学生	S7	女	2015级	移动通讯	面对面访谈	20分钟左右
8	学生	S8	男	2015级	汽车维修	面对面访谈	20分钟左右
9	学生	S9	男	2015级	数控技术应用	面对面访谈	20分钟左右
10	学生	S10	女	2015级	通信技术	电话访谈	20分钟左右
11	学生	S11	女	2016级	报关与国际货运	电话访谈	20分钟左右
12	学生	S12	男	2015级	文化市场经营管理	电话访谈	20分钟左右
13	学生	S13	男	2015级	汽车运用与维修	电话访谈	20分钟左右
14	学生	S14	男	2016级	汽车运用与维修	电话访谈	20分钟左右
15	学生	S15	男	2016级	设备维修与管理	电话访谈	20分钟左右
16	学生	S16	女	2015级	学前教育	面对面访谈	15分钟左右
17	学生	S17	女	2015级	学前教育	面对面访谈	15分钟左右
18	学生	S18	女	2015级	学前教育	面对面访谈	15分钟左右

（三）数据整理结果与分析方法

在收集完数据之后，对数据进行初步整理。一是将录音文件与访谈过程中的文本整理成可以进入Nvivo 11.0分析的文本材料；二是对相应的文本材料进行代码编码，具体代码如表6—2所示：

代码编码是为了方便直接引用，在此基础上，还要运用 Nvivo 11.0 软件对所有文档进行自动编码、主轴编码和范围编码。

表6—3　　　　　　　　　　访谈资料的编码表

项目	一级编码	代码	二级编码	代码	三级编码	代码
地名	重庆市（西部）	C市	北碚区	B区	歇马镇	X镇
			沙坪坝区	S区	大学城	D城
			江津区	J区	滨江新城	B城
			渝中区	Y区		
	湖北省（中部）	H省	十堰市	S市		
	江苏省（东部）	J省	苏州市张家港市	Z市		
机构名	重庆电子工程职业学院	G1校	机电学院	JD院	机电一体化	原名
					机电营销	原名
					机器人专业	原名
	重庆青年职业技术学院	G2校	机电系	JD系	机电一体化	原名
					数控专业	原名
	重庆工程职业技术学院	G3校	信息工程学院	XG院	移动通讯	原名
			地质与测绘学院	DC院	地质勘探	原名
			机械工程学院	JX院	汽车维修	原名
	湖北工业职业技术学院	G4校	汽车工程系	QC系	汽车电子	原名
			机电工程系	JD系	机电一体化	原名
	张家港职教中心	Z1校	机电工程部	JD系	机电维修	原名
			学生工作处	XS处	学管科	原名
	北碚职教中心	Z2校	学前教育专业部	XQ部	学前教育专业	原名

续表

项目	一级编码	代码	二级编码	代码	三级编码	代码
人物	教师	T	身份	理论课教师	TT1、TT2、TT3…顺次匿名	
				双师型教师	ST1、ST2、ST3…顺次匿名	
				辅导员	FT1、FT2、FT3…顺次匿名	
			职称	中职助理讲师	ZT-1	
				中职讲师	ZT-2	
				中职高级讲师	ZT-3	
				中职正高级讲师	ZT-4	
				高职助教	GT-1	
				高职讲师	GT-2	
				高职副教授	GT-3	
				高职教授	GT-4	
	学生	S	按顺序，用S1、S2、S3……顺次匿名			

四 编码过程

职业教育学习评价效用的影响因素分析并不是严格的扎根研究，而是采用扎根研究的范式和思路，通过自动编码、主轴编码与选择性编码帮助理论分析。

（一）自动编码：全部因素分散处理

自动编码可以帮助研究者从宏观上掌握访谈资料所指向的概念类属和所反映的大致问题，因此，自动编码有助于帮助用户思考人工编码的架构。[1] 运用 NVivo 11.0 的自动编码法，累计得到 277 个节点，部分结果如图 6—2 所示：

---

[1] 刘世闵、曾世丰、钟明伦等：《NVivo 11 与网路质性研究方法论》，五南图书出版股份有限公司 2017 年版，第 316 页。事实上，人工编码是指研究者自身根据自动编码之后，建立自由编码概念之间关系的主轴编码、范围编码与选择编码。

名称	节点	参考点
1-6-2-1 G1校，机电学院实训课ST1老师	9	23
1-6-2-10 G3校，测绘学院专业课FT10老师	15	41
1-6-2-2 G1校，机电学院专业课TT2老师	8	20
1-6-2-3 G1校，机电学院辅导员，兼《机电产品营销	8	20
1-6-2-4 G2校，机电学院专业课ST4老师	10	26

教师访谈3
考勤、上课交流互动（上实训），实训结果等；除老师外，还有学生自己的评价，团队组长、老师同事间交流。
了解学生对课堂掌握的情况；对自己教学方法的效果进行评价与修改
自我感觉非常好，有的学生会反感，大部分同学没有这样的反应。

图 6—2　自动编码的节点分布（部分结果）

资料来源：截图自 NVivo 11.0。

统整 277 个自由节点，对内涵相同、意思相近的因素进行合并，最终得到频次大于 3 的影响因素有 27 个，累计频次 140 次，其他因素的合计频次 137 次。按照频次对自动编码的结果进行排序，得出初始结果，如图 6—3 所示：

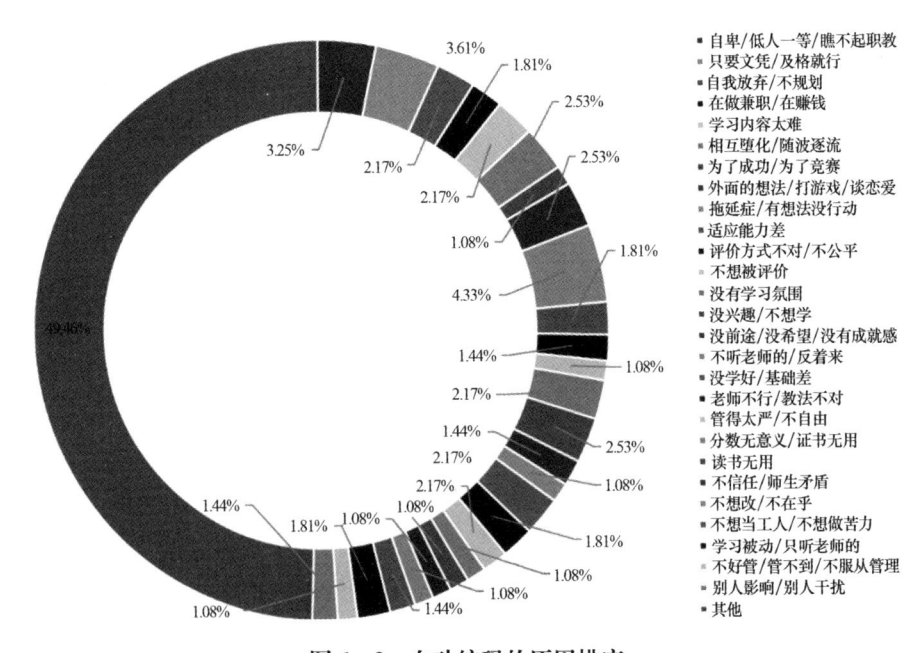

图 6—3　自动编码的原因排序

说明：图中所呈现影响因素是频次大于等于 3 的影响因素。

第六章 职业教育学习评价效用的影响因素

自动编码的职业教育学习评价效用影响因素是由 NVivo 11.0 自动生成的，并没有对影响职业教育学习评价效用的因素进行逻辑归纳和分类，只是 NVivo 11.0 根据访谈结果直接随机出现，因此，不同因素之间的类属划分缺乏客观标准。但图 6—1 和图 6—2 的分析为主轴编码与理论框架的提出奠定了基础。

（二）主轴编码：分散因素结构整合

自动编码或者开放性编码实现了对质性资料的"分散式"的探索，然而，科学的研究还必须经过"从分析到综合"。中国人常见的归纳或综合方法有"故理类"方法[1]，西方社会学常用扎根研究方法。其中，主轴编码就是扎根研究常用的归纳与综合方法。主轴编码是将自动编码或者开放性编码中抽取出来的各项范畴连接在一起的过程，通过对条件、背景、策略和结果的"编码范式"（coding paradigm），将"次范畴"（sub-category）联结到范畴[2]，核心任务是探索和建立概念范畴之间的各种联系[3]，如图 6—4 所示。

如图 6—4 所示，主轴编码的过程分四步：一是根据一定的理论指导，从分散的概念中设定"维度"，布局"特性"概念；二是通过理论关系，实现维度之上的范式的使用及概念链接；三是综合概念链接，借助特定理论视角或情境，形成横切（crosscut）和主轴范畴；四是重复检视概念及原始资料，实现主轴范畴饱和。[4] 从制度理论来说，影响制度绩效的因素主要有制度设计、经济因素和文化因素；[5] 李汉林等认为影响组织绩效的制度因素主要有嵌入性、路径依赖与意识形态。[6] 因而，结合制度绩效影响因素的理论框架与职业教育学习评价运行情境影响因素，进一步将自由编

---

[1] 景怀斌：《扎根理论编码的"理论鸿沟"及"类故理"跨越》，《武汉大学学报》（哲学社会科学版）2017 年第 6 期。
[2] Juliet Corbin, Anselm Strauss. "Grounded theory research: Procedures, canons and evaluative criteria", *Qualitative Sociology*, Vol. 13, No. 1, 1990, pp. 3 – 21.
[3] 陈江涛：《决策后悔的特征与形成机制研究：以购房决策为例》，博士学位论文，浙江大学，2008 年，第 55 页。
[4] 董金秋：《主轴编码方法及其应用中存在的问题》，《社会学》2011 年第 2 期。
[5] 杨龙、戴扬：《论制度的结构、功能与绩效》，《理论与改革》2006 年第 2 期。
[6] 李汉林、渠敬东等：《组织和制度变迁的社会过程——一种拟议的综合分析》，《中国社会科学》2005 年第 1 期。

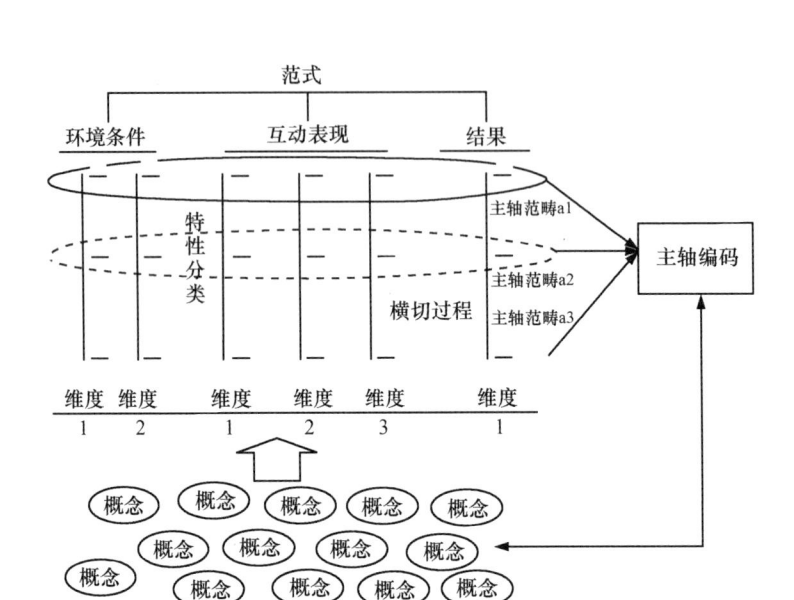

图6—4 主轴编码的原理与程序

资料来源：董金秋：《主轴编码方法及其应用中存在的问题》，《社会学》2011年第2期。

码的结果概念化，将相关概念反复比较，根据类型关系和相似关系，进行编码的概念链接，得到职业教育学习评价影响因素的维度和次范畴：一是主体性的因素，主要是教师和学生自身的因素影响，例如教师的经验依赖、学生的拖延症等；二是关系性因素，主要是教师与学生之间的关系、学生与学生的关系等因素；三是学校方面的因素，主要是学校文化、条件等限制或者助推职业教育学习评价效用；四是社会性因素，例如对职业教育的偏见与歧视、蓝领阶层的社会地位等；五是其他类因素。

（三）选择性编码：核心范畴关系架构

选择性编码是一个将所有范畴统一聚合到一个核心范畴的过程，同时对需要进一步说明的范畴进行描述细节的填补。因此，在职业教育学习评价影响因素的主轴编码后，还需进行选择性编码，通过选择性编码进一步理清各种因素之间的类别关系、从属关系。具体工作分两步：一是仔细阅读原始资料，进行编码。如果一段文字包含几个节点，则分别标记。若不能确定所属哪个树状节点，则暂列为自由节点，反之则将内容标记为某个子节点，对应放在某个树状节点下。二是编码后，认真阅读每个节点下的所有内容，修改节点名称，合并或重组不同节点下的相似内容，研究树状节点的逻辑性，适当调整部分子节点的位置。在主轴编码的基础上，对核心范畴的编码进行精细化调整与再编码，进一步理清各影响因素之间的关系逻辑。

五　编码质量

编码结果的信度、效度和理论饱和度是衡量质性资料编码结果的重要指标。但是，质性研究真正感兴趣的并不是量化研究所谓的"客观真实"与"真实性"本身，而是被研究者所看到的"真实"，研究者看实物的角度和方式，以及研究关系对理解这一"真实"所发挥的作用。因此，质性研究的信效度检验不同于量化研究的检验方法，而是遵循编码的内在规定性。

（一）信度

内容分析的信度一般可以通过计算编码者的一致性程度得出，而编码一致性程度在 0.80 以上为可接受水平，在 0.90 以上为较好水平。[①] 首先，在自由编码或开放式编码的过程中，主要采用了稳定性较好的 NVivo 11.0 分析软件，所以，自由编码的一致性不用检验。在主轴编码和选择性编码的过程中，主轴编码主要参照了制度影响因素和学习评价制度的运行情境，编码过程一致性相对较好。为了验证各环节的编码一致性，研究者又找了一位教育评价研究的博士研究生和一位课程与教学论的副教授分别进行二次编码，三次分散的编码结果一致性为 0.86。因此，职业教育学习评价效用影响因素的编码结果可以接受。

（二）效度

量化研究中的效度有描述型效度、解释型效度、理论型效度、评价型效度以及其他类型的效度。在效度分析上，描述、解释与理论往往具有一致性。内容分析是质性研究的重要任务，因此，质性研究的效度分析要通

[①] Richard Ormerod, "Is content analysis either practical or desirable for research evaluation?" *The International Journal of Management Science*, Vol. 28, No. 2, 2000, pp. 241–245.

过大量的文本资料交叉对比,判断资料的真实性(authenticity)与可类推性(generalizability)[1],对于争议较大的议题,可以将不同发文者的意见进行对比讨论。在职业教育学习评价影响因素的主轴编码与类别建立过程中,在理论上结合制度影响因素的启示,在情境上考虑了评价制度运行,在逻辑上从宏观、中观、微观三个层次进行编码整合,逻辑清晰,内容可靠且维度划分体系比较完整。因此,编码的效度良好。

(三)理论饱和度

理论饱和度检验是编码分析法停止采样的标准。对同一个编码使用额外的数据进行检验,不再产生新的范畴时,理论就达到了饱和。[2] 事实上,制度的影响因素是复杂的、多元的,职业教育学习评价制度亦然。因此,必须选择解释力较强的理论框架。从职业教育学习评价制度运行的抽象情境,分别从制度运行、教学改进与学习改进三个维度出发,以宏观、中观和微观为截面,对影响职业教育学习评价效用的因素进行了自由编码、主轴编码和选择性编码,最终得到宏观的制度环境因素,以文化因素为主;中观层次的制度结构,以理性因素为主;微观层次的制度心理因素,以学生学习心理、师生交往心理等为主要分析单元。因此,在分析结构上形成了"宏观—中观—微观"的三位一体分析框架,额外数据的加入,不再产生新的范畴,实现了理论饱和。

第二节 结果分析与论证

通过三轮编码,确立了影响职业教育学习评价效用的三类因素:宏观的制度环境因素,中观的制度结构因素和微观的制度心理因素。以编码为基础,结合相应的理论基础,分析三类因素影响职业教育学习评价效用的作用方式。

---

[1] 刘世闵、曾世丰、钟明伦等:《NVivo 11 与网路质性研究方法论》,五南图书出版股份有限公司 2017 年版,第 329 页。
[2] 田梅:《网络浏览中偶遇信息共享行为影响因素扎根分析》,《图书与情报》2015 年第 5 期。

第六章 职业教育学习评价效用的影响因素

一 制度环境中的文化因素

社会背景与文化分析是新制度主义重要的分析方法。[①] 在中国,学习评价已走过千百年历程,职业教育学习评价效用深受传统文化和历史基因的影响。随着中国工业化进程的加快和对外开放的深化,国家意识形态、西方哲学思潮以及中国传统哲学都在逐步影响着中国职业教育的发展[②],因此,职业教育学习评价效用又受到现代文化的影响。而在实践中,在具体的教育制度中,教师、学生既是"剧中人",也是"剧作者",既是教育制度规范、约束的对象,也是教育制度变革、创新的主体,因而,职业教育学习评价效用还受到场域文化的影响。

(一)传统文化对职业教育学习评价效用的影响

在宽泛的文化概念上,法律制度、文化期待、社会规范、观念制度等制度环境也可以称为制度的文化。因为学习是个体通过与他人的对话而实现的从"外化"到"内化"的过程[③],文化通过意识形态所形成的价值认同影响人类的学习与行为,尤其是对制度规则的适应。因此,文化可以通过意识形态影响职业教育师生对评价制度的认知、适应,也影响着教师的教学改进与学生的学习改进,最终影响职业教育学习评价效用。

第一,传统文化影响职业教育学习评价制度。中国传统社会有三大支柱——皇权制度、科举制度、儒家文化。[④] 对于职业教育学习评价效用而言,传统文化的最大价值在于正面引导和规范。中华文明经过几千年传承形成了以儒家伦理思想为基础的序列化结构体系,中国本土的教育教学方法论范畴实际上也主要是围绕道德核心构建起来的[⑤],重"礼"隆"仁"

[①] Konstanze Senge, "The 'New Institutionalism' in Organization Theory: Bringing Society and Culture Back In", *American Sociologist*, Vol. 44, No. 1, 2013, pp. 76–95. 史成虎:《我国深化文化体制改革的困境及其消解——基于新制度主义视角的分析》,《理论导刊》2012年第4期。

[②] Carsten Schmidtke, Peng Chen, "Philosophy of vocational education in China: A historical overview", *Journal of Philosophy of Education*, Vol. 46, No. 3, 2012, pp. 432–448.

[③] Vygotsky, Lev Semenovich, "Mind in Society: The Development of Higher Psychological Functions", *Russian Social Science Review*, Vol. 18, No. 3, 1977, pp. 83–84.

[④] 张维迎:《制度企业家与儒家社会规范》,《北京大学学报》(哲学社会科学版)2013年第1期。

[⑤] 杨启亮:《儒学教学思想发展及其文化思考》,《齐鲁学刊》1992年第4期。

的德性文化在职业教育学习评价目标上，会关注职业教育学习评价如何促进学生的职业道德、个人品德和社会公德的发展，有助于培养有高尚"德性"的"职业人"和"匠心人"，这是对职业教育学习评价效用价值观和价值尺度的影响。访谈发现，传统文化对学生们的影响是潜移默化，也是至深的。通过教师的访谈可以发现，教师们十分看重评价制度的价值。"考试、考核都只是手段，主要是督促学生学习与成长。我重（从）来不看重最终的成绩，我只希望学生守时地出席课堂，诚实地做作业、交作业，参加考试。这些基本的原则比分数和结果更重要。"（G2ST5）可见"守时""诚实"等传统文化与美德与评价制度是紧密相连的。学生方面也是，"有时候也想带点小抄，或者看看别人的答案，但是后来又想一想还是诚信最重要，分数嘛不就是个分数，为了分数丢了人我不敢。"（G3S12）可见，"诚信"这种传统的文化观念对于评价制度还是具有一定的维系力量。

但是，传统文化中的不合理成分也会制约职业教育学习评价制度的运行。可以说，中国教育评价陷入了多重"文化误区"[1]，特别是"读书做官"的价值取向、"马太效应"的资源分配、选拔淘汰的工具主义和"经世致用"的功利主义。两千多年来中国主导政治文化正脉的"权力文化"给中国文化烙上了"官本位"的文化传统[2]，在职业教育学习评价中的官本位文化演化成为"官僚主义""问责制度"，让评价对象总是处于被"审查"、被"认证"的地位。又如，"学而优则仕"的学习文化导致应试教育等功利主义教育盛行，形成了"为考而教、为考而学"的不良风气，颠倒了教学与评价之间的关系[3]。而科举取士的文化传统则让学习评价异化成为竞争、淘汰与选拔的工具，学习评价制度的评价目标被窄化，根深蒂固的"官本位"社会文化心理很难动摇，"教育——仕途"几乎是唯一正解。[4] 访谈中有学生认为，"那句话怎么说的？技多不养家。家里人送我过来，也只是要求我拿一个文凭，然后再去专升本，有了本科学历之后再

---

[1] 刘尧：《教育困境是教育评价惹的祸吗?》，学苑出版社2017年版，第264—269页。
[2] 李慎之：《中国文化传统与现代化》，《战略与管理》2000年第4期。
[3] 王中男：《考试文化：课程评价改革的深层桎梏》，《华东师范大学学报》（教育科学版）2013年第1期。
[4] 闫广芬、曹莉艳：《中国职业教育的产生及其启示——基于近代人才观念的变迁》，《天津大学学报》（社会科学版）2011年第5期。

去考公务员什么的，反正当工人、做苦力是没意思的。家里人就还是希望我当官。"（G2S5）"劳心者治人，劳力者治于人"，"仕途文化"也影响了学生对读书学习、对评价的价值认知。

第二，传统文化影响职业教育学习评价的教学改进。在职业教育学习评价的制度框架之外，教师教学改进也深受传统文化的影响。一方面，中国"尊师重教"的传统文化鼓励并促进教师的教学改进。在古代中国"皇权不下乡"的封闭空间中，宗族村落的秩序依靠传统文化力量来维持，所以在传统文化中以"教师""先生"为代表的知识分子代表了权威，也深受尊重和爱戴。传统文化中，教师的权威被列入"三纲五常"，千百年"天地君亲师"的"尊师重教"传统强化了教师的"权威"，"言而不称师，谓之畔；教而不称师，谓之倍。"而"一日为师，终身为父"的师徒伦理文化等都强化了教师的权威[1]，助推教师评价工作顺利实施，保障教师改进意见的落实。访谈发现，传统文化观念影响教师的课堂教学，"师者，传道授业解惑也。作为一个老师，不管学生来不来学习，我还是要认真备课，准时上课。要是学生学得不好，作为老师我应该主动检讨和反思。正所谓'教不严，师之惰。'尽管我是上思修这种偏门课的，但是我可不想做一个懒惰的老师"。（G3FT10）可见，教师愿意用"三字经"中的传统文化观念来督促自己为学生付出，学生学不好还会"主动检讨和反思"。

但另一方面，过于保守和集权的传统教师文化又阻碍了教师的教学改进。中国古代的经济和文化都是以"小农经济"为基础[2]，农业基础上的经济文化注重"经验"价值，以"月令"图式局限性思维周而复始。[3] 简单、质朴、自私保守的文化基因限制了教学改进，在教学方式上，师徒之间的知识与技能传授主要以"口授心传""师徒授受"方式进行，质朴中缺乏创新；在教学关系上，小农思想影响下的中国特别重视"小自我""小家庭"和"小团体"，以"私"为核心的"差序格局"阻碍了更大范围上的合作，影响了教育教学的变革和改进。尊奉月令，依赖大自然，守旧、保守的传统教法抹杀了人的主观能动性和主体精神，进而影响了教师

---

[1] 丁桂莲：《从民谚看中国古代职业教育中的师徒关系》，《教育学术月刊》2012年第6期。
[2] 黄郁成：《"礼"的塑型："大一统"国家与小农经济社会》，《社会科学》2017年第7期。
[3] 杨启亮：《儒学教学思想发展及其文化思考》，《齐鲁学刊》1992年第4期。

的教学改进。访谈中就发现,有些教师并不认为教学改进是教师的任务。"'师傅引进门,修行在个人。'像我教这种实验课程,评价、考试都是很容易过的。我对学生要求也不高,一般也会打及格,只要完成一个基本的项目,有点失误也会顺利及格,不挂科。他们学得也轻松,我也没有要手把手教他们。"(G3S8)可见,也有教师将传统文化中的理念变成了责任推脱的借口,保守的"小农思想"、只要及格就可以的"小富即安"思想相当明显。

第三,传统文化影响职业教育学习改进。任何学习评价要取得理想的评价效用,都离不开积极向上的评价文化支撑。中国传统文化中,尤其是以儒家文化为核心的文化素来主张积极"入世",在教育文化中,历来鼓励学生"勤奋好学""刻苦攻读""力争上游",这些传统文化一方面可以鼓励学生在学习评价前积极准备,又可以鼓励学生坦然面对评价结果,并根据评价的结论积极改进。访谈中,有学生认为评价的作用在于"激励上进":"激励上进,自己心里面会有一个对比,两个人一起学习,如果某一个人多一分,那么自己就会去思考为什么别人多一分,自己有哪里做得不好,然后就会去改正。同时,要是考得好,拿了奖学金,也会找到成就感。"(G3S9)又如,战国儒家提出的"青出于蓝而胜于蓝"等师徒关系文化,唐朝时期"弟子不必不如师"等主张,都鼓励学生开拓进取,甚至要"超越"教师,这些主张都有利于学生在接受评价后放开胆子去探索、尝试和不断改进。访谈也发现:"在技能大赛上的筹备上,知识面比较广(机电、传感、通讯等知识),也比较深厚。最开始很难把学生带进去,学生难,老师也难,有时会出现学生不知道,老师也不知道的情况。但是,经过半年的竞赛准备,(甚至于)有时候学生还比老师先发现问题解决的办法。"(G3ST8)

但是,中国传统文化中也存在阻碍学生学习改进和创新的文化成分。特别是中国古代"经世致用"的处世哲学导致了中国人不仰望星空,只关注现实,力求解决国家和人民的现实问题。[1] 因而,中国的哲学体系中,既没有欧氏几何的完整体系,也没形式逻辑的严密体系,更缺少哥白尼、培根、伽利略等实验研究的奠基人。中国人的"致用"思维全部用在了人

---

[1] Homer H. Dubs, Fung Yu-lan, Derk Bodde, "A Short History of Chinese Philosophy", *Journal of the American Oriental Society*, Vol. 71, No. 1, 1951, p. 90.

际关系、政治和土地上，并没有促进科技与职业技能的全面飞跃，尤其政治至上更不利于职业教育的发展。① 这与德意志民族严谨务实、富于冒险和创新精神的文化②形成了鲜明对比。不仅如此，这种过分关注"人情世故"与"仕途经济"的文化哲学也阻碍了民族思维的创新和变革，即使学生想在评价之后进行大胆的创新和改革，也会顾虑教师的想法等"他人"或者其他外在因素而放弃改进。访谈发现，有些学生也深受职业技术"帽子"的影响而不爱学习理论。"本来我的成绩可以上二本的，但是当时填志愿的时候出了问题，后来就被补录到这个学校了，虽然外面都说这个学校挺好的。但是，毕竟是职业院校，一来到这里就再也不想学习了。有时候都不好意思和高中同学一起聊聊天，觉得自卑，有点丢人。所以，在学习上也就得过且过了。分数呀、文凭呀，能拿到就可以了，也没有什么想法……感觉没有希望。不想努力，不想改变。"（G1S2）

（二）现代文化对职业教育学习评价效用的影响

人类从"顺从自然"到"征服自然"，经历了"人为自然立法""人为道德立法"和"人为自己立法"的三种转换。③ 如今，现代性文化已经更加多元④，政治现代化、经济现代化的时代浪潮下，科学、道德、审美等也逐渐走向了现代化，"现代性""先锋派""颓废""媚俗艺术"和"后现代主义"等成为现代社会的重要面孔。⑤ 现代文化的主体意识、理性、多元价值、技术效率等不断推动着现代社会变革，影响职业教育学习评价制度、教学改进、学习改进与 KSA 发展。

第一，现代文化影响职业教育学习评价的制度框架。现代性文化对职业教育学习评价制度的影响主要体现在四个方面：一是符号消费的影响。现代人热衷于追求成功、自由等符号化的事物，因而更乐意参与评价，参与竞争。所以，尽管有人反复鼓吹"读书无用论"，但是仍有大量的人无

---

① 李长泰、夏金星：《中国古代致用思维对职业教育发展的影响及其启示》，《职业技术教育》2009 年第 22 期。李耕夫：《中国传统哲学的伦理化倾向对古代科技发展的影响——关于中国近代科技滞进的文化思考》，《求是学刊》1993 年第 2 期。
② 朱晓斌：《文化形态与职业教育——德国"双元制"职业教育模式的文化分析》，《比较教育研究》1996 年第 6 期。
③ 邓永芳：《文化现代性引论》，博士学位论文，中共中央党校，2007 年，第 50—52 页。
④ 张静、周三胜：《中国文化现代化的特征》，《社会科学》2005 年第 10 期。
⑤ 黄世权：《现代性的多维测绘——〈现代性的五副面孔〉述评》，《国外理论动态》2003 年第 8 期。

限追求升学率,追求"读好书""上好学"。这对职业教育学习评价制度有着积极的推动和促进作用。但是过分追求并消费符号会演绎出"社会达尔文主义"的竞争、忧虑与放弃,强化职业教育学习评价的选拔、淘汰与工具理性。访谈发现,有些学生害怕被评价,不想参与考试或者评价。"没什么意思,及格不就可以了吗?评价考试这些会影响同学关系。同学之间也会存在歧视,成绩好的跟成绩好的一起玩,成绩考差的自己一起玩。"(Z1S16)可见,在高竞争结构的学习评价中,连中职生也会因为评价而自动分层,这对于学生对学习评价的效用必然会产生不良的影响。

二是技术效率的影响。经历了文艺复兴等多次思想变革的洗礼,现代人越发重视理性,重视自我。诚如帕斯卡尔曾说:"人只不过是一根苇草,是自然界最脆弱的东西,但他是一根能思维的苇草。"[1] 这种思考的理性会让现代人选择性地参与实践活动,参与竞争。理性选择的背后可能是更精准地参与职业教育学习评价,进而获得最有利的职业资格证书与学业成就认证。如今,技术效率将职业教育学习评价从"人工时代"推进到"信息时代"和"智慧时代",对职业教育学习评价制度,尤其是评价技术是革命性的进步,对于提高职业教育学习评价效用大有裨益。访谈发现,技术效率对职业教育学习评价效用的影响是双向的:"现代网络发达了,我们在进行评价的时候也变得很轻松了,例如学生的考勤评价,以前还需要老师或者纪律委员上课点名点到,现在我们直接启用了刷卡点到系统。课前教师和学生全部打卡点到,未出勤的学生直接通报公示,直接反馈到辅导员和班主任那里。效果还是好了很多。不过呢,问题也不是没有,很多学生和老师都在抱怨,这样的考勤给人压力很大,特别是大二的学生,大一的时候是人工点到,现在改为刷卡点到,总是抱怨,反抗情绪很重,甚至恶意破坏刷卡系统。"(G1ST1)可见,技术效率提升了考勤的效率,但是也让学生觉得"管控太严"而恶意破坏刷卡系统,产生了"反学校文化"[2]的情节。

三是民主政治的影响,现代文化强调主体权力,关注参与的合法性与

---

[1] [法]布莱兹·帕斯卡尔:《思想录》,何兆武译,商务印书馆1985年版,第157—158页。
[2] "反学校文化"(counter-school culture)不仅是一种否定主导文化定义下学校教育积极功能的反文化(counter-culture),更是以抵抗行为为外显标识的意见表达和对社会结构矛盾以及社会问题的象征性解决。参见李森、熊易寒《青少年反学校文化理论反思与本土化诠释》,《青年研究》2017年第1期。

平等性①，会影响职业教育学习评价制度的实施，尤其是企业、行业、家长等利益相关者更乐于参与评价实践。访谈也发现："我们现在的评价工作，已经不再是老师一个说了算，评价主体除了老师，其他的有企业，比如在顶岗实习中，在校内的主要是老师，实践操作时有自我评价，例如工件，自己去测量看自己成品是否符合图纸要求……"（G2ST4）同时，现代文化主导价值多元，相应的评价标准也更加开放，但是更注重特色，多元价值导向能够助推评价的发展，但是也会影响职业教育学习评价的最终效用。访谈也发现，现代职业教育学习评价制度在方式上、标准上都逐渐"多元化"。"以前的纸质考试，多是针对理论；现在的评价一个是过程性，针对实操，相当于随堂评价。我们专业部的课堂评价、学生学习评价主要还是分项目，例如对三周实训，每周有1—2个项目；有一年的顶岗实习，每年写一个顶岗实习报告，相当于本科的毕业设计，这三种都有……只不过最常用的是考试，（我们）现在也是慢慢改，不只是期末考试，也有期中、周测验。"（G2ST4）

第二，现代文化影响职业教育学习评价的教学改进。现代文化对职业教育学习评价教学改进的影响也是多方面的。首先，在符号消费的现代文化中，职业院校教师也会追求成功，消费各种符号，这一方面有助于教师重视学习评价，但是另一方面也可能会让教师把职业教育学习评价的价值取向等价为"文凭交换""就业导向""竞赛获奖"等，这必然会导致职业教育学习评价效用的异化。其次，在理性主导的现代文化中，教师在进行学习评价后，更乐意进行教学改进，但是，他们的改进可能会考虑自身教育工作的"幸福感"与"成就感"、"付出度"与"回报率"，会在教学改进中扮演"春蚕""园丁""警察"还有"同行人"多种角色。"我对他们要求很高，每次上课要点名，还有作业，平时测评比较多。所以，在学期结束，学评教的环节，我就很吃亏，一般都是年级最低分。""有时候也真的不想管他们。"（G1FT3）

在技术效率的现代文化中，教师的教学改进变得更加有效，但是，仅仅从效率角度出发的改进也落入了"工具主义"的陷阱。访谈发现："考试、过程性考核都只是手段，主要是督促学生学习与成长，但同时根据考

---

① 绕义军：《现代性、"参与式"治理与中国基层民主政治建设》，《南京社会科学》2013年第12期。

试成绩可以判定教学效果，老师可根据这种手段改变教学方法。"（G2ST4）在民主政治的现代文化中，学校不是一座"孤岛"，教学也不仅仅是教师课堂上的"独舞"，从教学大纲到教学设计、教学内容、教学评价等都体现了多元主体的意识与诉求，而今的教学共同体打破了传统教学模式的时空界限，营造出数字化、信息化、智能化的教学环境，推动着教学共同体的虚拟化转向，走进了协同治理和多元治理的时代。多元价值的影响，多元价值结构下的现代文化中，人们对同一个事物的理解是没有标准答案的，而通向同一个目标的路径也真是"条条大路通罗马"。所以，面对同一个职业教育学习评价的结论，教师会给出自己的解读，实施形态各异的教学改进，进而生成不同的评价效用。访谈中，有老师在学习评价中认为："我对学生学习进行评价主要是看学生对课堂知识掌握的程度，独立思考……主要是独立思考，考察他们掌握情况。不按标准答案评价，只要是独立思考的，就不拘泥于标准答案，打分数写自己的记录本上，并不告知学生。"（G2TT5）

第三，现代文化影响职业教育学习评价的学习改进。现代文化对职业教育学习评价最大的影响在于符号消费和多元价值。现代中国的经济高速发展，物质文明取得了非凡的成就，但是精神文明建设却相对滞后，"中国式炫富"的心态成为社会通病[1]，特别是"富人的享乐文化"和"白领的夸示文化"的弥漫置蓝领于更加尴尬的境地，也让职业院校的学生在学习中更加迷茫和困惑。访谈中有学生就认为："蓝领和白领的工作是笔头工作和干苦活之间的差别，收入和社会地位完全不一样。所以当工人、做苦力不行，我还是不喜欢。想未来专升本，去做金融或者（其他）赚钱的生意……"（G4S13）可见在心智尚未完全成熟的职业院校学生眼中，这或许就是生活和人生的差别，甚至是"阶级"的差异。"我重要，但我自卑"[2]成为蓝领阶层或者准蓝领阶层的自我认同，就如访谈中学生所言："这个社会太现实了。你再有梦想，穷得舔灰，身无分文，能行吗？"（G4S15）所以，顺从的职业院校学生愿意相信职业教育学习评价，更乐意积极改进。少部分学生通过考试评价而被国家"选中"并成为"栋梁"，转变了出身的阶级形态。但是那些成绩不好，或者被评价所淘汰的

---

[1] 朱虹：《中国式炫富：身份彰显或地位恐慌》，《江苏行政学院学报》2014年第6期。
[2] 叶攀：《北京市Q村"工人文化"初探》，《北京社会科学》2014年第10期。

学生则不愿意承认"文化符号"背后的社会规则[1]，他们把学习评价当作一种"符号暴力"，甚至有部分人鼓吹"读书无用"，宣扬成绩、分数、文凭并不能代表一个人是否成功，反而把"哥们义气""人际关系""心狠手辣"和"后台""背景""机会"（G3S7S8）等因素当作成功的钥匙，坚信"无论是'卖茶叶蛋'还是'造原子弹'，读书与成功并没有本质上的联系"。（G3S10）即使在内心认同并承认受教育、学历和文化资本的正当性，但他们更清楚的是这些"文化的标准"恰好是对他们不利的，所以他们也可能不会参与评价、参与学习和改进。

（三）场域文化与职业教育学习评价效用的影响

在传统文化、现代文化的时间维度文化之外，场域文化也在空间层次上影响着职业教育学习评价效用。布尔迪厄（Pierre Bourdieu）把各种位置之间存在的客观关系的一个网络，或一个构型称为场域，并从"场域—资本—惯习"来理解物理空间、文化空间和社会关空间中的各种问题。[2] 学校本质是一种文化存在，也是一种场域的形态。[3] 在职业教育学校场域内，资本和惯习是丰富多彩的，丰富多彩的文化、资本和惯习通过教化育人、立德树人等教育功能的发挥实现文化再生产和阶级再生产。在客观结果上，职业院校的场域文化在知识传播、技术培训和人才培养上发挥了积极作用，但也存在一些客观局限影响了职业教育学习评价的最终效用。

第一，场域文化的规引与驯服。学校场域文化既有传统文化的成分，也有现代文化的成分。在文化形态上，职业院校场域文化可以分为四类：物质文化——职业院校的物质环境、物质设施等，如学校"工人路""力帆大道""技能路"，蓝色校服等特征；制度文化——各种规章制度、道德规范、行为规范、工作守则等；行为文化——师生员工在教育实践过程中产生的活动文化，是学校作风、精神面貌、人际关系的动态体现；精神文化——学校价值观、学校精神、学校校风等。在物理空间上，评价场域是教师、学生、企业等参与教学、学习、评价等各种活动的场所；在文化空

---

[1] Tricia Broadfoot, "Reproduction in education, society and culture", *Comparative Education*, Vol. 14, No. 1, 1978, pp. 75–82.

[2] Akos Rona-Tas, "The First Shall be Last? Entrepreneurship and Communist Cadres in the Transition From Socialism", *American journal of sociology*, Vol. 100, No. 1, 1994, pp. 40–69.

[3] 张似韵：《学校教育体系与社会等级制的再生产——布尔迪厄的文化再生产理论述评》，《社会》2002年第1期。

间上，学校是文化再生产的重要场域，教师教化育人、传道授业，学生学习知识、习得技能、养成能力；在社会关系空间上，学校是阶级再生产和社会再生产的中介，学校通过立德树人，落实国家教育方针而培养劳动者和接班人。这些文化都会默然地影响教师和学生，进而影响评价的效用。访谈发现，学生并不希望职校把他们当作"未来工人"和"未来蓝领"看："我非常讨厌我们的郭校长，经常说进入企业基层要怎么样怎么样……有些老师上课也是，动不动就说这个机械图纸在工厂要是画错了就要被怎么样惩罚、怎么样挨批。那个机电的黄老师，还危言耸听，电线接错了，要出人命……他们怎么就知道我以后要进工厂……反正上他们的课，就觉得自己像进了工厂，不想学……"（G3S6）

学校场域文化为教师教学、学生学习提供支撑，可以促进职业教育学习评价效用，但同时也存在着不合理的成分影响了职业教育学习评价效用。一是保守的学校文化，在教学上，课堂教学中大多还保留着习惯的方式，成了学校中的"老房子"[1]；在学习上，掌握"基本知识"就要记住教师的讲义并反复练习；在评价上，教师依旧习惯用"对"与"错"对学生学习结果进行评判，或者"将社会关系上霸权者所具有的社会品行当作杰作的品行"[2]，并通过评价语言赋予学生相应的身份。二是霸道的学校文化，这是学校场域中文化资本和社会关系资本不对称的结果。例如教师对学生的评价始终以"二元对立"为主要特征，评价者与被评价者之间是控制与被控制的关系，"把学生当作对手，要对学生进行管理和驾驭"。（G1ST1）"评价、考核还是很有用的，至少让学生知道自己的身份，让他们知道自己是要来学习的，否则，一天天都在玩。"（G3FT10）就像 Freire 所发现的教育压迫——征服者（评价者）把自己的意图强加在被征服者的身上，而被征服者就跟着一个样子"内化"，从而变成了内心"隐藏"了另一个形象的双重存在。[3]

第二，场域文化的顺从与防抗。在顺从的场域文化中，学生几乎不作任何思考，成为"事实记忆的机器"。但是当底层的学生洞察了学校文化

---

[1] 叶澜：《让课堂焕发出生命活力》，《教育研究》1997 年第 9 期。
[2] ［法］P. 布尔迪厄：《国家精英——名牌大学与群体精神》，杨亚平译，商务印书馆 2004 年版，第 63 页。
[3] Paulo Freire, *Pedagogy of the Oppressed*, New York：The Continuum International Publishing Group Inc., 2000, p. 41.

第六章 职业教育学习评价效用的影响因素

再生产和阶级再造的本质之后,不能改变而又无能为力的学生要么选择放弃,要么选择反抗。"顺从"就形成了"被压迫者的教育",反抗就衍生了"反学校文化"。这种"反学校文化"在很大程度上成为职业教育学习评价效用不佳的重要原因,一方面,学生对学校文化的反抗直接影响了教师的教学实施和教学改进;另一方面,学生在反抗学校文化的过程中,几乎无法全心投入和参与学习,更别提学习评价之后的改进。

一是与教师唱"对手戏"。职业院校的课堂上,学生们"找乐子"的情况甚多,"翘课""打盹""玩手机"和"打游戏"是很多学生的常态。访谈中,有教师认为"课堂就是'敌我'双方的'游击战'"(G3FAT10),有些学生"公开睡觉表示不屑"(G2ST6),课堂中的窃窃私语声像不断拍打沙滩的海浪一样绵绵不绝,滴溜溜打转的眼珠和夸张的嘴型传递着鬼鬼祟祟的秘密。(G1FAT3)学生会盯着自己的手机,或者翻错页码的课本,反正就是不会盯着教师的眼睛。(G1ST1)课下各种"非主流",怪异的服饰、杀马特的发型、酒精、香烟在学生的课余生活中随处可见。(G1FAT3)

二是逃避学习,鄙视和嘲笑认真学习的"书呆子"。就像保罗·威利斯(Paul Willis)所观察的"the lads"[①]一样,"小子们"建立"小团队",讲究"哥们义气";在"翘课"的时候,也觉得"自己一个人逃课没意思,和哥们一起出去才'给力'"。(G2S6)"翘课"之后,还"相互保护、不能'告密'"。(G2S3)"小子们"经常炫耀自己"不一样",关注自己的"刺激体验",崇尚"关系论",否定个人的"刻苦努力"。在"小子们"看来,"呆子"们并没有什么乐趣,整天坐在座位上,屁股都在冒汗。遵从教师的命令也被看成"没骨气"或"娘娘腔"。而在好学生的眼中,"小子们""他们上课就知道玩,而且还捉弄教师……就不得不浪费上课时间","我们想要学习唯一能做的就是管好自己。"(G3S12)

三是把学校当"监狱",反抗规定性的日常作息。"小子们"不仅仅在

[①] "Lads"是非正式英语,关于这个词的翻译,有不同的译法:一是秘舒等人翻译为"家伙们",参见[英]保罗·威利斯《学做工:工人阶级子弟为何继承父业》,秘舒等译,译林出版社2013年版;二是李康翻译为"哥们儿",参见[英]安东尼·吉登斯《社会学》,李康译,北京大学出版社2009年第5版;三是周潇、李涛等翻译为"小子们",参见周潇《反学校文化与阶级再生产——小子与子弟之比较》,《社会学研究》2011年第5期。本书采用"小子们"的译法。

课堂上对抗教师，逃避学习，严重的"反学校文化者"还会反抗学校的规定性日常作息。经过多年的探索，"小子们"学会了规则、职能与"计划式"违规①。例如固定时间晚归，"我们的辅导员住在北碚，每周星期五她都要回家，所以周五下午我们就可以翘课去 high 了"。（G1S2）同时，"小子们"也学会了"阳奉阴违"，"有一次德育课，辅导员教师让在遵从社会主义核心价值观上签字，我写了一个'是'，当时的心都碎了。不过，签了就签了，哥却不管他什么价值观"。（G3S10）最可怕的是，有"小伙子"们已经开始呈现出刻意的"破坏性"和"反社会性"，有些学生会"把教室的投影仪连接线打成死结，用中性笔在银幕上划几道口子"（Z2S18）。这些行为不仅影响了他们自身的学习，也影响了其他学生的学习。

第三，场域文化的存在与不完善。"凡是现实的东西都是合乎理性的"是黑格尔对普遍抽象共相和事物本质的客观唯心主义判断。一方面，客观存在的场域文化助推了职业教育学习评价及其效用的发展，场域文化在不断丰富教师教学环境和学生学习环境的同时，也帮助教师教学改进和学生学习改进，进而有效提高了职业教育学习评价的最终绩效。但另一方面，从我国职业教育发展的整体水平和社会认可度来看，职业院校的场域文化更多是需要改进的。一是整体上职业院校场域文化建设还比较落后，在保障职业教育学习评价制度运行以及效用方面存在客观的不足；二是学校场域文化的文化认同和身份认同出现了错位，学校教育行为成为"符号暴力"，"学校比其他任何东西能更好地有助于既定秩序的再生产"②，教育者扮演着"立法者"与"阐释者"的角色，站在管理和监督的立场，而非从"促进学习的评价"和学生平等对话的立场实施评价。访谈发现，正是学校缺乏学习的氛围和基本的物质条件，很多学生就放弃了学习和学习改进。"有时候也想争一口气，让别人瞧得起自己。可是当我拿着书本去到图书馆的时候，就真的不想再学习了，（图书馆）座位破破烂烂，没有空调……重庆夏天那个热，冬天那个冷，真的，想坐下来学都不行。"（G2S6）

---

① 李涛：《底层的"少年们"：中国西部乡校阶层再生产的隐性预演》，《社会科学》2016 年第 1 期。
② Pierre Bourdieu, Jean-Claude Passeron, "Reproduction in Education, Society and Culture", *British Journal of Sociology*, Vol. 30, No. 1, 1977, pp. 75–82.

二 制度决策中的理性因素

人的社会行为总是基于一定的主观意图,没有任何人会愿意成为没有自己主观意义取向的、绝对服从他人意志的工具。在韦伯看来,人的行为是与人的主观意图紧密相连的,据此,韦伯把人的社会行为分为四类:合乎目标的行为、合乎价值的行为、传统行为与激情行为。[1] 在人类行为的主观意图、目标、价值、传统和激情之间,一个调节性的变量就是人的理性。根据人的理性程度,大致可以分为两类:一是非理性行为,例如激情行为;二是有限理性行为,也就大多数的社会行为。此外,在两者之间,还有一种生态理性的智慧。

(一)非理性对职业教育学习评价效用的影响

人是理性的动物,也是感性的动物,所以,人类的思维和决策有理性的成分和非理性的成分。1985年,芝加哥大学理查德·萨勒(Richard Thaler)首次提出"心理账户"(Psychic Accounting)的概念,用来解释理性人做出非理性选择的行为。[2] 非理性行为是指人们基于直觉、经验、情感、潜意识等非理性因素而采取的决策、措施和行动。[3] 事实上,非理性在职业教育学习评价中客观存在。因为"评价是连续的、反复的、分歧突出的过程,也是不断有突发情况的过程并带有不可预料结果的过程"[4]。职业教育学习评价的过程也有很多非理性的行为,这些行为也会引起突发的、意想不到的情况,进而影响职业教育学习评价教学改进和学习改进,最终影响到职业教育学习评价效用。

第一,非理性对职业教育学习评价效用的促进。非理性的职业教育学习评价往往是因为特殊动机,因为热爱、兴趣和期望等,也可能是因为憎恨、讨厌、不抱希望等,在评价实施改进中做出非理性的选择和行动。但是,非理性行为并非一无是处,从积极的方面来考虑,非理性行为可以在

---

[1] [德]马克斯·韦伯:《经济与社会》(上卷),林荣远译,商务印书馆1997年版,第40页。
[2] 董志勇:《行为经济学》,北京大学出版社2006年版,第191页。
[3] 池丽旭、庄新田:《投资者的非理性行为偏差与止损策略——处置效应、参考价格角度的实证研究》,《管理科学学报》2011年第10期。
[4] [美]埃贡·G. 古巴、伊冯娜·S. 林肯:《第四代评估》,秦霖等译,中国人民大学出版社2008年版,第187页。

一定程度上提高职业教育学习评价效用。一是职业教育学习评价中，非理性的因素使得教师、学生、企业等可以不考虑复杂外部环境，简单直接地做出决策和行动，进而得出评价的结论或者改进办法，这在客观上提高了评价工作的效率，通常说的"眉头一皱，计上心来""管他三七二十一"等思考与决策就是非理性行为的重要表现。二是非理性因素有助于激发评价工作的创造性，教师和学生会因为自身的兴趣、热爱而在职业教育学习评价过程中倾注更多的时间和精力，也更能够激发灵感和创造性，进而在教学改进和学习改进中不断创新，催生更好的学习评价效果。三是非理性使得职业教育学习评价更加灵活，不受条条框框的限制，也好调控，有助于提高职业教育学习评价的最终效用。"我很喜欢汽车，我父亲是司机，爷爷、奶奶、母亲也是二汽的员工。高考的时候没考好，家里人就直接让我来这里学汽车，我自己也很乐意。尽管英语、政治、数学这些我依旧学不好，也难得学。但是汽车的专业课，尤其是动手的课程，我可喜欢了，而且我的实践课程一直是全年级第一，还是我们的实验课班长，平时考核、考试我都是前几名。"（G4S14）可见，职业院校学生的学习有非理性的成分，在这种非理性的学习中，如果学生喜欢学习，就自然会在评价中取得好成绩，也愿意在评价后进行改进，进而，职业教育学习评价效用自然也较为理想。

第二，非理性对职业教育学习评价效用的限制。尽管非理性因素对职业教育学习评价效用具有积极的促进作用，但是非理性因素更多的时候可能会限制职业教育学习评价效用。首先，非理性因素会让职业教育学习评价远离甚至放弃理性，这样的评价工作很容易出现结果上的错漏，依靠顿悟、灵感和"拍脑袋"而来的评价结果显然不足以保证职业教育学习评价效用。其次，非理性因素干扰下的职业教育学习评价结论不具备信效度，因为大部分非理性因素都是不可重复的，在这样的偶然因素下获得的结论缺乏信度和效度。

第三，非理性因素会影响职业教育学习评价结论，在缺乏信度和效度的情况下，对职业院校教师、学生、企业、家长等方面的指导意义偏弱，甚至会因为结论的模糊性引起不必要的冲突。

第四，非理性因素容易受到外围因素的干扰，扩大职业教育学习评价效用的影响因素链。学习评价本来就是复杂的过程系统，概念结构和认知过程、社会过程和背景知识的关系、表征与争论等因素会在非理性因素的干扰下,与意识形态、主观好恶等共同影响职业教育学习评价效用。访谈发现,学生们并不能完全理解"评价的意义"。"我觉得主要看个人,喜欢学习就会有帮助,不喜欢学习就一般……比如自己喜欢这门课,就会多关注,大部分也要看知识接受程度,接受不了听不懂就会很抗拒,一般会抗拒其难度,有时候觉得太难了,再怎么评价都无所谓了。如果很喜欢,一般不会考不好;如果课很难,考低分,那就认了。而且在我们这种学校,在学校里只能学点基础,真正的技术要出去学(到企业中学)。"(G3S5)足见,非理性有时候会让学生或教师产生错误的判断,尤其是学生把愿不愿意学和学不学得好归结于兴趣和喜欢之后,很多时候,学习的评价与改进也就是非理性的了,因此,职业教育学习评价效用也会受到影响。

(二)有限理性对职业教育学习评价效用的影响

古典经济学认为人可以"完全理性",但事实上,人类的理性是有限的。在这种有限理性的生存状态中,人类学会了"合作""借助工具"等生存法则,能够运用有限的理性发展自己;另外,在人类社会不断发展的时候,整个外部社会环境也变得更加复杂,人类的有限理性在面对这种复杂的变化时总是显得被动落后。在职业教育学习评价制度中亦是如此,一方面有限的理性可以通过合作、借助工具等推进评价实施,进而取得比较满意的评价效用;但另一方面,也不能摆脱"理性不够"的缺陷,制度缺陷、交易费用、意识形态、路径依赖等则会限制职业教育学习评价效用。

第一,有限理性促进职业教育学习评价效用。个体人的理性是有限的,但是全人类的理想和智慧则是无限的。在千百年的反复探索和试验中,人类能取得辉煌灿烂成就的根本原因在于人类明白了"个人的理性和能力有限的客观事实"。因此,有限理性的人通过求助别人合作、借助工具和反思历史实现了既定的行动目标。一是求助于别人——信任与合作。人类是合作行为的冠军,从狩猎社会到民族国家,合作一直是人类社会起决定性作用的组织原则。[1] 尽管每个参与者可能都"掌握着可能极具助益且独一无二的信息"[2],但只有基于这种信息的决策是由每个人作出的或者是经由他的积极合作而作出的时候这种信息才能得以运用。所以,职业教

---

[1] 黄少安、张苏:《人类的合作及其演进研究》,《中国社会科学》2013年第7期。
[2] 韦森:《哈耶克式自发制度生成论的博弈论诠释——评肖特的〈社会制度的经济理论〉》,《中国社会科学》2004年第2期。

育学习评价中,各有限理性的主体通过合作共享,在实践中提高了职业教育学习评价效用。二是求助工具,制造和使用工具是人与动物的最大区别之一,尽管人的理性是有限的,但是人类学会了借助工具。在职业教育学习评价中,借助先进的评价技术、数据监测与分析工具,较好地提升了职业教育学习评价效用。三是求助过去,反思历史和经验去改进现状。人们在过去做出的选择决定了他们现在可能的选择。不可否认制度是不断变迁的,但是变迁的过程也是有限理性的人适应性学习的过程:一方面,人类学习让自身的心智模式不断调整,进而个体的人不断走向成熟,个人能力逐渐变得更强;另一方面,人在学习的过程中,认知、能力不断强化,在不断适应制度的同时也可成为旧制度的改造者和新制度的创造者。[①] 因此,有限理性的人可以在历史反思和学习中提升自己,进而提升职业教育学习评价效用。访谈发现,有限理性的人在评价中,就能发现新的问题,反思并不断改进。"考试考差了,会认真分析,会继续努力。我是文科生,理科基础很薄,相对不懂的会更多。有些老师认为是理科的,所以一下过了,但是其实自己并没听懂。所以考太差了之后,一般来说会比别人更努力,有时候会问同学、问老师,查资料,并且针对性的补习。"(G2S3)

第二,有限理性限制职业教育学习评价效用。制度的非效率(non-efficiency)是历史的常态,千百年来,绝大多数的人类制度都是低效率的。[②] 现代社会中,人类被"嵌入"(embeded)在了复杂的关系网络中,教育场域中"市场规则"和"行政制度"日趋分化和复杂化,有限理性的人类更是在制度环境中显得无能为力。职业教育学习评价效用也因为有限理性而受到限制。一是职业教育学习评价制度框架存在缺陷。制度确定了人们的选择集合,也限制了人们的选择集合。[③] 当前职业教育学习评价制度依旧存在工具主义、管理主义等问题和缺陷,这些缺陷影响了职业教育学习评价效用。二是复杂的社会结构中,人类的合作更加艰难。人的行为深深地

[①] Taylor C. Boas, "Politics in Time: History, Institutions, and Social Analysis", *Perspectives on Politics*, Vol. 3, No. 3, 2006, pp. 647 – 648.

[②] Douglass C. North, "Economic performance through time", *American Economic Review*, Vol. 84, No. 3, 1994, pp. 359 – 368.

[③] [美] 道格拉斯·C. 诺斯:《制度、制度变迁与经济绩效》,杭行译,上海人民出版社2014年版,第4页。

嵌入社会经济结构中,而这些结构已经超越了个人能够控制和认识的范围。① 在"嵌入性"的社会结构中,个人收集和处理信息的能力是有限的,人与人之间的信任是降低复杂性的可靠机制,人与人的合作需要更多的"交易费用",而信任降低则会让师生对话不可避免地退化成"家长式"的操纵和控制。② 因此,职业教育学习评价效用会因为社会关系的"嵌入性"以及合作中的"交易费用"而受到限制。三是路径依赖的"陷阱"。经验的两面性——既是财富,也是桎梏。保尔·大卫(Paul A. David)研究发现,如果在结构上未受扰乱,就不能摆脱过去事件的影响③,意识形态、报酬递增、技术改进等因素会让有限理性的人的路径依赖变成经验陷阱。同理,职业教育学习评价效用也会受到有限理性在路径依赖和历史经验上的限制。访谈发现,评价制度的不完善、制度结构中的有限理性限制了评价的效用。"评价方式是否完善很重要。(团队实验过程中),人多的时候学生容易偷懒,人少就会认真一些,只要评价到位大家都会认真。对学生团队合作能力对学生有很大影响,分组,3—4个人,根据技能大赛划分,每次要求都不一样,评价点不一样,轮流评价学生。"(G2ST7)

(三)生态理性对职业教育学习评价效用的影响

千百年来,人类从没怀疑过理性的解释力、预测力和创造力。但是,在人类与大自然的关系多次转向之后,生态理性的问题开始成为人类命运的焦点问题之一,生态理性在现代与后现代思潮中应运而生,并影响着人类活动的方方面面,也影响了职业教育学习评价制度及其绩效。生态理性作为自觉的理性与人和自然关系理性的和解,把自然和人自身从逆反的文化模式的统摄与服膺中解救出来,对职业教育学习评价的理性影响因素具有重要的参考价值。

第一,生态理性促进职业教育学习评价的效用。生态理性的思维模式是"大自然观""大生产观""大社会观"④,践行尊重自然规律的客观性、

---

① [韩]河连燮:《制度分析:理论与争议》,李秀峰等译,中国人民大学出版社2014年第2版,第23页。

② Paulo Freire, *Pedagogy of the Oppressed*, New York: The Continuum International Publishing Group Inc., 2000, p. 57.

③ Paul A. David, "Why are institutions the 'carriers of history'?: Path dependence and the evolution of conventions, organizations and institutions", *Structural Change & Economic Dynamics*, Vol. 5, No. 2, 1994, pp. 205-220.

④ 李德芝、郭剑波:《生态理性的思维模式》,《科学技术哲学研究》2005年第4期。

系统性、价值性、和谐性的原则,相信"更少但更好"、安全、共赢竞争、公平正义、整体主义方法论、双赢的法则。① 显然,这种理性思想对于职业教育学习评价效用的提升具有重要的促进作用。一是生态理性因素影响下的职业教育学习评价会从整体上考虑评价制度的设计与实施,实施系统性的职业教育学习评价。② 生态理性的职业教育学习评价会兼顾"教—学—评"一致③,做到"学—教—评一致性"。显然,如此的评价制度能够提高职业教育学习评价效用。访谈发现,教学评一致性有助于学生学习。"技术的掌握和学死知识不一样,我就经常把我要考的内容告诉学生,明确告诉他们这个知识点和所要考的技能,然后在实训中加强针对性的训练。所以,我带的学生在机电组的动手能力最强,获奖也最多……因为成绩好,学生也很自信;针对性的练得多,熟能生巧嘛。"(G2ST6)二是生态理性因素影响的职业教育学习评价会更加讲究公平,看重发展,从共赢竞争、公平竞争的理性高度设计评价制度,实施评价过程,管理评价结果,引导教师教学改进和学生学习改进,最终提高职业教育学习评价效用。三是生态理性因素影响的职业教育学习评价会更加考虑评价与整体生态之间的关系,关注评价制度与评价环境之间的有机融合,更考虑评价制度运行与大的环境之间的良性互动,在评价结果的信度、效度方面都会有更大的提升。"其实吧,对于我们这种学生来说,我觉得光(仅仅)看文化成绩是没有用的。像我就是一个文科生,对很多机电的、数学的问题不懂,而且有时候因为自卑并不愿意与别人交流,但是我愿意和机器相处。别看我是文科生,我的动手能力可好了……"(G2S6)可见,对学生的评价要生态性地、整体性地看待问题,不能脱离职教生的学习环境、工作过程而单向度地评价知识掌握。

第二,生态理性限制职业教育学习评价效用。生态理性是一种现代性的哲学智慧,在很大程度上能够促进职业教育学习评价效用的提升,但是会在局部情况下限制职业教育学习评价效用。一是过于考虑全面的评价指标,往往忽略了评价的职业教育特色。譬如,部分职业学校的学习评价过

---

① Andre Gorz, "Capitalism, socialism, ecology", *Verso Books*, 2013, p. 33.
② 白虹雨、朱德全:《职业教育课堂教学系统性评价:理念、设计与实施》,《职教论坛》2016年第15期。
③ 崔允漷、雷浩:《"教—学—评"一致性三因素理论模型的建构》,《华东师范大学学报》(教育科学版)2015年第4期。

于追求评价指标的全面性,在这种评价风向的影响下,职业学校的课程内容理论化、学习方式课堂化、学习结果文凭化、学校组织制度化。① 访谈发现,有高职用本科的要求来评价学生:"有时候真的很恼火,学校一定要我们过(英语)三级,说实话,我们这种专业(地质勘探)就是出去找矿和挖矿,学不学英语都一样,这不是要让我们和本科一样……"(G3S7)二是过于追求评价的全面和系统性,增加了评价工作的难度。学习评价制度镶嵌于更大的教学管理制度体系中,在相互关联、相互嵌入的教育制度体系中,教、学、评的关系处理难度较大。在实践中,通常会因为评价结果的导向性和利害关系,学生更关注的是教师评价的内容②,而忽视其他的内容学习;为了应对各类评价要求和指标,强大的行政管理制度依据其运行逻辑把"评"置于"教"之上。③ 三是过分关联的生态系统中,职业教育学习评价成为精致的"技术游戏","教—学—评"的不一致性往往会让学生"莫名受挫"④(confronted with the assessment with comments)。在实践中,很多教师依旧错误地坚持他们必须把考评的内容保密,因而,学生们就必须把考评当作一种猜谜的游戏。学生花很多时间去准备考试,但是到头来发现他所学习和复习的内容并不是教师作强调和测评的内容。访谈发现,有些学生会形成错误的判断:刻苦认真地学习并不会影响最终的学习成绩(G2S3),老师值得信任吗?至少教师所教的东西不一定是最后会考的。(G2S4)显然,这种思维会限制最终的评价效用。

三 制度行为中的心理因素

制度对人的影响机制是十分复杂的,但是所有的影响都源于人而又归

---

① 徐国庆:《实践导向职业教育课程研究》,博士学位论文,华东师范大学,2004年,第71—75页。
② Gavin T. L. Brown, Gerrit H. F. Hirschfeld, "Students' conceptions of assessment: Links to outcomes", *Assessment in Education Principles Policy & Practice*, Vol. 15, No. 1, 2008, pp. 3–17.
③ 郭丽君:《走向为教学的评价:地方高校教学评价制度探析》,《高等教育研究》2016年第6期。
④ James H. Stronge, Thomas J. Ward, Leslie W. Grant, "What Makes Good Teachers Good? – A Cross-Case Analysis of the Connection between Teacher Effectiveness and Student Achievement", *Journal of Teacher Education*, Vol. 62, No. 4, 2011, pp. 339–355.

于人，因此，人是影响制度绩效的最根本和最直接的因素。在制度分析学派看来，分析制度对人的约束方式可以从心理学的角度去理解①，职业教育学习评价制度亦然。心理在本质上是观念的、意义的②，人的本能性也是具有意义寻求（meaning-making）的，正是个体真切的心理意义决定了人们行为的方式和行为性质。③ 从心理因素分析出发，在主体与客体的维度上，学生心理特征会影响职业教育学习评价效用；在主体与主体的维度上，学生心理与学生自我之间的关系会影响职业教育学习评价效用；在"自我"与"他我"的维度上，学生与"他者"的交往心理也会影响职业教育学习评价的效用。

（一）学生与学习：心理特征与职业教育学习评价效用

在职业教育学习评价制度体系内，每一类主体和每一个主体又有丰富多彩的心理特征，制度的心理因素是极其复杂的。在复杂的问题情境中，要善于抓住主要矛盾，因此，分析职业教育学习评价制度框架中的心理因素也是如此。事实上，在职业教育学习评价制度的心理因素中，最主要的心理因素就是学生的心理因素。尽管教师心理、家长心理等因素也会对职业教育学习评价效用造成影响，但是都不如学生心理因素重要。一方面学生心理可以最直接地影响学生的学习效果，也会影响职业教育学习评价制度运行、教学改进和学习改进；另一方面，相较于教师心理等成人心理的稳定性，学生心理尚处于发展变化的阶段，因此，学生心理的相对阈值较大，对职业教育学习评价效用的影响也大。

第一，学生学习心理促进职业教育学习评价效用。从群体心理特征来说，矛盾性、二重性是职校学生最显著的心理特征。"90后"职校生被称作"草莓一族"④，他们"个性鲜明张扬，自主独立而又带有叛逆；自我

---

① 姚建平：《制度的心理内涵与中国的社会现代化道路——一种文化的视角》，《南京社会科学》2003年第5期。
② 景怀斌：《政府决策的制度—心理机制：一个理论框架》，《公共行政评论》2011年第3期。
③ John T. Cacioppo, Louise Hawkley, Christopher M. Masi, "Sociality, spirituality, and meaning making: Chicago Health, Aging, and Social Relations Study", *Review of General Psychology*, Vol. 9, No. 2, 2005, pp. 143 – 155.
④ "草莓一族"是一个隐喻，源自台湾学者对当前青年的一种描述，"草莓外表很鲜华，但抗压性太弱，受到外部刺激，很容易萎缩腐烂"。用来隐喻"90后"甚至"00后"职校学生"温室一族"的性格特征。参见聂婷、张敦智《中国"草莓族"现象分析》，《中国青年研究》2007年第4期。

中心意识较强，自我评价乐观，自尊心特别强；崇尚实践，具有务实精神，有着特立独行的价值观"（G2TT5）。特别是职校的男学生们，"屌丝"与"土豪"心态交替性发生作用，"暴发户心态"与"阿Q精神"交互作用，充满自信但较为脆弱、富有理想但不甘平凡、重视维权但时常受限、消费自主但习惯攀比、渴望同侪友谊但矛盾较多、主动使用媒介但容易失控。（G3TS9）之所以会有这样的心理特征，最根本的原因还是职校学生在生理发展和社会阅历上还属于"稚嫩"的一群，这种"稚嫩"就是学生常说的"图样图森破"（too young too simple）。（G3S8）可以说，由于职校生普遍年龄较小，在校园生活中也属于学习"不冒尖"的一群，并没有真正养成自己的学习风格与学习方法；虽有一定的社会经验，但总体涉世未深，世界观、价值观都尚未定型。这就为职业教育学习评价提供了心理学上的指导依据。一方面，由于职校学生心理、性格与价值观等都尚未成熟，正处于需要被教导、被呵护的年龄阶段，这就为学习评价、指导提供了学生方面的需求基础；另一方面，由于职校学生的心理、性格尚未完全定型，学生的性格、能力与价值观的可塑性依旧很强。因此，职业院校学生在个体发展的道路上可改造空间巨大，这些因素都有利于学校对职业院校学生进行教育和指导，进而促进其学习改进，助推学生KSA的发展。

第二，学生学习心理限制职业教育学习评价效用。除了"矛盾性"的一面，职业院校学生的心理更多的是"问题性"的一面。不少高职生会因为高考成绩的不理想、对新环境的不适应和来自家庭社会的压力，导致焦虑抑郁等负性情绪在入学之后长期存在。这样的心理状态直接影响到高职生的自我评价，并由此产生严重的自卑心理，表现为对自己的能力、品质评价过低，自我否定，缺乏客观全面地分析事物的能力和信心。面对新的环境、新的对象和紧张的学习生活，很多人在人际交往中表现出紧张烦躁、自信心缺乏，无法融入集体生活，从而形成人际障碍。访谈发现，"很多学生有的无理想、抱负和期望，没有上进的愿望；有的缺乏自信心、自尊心，对于学习成绩没有荣辱感，不及格也不觉得丢面子，没有学习的压力；有的对学习态度冷漠、厌倦、缺乏兴趣"（G2ST7）。部分高职学生无法适应大学的教学方式，学生们从封闭式的中学学习阶段进入了相对自我管理、相对社会化的教育阶段，面对选修课、必修课、理论课、实践课、专业课、基础课等不同类型的课程及其学习要求，职业院校学生很难立即适应。而另外，职业院校的课程设置也缺乏区分度和针对性，全面模仿本科院校的课程，不考虑学生的实际情况，不区分文理科，更不考虑学生学习方式的偏好，这就加剧了学生对职业院校课程学习的不适应。由于学习的不适应以及学习能力的不足，所以职业院校学生厌学情况比较严重，特别是大二阶段的学生。[1] 访谈中，G2校S6同学还改编了一首诗来反映他们眼中的学习评价："考试如此多焦/令无数学生熬通宵/惜秦皇汉武，胆子太小/唐宗宋祖，没抄得到/一代天骄成吉思汗/最后只把白卷交/俱往矣，数风流人物/全部重考。"（G2S6）

（二）学生与自我：自我效能与职业教育学习评价效用

职业教育学习的过程是多样性因素参与的活动，但对学习起决定作用的依旧是学生自己。职业院校学生学习是学生把职业领域内的知识、技能从陌生到熟悉，从认知到内化并逐渐养成职业能力的过程。因此，学生自我认知对能够掌握多少知识和技能，内化多少知识与技能，养成什么水平的能力有着重要的内驱力。[2] 事实上，自我效能感、内在的动机和自我调节的学习是密切相关的，自我调节的学习经验培养内在动机，内在的动机反过来又鼓励学生更加努力。[3] 因此，职业院校学生的自我效能感也能影响职业教育学习评价效用。

第一，自我效能感影响职业教育学习评价效用的理论机制。自我效能感对努力完成艰巨任务或失败经历有很强的影响力。[4] 理性地讲，在学习效能目标、学习努力程度与学习绩效之间，三个变量满足简单的正相关关系，通常来说，自我效能感高的学生通常会加倍努力，而自我效能低的学生往往做出最小的努力或避免这样艰巨的任务。

如图6—5所示，G表示学生学习的自我效能感，E代表学生的学习努力程度，$f(x) = G/E$是自我效能感与学习努力程度之间的比值，$f(c)$表示学

---

[1] 潘春胜：《高职学生学业倦怠影响因子与对策研究》，《中国高教研究》2014年第7期。

[2] 周勇、董奇：《学习动机、归因、自我效能感与学生自我监控学习行为的关系研究》，《心理发展与教育》1994年第3期。

[3] Beth A. Hennessey, "If I Were Secretary of Education: A Focus on Intrinsic Motivation and Creativity in the Classroom", *Psychology of Aesthetics Creativity & the Arts*, Vol. 9, No. 2, 2015, pp. 187 – 192.

[4] Anneke Vrugt, Frans J. Oort, Caroline Zeeberg, "Goal orientations, perceived self-efficacy and study results amongst beginners and advanced students", *British Journal of Educational Psychology*, Vol. 72, No. 3, 2011, pp. 385 – 397.

生的真实学习能力或学业水平。可以推断,(1)学习自我效能感与学生学习的努力程度成正相关;(2)当学生的自我效能估计低于自身的真实学习能力时,学生的学习努力程度会低于正常学业水平所需要的努力,进而学业成就也就低于正常水平;(3)当学生的自我效能估计高于自身的真实学习能力时,学生的学习努力程度会高于正常学业水平所需要的努力,进而学业成就也就高于正常水平。

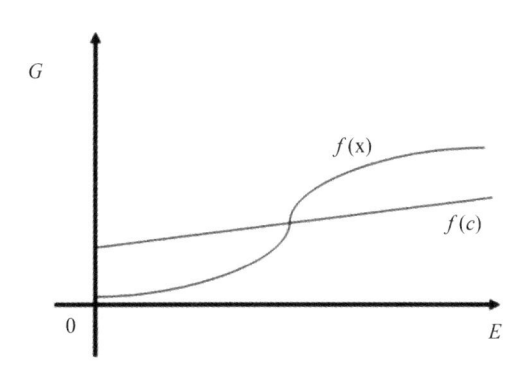

图6—5 学生自我效能感与职业教育学习评价效用

第二,自我效能感影响职业教育学习评价效用的具体形式。学生与自己的心理关系,尤其是自我效能感的调节可以影响到学生的学习,并最终影响职业教育学习评价效用。一是学习评价的"本质"被学生洞察。学生们并不认同"以成绩进行选拔"这种看似最为"公平"的方法。[1] 研究表明,学生们都遭遇过学业负担,现代学校中,一年一度的考试测评被日复一日(day-to-day)的考试和时时刻刻(moment-to-moment)的评价所取代,而这些考试评价的目的主要在于管理和驯服。[2] 乃至于,那些学业失败的学生有了"自我诅咒"(tests cause many to give up in hopelessness)的负面心理。访谈发现,"反正有些老师们的考勤、点到也是为了让自己的课堂出勤率高,不被扣工资,并不是真的要我们去学习。想让我们去好好

---

[1] 严霄云:《符应理论视角:职业教育与中国新产业工人的生产》,博士学位论文,上海大学,2013年,第158页。
[2] Richard J. Stiggins, "Assessment Crisis: The Absence of Assessment FOR Learning", *Phi Delta Kappan*, Vol. 83, No. 10, 2002, pp. 758–765.

学习为什么不把课上好一点,一定要通过打卡考勤的方式强迫我们去"(G1S2)。同时,也有学生发现了评价结果的"无意义"。"这个时代,本科生找工作都那么难,我们学了,考了就拿到一个毕业证书,出去找工作别人(工作单位)也不认,所以考不考得好,拿不拿得到毕业证书又怎么样?"(G2S6)事实上,以上学生所"洞察"的问题并不是很在理,但是也不是不在理。当学生们用"部分洞察"来审视学习评价的本质之后,他们就站在了评价的另一面,拒绝学习、反抗评价,更别谈评价后的改进。故而,这样的职业教育学习效用自然偏低。

二是"天花板效应"[1]。受外在文化的影响,职业院校的学生一方面认同主流价值观,渴望向上流动,另一方面则制度性地"自我放弃"[2](self-disqualification)。因为在部分职业院校学生看来,他们的前途就是"玻璃天花板"[3]——趴在玻璃上的苍蝇——前途光明却找不到出路,根本不知道通向光明的道路在哪里。对于自主性和依赖性反差极大的"90后"职校生而言,这样"茫然无措"的心理状态会表现得更明显。[4] 在与他们的访谈中,"茫然""无聊""佛系"成了他们用得最多的词汇。因此,很多时候,就在这种"天花板效应"中自我放弃。最开始有大量学生是抱着"学技术""拿文凭"的"初心"进入职校的,但是实际上,进入职校后,认真"学技术"的不过是极少数人,大部分学生开始了"混日子"。H省S地区的小A选择了自己喜欢的汽车修理专业,但一年过去了,"能逃的课都逃了",上课的时间或者在操场上打篮球或者在宿舍打牌,放学后则常常跟同学一起去网吧上网或者到街上喝酒。(G4S14)再也记不起当年要去二汽当技术工的理想。B区的W同学爷爷奶奶都是教师,父母也是公务员,一心想要W读个本科,读个师范,回老家当女教师,曾经W也把"当一名老师"作为自己的理想,在刚进入学前教育专业的时候还考过全班前几名,但是随着英语课程的难度增加,她又放弃了。"我英语又不好,

---

[1] Jared W. Keeley, Taylor English, Jessica Irons, et al., "Investigating Halo and Ceiling Effects in Student Evaluations of Instruction", *Educational & Psychological Measurement*, Vol. 73, No. 3, 2013, pp. 440–457.
[2] 熊易寒:《底层、学校与再生产》,《开放时代》2010年第1期。
[3] 熊易寒、杨肖光:《学校类型对农民工子女价值观与行为模式的影响——基于上海的实证研究》,《青年研究》2012年第1期。
[4] 崔景贵:《90后职校生心理发展的特征与多维评价》,《中国职业技术教育》2009年第6期。

那些单词又不认识,只能一个字母、一个字母地记。看都看不懂,别说背了,我懒得背了,算了。"(Z2S16)

三是职业预期陷阱与"读书无用论"的干扰。在资讯十分发达的时代,职业院校学生经常从大量的社会新闻和听闻中发现"职业院校学生就业的薪资没有明显地高于小学、初中学历甚至文盲的员工"(G3S10)这样的判断。而从职业院校学生的实际经验来看,他们看到的也只是"3D"职业——难(difficult)、脏(dirty)、险(dangerous),这让他们对学习失去了兴趣,对未来充满了绝望,进而放弃了学习上的努力。所以,"读书无用论"在职业院校学生中是非常被认可的观点,这让心智不成熟的职业院校学生更加困惑学习的目的。[1] 访谈中发现,在 C 市,H 同学说:"以前还很有想法,想去专升本,然后再当个公务员,现在就睡觉、唱歌、打牌、一天都在耍,课堂一般是通过睡觉或玩手机打发过去。"还要经常"熬夜上课"[2]。(G2S5)尽管教师们已在强调学习要认真,要努力,"我对他们说,不能睡觉,不能耍手机,这是对教师最起码的尊重……其他班都不行,特别是 16 级,因为他们要出去实习了,都不听,整天就在耍手机……我经常跟我们班同学说,你要知道自己想要什么,但是他们完全不知道自己想要什么。"(G3FT10)但是,学生们已经忘记了自己的"初心"。

(三)学生与他人:交往心理与职业教育学习评价效用

学习心理除了主体与客体、主体与主体之外,还有"自我"与"他者"的关系。但关系是先于我而存在的,关系是相互的,切不可因漠视这点而使关系意义的力量亏蚀消损。[3] 教师与学生之间的关系有无限多的可能,但是,在现代社会中,教师真正能够直接使用强制手段的权力十分有限。师生之间的学习评价"合作"是对等的产物,但是在一个人被惩罚时,合作是不可能的;当一个人被奖励时,合作是"讽刺的"。[4] 在特定

---

[1] 郑和:《知识与权力的当代状况——透视"新读书无用论"》,《中国青年研究》2008 年第 3 期。
[2] "熬夜上课"是访谈中学生自创的一个词,主要是指前一天晚上要打游戏,打游戏就必须熬夜。第二天的课程又不能不去上,因为老师要点到,考考勤。因此有些职教学生就只能在熬夜打游戏之后,继续去上课,就是所谓"熬夜上课"。
[3] [德]马丁·布伯:《我与你》,陈维纲译,生活·读书·新知三联书店 2000 年版,第 23 页。
[4] Paulo Freire, *Pedagogy of the Oppressed*, New York: The Continuum International Publishing Group Inc., 2000, p. 57.

的课堂情境中，师生间也会相互博弈：（1）谁拥有真正有用的知识？（2）谁有能力？（3）谁控制教学空间？（4）谁是作为个人和学生的价值？（5）谁的声音可信任？[①] 可见，"评教"与"评学"已构成了师生间的博弈关系，职业教育学习评价的这种博弈互动也影响了职业教育学习评价效用。

第一，职业教育学习评价师生关系异化。学习并不仅仅是脑部的认知活动，而是社会化的行为，是互动与建构的过程，师生互动、生生互动都是强化学生学习的重要方式。但是，在现实的评价实践中，教师往往专注于改正（correctness）学生的回答，从结果正确和教学效率的角度进行评价的更正和反馈，往往忽视了学生的能动性参与。[②] 更为严重的是，职业学校"管住学生"的教育目标定位、"轻技术重规训"的教育理念也深入渗透到了职业院校的学习评价之中。当学习评价成为"管理和控制的手段之后"，教师为了维持教学关系的基本轴心[③]，学生为了所谓的"自由"，师生之间不可避免发生关系对峙。

一是师生间权力资本的博弈。权力资本是教学场域人际互动过程或关系的重要影响因子。教师权力源于教师职业，这是先天性的符号性权力，也来自个人的知识储备、人格魅力等，这是后天的关系性权力。教师权力是教师对学生群体施加影响的方式。[④] 教师有权决定课堂教学实践情境中时空场的布局，也有权决定怎么教、学生怎么学，并通过监视和评价，对学生施加新的"规训性"权力。[⑤] 学习权力包括学生学习的自由、学习条件的保障、个性发展的权利。[⑥] 自杜威"儿童中心"论提出，教学从"教师中心"转向"学生中心"，传统教师的"课堂权威"就已经被消解。现

[①] Geoff Munns, Helen Woodward, "Student engagement and student self-assessment: the REAL framework", *Assessment in Education Principles Policy & Practice*, Vol. 13, No. 2, 2006, pp. 193 – 213.

[②] Lindsay Mack, "Does Every Student Have a Voice? Critical Action Research on Equitable Classroom Participation Practices", *Language Teaching Research*, Vol. 16, No. 3, 2012, pp. 417 – 434.

[③] ［英］保罗·威利斯：《学做工：工人阶级子弟为何继承父业》，秘舒等译，译林出版社2013年版，第91页。

[④] 魏善春：《教学冲突：缘起、悖论及合理应对——一种教育社会学的审视》，《中国教育学刊》2012年第8期。

[⑤] ［美］华勒斯坦等：《学科·知识·权力》，刘健芝等译，生活·读书·新知三联书店1999年版，第47页。

[⑥] 陈恩伦：《论学习权》，博士学位论文，西南师范大学，2003年，第46—67页。

代教学转向了"以学生为中心"的模式,学生不是只有听的义务,更有表达的自由和权利。所以,在传统的教学关系中,如果教师提出不同的观点,学生很可能是因为权力的差异被动接受教师的观点。但是如今的师生教学关系中,学生权利意识越来越浓,甚至于师生之间开始有了权力的博弈。访谈发现,职业院校学生将自己的"权力"看得很重,但是也错误理解了权力的本质。"我们的《机电产品营销》的老师很烦,天天点到,上课还爱批评人。有时候也真的不想去,甚至想和她吵一架。我自己交的学费,学不学都是我的权力,再说了,没学好也不要她为我负责,我自己的事情,老是被他们干涉。"(G1S2)可见,尽管学生错误地认为"学不学是自己的自由和权利",但是显而易见,教师点到考评和学生学习意愿之间出现了冲突,这种情绪和心理也会影响学生的学习,进而影响职业教育学习评价效用。

二是师生间文化资本的落差。文化资本可被理解为与各种教育活动及其辅助形式密切相关的各类文化资产的总和[1],文化资本有身体化、客观化、制度化三种存在形式。[2] 身体化形态的文化资本是个体身上长期表现出来的稳定的禀性、气质,如教师的教学智慧、教学风格、个人魅力等。学生身体化形态的文化资本是代际相传和家庭教育的结果,表现为生活经历、教育背景、个人能力等,但是这些资本可以通过学习不断提升。客观化形态的文化资本常以物化或对象化的形式表现为文化资产或产品。教师的学科专业知识、教育教学知识和技能;学生文化产品除课堂所学知识外,还表现为相关"副产品",特别是学生个体文化能力的具体显现。制度化形态的文化资本是学位、学历及相关资格证书等外在化的符号,主要是指个体的文化能力通过学术资格或教育凭证制度加以确认后的合法化的存在。访谈中发现,由于期待、偏见等心理因素,师生之间的文化资本冲突时有发生。访谈发现"我们的实验课老师真是老土,着装像个农民,讲话还不利索。我以为大学老师都是高学历、有文化的,但是H老师真的是让我对老师绝望了。讲个实验课就是让我们自己折腾,他开门和关门就完了。真想举报这样的老师,但想想

---

[1] 王长恩:《文化场域中的教育与教学活动》,《南京师大学报》(社会科学版)2011年第6期。
[2] [法]皮埃尔·布尔迪厄、[美]华康德:《实践与反思:反思社会学导引》,李猛译,中央编译出版社1998年版,第62页。

又算了,反正学校应该也知道他是一个什么样的人,估计都是走后门进来的"(G2S7)。可以发现,学生对职业院校教师的能力期待与现实形成了反差,"瞧不起"老师的能力,怀疑老师的"能力"。这种反差肯定会影响学生的学习和学习改进。

三是师生间观念行为的时空矛盾。师生关系是特殊的社会关系结构,由于过往生活经历的不同,师生形成了各自迥异的心理关系空间和社会关系空间,最终凝结成带有丰富个人特色的观念体系以及个体行为。通常情况下,教师享有课堂"控制权"并以"教育者"自居;学生是具有超越性的"受教育者",在师生互动的具体场景中,学生常常会在实际上充当"被教育者",师生之间静态的"师教生学"关系亦可转变为动态的"共生互学"关系①。以"教育者"自居的教师往往凭借体罚、贴标签、命令、扣分、批评或表扬等行为来控制教学过程,对学习评价进行单方面的主观"解释",教师过多地主宰教学过程让学生怀疑或者反抗教学的规则。访谈中发现,实验课程学习评价的过程控制让学生"气得炸"。"我们的考核都要手机关机,为了避免抄袭。有一次老师让我们自己焊接一个手机电板电路并做调试,前面半个小时做完的分给得高。实验时间还没到的时候,老师就已经在催'做完了的可以交了哟?'。因为老师会认为'前面做出来的肯定是自己做出来的',我们做慢了的'气得炸',明明做得好一些,分数通常还要低很多。"可见,学生认为"慢工出细活",自己明明做得好却得了低分,但是老师认为做得慢的可能有"抄袭",师生行为观念上的差异造成了学生对评价结果的不认可。

第二,职业教育学习评价使生生关系异化。相互理解的互主体性对话必须满足四种有效性的要求:"可领会性""真实性""真诚性"和"正确性"。② 事实上,"生活世界"的合理性是价值共识的社会基础,交往主体的平等相关性是价值共识的关系基础,交往行动的和谐互动性是价值共识的行动基础。③ 交往理性的直接目的是提升主体性,它是形成价值共识的

---

① 吴康宁:《学生仅仅是"受教育者"吗?——兼谈师生关系观的转换》,《教育研究》2003年第4期。
② [德]尤尔根·哈贝马斯:《交往与社会进化》,张博树译,重庆出版社1989年版,第2—3页。
③ [英]安德鲁·埃德加·哈贝马斯:《关键概念》,杨礼银等译,转引自吴育林、陈水勇《交往理性视阈中的价值共识》,《学术研究》2011年第10期。

个体能力基础。交往理性的根本目的是用互生同在的关系理性去消除市场时代的利益私我化,最终达致推己及人的"命运共同体"状态。① 但是在真实的职业教育学习评价中,由于面子、羞耻等虚无的符号,学生间关系走向了异化。

一是同侪间的面子心理等影响学生之间的"相互助长"。中国人活着就是为了获得一个好名声。②《论语》有云,"道之以政,齐之以刑,民免而无耻;道之以德,齐之以礼,有耻且格。"③ "士可杀不可辱",失败之后,宁愿"被杀",也不愿意被人奚落折辱。所以,自己一旦"马失前蹄",在同侪面前失败之后,往往觉得面子上"挂不住",这种心态会影响学生对学习评价的认知以及评价后的改进。访谈发现:"我个人还是很在乎(成绩),学习凭成绩说话,也要凭努力说话……大一的时候,就因为数学这一门,让自己成为第四名,从此以后,一定要把数学学好,第二学期我就考了80多分。"(G3S9)可见,学生会因为在乎成绩、在乎排名而在评价后额外努力,通过自身的学习改进而影响职业教育学习评价效用。但是,"面子"心理也会影响学生的关系,进而影响学习评价效用。中国人的"通俗道理"之一就是"人都是活在关系中",在关系的圈子中,中国人可以深刻领会彼此的"面子"与"禁忌"。因此,在中国的社会关系中人们会因为"面子""关系"等而改变决策和行为。在讲究面子和规避"羞辱"的心态下,职业院校学生在评价中也会有"社会性的决策"。访谈发现:"大家都是同学,有时候也不可能不照顾别人,特别是做小组实验,经常都是成绩好的做得多,但是老师打分的时候,几个人也差不多。有时候,考试或者作业,他没有做完,或者做不来,还是会让他抄。只要不影响我的成绩和排名,也就算了(让成绩差的同学抄袭)。"(G3S10)

二是从众心理引发学生之间的"相互堕化"。人类不是在沉默中,而是在工作中、在行动—反思中被造就的。真正的教育关系不是"甲方"为"乙方"(A for B),也不是通过"甲方"关于"乙方"(A about B),而是

---

① 吴育林、陈水勇:《交往理性视阈中的价值共识》,《学术研究》2011年第1期。
② [美] T. 帕森斯:《社会行动的结构》,张明德等译,译林出版社2003年版,第611页。
③ 参见《论语·为政》。

通过"甲方"与"乙方"（A and B）①，并以世界为中介——这个世界会给甲、乙双方留下印象并提出挑战，产生各种关于这个世界的观点和想法。在职业教育学习评价中，会因为面子、关系等心理"相互助长"，也会因为"从众""群体心理"等心理因素而"相互堕化"。访谈中，G2学校的S4同学就认为："自身成绩本来不好，而且对学习没兴趣，现在读是个缘分，因为被录取了。高考之前想考本科，结果就很差，之前想学习，进来后觉得学校很差，就不想学了，高中时都没有同学过来，周边的同学又不学习，一个人很孤独，也就不想学了。"（G2S4）同样的，G3学校的S9同学也认为，同学之间的不学习相互影响了："有点难。我们班很多同学上课听歌、耍手机，听得懂就听，不懂就玩手机；没听讲就会玩手机，如联机打游戏、说话，如果别人都不听讲，就会影响自己，自己也不想听了。"（G3S9）更有不学习的学生嘲笑学习学生的现象："由于我要参加国赛，有一段时间经常去上自习，同寝室的都说我'假打'。② 现在国赛完了，也就不好意思一个人去上自习了，就跟着大家一起打游戏，这学期估计也考不好了。"（G3S12）可见，同学之间的心理因素及其关系又会限制职业教育学习评价效用。

第三节 研究结果与发现

从编码结果结合制度分析理论的论证可以发现，影响职业教育学习评价效用的因素包括了宏观层面的文化因素和制度环境、中观层面的理性因素与制度行为、微观层面的心理因素与制度决策。三类因素对职业教育学习评价效用的影响是辩证的，既可以促进效用的增长，又可以限制效用本身。而在具体的作用过程上，主要是通过文化、理性、心理等因素的相互作用，共同作用于职业教育学习评价制度本身，或者影响教师教学改进、学生学习改进，最终影响职业教育学习评价效用，如图6—6所示：

---

① Paulo Freire, *Pedagogy of the Oppressed*, New York: The Continuum International Publishing Group Inc., 2000, p.60.
② 四川、重庆的方言，作秀的意思。

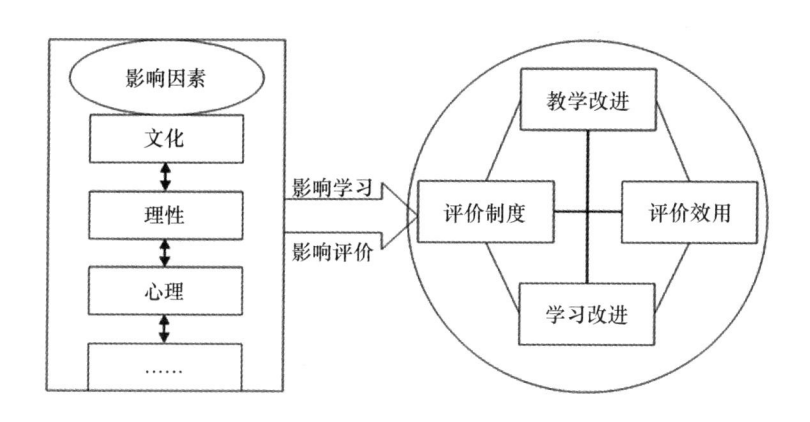

图6—6 职业教育学习评价效用影响因素的作用机制

一 评价与文化：制度环境影响职业教育学习评价效用

从宏观的分析视角来看，制度环境对职业教育学习评价效用的影响主要通过文化因素来实现。具体来说，传统文化、现代文化和场域文化都可以促进或者限制职业教育学习评价效用。三类文化因素通过影响职业教育学习评价制度、影响教师教学改进和学生学习改进，最终影响职业教育学习评价效用。

（一）传统文化影响职业教育学习评价效用

传统文化可以直接影响到职业院校学生的 KSA 发展，这种影响因素的作用机制既有正面的促进作用，也有负面的阻碍与桎梏。一是在评价制度上，传统文化从正面引导和规范职业教育学习评价制度的价值取向以及标准尺度，有利于通过评价制度的运行生成积极的评价绩效，促进教师教学改进、学生学习改进，最终提高评价效用；但是传统文化的多重文化误区、官本位的评价目标取向、经世致用的哲学思维，又限制评价制度的功能最大化。二是在教学改进上，传统文化强调教师的权威与自觉，有助于教师自觉实施教学改进，但是，"小农思想""保守主义"等传统思想文化又让教师在教学改进上故步自封，改进有限。三是学习改进上，积极向学、刻苦攻读等优良的传统能够鼓励学生勤奋认真地投入到学习改进，进而提升自己的 KSA 发展，但是，经世致用的传统思维、"人情世故"与"仕途经济"等传统文化和认识的误区又会在一定程度上限制学生的学习改进。

（二）现代文化影响职业教育学习评价效用

现代文化对职业教育学习效用的影响主要集中在符号消费、理性主义、技术效率、民主政治和多元价值等因素。一是现代文化影响了职业教育学习评价制度的运行。现代文化驱动下的职业教育学习评价的评价目标和评价效用观表现出追求成功、追求效率和效益的功利取向，而评价的制度框架则在评价标准、主体参与、结果处理与反馈方面变得更加科学化与数理化，但同时工具主义的倾向也表现得更为严重。二是现代文化影响职业教育学习评价的教学改进。在现代文化的影响下，职业教育学习评价呈现出"文凭交换""就业导向""竞赛获奖"等取向，教师的教学工作变得更加有效、有针对性，但同时教学的功利性也逐渐增强。三是现代文化影响职业教育学习评价的学习改进。特别是受符号消费的影响，在实用主义文化浸染下，一部分学生屈从于就业、证书等而愿意听从学习评价的结论和建议，实施学习改进；也有部分学生"洞察"了职业教育"阶级再生产"的本质，尽管承认学习和学习评价的合理性，但是他们更相信现实法则，甚至走向"反智主义"。

（三）场域文化影响职业教育学习评价效用

职业院校的场域文化在空间维度深刻影响着职业教育学习评价。一是场域文化的规引和驯化影响职业教育学习评价效用。在师生生活的空间，学校的场域文化默然地影响着师生生活，特别是对师生价值观、人生观以及教学信念、学习信念、学习兴趣的影响，深刻地驱动着职业教育学习评价制度的运行，以及教师教学改进和学生学习改进。二是场域内，师生对场域文化的顺从与反抗影响职业教育学习评价效用。在顺从的场域文化中，职业教育学习评价制度、教师教学改进和学生学习改进都能维持基本的运行效率，但是当学生"洞察"到评价的本质后，便出现了部分学生与教师唱"对手戏"、部分学生逃避学习并鄙视和嘲笑认真学习的"书呆子"、部分学生把学校当"监狱"并反抗规定性的日常作息的行为，这些行为都影响了职业教育学习评价效用。三是学校场域文化的存在与不完善影响了职业教育学习评价效用。职业院校文化建设的落后，以及文化认同和身份认同出现了错位，影响了职业教育学习评价制度运行、教师教学改进和学生学习改进，最终限制了职业教育学习评价效用。

二 评价与理性：制度决策影响职业教育学习评价效用

从中观分析的视角来看，制度行为和制度结构对职业教育学习评价效用的影响主要通过理性因素来实现。在制度行为中，人的非理性行为、有限理性行为都会促进或限制职业教育学习评价效用。在作用机制上通过影响职业教育学习评价制度、影响教师教学改进和学生学习改进，最终影响职业教育学习评价效用。

（一）非理性对职业教育学习评价效用的影响

非理性行为是人类最基本的行为之一。非理性行为因素对职业教育学习评价效用的影响是辩证的，既能在一定程度上促进职业教育学习评价效用，又能限制职业教育学习评价效用。人的非理性行为对职业教育学习评价效用的促进主要体现在三个方面：一是职业教育学习评价中，非理性的因素使得教师、学生、企业等可以不考虑复杂外部环境，简单直接地做出决策和行动。二是非理性因素有助于激发评价工作的创造性，教师和学生会因为自身的兴趣、热爱而在职业教育学习评价过程中倾注更多的时间和精力，也更能够激发灵感和创造性。三是非理性使得职业教育学习评价更加灵活，不受条条框框的限制，也好调控，有助于提高职业教育学习评价的最终效用。非理性行为对职业教育学习评价效用的限制主要体现在评价结果的信效度、评价结果的使用等方面。

（二）有限理性对职业教育学习评价效用的影响

有限理性的人类学会了"合作""借助工具"等生存法则，能够运用有限的理性发展自己；另外，在人类社会不断发展的时候，整个外部社会环境也变得更加复杂，人类的有限理性在面对这种复杂的变化时总是显得被动落后。有限理性促进职业教育学习评价效用是因为人类通过求助于别人、求助工具和借助于历史，在合作、技术与反思中变革职业教育学习评价制度，教师更好地实施教学改进，学生更好地进行学习改进，最终促进了学生 KSA 的发展。但是，有限理性也会限制职业教育学习评价效用。一是有限理性的条件下,职业教育学习评价制度存在缺陷;二是复杂的社会结构中,人类的合作更加艰难,职业教育学习评价交易成本较高;三是有限理性的人容易掉入路径依赖的"陷阱",过往的经验会限制职业教育学习评价制度变革、教师教学改进与学生学习改进。

(三) 生态理性对职业教育学习评价效用的影响

生态理性作为自觉的理性与人和自然关系理性的和解,把自然和人自身从逆反的文化模式的统摄与服膺中解救出来,对职业教育学习评价的理性影响因素具有重要的参考价值。因此,生态理性有助于职业教育学习评价效用的提升。一是生态理性因素影响下的职业教育学习评价会从整体上考虑评价制度的设计与实施,实施系统性的职业教育学习评价。二是生态理性因素影响的职业教育学习评价会更加讲究公平,看重发展,从共赢竞争、公平竞争的理性高度设计评价制度。三是生态理性因素影响的职业教育学习评价会更加考虑评价与整体生态之间的关系,提高评价结果的信度、效度。但是,生态理性也会限制职业教育学习评价效用,首先,过于考虑全面的评价指标,往往忽略了评价的职业教育特色;其次,过于追求评价的全面和系统性,增加了评价工作的难度;最后,过分关联的生态系统中,职业教育学习评价成为精致的"技术游戏"。

三 评价与心理:制度行为影响职业教育学习评价效用

从微观的分析视角来看,制度决策对职业教育学习评价效用的影响主要通过心理因素来实现。具体来说,学生与学习的心理、学生与自己的心理、学生与他人的心理都可以促进或者限制职业教育学习评价效用。三类心理因素通过影响职业教育学习评价制度、影响教师教学改进和学生学习改进,最终影响职业教育学习评价效用。

(一) 学生的学习心理影响职业教育学习评价效用

人在具体情境下的心理往往是意义化认知的结果,个体在其神经心理系统、心理内容基础上与环境信息互动而产生具体的意义[1],所以人人都

---

[1] 景怀斌:《政府决策的制度—心理机制:一个理论框架》,《公共行政评论》2011年第3期。

有偏好、痛苦与快乐等不同的心理表征①。这正是心理因素影响职业教育学习评价效用的作用机制。具体来说，一是学生的学习动机强弱会影响学生的学习兴趣、学习投入与学习行为，进而一方面会影响到学生日常的学习效果，另一方面也会影响学生在接受评价后的改进，最终影响职业教育学习评价制度的绩效。二是无论是中职还是高职，学生的学习环境与学习要求都不同于普通学校的学习，技术学习、实践学习需要学生有良好的学习适应性。但是，中职与高职的学生来源成分复杂，各种学习背景和学习风格的学生都有，学生如何适应技术学习与实践学习的环境会影响职业教育学习评价效用。三是与学习适应性紧密相关的是学生的学习策略，在职业教育学习中，理论课程、实践课程、顶岗实习等不同的学习场域具有不同的学习要求，而相对应的知识掌握、技能习得和能力养成也需要不同的学习策略，因此，学生学习策略也是影响职业教育学习评价效用的重要心理因素。

（二）学生自我效能感影响职业教育学习评价效用

学生与自己的心理关系，尤其是自我效能感的调节可以影响到学生的学习，并最终影响职业教育学习评价效用。在学习效能目标、学习努力程度与学习绩效之间呈正相关关系。学习自我效能感与学生学习的努力程度呈正相关；当学生的自我效能估计低于自身的真实学习能力时，学生的学习努力程度会低于正常学业水平所需要的努力，进而学业成就也就低于正常水平；当学生的自我效能估计高于自身的真实学习能力时，学生的学习努力程度会高于正常学业水平所需要的努力，进而学业成就也就高于正常水平。但是在职业教育学习评价的实践中，自我效能感也会成为限制职业教育学习评价效用的因素。在实践中呈现出三种典型行为特征：一是学习评价的"本质"被学生洞察，不认同学习评价的价值和意义，进而不信任和反抗学习评价，拒绝学习改进；二是"天花板效应"的影响下，职业院校的学生一方面认同主流价值观，渴望向上流动，另一方面则制度性地"自我放弃"；三是职业预期陷阱与"读书无用论"的干扰直接让学生放弃了认真努力学习和认真改进的想法，最终影响了职业教育学习评价效用。

---

① 董志勇：《行为经济学原理》，北京大学出版社2006年版，第37—38、63—64页。

(三) 学生的社会心理影响职业教育学习评价效用

学习者"自我"与"他者"的关系是通过学习者的学习行为影响职业教育学习评价效用。一是职业教育学习评价师生关系异化。由于师生间权力资本的博弈、文化资本的悬殊以及观念行为的时空矛盾，师生关系的变化会影响职业教育学习评价效用。在传统的教学关系中，如果教师提出不同的观点，学生很可能因为权力的差异被动接受教师的观点。但是如今的师生教学关系中，学生权利意识越来越浓，甚至于师生之间开始有了权力的博弈，这种情绪和心理既会影响到教师的教学与教学改进，也会影响学生的学习，进而影响职业教育学习评价效用。二是职业教育学习评价使生生关系异化。"生活世界"的合理性是价值共识的社会基础，交往主体的平等相关性是价值共识的关系基础，交往行动的和谐互动性是价值共识的行动基础。交往理性的根本目的是用互生同在的关系理性去消除市场时代的利益私我化，最终达致推己及人的"命运共同体"状态。因此，合理的人际交往、同侪交往有利于激发学生的学习兴趣，提高学生的学习效率，提高职业教育学习评价效用。但是，在真实的职业教育学习评价中，由于面子、羞耻等虚无的符号，学生关系走向了异化，同侪间的面子心理等影响学生之间的"助长"，学生之间的"相互堕化"，如此的学习心理与交往心理影响了学生的学习投入与学习改进，进而限制职业教育学习评价效用。

第七章 职业教育学习评价效用的提升策略

任何制度都是不断发展、不断创新的,效率改进、外部竞争、思想观念等都会引发制度创新。① 事实上,"制度如果跟不上时代的需要或要求,死死抱住上个时代的观念,只具有短暂意义,也是不可取的。"② 因此,只有不断变革职业教育学习评价制度,才能有效提升职业教育学习评价效用。但是,制度创新并不是一蹴而就的简单变革,制度是极其复杂的系统关系,而且"制度的利益会与世长存,制度的卫道士必然会为这个制度千秋万代的利益着想"③。因此,从提高绩效的目标出发,职业教育学习评价制度变革要在制度设计上符合学习评价基本规律,在评价制度实施与评价结果的运用上不断变革创新,促进教师教学改进与学生学习改进,最终促进学生的 KSA 发展。

第一节 制度创新促进职业教育学习评价效用提升

评价之所以有改进的空间(room for improvement)是因为教师使用的

---

① 罗必良、曹正汉、张日新:《观念、教育观念与教育制度——基于新制度经济学的分析》,《高等教育研究》2006 年第 1 期。
② [美] 埃德加·博登海默:《法理学:法律哲学与法律方法》,邓正来译,中国政法大学出版社 2004 年版,第 340 页。
③ [美] 亨廷顿:《变化社会中的政治秩序》,王冠华等译,生活·读书·新知三联书店 1989 年版,第 24 页。

评价方法不能有效地促进学生学习,现有学习评价关注竞争而不是个人的提高,评价反馈往往会产生负面影响。[1] 特别是对低成就率的学生来说,这些学生会认为自己缺乏"能力",因此无法学习。而职业教育学习评价效用的元评估、现状测度以及原因分析已经表明,职业教育学习评价制度运行存在严重的实用主义、技术主义和形式主义的问题,制度绩效的绝对水平偏低。因此,提升职业教育学习评价效用的首要措施就是不断变革,不断创新职业教育学习评价制度。

一 职业教育学习评价设计:理念、结构与方法变革

元评估分析发现,整个评价设计元评估加权后真实得分率为60.92%。所以,职业教育学习评价设计元评估的最终等级也为第Ⅱ级。在公平指数上,职业教育学习评价设计的Verstegen index 为1.6151 > 1,说明职业教育学习评价制度设计需要调整。因此,从提高职业教育学习评价效用的角度来说,评价制度设计的调整是制度变革的前提。在具体的实践操作上,可以对评价制度的理念、结构和方法进行适当调整。

(一)理念变革:AOL、AFL和AAL与KSA发展

学习评价理论经历了"测验—描述—判断—建构"等不同发展阶段,在总结性评价、形成性评价之后,如今迈向了关于学习的评价(AOL)、促进学习的评价(AFL)和作为学习的评价(AAL)的时代。新的学习评价理论呼唤职业教育学习理念的变革,AOL发现了学生在哪里,AFL告诉学生去哪里,而AAL则指导学生如何去哪里。AOL凸显学习过程,AFL彰显学习中心,AAL推动学评融合,共同催生了"学习中心"[2] (learning-centered)的现代评价文化:评价即对学习目标的认识,评价即对学习过程的认识,评价即对学习结果的认识,评价即对成功学习经验的总结,评价即对下一步个性化学习需要的认识。[3] 因此,第一,在理念上,职业教

---

[1] Black Paul, Chris Harrison, Clara Lee, *Assessment for learning: Putting it into practice*, Maidenhead: Open University Press, 2003, p. 21.

[2] Margo O'sullivan, "The reconceptualisation of learner-centred approaches: a Namibian case study", *International journal of educational development*, Vol. 24, No. 6, 2004, pp. 585 – 602.

[3] Ruth Dann, "Promoting Assessment as Learning: Improving the Learning Process", *Improving Schools*, Vol. 5, No. 3, 1998, pp. 61 – 62.

育学习评价要围绕学生"现在在哪里?""需要去哪里?"以及"怎样更好地到那里?"等问题,定位学生学习水平与预期目标之间的"最佳差距"① (just the right gap),并加以跨越。第二,职业教育学习评价必须要引导学校坚持正确的办学方向,服务发展、促进就业,引导树立正确的价值取向,尊重学生智力发展的多样性,坚持有教无类、因材施教、人人成才的评价取向。第三,在评价的终极目的上,树立帮助学生开发潜能的目标意识,促进全体学生和谐全面且有特长的发展。通过评价职业院校学生 KSA 的全面发展,为学生的职业和生涯奠定基础。

(二)结构变革:坚持贯彻"教—学—评"一致性

"教—学—评"一致性是现代学习评价的重要理论发现,也是新时代学习评价需要坚持的重要法则。实证分析已经表明,正是由于"教—学—评"的不一致性,让学生对学习缺乏兴趣,对学习评价不再认同。因此,必须以"教—学—评"一致性为准则,调整职业教育学习评价的制度设计。在课程、教学、评价三个维度上实现目标、内容与标准的一致性,如图 7—1 所示:

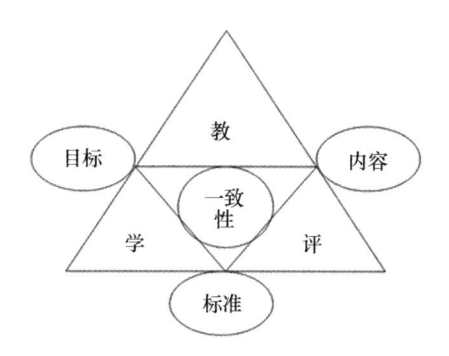

图 7—1 "教—学—评"一致性

在具体的操作和调整上,首先,职业教育学习评价不是与教学相分离的,而是"教即是评,评即是学,学即是评,评即是教"的关系。② 因此,

---

① Margaret Heritage, "Formative assessment: What do teachers need to know and do?" *Phi Delta Kappan*, Vol. 89, No. 2, 2007, pp. 140–145.
② Cheryl A. Jones, *Assessment for learning*, New York: Springer US, 2005, p. 22.

要尽可能实现职业教育"教—学—评"的一致性,将课程目标、内容和评价有效统一起来。其次,职业教育"教—学—评"一致性还需要评价设计者转变观念,理解课程标准与教学标准,更乐于在评价设计上与课程标准、教学标准看齐。最后,在职业教育学习评价的内容上,要充分体现职业教育的属性。职业教育的学习兼具工作属性(work-based)和教育属性(education-based)。[①] 因此,职业教育学习评价最理想的内容尺度就是教育目的的个体与社会的统一、教育内容的文化与技能的统一、教育方式的艺术与工业的统一。[②]

(三)方法变革:评价方式"传统"与"现代"结合

评价制度设计除了理念、结构之外,还会涉及评价方法、工具与标准的选择。职业教育学习评价的方法选择与调整也是提高职业教育学习评价效用的重要策略之一。如今,人类社会已进入"大数据"和"智能化"的时代,评价方法与方式的选择日益多元化、信息化和智能化,因此,一方面要充分利用现代信息技术,对职业教育学习评价进行数据监测、分析与处理。[③] 但另一方面,学习评价毕竟是相对微观的领域,在"大数据""人工智能"的发挥空间和运用水平不够成熟,因此还必须坚持使用传统的评价技术与方法。英国职业教育学习评价主要采用与学生群体进行讨论、检查学习材料、学生现场演示、影子评价员(shadowing assessors)、在职培训评价、工作场所学生职责与技能展示等相关方法。[④] 美国职业教育学习评价的综合性评价方法主要有测验、调查、基于结果的评价、基于能力的评价(competence-based assessment)、档案袋评价(portfolio assess-

---

① Cathleen Stasz, Geoff Hayward, Su-Ann Oh, Susannah Wright, *Outcomes and processes in vocational learning: a review of the literature*, London: The Learning and Skills Research Centre, 2005, pp. 13 – 18.
② 康红芹:《杜威职业教育思想探究》,博士学位论文,天津大学,2014 年,第 32—33 页。
③ 李鹏、朱德全:《监测评估:"互联网+"时代职业教育质量评估体系创新》,《中国电化教育》2018 年第 6 期。王战军、乔伟峰、李江波:《数据密集型评估:高等教育监测评估的内涵、方法与展望》,《教育研究》2015 年第 6 期。
④ Ogunleye James, "A review and analysis of assessment objectives of academic and vocational qualifications in English further education, with particular reference to creativity", *Journal of Education & Work*, Vol. 19, No. 1, 2006, pp. 95 – 104.

ment）等。① 德国综合性的评价方法主要有 ISO9001、质量评价与改进应用（Qualität durch Evaluation und Entwicklung，Q2E）、学校项目（School program）等。② 同时也会用到问卷调查、文本分析、访谈法、结构化观察、系统的自我反思等方法。澳大利亚的职业教育学习评价方法侧重于服务质量评价，所用到的方法有用户/企业满意度调查、学生自陈问卷调查、专家德尔菲法等，此外，也充分利用网络测评技术，开发了"我的技能"网络评价系统、"独特学生鉴定"（unique student identifier）系统等。③

二 职业教育学习评价实施：主体、流程与调控优化

制度实施是影响制度绩效的关键环节。职业教育学习评价制度运行情况整体较好，公平指数达到了 1.5793 > 1。但是，为了更好地提高职业教育学习评价效用，可以从主体参与、流程执行与评价调控上进行优化。

（一）优化主体参与：以学生为主体，多元主体参与学习评价

职业教育学习评价的主体参与最主要的问题依旧是学生的主体地位没有得到体现，同时还存在着企业、家长等相关主体以及第三方评价机构无法参与进来的问题。因此，在提高职业教育学习评价效用的主体参与策略上，第一，始终坚持学生主导，以学生为中心，学生在评价和学习之间扮演关键连接器的角色。通过让学生参与学习目标、具体成功指标和评价标准等的制订并取得共识，提升整个评价过程的透明度，促进学生对学习目标有更深入的理解，从而更积极地投入到达成目标的活动之中。同时让学生作为评价的主体，也有利于让学生了解自己的学习状况与思维过程，并对自己正在学习的东西进行亲自监控，并利用监控中发现的东西来调整、

---

① Robin Booth, Berwyn Clayton, Robert Hartcher, et al., "The Development of Quality Online Assessment in Vocational Education and Training", *Meeting of American Academy of Child and Adolescent Psychiatry*, 2003, p. 127.
② Hubert Ertl, *Modularisation of Vocational Education in Europe: NVQs and GNVQs as a model for the reform of initial training provisions for Germany?* Symposium Books Ltd, 2000, pp. 55–60.
③ Bernard O'Meara, Stanley Petzall, "Selection criteria, skill sets and competencies: What is their role in the appointment of vice-chancellors in Australian universities?", *International Journal of Educational Management*, Vol. 23, No. 3, 2009, pp. 252–265.

适应甚至改变自己的思维，最终实现认知结构重组的积极过程。第二，根据"第四代评价"所倡导的"共同构建""全面参与"与"多元价值"理念，实施协商、解释的评价模式①，吸引企业、行业、第三方、家长、社区等参与评价实施。西方国家的职业教育学习评价主体参与非常多元，如表7—1所示，这些成功经验为我国职业学习评价提供了有益借鉴。

表7—1　　　　英、美、德、澳职业教育学习评价主体

国家	评价制度的主体		
	官方机构	半官方机构	第三方机构
英国	Ofsted、FA	SSC	—
美国	OPEPD、SC、I&BA	ACTE、CTECS、NAGB、NAGB、NOCTI	COE、ACCSC、ACCET、DETC、ABHES
德国	Bundesagentur für Arbeit、Accreditation Council	Federal Ministry of Education and Research	Certification Agencies、Centers of Expertise
澳大利亚	NQC	NIST	R/CAB

（二）优化评价流程：以公平为尺度，精细执行评价技术环节

评价流程的调控是提高职业教育学习评价效用的重要环节之一。西方国家的职业教育学习评价流程为我国提供了借鉴。英国职业教育学习评价在 Ofsted（Office for Standards in Education, Children's Services and Skills）主导下，经历了"选择评价对象—评价前的准备—预评价—督导评价的确认—评价实施—评价报告撰写、修改与公布"六个阶段。② 美国职业教育质量认证制度则分为"申请认证资格—自我评价—现场考查—认证决策—周期性复评"五个环节。③ 其间，NACTE（National Assessment of Career and Technical Education）与各州的技能标准委员会、利益相关者委员会、

---

① Egon G. Guba, Yvonna S. Lincoln, *Effective evaluation: Improving the usefulness of evaluation results through responsive and naturalistic approaches*, San Francisco, CA: Jossey-Bass publishers, 1983, pp. 60 – 62.
② Ofsted, *Common Inspection Framework for Further Education and Skills 2012*, http://www.ofsted.gov. March 23, 2017.
③ 陈静漪、宗晓华：《职业技术教育的质量评估：国际经验与趋势》，《职业技术教育》2011年第10期。

I & BA (Industry and Business Associations)、ACTE (The Association for Career and Technical Education)、ACCSC (Accreditation Council for Career and Technical colleges)、ACCET (Association for further education and training certification) 等分层次参与并完成质量评价。澳大利亚的"独特学生鉴定"(unique student identifier) 则根据学生自身技能掌握和学习进度,从注册评价到最终的评价档案流程虽然简单,但是时间花费则因人而异。[1] 因此,中国职业教育学习评价流程调控,需要不断丰富职业教育学习评价的方式,通过外部评价、内部评价以及多种其他方式相结合的办法,全面监测中国职业教育质量;完善中国职业教育学习评价的程序与过程,在评价设计、评价过程和评价报告方面加强程序规范;此外,基于评价程序的规范,分层推进中国职业教育学习评价,各相关单位严格执行程序规范,确保评价过程的公正和评价结论的可信度。

(三) 优化评价调控:以人本为准则,注重评价工作伦理道德

评价过程调控是我国职业教育学习评价的薄弱环节,元评估发现,职业教育学习评价调控的专家元评估平均得分 11.78,企业元评估平均得分 11.96,学生元评估平均得分 11.68,综合权重的平均得分为 11.81。从总体水平来看,职业教育学习评价调控元评估加权后实际得分 1580.29,加权后应得总分 2686.21,真实得分率为 58.83%,只达到最终等级的第Ⅲ级。事实上,正是因为评价过程中缺少了对评价对象的心理与伦理调控,往往让学生在评价中产生了逆反和厌恶情绪。特别是在高利害关系的评价制度或者强竞争结构的学习评价中,学生往往会因为评价中的失败、批评、嫌弃等原因而反抗评价,进而对抗教师、拒绝学习,衍生出了"反学校文化"。因此,要提高职业教育学习评价效用,就必须优化职业教育学习评价的调控,以人本为准则,注重评价工作伦理道德。具体来说,评价工作要尊重评价对象的人格、维护评价对象的利益、保护评价对象的隐私权、满足不同评价对象的需要、避免对评价对象的伤害、防止评价人员的各种偏见、保持评价人员的诚实、保证评价人员的专业素养、杜绝评价结果的误用和滥用。[2]

---

[1] Department of Education, Employment and Workplace Relations (DEEWR), "Unique student identifier: COAG regulation impact statement (RIS)", Australia, 2011.
[2] 蔡敏:《美国教育评估的伦理规范建设及其启示》,《外国教育研究》2005 年第 6 期。

三 职业教育学习评价结果：分析、反馈与运用务实

职业教育学习评价结果直接性的效用，影响着学生 KSA 的发展。元评估发现，职业教育学习评价结果元评估加权后真实得分率为 58.29%，为第Ⅲ级水平，结果公平的 Verstegen index 为 1.7008＞1，评价结果的公平性还有待提高。因此，提高职业教育学习评价效用还需要在评价制度运行的结果管理上不断改进。

（一）精细管理评价结果，挖掘评价结果的教育价值

元评估分析发现，职业教育学习结果形式元评估加权后实际得分 1586.23，真实得分率为 59.05%，达到最终等级的第Ⅲ级。职业教育学习评价结果质量的专家元评估平均得分 9.15，企业元评估平均得分 8.45，学生元评估平均得分 8.51，综合权重的平均得分为 8.76。从总体水平来看，职业教育学习结果质量元评估加权后实际得分 1150.02，真实得分率为 57.08%，只达到最终等级的第Ⅲ级。原因分析也发现，因为职业教育学习评价结果的形式、质量等问题，学生、家长、企业并不完全相信评价结果的信效度。因而，学生不愿意根据评价结论进行改进，企业也不相信职业资格证书等代表了学生的职业能力。所以，对评价结果进行深加工和管理尤为必要：一是要在评价结果的形式上，以精确、简明的形式呈现，让学生、家长、企业准确掌握和了解评价的结果和结论；二是丰富评价结果的形式，不仅仅以分数、报告等形式出现，可以尝试评价结果结构化改进，既有量化的分数报表，又有质性的结果解读，还有针对性的对策建议；三是规范职业教育学习评价过程，确保评价结果的信度和效度，以信效度提升评价结果的质量。

（二）精准反馈评价结果，刺激教师学生的评价改进

职业教育学习评价要及时反馈评价结果，学生获得及时的适当反馈以作为进一步学习的前馈[1]，刺激学生的学习元认知，强化学生学习的自我认识、自我监控和自我调节，进而实现学生的学习改进。一是反馈必须与

---

[1] David Carless, "Differing perceptions in the feedback process", *Studies in Higher Education*, Vol. 31, No. 2, 2006, pp. 219-233.

目标相联系。"良好的反馈让学生知道自己是如何进步的，离目标有多远，如果犯了错该怎么做。"① 二是反馈的时间。反馈的最佳时机似乎取决于学习任务的性质。有效的反馈应当及时持续。间隔较长时间给予的反馈对学生来说没有意义，但是及时反馈不等于即时反馈。三是反馈的原则。陈述有序且详细、关注学生的人格特征、及时反馈并提供深度服务、分解目标和标准、强调改进行动。四是反馈的内容。"反馈不应只是告诉学生目标达成的程度，而应该首先是在对既定目标知情的情况下明确任务实现与目标之间的差距，而且必须是有利于促进学生学习改善的反馈。"② 五是反馈的形式。反馈需要频繁、充分和及时，针对评价结果而不是学生个人的特点，还要提供详细的修改意见，并为未来的学习工作提供指导。具体来说要深入分析问题的关键、明确评价的标准、证明发展改进的空间、理论联系实际。③

（三）科学运用评价结果，实现以评价促进 KSA 发展

元评估发现，职业教育学习评价结果运用的专家元评估平均得分12.12，企业元评估平均得分11.58，学生元评估平均得分11.79，综合权重的平均得分为11.86。从总体水平来看，职业教育学习结果运用元评估加权后实际得分1581.68，加权后应得总分2686.21，真实得分率为58.88%，只达到最终等级的第Ⅲ级。事实上，职业教育学习评价已经制度化，在职业教育领域每时每刻都有各种正式的、非正式的职业教育学习评价，从正规的考试、严格的职业能力鉴定，到课堂中教师的口头表扬与批评等，各种各样的职业教育学习评价都有相应的评价结果。但是，评价之后所有的工作也就此结束，这也是中国职业教育学习评价效用不高的最大问题。因此，在学校、教师、企业乃至国家组织实施学习评价之后，要在分析和反馈评价结果的基础上，充分运用评价结果：一是通过评价结果分析，反思总结教师教学的不足，进而实施教师教学的针对性改进；二是

---

① Angela Di Michele Lalor, "Keeping the Destination in Mind", *Educational Leadership*, Vol. 70, No. 1, 2012, pp. 75 - 78.
② Ruth Butler, "Enhancing and Undermining Intrinsic Motivation: The Effects of Task-Involving and Ego-Involving Evaluation on Interest and Performance", *British Journal of Educational Psychology*, Vol. 58, No. 1, 1998, pp. 1 - 14.
③ Graham Gibbs, Claire Simpson, "Conditions Under Which Assessment Supports Students' Learning", *Learning & Teaching in Higher Education*, Vol. 1, No. 1, 2004, pp. 3 - 31.

通过评价结果的反馈,引导学生反思和总结自身学习,并推进学生的学习改进;三是通过学习评价结果的认证,作为人才选拔、人才聘用、升学的依据。此外,也可以根据学习评价的结果,对教师和学生进行绩效管理。通过对评价结果的多方位运用,最终促进学生 KSA 发展。

第二节 教学改进助推职业教育学习评价效用提升

教师是教学研究的"当局者",因此,是学校教学改进的关键。数据分析显示,教学改进对 KSA 发展的路径作用显著($\beta=0.32$,$p<0.001$),对学习改进的路径作用显著($\beta=0.55$,$p<0.001$)。但是,当前职业教学问题突出[1],存在着认识不到位、内部无序、保障乏力等问题。因此,提高职业教育学习评价效用需要推进职业教育教学改进。

一 教学目标改进:以合格为基准,设定分层目标

尽管以学生学习结果来衡量教师教学效果的合理性值得怀疑[2],但是,这并不否认学习评价的结果会给教师教学改进提供信息和决策依据。在实施职业教育学习评价之后,自然会生成相应的评价结果,从评价与评价目标、教学目标的比较中,教师可以发现教学的效果差距,这个差距就是教师教学反思和教学改进的突破口。从研究性反思的角度来说,造成职业教育学习评价效用差距的原因是多方面的,而教师所能改进的只能是自己的教学。在教学目标的调整上,首先,要坚持以学生 KSA 发展为核心的首要目标,落实"立德树人"的教育方针,促进学生的全面发展;其次,要兼顾职业教育教学目标的红线,培养学生的基本知识与基本技能;最后,在这两大前提之下,结合学生的实际情况与发展需求,可以设定分层目标,

---

[1] 邵玉华:《职业教育教学中存在的问题与对策研究》,《教育与职业》2012 年第 33 期。
[2] Anthony Milanowski, "The Relationship Between Teacher Performance Evaluation Scores, and Student Achievement: Evidence From Cincinnati", Peabody Journal of Education, Vol. 79, No. 4, 2004, pp. 33–53.

因势利导，促进学生学习改进。

（一）底线目标：基本知识与基本技能

面对职业教育学习评价目标与真实结果的差距，教师会反思并调整教学。通常情况下会反思目标的合理性与调整目标的可能性，但人才方案、课程标准、教学大纲等是相对确定的，所以教师只能借助于课堂教学目标的分解和微调。事实上，教学目标具有客观性和自主性，乃至于在具体教学活动中教师或学生都可以根据自身的需要对教学目标进行适当的调整与变动。[①] 因为教学目标并没有直接地体现出社会意志，也不具有主观性和指令性，而是更多地体现教学活动主体的个性化要求，因此，教学目标是对课堂教学任务的具体化，只对特定范围的教学活动起规范作用。教学目标是教学工作的重要起点，教学目标体系包括内容的空间序列、过程的时间序列、项目的领域序列和结果的水平序列，是一个多维共生的复杂立体结构模型。[②] 但是，不管教师怎么调整自己的教学目标，都必须以培养职业院校学生的基本知识与基本技能为底线目标，以合格性评价为基础[③]，运用"兜底"的思维确保基础性教学目标和合格性评价目标的衔接，以基础性教学目标和评价目标的实现，逐渐实现提高学生职业素养的目标，促进学生 KSA 发展的目标。

（二）分层目标：学生差异与过程分解

在确定基础知识与基本技能为评价和教学的底线目标之后，就可以在此基础上进行教学目标的改进与调整。事实上，在底线目标和总体目标都不能彻底更改的情况下，一个比较理想的改进方法就是对教学目标进行分层。一是根据学生的情况，实施分层目标教学。因为职业院校的生源复杂，学生学习成绩普遍较差，整体来说，每一个班级都是"放牛班"，因此，可以考虑在合格目标的基础上，尝试针对不同学习水平的学生进行分层教学。二是对整体目标分解分层，职业教育学习评价的总体目标是促进学生的 KSA 发展，在一个相对固定的教学单元中，也会有具体的教学目标，因此可以将整体性的大目标分解成为逐层实现的小目标，以此推动教学目标和评价目标的实现。三是对同一个目标进行分步分层，对同一个课

---

① 朱德全、李鹏：《课堂教学有效性论纲》，《教育研究》2015 年第 10 期。
② 李保强：《教学目标体系建构的理论反思》，《教育研究》2007 年第 11 期。
③ 杨启亮：《合格性评价：基础教育评价的应然选择》，《教育研究》2006 年第 11 期。

时乃至同一堂课的教学目标,也可以进行分层,通过目标分层,逐层实现教学目标,最终达成评价的目标。

(三) 综合目标:KSA 与人的全面发展

有分有合是中国朴素哲学的基本观点,甚至于天下大势也"分久必合,合久必分"。在职业教育学习评价之后的教学改进中,从底层目标、基础目标到分层目标,所有的教学改进最终都是为了促进学生的 KSA 发展。树立教学改进的综合目标也是培养全面发展的人的重要前提。事实上,以就业为导向的职业教育教学往往过分聚焦于单项职业技能的培养,通过解构之后的教学目标进行分项职业技能培养,这样的培养往往把人培养成"单向度"的职业人,并不利于学生职业生涯的发展。[①] 因此,从教育目标和学习评价的最终目标来说,还需要将职业教育教学评价目标调整到促进学生 KSA 全面发展的综合目标上。具体来说,一是要将基础知识的增长、基础能力的提升等底线目标与职业教育人才培养目标相结合,从基础目标的实现逐渐转向综合性的目标;二是要把每一个课时的教学目标、每一个项目的任务目标与职业院校学生的 KSA 发展相结合,通过每一个微观单元的目标实现促进学生 KSA 的发展;三是要把 KSA 的分维度目标与人的全面发展相结合,在理论教学与实践教学中,从知识、技能、能力、道德等多方面提升学生的综合素质。

二 教学筹备改进:以学情为起点,参照工作过程

在职业教育学习评价后,教学目标上的改进是相对有限的,更多需要在教学的其他方面进行改进,特别是教学筹备方面的改进。从改进的内容来说,职业教育学习评价之后的教学筹备改进大有可为,一方面回归学生发展的真实需要是教学设计的逻辑起点及初衷[②],另一方面,从学生立场对学习结果和下一步教学再度深入研究。[③] 特别是在教学内容与教学程序

---

① 郝天聪、石伟平:《就业导向,还是生涯导向?——职业教育发展两难抉择的破解之策》,《教育科学》2017 年第 2 期。
② 罗生全、田洵洵:《学习性评价取向的教学设计》,《电子科技大学学报》(社会科学版) 2017 年第 2 期。
③ Thomas R. Guskey, "How Classroom Assessments Improve Learning?" *Educational leadership*, Vol. 60, No. 5, 2003, pp. 1 – 6.

设计上，充分考虑学生的学情，以工作过程导向选择教学内容，创设工作情境。

(一) 学情分析：为了每个学生的学习

从弥合评价结果与评价目标、教学目标的差距来说，首先，教学筹备改进最需要考虑的因素是学生的原有经验和学习任务的类型。[①] 具体来说，需要兼顾学生原有基础的差异；常规与非常规、近迁移与远迁移的区别；教学结构、学生与学习任务相匹配；信息加工过程，由教学内容向知识与技能的转变。其次，完美的教学筹备要考虑到每一个学生，要"为了每个学生的学习"，促进学生学习、理解、知识与技能的获得以及情感、价值观的养成。[②] 因而，教学筹备的改进在内容上，需呈现"完整知识"；在环节上，需体现"完整过程"；在性质上，需贯彻"完整取向"；在次序上，需凸显"完整逻辑"；在构成上，需指向"完整主体"。[③] 最后，教学筹备的改进还要关注职业院校学生的未来发展与新需求，在教学内容上反映新技术、新工艺、新材料的发展等，帮助学生融入新的学习世界与工作世界。

(二) 工作过程：走上职业岗位的指导

教学筹备的改进，最核心的问题依旧是对"教什么知识？"的回答。因为课程与教学是直接触及学生、影响学生的教育活动[④]，也是决定职业教育学习评价效用的关键性因素。然而，中国职业教育课程改革存在多方面的问题：国家专业教学标准尚不完善、公共基础课程改革滞后、行业企业参与课程开发的程度仍然有限、职业院校教师的素质不能满足课程改革的需要、职业院校的教学条件不能完全满足能力本位的课程实施。[⑤] 因此，职业教育学习评价的教学筹备改进，一方面要考虑评价结果与评价目标、教学目标的差距；另一方面，更要面对职业教育课程建设的现实问题。在

[①] 王文智、盛群力：《发展专长教学论——克拉克论教学结构与认知过程之匹配》，《远程教育杂志》2009 年第 6 期。
[②] Peter Tomlinson, "International Encyclopedia of Development and Instructional Psychology", *International Journal of Technology & Design Education*, Vol. 8, No. 1, pp. 92–96.
[③] 路宝利、赵淑梅：《"完整教学"：职业教育教学"新概念"》，《职业技术教育》2017 年第 13 期。
[④] 史静寰、涂冬波、王纡等：《基于学习过程的本科教育学情调查报告 2009》，《清华大学教育研究》2011 年第 4 期。
[⑤] 徐涵：《新世纪以来中国职业教育课程改革：成就、问题及建议》，《现代教育管理》2017 年第 4 期。

此基础上，最重要的是面向工作过程，实现职业教育"为生活做准备"（Learning for life）和"为工作做准备"（Learning for work）。[1] 从相关、任务、项目三种职业水平，理论、实践、经验三种知识水平，叙述、对话、活动三种活动水平[2]，整合职业教育教学内容，实现学习过程与工作过程的提前对接，为学生走向职业岗位做好理论指导与先在体验。最后，在确定教学内容之后，根据教学程序，对内容与材料进行精细化加工，用问题和情景串联选择出的材料。

（三）程序设计：有效情境结构的创设

教学筹备改进还可以在工作情境创设与运行结构方面进行优化。教师不只是单纯的知识传递者，还要组织学生学习，引导和创设环境让学生"动"起来，特别是要从"学科导向"过渡到"情境导向"，在课堂上构建的学习情境，按照教学论原理合理地再现职业的典型工作过程和行动领域。[3] 工作过程导向课程设计必须构建真实的问题情境、学习资源、教学程序。引导学生感觉问题所在，观察各方面的情况，提出假定的结论并进行推理，积极地进行实验的检验。在操作程序上，首先，可以设置一个疑难的情境，给学生准备一个真实的经验的情境；其次，引导学生确定疑难的所在，并从疑难中提出问题；再次，通过观察和其他心智活动以及收集事实材料，从资料的占有和必需的观察中产生对解决疑难问题的思考和假设；复次，推断哪一种假设能解决疑难——学生自己负责一步一步地展开他所设想的解决疑难问题的方法；最后，学生通过应用方法来检验他的观念是否有效，也即是实施教学的形成性评价和过程性评价。

三 教学方法改进：以问题为导向，尝试多元方法

教师年复一年地使用同样的教学方法，如果同样的教学方法没有产生

---

[1] Matthias Pilz, Balasundaram Krisanthan, Bjoern Michalik, et al., "Learning for life and/or work: The status quo of pre-vocational education in India, China, Germany and the USA", *Research in Comparative and International Education*, Vol. 11, No. 2, 2016, pp. 117–134.

[2] 徐国庆：《职业教育教材设计的三维理论》，《华东师范大学学报》（教育科学版）2015年第2期。

[3] 石伟平、徐国庆：《职业教育课程开发技术》，上海教育出版社2007年版，第212—218页。

与以往相同的效果，那么他们就会把问题归咎于学生。[①] 因此，为弥合评价结果与评价目标、教学目标之间的差距，教师需要根据教学的需要来调控自己的教学实践，并改变教学方法。整体来说，在教学方法的改进上，坚持教学"育人"的属性[②]，实施以问题和情境为导向的学习过程，基于问题解决、元认知培养和经验整合等方式培养学生的综合能力。

（一）以问题为导向，进行处方式教学

现代心理学认为，一切思维都是从问题开始的。[③] 以评价促进教学改进和学习改进在本质上就是以问题为导向的教学，只不过这种问题是通过评价发现的问题。但问题导向的教学并不仅仅是指通过评价发现的问题，更多是指通向学习目标过程中的问题解决和任务完成。"基于问题解决"的教学设计不同于"基于接受式学习"的教学设计，也不同于"基于有意义学习"的教学设计，而是以教材为凭借，"教师带着学生走向未知，然后学生带着教材走向教师，最后师生合作带着教材走向已知"[④]。因此，职业教育学习评价后的教学改进可以以问题为导向，进行处方式教学。具体来说，首先要培养教师和学生的问题意识，让学生在教学过程中提出高质量的问题，"无疑处生疑，有疑处释疑"，教师能够通过问题"启发"和"点拨"，推进教学实施。其次要改进提问方式，以开放性问题和"以人为中心"的问题为主，改进提问方式后，教师还要增加学生回答问题的时间，即增加"等待时间"[⑤]。最后以学生为中心，以问题为契机，激发学生兴趣与已有经验相结合，促进其主动学习，开展基于问题或基于项目的学习探索。

（二）以整合为目标，探索立体化教学

职业教育学术课程与职业课程的整合对于具有综合职业能力的现代职

[①] Richard F. Elmore, "What (So-Called) Low-Performing Schools Can Teach (So-Called) High-Performing Schools?" *Journal of Staff Development*, Vol. 27, No. 2, 2006, pp. 43–45.

[②] 钟启泉：《教学方法：概念的诠释》，《教育研究》2017年第1期。

[③] John Bransford, Robert Sherwood, Nancy Vye, et al., "Teaching thinking and problem solving: Research foundations", *American Psychologist*, Vol. 41, No. 10, 1997, pp. 1078–1089.

[④] 朱德全：《问题系统教学设计探究——数学处方教学设计原理归结》，博士学位论文，西南师范大学，2002年，第146页。

[⑤] Mary B. Row, "Wait-time and rewards as instructional variables, their influence on language, logic, and fate control: Part one-wait-time", *Journal of Research in Science Teaching*, Vol. 11, No. 2, 1974, pp. 81–94.

业人的培养和现代职业教育体系的构建都具有重要的现实意义。① "跨界"的职业教育教学相对分散，因此，基于职业教育学习评价的教学改进，还必须以整合为目标，以学生学习为中心、活动为中心、一体化整合、团队为基础。② 具体来说，可以试试以下四类教学整合：一是常规性的整合。职业教育专业教学过程必须与工作领域的行动过程具有一致性。因此常见的职业教育教学整合有"理实一体化""工学合作"，用现代师徒模式和产学研结合模式助推学生获得实践经验。二是评价与教学改进"一体化"，新旧课程学习一体化。例如以技能竞赛与实践教学的融通整合，将生产过程中所遇到的关键性技术难点和前瞻性的操作技法引入到日常的学生实践操作能力培养过程。③ 三是要素性整合，"学做一体化""生产实训一体化""产、学、研一体化""教、学、做一体化""教、兴、赛、考一体化""目标、内容、时空、师资一体化"等。四是主题式整合，以主题中轴性、教学主体的辩证统一性、"教程"与"学程"的整合性。

（三）以结果为导向，选择有效性教学

常言道："教无定法。"在通向教学目标与评价目标的道路上，教学的方法是多种多样的。巴班斯基将教学方法分为三大类：组织学习认知活动的方法、激励学习认知活动的方法、检查学习认知活动效率的方法。④ 在实践中，各种教学方法各有优点和缺点，在功能和作用上，具有辩证统一性，互相渗透、相互作用。因此教师应该根据相应不同阶段教学的任务、教材内容的特点、学生的可能性以及教师运用各种方法的可能性来选择教学方法，并对教学方法进行最优组合，灵活运用。一如行动导向教学，以能力为本位的教学目标特征、以工作任务为导向的教学内容特征、"知行并进"的教学方法特征、真实和模拟相结合的教学环境特征。⑤ 二如对话教学，对话是探索真理和自我认识的途径，通过对话教学使命题语言不断

---

① 陈鹏：《职业教育学术课程与职业课程整合研究的回顾与前瞻》，《职业技术教育》2014年第1期。
② 徐涵：《德国学习领域课程：职业教育教学体系的转变》，《比较教育研究》2015年第1期。
③ 朱永永：《职业教育技能竞赛与实践教学整合对接研究》，《高等工程教育研究》2015年第5期。
④ ［苏联］巴班斯基：《论教学过程最优化》，吴文侃等译，教育科学出版社2011年版，第144页。
⑤ 壮国桢：《高职教育"行动导向"教学体系研究》，博士学位论文，华东师范大学，2007年，第35—54页。

更新，符号系统重新建构。三如 PAD 课堂①，把一半课堂时间分配给教师进行讲授，另一半分配给学生以讨论的形式进行交互式学习。此外，还有模拟公司法、案例教学法、三明治教学法、项目教学法等。

四 教学管理改进：以人本为法则，探索自主管理

教学管理改进是职业教育学习评价后的重要工作之一。我国职业教育院校课堂教学秩序普遍较差，"反学校文化"的现象较多。因此，必须强化课堂教学管理，通过管理规范学习，并促进学生发展。在操作层面，一是要树立以人为本的基本法则，二是要规范课堂秩序，三是要引导学生自主管理。

（一）坚持以学生为本位的人性化管理

职业教育学习评价的教学管理改进，既不是高强度的控制和令行禁止，也不是所谓的多元化治理。管理不是目的，仅仅是教学的辅助手段，在根本上，教学管理还是要为教师的教和学生的学服务。所以，职业教育学习评价的教学管理改进，始终要以人为中心，以人为本，为人服务。这是教学改进的基本原则。具体来说，一是树立以人为本的职业教育管理思想，建立健全以人为本的职业教育管理制度，搭建以人为本的职业教学管理体系。二是坚持"以学生为中心"，通过复杂的学习环境、真实的学习任务促进学生协商与互动，通过建立民主的教学关系，实现师生实践的平等对话与心理换位。三是强化师生对话，增进师生沟通与交流，在"对话"的教学中，学生——不再是温顺的听众——在与教师进行对话的过程中是批判性的合作调查者。在这种情况下，信念（doxa）层面的知识会被理念（logos）层面的真正知识所替代。② 四是特别突出实验教学、实践教学与实习教学的安全管理，切实保障学生的人身安全。

（二）加强基本的教学秩序与规范管理

职业教育学习评价后的教学管理改进，最核心的依旧是要加强基本教学制度和教学规范的管理。事实上，职业院校教学秩序的不规范是影响职

---

① 张学新：《对分课堂：大学课堂教学改革的新探索》，《复旦教育论坛》2014 年第 5 期。
② Paulo Freire, *Pedagogy of the Oppressed*, New York: The Continuum International Publishing Group Inc., 2000, p. 81.

业教育质量的根本性因素。学生的迟到、早退、缺勤，不认真听课，作业敷衍，考试作弊等严重影响了职业教育学习评价的最终效用。因此，在以人为本的前提下，职业院校的教学管理改进还必须做好：一是教学出勤的考核与管理，可以允许学生以正当理由请假，但是必须要求学生学习的基本出勤率，当然，也反对绝对的军事化考勤打卡等管理方式；二是课堂秩序管理，坚持"活而不乱"的课堂管理思想，允许课堂上的言论、行为自由，但是杜绝一切与课堂教学无关的言论和行为，赋予教师必要的权力惩戒扰乱课堂秩序的行为；三是制定基本的作业要求、学习任务、项目任务、实验训练等要求，一方面要在作业形式、作业量等方面有相应的规范，另一方面，对不完成作业的学生和不批改反馈作业的教师予以适当的惩戒。四是强化听评课、教学督导等教学管理方式，通过制度化的管理方式促进学生学习行为规范化。

（三）探索并引导学生学会自主化管理

教学管理的问题是职业院校的难题之一，良好的教学管理和教学秩序往往是教师教学和学生学习最重要的保障。在教学管理的实践中，以人为本的管理、基本规范的管理在大部分职业院校都已经得到认同和实施，但是这种最基本的教学管理很难大幅度地改进和创新。事实上，大部分他主性管理并没有自主性管理的绩效显著。教学的一个法门就是"授人以鱼，不如授人以渔"，在境界和愿景上都期望实现"教是为了不教"。"教是为了不教"的根本在于使受教育的每个人都具有自我教育精神和能力。① 魏书生、郭洪等人的实践已经证明，学生教学自主管理效果往往更好。② 因此，在职业院校，学校和教师要不断探索消解"反学校文化"的教学管理模式，尝试学生自主管理，让个体在受教育过程中形成一种自觉且持续不断的内在动力支持，进而促进其主动参与、主动学习、主动建构和主动创新，最终实现个体的主动发展和人格发展。

五 教学评价改进：以发展为目标，变革评价制度

从职业教育学习评价实施，到评价结果分析、反馈与运用，再到评价

---

① 任苏民：《叶圣陶"教是为了不教"的理论意蕴与现实意义》，《教育研究》2017年第11期。
② 郭洪：《郭洪与自主教育》，北京师范大学出版社2015年版，第12页。

制度改革，事实上就包括了教学评价的改进。学习评价制度的变革是宏观的制度性变革，而教学评价的改进更多是在教师的课堂教学中，对学生评价具体方式的些许调整与改进。从实践层面来说，一是教师要转变教学评价的理念，并不断提升评价素养，让教师学会评价，二是不断探索和实施新型的 AOL、AFL 和 AAL 评价，三是能够深加工评价结果，通过评价结果的分析、反馈与运用来改进自身的教学。

（一）转变评价的理念，提升评价素养

教师在职业教育学习评价后，根据评价结果与反思，也会对自己的教学评价进行调整改进。从实践操作的角度，能够提高职业教育学习评价效用的教学评价改进的重点在于转变评价理念，提高自身的评价素养。首先，教师必须把评价作为教学过程的一个组成部分，通过学习评价发现学生学习的不足和教学的不足，再根据评价结论进行改进教学。其次，教师要不断提升自己的评价素养，教师也要会评价。提升教师的评价素养（assessment literacy）是变革职业教育学习评价制度的关键所在。[1] Stiggins 认为教师的评价素养结构有：始于清晰的目的、关注成就目标、选择适当的评价方法、抽样学生的成就、避免偏见和歪曲。[2] 波费曼（James W. Popham）从知识与技能的角度出发，认为教师的评价素养应包含能力与知识两个维度，除了要求教师掌握教育测量学的知识与技能、设计和实施形成性评价及收集和分析学生非认知表现证据外，还要求教师能够发现并消除评价偏见。[3] 因此，教师要在转变评价观念的基础上，在评价知识、评价技能和评价素养等方面不断提高自身的评价素养，为科学实施职业教育学习评价奠定基础。

（二）探索实施 AOL、AFL 和 AAL 评价

自学习评价制度诞生以来，已经经过了四代评价理论的更迭，而评价的实践也是从总结性评价、形成性评价到发展性评价不断演化。如今，学习评价改革却陷入了理论与实践相脱节、教师的评价素质不高、表演与形

---

[1] Lynda Taylor, "Developing assessment literacy", *Annual Review of Applied Linguistics*, Vol. 29, No. 29, 2009, pp. 21–36.

[2] Richard J. Stiggins, "Assessment Literacy for the 21st Century", *Phi Delta Kappan*, Vol. 77, No. 3, 1995, pp. 238–245.

[3] W. James Popham, "Assessment Literacy for Teachers: Faddish or Fundamental?" *Theory Into Practice*, Vol. 48, No. 1, 2009, pp. 4–11.

式主义盛行、外部评价影响过大等诸多困境之中。① 不过,"学本评价"时代,关于学习的评价(AOL)、促进学习的评价(AFL)和作为学习的评价(AAL)时代理论开始指引着评价的具体实践。因此,职业教育教学评价的改进也要探索并实施 AOL、AFL 和 AAL 评价。一是做到评价和教学的统整,"教—学—评"一体化;二是以学生为中心,关注学生学习的全过程,尊重学生个别化、特殊化与多样化的学习方式;三是承认学生所有成就,相信每个学生都可以成功;四是教会学生自己学会评价,让学生参与评价;五是大量探索学生同侪评价,通过评价标准共享,过程参与,不断探索学习过程,明确学习改进方向。

(三)深化评价信息的分析、反馈与科学运用

"以评促教"和"以评促学"是所有评价最基本的效用方向。因此,职业教育学习评价改进,也要坚持发展的方向,深化评价结果的分析、反馈与科学运用,促进学生 KSA 发展。事实上,在教师教学评价的场域内,教师可以利用的不仅仅是评价的结果,还有评价中的各种信息和资源,通过评价过程和结果的资源与信息整理,分析加工也可以指导学生的学习改进。在实践操作上,一是在教学评价的改进过程中,不但需要很好地利用已有的知识,更重要的是需要开发新的知识。二是规划评价、观察学生的学习、分析和解释获得的评价数据、给予学生反馈、鼓励学生进行自我评价。三是关注学生学习进步,激发学生学习热情,甄别并减少不能刺激学生学习动机的评价。

第三节 学习改进驱动职业教育学习评价效用提升

教育是一种改变学习者的过程②,评价的"反馈—矫正"功能用于在职业教育学习评价的过程中判断学习的过程是否有效,如果无效就必须采

---

① 张永胜:《学习评价改革的困境和反思》,《西北师范大学学报》(社会科学版)2010 年第 5 期。
② [美] B. S. 布卢姆:《教育评价》,邱渊等译,华东师范大学出版社 1987 年版,第 5 页。

取相应的措施去变革。事实上，无论评价和教学怎么变革与改进，所有的问题都必须回归到学生学习本身。因此，职业教育学习评价效用提升的根本在于引导学习改进。从操作实践的角度来说，一是要刺激学生的学习动机，引领学生爱上学习；二是要教会学生规划学习投入，让学生勤于学习；三是要指点学生学习策略，让学生学会学习；四是要改良学习环境，保障学生的学习环境。最终，让学生好学、乐学、勤学、善学以至学好。

一 刺激学习动机，引导学生爱上学习

学习动机与学生的学习目标、自我效能感、学习行为等密切相关，较强的学习动机能够推动学生更加能动地学习。[1] 提高职业教育学习评价效用的学习改进策略首先在于刺激学生的学习动机，让学生爱上学习。因此，成功的教学过程重在激发学生的学习动机，引导学生主动地学习[2]；培养学生的学习兴趣[3]，增加学生的成就体验，引导学生快乐地学习。在操作层面，可以通过目标驱动、兴趣驱动、成就驱动等方式刺激学生的学习动机，引导学生爱上学习。理论上的学习动机刺激模型如图7—2所示：

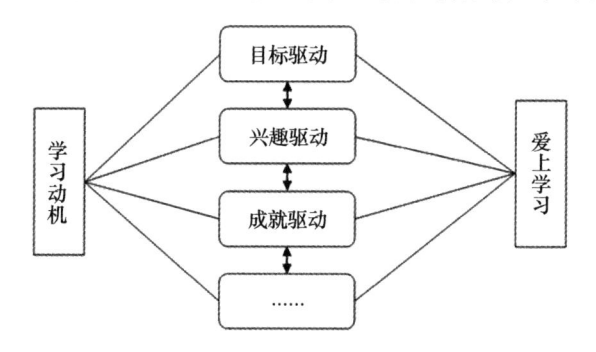

图7—2 刺激学习动机

---

[1] Hella Schick, Shane N. Phillipson, "Learning motivation and performance excellence in adolescents with high intellectual potential: what really matters?" *High Ability Studies*, Vol. 20, No. 1, 2009, pp. 15–37.
[2] 杨怀中：《教学过程的实质是教师教会学生学习》，《高教发展与评估》2009年第2期。
[3] Mary Ainley, Suzanne Hidi, Dagmar Berndorff, et al., "Interest, learning, and the psychological processes that mediate their relationship", *Journal of Educational Psychology*, Vol. 94, No. 3, 2002, pp. 545–561.

(一) 目标驱动：以"跳起来可摘到的苹果"激发学生学习

会学习的人，往往是善于确定学习目标的人。学习目标对人们的学习活动具有激励、导向、调控的作用。① 科学合理的学习目标可以激励学生从"要我学"走向"我要学"，避免学习的盲目性，减少随波逐流的学习"无用功"。但是，当前我国职业教育学习的目标制定问题却比较严重，一是难度偏大，大部分教学目标跟随本科教育的趋势，过分重视理论知识，推崇有难度、有深度的学习。二是不作区分，学习目标不考虑学生的实际情况，特别是不考虑职校生的学习基础，所有要求和目标"一刀切"。三是脱离情境，学习目标与工作情境、工作过程脱节，教学的实践性、趣味性减低。因此，提高职业教育学习评价效用的学习目标制定要避免和杜绝难度过大、"一刀切"和脱离情境的教学目标，在学习目标的设定上，运用"最近发展区"理论，根据职校生的学习能力，设置"跳起来可以摘到的苹果"式目标；同时，根据学生学情，与分层教学目标相结合，对学习评价目标进行区分。最后将学习目标与工作情境、工作过程相关联，从难度、区分度和情境性三个维度来激发学生的学习兴趣，引导学生爱上学习。

(二) 兴趣驱动：把学生的"热爱"与学校课程学习相融合

"兴趣是最好的老师"，通过学生的个人兴趣刺激学习动机是非常有效的方式之一。夸美纽斯"把一切事物教给一切人类的全部艺术"也是在"不会使教员感到烦恼，或使学生感到厌恶，能使教员和学生全都得到最大的快乐"的方法。② 因此，为了把学生引向"学习是一件愉快的事情"，教学活动不能再侵蚀和遮蔽学生的人类本性，不能再肢解和扭曲学生愉快的教学生活。③ 而是要将学生的"热爱"与学校课程学习相结合。在杜威时代，他就主张通过"主动作业"④ 将社会职业生活引进校园，培养和发

---

① 李定仁：《论教会学生学习的问题》，《西北师大学报》(社会科学版) 1994 年第 1 期。
② [捷克] 扬·阿姆斯·夸美纽斯：《大教学论》，傅任敢译，教育科学出版社 2011 年版，第 3 页。
③ 王天平：《追寻完整的人——教学活动的哲学人类学研究》，博士学位论文，西南大学，2011 年，第 1 页。
④ [美] 约翰·杜威：《民主主义与教育》，王承绪译，人民教育出版社 2001 年版，第 326—327 页。

展学生个体的兴趣与能力，不断加强与社会生活的联系。事实上，职业教育课程学习非常讲究和注重实践性、情境性，职业教育学习的这些特性正是刺激学生学习兴趣的重要财富。在实践上，必须正确理解学生学习兴趣整体下降与兴趣结构调整间的关系、各类型兴趣间具有内在相互转化的关系、各类型兴趣发展的各动因间的交互关系，同时也要对妨害或阻碍兴趣发展的因素时刻保持警惕。[1] 进而充分整合"校内+校外""理论+实践""学习+工作"等多元化的渠道，以职业教育课程的丰富性、情境性与实践性激发学生的学习兴趣，进而引导学生在学习上的改进与发展。

（三）成就驱动：用"成功体验"刺激学生感受学习的乐趣

只有在深层学习动机和学习策略的推动下，学生才能达到对知识的深层理解，学生整体素质才能提高。[2] 从 Maslow 的"需求层次理论"来看，自我实现的需要是最高层次的需要，而学生学习中的成功体验就是自我实现的一种。因此，职业教育学习评价效用提高还要探索用成功体验刺激学生的学习动机。事实上，成就驱动与目标驱动、兴趣驱动是紧密相关的，因为学生成就感的获得也是源于目标的实现，个人兴趣在具体领域内的价值外化。因而，在实践上，增加学生的成就体验首先充分发挥学生学习的自主性，鼓励学生在学习中的合作、实践与探究，通过自主、合作、探究而不断创造，进而取得学习的成功，获得成就体验。具体来说，一是通过在具体情境中的问题解决，帮助学生获得成功体验；二是参加竞赛、技能大赛等，获得竞争的过程体验或者成功经验；三是在实验课程、实践学习中鼓励发明创造、专利申请等，进而获得成就体验；四是通过小组合作、相互帮助等方式，通过帮助他人获得成就体验；五是纵向对比，通过不断进步获得成就体验。

二 追加学习投入，鼓励学生乐于学习

学习的关键是帮助学生建立学习认同感，引导学生成为积极的学生，并为自己的学习负责。[3] 从心理发展的条件来说，必要的学习投入是学生

---

[1] 涂阳军、姚利民：《学生学习兴趣发展研究述评及其启示》，《外国教育研究》2012年第4期。
[2] 刘滨：《高职学生学习策略特点的初步研究》，《心理科学》2010年第1期。
[3] Paul Black, Christine Harrison, Clare Lee, et al., "Working inside the black box: Assessment for learning in the classroom", Phi delta kappan, Vol. 86, No. 1, 2004, pp. 8–21.

获得学业成就的前提条件。事实上，职业院校学生学业质量偏低，职业教育学习评价效用不理想，一个关键的因素就是学生的学习投入不够。因而提高职业教育学习评价效用，就必须教会学生如何从时间、精力、资本等方面增加学习投入，如图7—3所示。

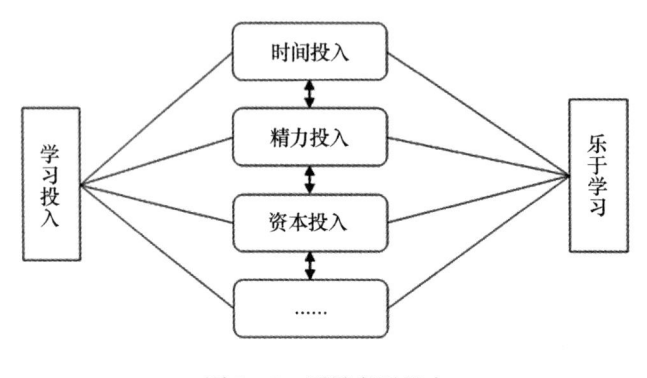

图7—3 引导学习投入

（一）时间投入：引导学生花更多的时间参与学习

知识和真理都是一种相遇。[1] 没有时间投入，就不会有学习的产出。事实上，对于正常智力水平的学生而言，一定量的时间投入是学业获得成功的必要条件。当学生对自己的学习负责并可以在真实的情境中自主地调整和运用时，学习是最有效的。[2] 当前职业院校的学生在学习上，缺勤、旷课、迟到、早退，已经严重影响了学习的时间投入，更何况还有学生即使到了教室也是"打瞌睡""玩手机""聊天"等，在课堂上"磨洋工""混日子"，显然，这样的学习状态不可能有好的学习产出。因此，要引导学生在学习时间的投入和利用上进行改进。在根本上，学校、教师提升教学质量，改善学习环境，通过教学的趣味性、学习的快乐感和舒适度吸引学生主动学习、乐于学习，刺激学生的学习兴趣，让学生热爱学习、学会学习。在此基础上，学生要在常规的课堂学习中，不缺勤、不迟到、不早退，做到有课必到；在课堂上遵守纪律，认真听课、做笔记、思考问题，

---

[1] 刘铁芳：《无条件地追求知识与真理》，《湖南师范大学教育科学学报》2009年第3期。
[2] Council for the Curriculum Examinations and Assessment, *Assessment for Learning*: *A Practical Guide*, Belfast: CCEA Publication, 2009, p. 15.

不玩手机、不打游戏、不开小差，做到时间的有效利用；在课堂之外，适当追加课外学习与自主学习，践行"勤能补拙"的古训，夯实基础，提高自己。

(二) 精力投入：引导学生花更多的精力钻研学习

与时间投入紧密相关的是个人精力的投入，学生在"反学校文化"中，习惯了对抗、逃避和放弃，这些行为不仅让学生的学习时间投入大量减少，更让学生学习的精力被分散。事实上，精力的投入比时间的投入更重要。因为时间投入更多是学生的"身体"处在学习场，而精力的投入则是学生的"灵魂"处在学习场。因此，要引导学生意识到自己的学习责任，增加对学习的精力投入。在实践中，可以教会学生更多使用学习元认知。元认知策略通常被认为是较为高级的学习策略，因为它需要调动学生多种意识、行为参与学习过程[1]，而学习任务元认知影响学生对学习任务难度、性质的认识，决定了他在该任务上分配精力、时间的多少。[2] 在具体操作上，一是引导学生组织复述、精细加工、重组等认知策略，通过强化认知增加精力投入，进而掌握学习内容；二是教会学生做好学习的时间管理、学习环境管理、努力管理、寻求支持等资源管理策略，丰富学习资源的占有；三是支持学生践行积极、检查、评价、反馈等调节策略，通过"学以致用"、自我检查等方式增加对学习的精力投入，同时也强化对学习内容的掌握和内化。

(三) 资本投入：引导学生花更多的资本服务学习

资本的投入与时间投入、精力投入在本质上具有一致性，从宽泛意义上说，时间投入、精力投入都可以算作资本投入，只不过时间和精力很少被人算作严格意义的正式资本。单纯从资本投入的角度来说，学习资本的投入也是时间投入和精力投入在资本上的具体化与形式化。在具体的实践中，职业教育学习评价效用提升的资本投入主要是指经济资本的投入、情感资本以及权力资本的投入。首先，职业教育学习需要学生改进相应的经济资本投入，这些资本的投入主要用于改善学生个人的学习条件，丰富学

---

[1] Wilbert J. Mckeachie, Paul R. Pintrich, David A. F. Smith et al., *Teaching and Learning in the College Classroom: A Review of the Research Literature*, Ann Arbor, MI: University of Michigan, 1987, p. 34.

[2] Gamze Sart, "The Effects of the Development of Metacognition on Project-based Learning", *Procedia-Social and Behavioral Sciences*, Vol. 152, No. 112, 2014, pp. 131–136.

生的学习资源，尤其是方便个人学习之用的学习工具、学习器材等可以通过个人追加经济资本去改善。其次，增加学习的情感投入，引导学生关怀自我，增加对专业、职业的了解与热爱，为个人职业抛锚做出准备。① 最后，增加学生的权力资本，实现真正意义上的"师生平等对话"。通过对话建立新型的师生关系，以教师学生（teacher-student）和学生教师（students-teachers）的师生关系促进学生学习改进。②

三 指点学习策略，教会学生学会学习

"学会学习"是 21 世纪人类的核心素养之一。③ 教会学生"学会学习"需要将学习的心理机制与在学习过程中可能展现出的创造性、批判性思维、问题解决、合作等重要的 21 世纪技能整合起来。然而，我国学生的学习存在着比较明显的问题：从师型过多，自主型过少；求同型过多，求异型过少；盲从型过多，问题型过少；继承型过多，创新型过少；应试型过多，兴趣型过少。④ 因此，必须通过策略调整，在常规学习、技术学习和自我管理等方面教会学生学会学习。

（一）常规学习方法改进：从预习到课外阅读的调整

学习是一个过程性的建构，教会学生"学会学习"必须让学生掌握预习、听课、课后复习、作业练习、课外阅读等基本环节的学习方法。⑤ 第一，预习是学生学习的起点，主要为了让学生做好思想上的准备、知识上的准备和物质上的准备，因此可以引导学生做好课前预习、单元预习和学期预习。第二，听课是学生获取新知识的重要途径。职业教育的课堂教学理实一体，纵横联系，信息量大。因此，要求学生听课时目的明确，专心听讲、认真思考，会做笔记，把听、视、想、记结合起来。第三，课后复习的作用在于巩固所学知识，防止遗忘，发现和弥补学习

---

① John M. Dirkx, "Care of the Self", *Mythopoetic Dimensions of Professional Preparation and Development*, *Pedagogies of the Imagination*, Amsterdam: Springer Netherlands, 2008, pp. 65 – 82.
② Paulo Freire, *Pedagogy of the Oppressed*, New York: The Continuum International Publishing Group Inc., 2000, p. 80.
③ Kenneth G. Cooper, James M. Lyneis, Benjamin J. Bryant, et al., "Learning to learn, from past to future", *International Journal of Project Management*, Vol. 20, No. 3, 2002, pp. 213 – 219.
④ 张德江：《学会学习：21 世纪大学生必备的基本能力》，《高等教育研究》2003 年第 6 期。
⑤ 李定仁：《论教会学生学习的问题》，《西北师大学报》（社会科学版）1994 年第 1 期。

上的漏洞，形成有条理的知识结构。学生可以根据教材的性质和个人的习惯，学会课后复习、阶段复习、巩固性复习、知识系统性复习等。第四，作业是预习、听课、课后复习的继续。学生不管完成哪一种形式的作业，教师都要善于引导，严格要求，培养学生认真细致地、独立地完成作业。第五，课外阅读是学生课内学习的补充和延伸。课外阅读不仅能丰富专业的知识，而且能开阔眼界，加强相关学科知识的横向联系，加深理解课内所学知识，提高课内学习的效率。但是，职业院校学生的课外阅读不是盲目的、自发的，而是在教师指导下有组织、有计划地展开。

（二）技术学习方法改进：实现"教—学—做"一体

技术是人类生存的重要展现方式，技术知识也是人类知识的重要组成部分[1]，也是职业教育学习的核心内容。技术学习与知识学习有所不同，更注重学习与运用的一体化，因此，在实践上，提高职业教育学习评价效用的学习策略改进要做好"教—学—做"一体化[2]，即"做中学、学中做""做中教、教中做"，主要包括"做中教学"与"研究中学习"。"教—学—做"一体化教学模式是源自杜威的"做中学"，也是践行陶行知先生"知行合一"教育思想的具体表现。在具体实践上，一是学校要加强"教—学—做"一体化课程教师实践教学能力的培养，开展"双师型"教师队伍建设。二是编制操作性强的"教—学—做"一体化实施方案，建立技能模块课程体系，制订核心技能培养计划，开展项目课程研究与开发，强化实习实践，并确保学生的实习权利不受侵犯。[3] 三是做好经验借鉴与校外指导，介绍杰出人物成功的学习经验，总结推广优秀学生的学习经验，"大国工匠"进校园。[4]

（三）自我管理策略改进：时间、资源与行动协同化

学生"学会学习"体现在自我认知、自我管理和控制、有效资源利用

---

[1] 徐金雷、顾建军：《论技术知识及其默会维度》，《教育研究与实验》2016年第5期。
[2] 李军：《"教、学、做"一体化任务驱动型高技能教学模式构建》，《职业技术教育》2009年第8期。
[3] 李鹏、朱德全：《从缺失到归位：职校生实习权利救济机制研究》，《职教论坛》2013年第1期。
[4] 汪锋：《基于"大国工匠"精神培育的高职业教育文化建设路径探索》，《职教论坛》2017年第29期。

或获取、学习策略、认知活动本身的元认知（即自我反省）等方面。[1] 具体来说，学生对学习的自我计划、自我调整、自我指导、自我强化，即在学习活动之前，学生能够自己确定学习目标、制订学习计划、选择学习方法、做好学习准备；在学习活动之中，能够对自己的学习过程、学习状态、学习行为进行自我观察、自我审视、自我调节；在学习活动之后，能够对自己的学习结果进行自我检查、自我总结、自我评价和自我补救。事实上，现代学习心理学把学习策略分为了强化、迁移、记忆、运用、内化等多种策略[2]，但是，"学会学习"的最根本策略还是教会学生自主选择、自我负责和主动发展。[3] 因此，为了保证学习的成功、提高学习的效果、达到学习的目标，学生需要学会对自己所从事的学习活动进行积极的、自觉的计划、检查、评价、反馈、控制和调节。[4] 此外，学生也要学会自我评价，通过自我评价，全面分析和了解自己在学习中的进步和存在的问题，从而提高学习的效率。

四 改良学习环境，保障学生学习条件

学习环境是提高职业教育学习评价效用和进行学习改进的重要内容。学习环境的内涵众说纷纭，常见的有"场所说""条件说""氛围说""要素说"以及"整合说"等不同的界定[5]，按照分析单元的可操作性，通常将学习环境分为物理环境、心理环境和文化环境。[6] 从提高职业教育学习评价效用的目标出发，职业教育学习改进需要从学习环境的物理环境、心

---

[1] 夏雪梅、杨向东：《核心素养中的"学会学习"意味着什么》，《课程·教材·教法》2017年第4期。
[2] 施良方：《学习论》，人民教育出版社2001年版，第424—468页。
[3] 裴娣娜：《学习力：诠释学生学习与发展的新视野》，《课程·教材·教法》2016年第7期。
[4] 董奇、周勇：《关于学生学习自我监控的实验研究》，《北京师范大学学报》（社会科学版）1995年第1期。
[5] 林克松：《工作场学习与专业化革新——职业教育教师专业发展路径探新》，博士学位论文，西南大学，2014年，第115页。
[6] Marc G. Bellemare, Yavar Naddaf, Joel Veness, et al., "The arcade learning environment: an evaluation platform for general agents", *Journal of Artificial Intelligence Research*, Vol. 47, No. 1, 2013, pp. 253–279.

理环境和文化制度环境三个方面进行改进①,从而保障学生的学习条件。

(一) 改善物理环境,提供便利而优质的学习条件

物理环境是从生态学的视角对职业教育学习环境的划分,泛指学校的一切办学条件和设施等。改善校园的物理环境不仅是提高职业教育学习评价效用的重要措施,也是提升学校质量的重要工程。因此,要改善职业教育的物理学习环境,加强职业院校的基础能力建设和标准化建设②,从人、财、物多个方面改善学校的办学条件。具体来说,一是要改善校舍环境,特别是教学楼的教学环境,为学生提供温馨、安静的课堂学习场所;二是要大力改善学生的公共学习环境,特别是图书馆、实验室等场域的基础条件,方便学生自主探索和学习;三是打造并改善实训基地,力求技术设备体现产业技术发展的最新水平,同时强化基地运行管理规范程度,如实训时间、实训目标、安全责任机制等③;四是不断美化学校生态环境,以绿色、健康、文明的校园环境服务学生的学习;五是夯实校园基础设施,特别是现代化、信息化建设,为学生学习提供方便、快捷的学习环境。

(二) 优化心理环境,创设健康又积极的学习氛围

心理环境泛指对人的一切活动发生影响的环境事实,即对人的心理事件发生实际影响的环境。④ 勒温心理动力场理论把人的行为与环境的关系用公式表示:$B = f (P, E)$⑤,其中 B 代指人的行为,P 代指人,E 代表环境。可以看出,人的行为是人的心理特征与环境共同作用的结果函数,健康积极的学习环境能够刺激学生更好地学习。因此,提高职业教育学习评价效用需要优化心理环境,创设健康又积极的学习氛围。具体来说,一是从建立新型师生关系入手,创设良好的精神环境,例如改善师生伦理关系、优化师生情感关系;二是以开展综合实践活动为契机,创设良好的社会化环境,如实施研究性学习走进生活,让课堂回归生活等;三是从营造

---

① Jennifer O'Day, "Complexity, Accountability, and School Improvement", *Harvard Educational Review*, Vol. 72, No. 3, 2002, pp. 293 – 329.
② 李鹏、朱德全:《义务教育学校标准化建设:进程、问题与反思——基于 2010 年—2014 年全国义务教育办学条件数据的测度分析》,《清华大学教育研究》2016 年第 1 期。
③ 涂三广:《以就业为导向的职业教育教学评价的四个问题》,《职教论坛》2009 年第 21 期。
④ 葛鲁嘉:《心理环境论说——关于心理学对象环境的重新理解》,《陕西师范大学学报》(哲学社会科学版) 2006 年第 1 期。
⑤ Lewin, K, *A Dynamic Theory of Personality*, 转引自马永红、陈丹《企业参与校企合作教育动力机制研究——基于经济利益与社会责任视角》,《高教探索》2018 年第 3 期。

良好的校园氛围角度去美化学校心理环境，创建健康的校园文化、净化学校心理环境，强化学校的"三风"建设。通过心理环境改进，营造学习氛围，从"超越他人"到"自我提升"；改革学生管理，从"强迫被动"到"自由主动"；改善学业管理，从"外部监督"到"自我强化"；重视学生体验，从"绝对禁令"到"责任承担"。

（三）变革制度环境，开创平等且自由的学习组织

文化制度环境是学习环境的第三个重要维度，因此，在物理环境和心理环境的改进之外，还必须对职业教育学习的文化制度环境进行变革。组织学习是团队建设的"第五项修炼"，建构职业院校学生的学习共同体需要推动组织学习变革。[①] 培育学习共同体的目的是使学生在学习共同体中，通过学习方法的相互启发和帮助学会学习。在实践上，学习共同体安排了"互惠式"的学科活动、以头脑风暴和拼图法合作解决真实问题的活动，并规定各种学习活动的程序，通过自评、同侪评价、合作评价等方式，创造一种作为评价的学习（assessment as learning）的环境。[②] 在功能上，学习共同体以学生习惯采用的学习方法类型为主要依据，兼顾"互利"和"就近"原则，从个人的认知建构转向知识的社会协商，从疏离的学校教学到社会参与的学习的实践性，从个体的学习到组织的学习认知分布，创设有效的学习环境，从显性学习到默会的学习需要基于实践，最终实现"个体经验（课程）—学习环境（学校或班级）—学习关系（共同体）—学习文化"的融通。[③]

[①] 王凤彬：《组织层面学习与组织学习过程研究的新进展》，《经济理论与经济管理》2005 年第 7 期。

[②] Dominique Sluijsmans, Filip Dochy, George Moerkerke, "Creating a Learning Environment by Using Self-, Peer-and Co-Assessment", *Learning Environments Research*, Vol. 1, No. 3, 1998, pp. 293 – 319.

[③] 赵健：《基于学习创新的课程与教学设计——一个以"对称"概念为主题的案例研究》，《全球教育展望》2004 年第 5 期。

第八章 结论与反思

远行者所有的回望，都是为了走得更远。[①] 从追问"李约瑟之谜"和"韦伯之问"的教育学解答，到发现学习评价的"身份危机"，所有公平与发展的困局都指向了学习评价制度：一方面，学习评价推动并引领着中国教育的改革与发展；另一方面，由于学习评价"指挥棒"作用惯性过于强大，评价制度往往又制约中国教育的改革与发展。那么，学习评价究竟是教育改革的致命桎梏，还是教育发展的救命稻草？为了深入探究这个问题，研究者把学习评价效用问题具体到职业教育领域，在智慧时代、工业4.0和教育"中国梦"的时代背景下探讨学习评价效用问题。通过理论与实证的分析，对职业教育学习评价效用的内涵、生成机制、价值尺度、制度基础、现状水平、影响因素和优化策略等进行了学理上的论证。

第一节 研究发现

从追问"李约瑟之谜"与"韦伯之问"开始，按照"提出问题——分析问题——解决问题"的思路，依次回答了职业教育学习评价效用"是什么？""为什么？""应该怎么样？""基础怎么样？""实际怎么样？""什么原因导致？""怎么样改进？"等问题。另外，以制度分析为工具，把制度的"暗线"融入研究的全过程，依次从制度逻辑、制度变迁、制度运行、制度绩效、制度困境、制度创新完成了职业教育学习评价效用分析。在研究问题演进的"明线"和制度分析的"暗线"两条线索交相推进下，采用

---

① 韩少功：《远行者的回望》，《书屋》1995年第1期。

混合研究的"问题导向型"路线探究了职业教育学习评价效用的有关探索。

一 研究工作总结

从研究问题的提出到基本结论的发现，职业教育学习评价效用的研究主要完成评价效用的内涵、本质与尺度的理论研究，现状、问题与原因的实证调查研究和提高评价效用的对策建议研究等相关工作。

（一）理论研究

在理论研究上，主要运用元分析法和比较研究法，一是通过职业教育学习评价制度的变迁分析评价效用观，也是就是评价效用的内涵；二是通过职业教育学习评价制度的作用机制分析评价效用的生成过程；三是从职业教育学习评价的制度逻辑出发，分析评价效用的价值尺度。

第一，职业教育学习评价效用的内涵与本质。首先，运用概念地图，从学习评价、评价效用和制度三个概念簇比较分析了与职业教育学习评价效用紧密相关的评价、学习、制度、效用等概念的内涵、外延与相互关系。其次，根据制度分析理论，从结构分析、博弈论分析、规则分析、后果分析、文化—心理分析、制度变迁与路径分析等多方面阐释了职业教育学习评价效用的分析维度；最后，结合关于学习的评价（AOL）、促进学习的评价（AFL）和作为学习的评价（AAL）等理论，根据Tyler"目标评价理论"、Scriven评价的"目标游离模式"、Stufflebeam"评价主要为了改进"的主张和制度绩效理论，解构了职业教育学习评价效用的分析单元："目标"维度效用、"方向"维度效用、"结果"维度效用。

第二，职业教育学习评价效用的生成机理。职业教育学习评价效用的生成机理是复杂的。首先，从教育学的立场出发，关于学习的评价（AOL）、促进学习的评价（AFL）、作为学习的评价（AAL）等理论以及职业教育"教—学—评"的内在关系表明，职业教育学习评价效用的教育学机理是"以评价促进学习"。其次，从经济学的立场出发，人性、理性和行为是职业教育学习评价制度运行的影响参数，职业教育学习评价效用的生成是制度运行的结果，职业教育学习评价的教育学机理是"制度生成绩效"。最后，借助制度运行的过程分析框架，从抽象的过程系统来看，职业教育学习评价效用的理论框架也即是"评价实施—结果反馈—教学改进＋学习改进—效用生成"的过程系统。

第三，职业教育学习评价效用的尺度表征。职业教育学习评价制度从诞生之日起就在不停地变迁，因此，职业教育学习评价效用具有不同的尺度表征。首先，在历史上，职业教育学习评价制度经历了经验转向、伦理转向与文化转向，也先后出现了"工具主义""空想主义"与"功利主义"歧误，这是职业教育学习评价效用的历史表征。其次，不同的职业教育学习评价主体有着不同的价值诉求，从主体价值尺度来看，国家"立德树人"的政治理想、学校与教师"教化育人"的本职工作、学生与家长"追求发展"的投资行为、企业"人才选拔"的参考依据是职业教育学习评价效用的主体性表征。最后，综合教育的逻辑、制度的逻辑与评价的逻辑，职业教育学习评价制度的价值理性也就是职业教育学习评价效用的实践表征——人本、公平与发展。

（二）实证研究

实证调查研究的主要工作有三：一是通过职业教育学习评价的元评估，分析评价效用的制度基础；二是通过职业教育学习评价制度绩效的测度，分析评价效用的现状；三是通过教师与学生的质性访谈，分析了评价效用的影响因素。

第一，职业教育学习评价制度元评估。为探究职业教育学习评价效用的制度基础，首先，运用开放式访谈、元分析，借鉴国内外教育元评估的标准体系，自编《职业教育学习元评估调查问卷》。其次，运用 Mufti-AHP 计算职业教育学习元评估调查问卷的各维度权重以及专家、企业、学生元评估打分的权重，合成职业教育学习元评估的结果等级。再次，采用分层随机抽样的法则，在全国实施元评估调查，发放专家问卷 40 份，有效回收 32 份；发放学生问卷 400 份，有效回收 337 份；发放企业问卷 150 份，有效回收 103 份；结合专家评分、学生评分和企业评分，对职业教育学习评价的实用性、可行性、合理性与准确性进行了评价。最后，运用 Verstegen index 对职业教育学习评价的起点公平、过程公平与结果公平进行测算，再次实施公平维度的元评估。

第二，职业教育学习评价效用的现状测度。在元评估的基础上，首先，结合职业教育学习评价效用的过程分析框架建构了学习评价、教学改进、学习改进和 KSA 发展的链式中介模型，并提出了各变量之间的理论假设；其次，综合运用元分析、访谈法，编制《职业教育学习评价效用测度问卷》，并借助项目分析、探索性因素分析和验证性因子分析对问卷进行了测量学性能分析和修订，最终得到了信度、效度良好的测量工具；再次，运用调查问卷在全国实施问卷调查，采用分层随机抽样，发放问卷2132 份，回收有效问卷 1867 份；最后，综合运用描述性统计分析、Mufti-AHP 计算职业教育学习评价的发展指数；运用方差分析等方法，对职业教育学习评价效用进行多维比较；借助结构方程模型与层次回归分析，尝试运用 Causal steps approach、Boottrap 等方法探索职业教育学习评价效用的链式中介模型。

第三，职业教育学习评价效用的影响因素。元评估和现状测度发现了职业教育学习评价的制度困境与效用问题，为此，采用理论分析与质性资料相结合的方法进一步探究职业教育学习评价效用的问题成因。建构"宏观—中观—微观"的分析框架，结合 10 名中高职教师和 18 名中高职学生的访谈调查，从传统文化、现代文化、场域文化等角度，分析了文化因素对职业教育学习评价效用的影响；从非理性、完全理性和生态理性的角度，分析了职业教育学习评价效用的理性影响因素；从学习心理、交往心理和自我效能感等分析视角，探究了职业教育学习评价效用的心理影响因素。

（三）对策研究

通过理论与实证的分析再次明确了职业教育学习评价制度困境分析和效用的问题，因此，从提高职业教育学习评价效用的立场出发，进一步探究职业教育学习评价制度创新和提高评价效用的策略。

第一，职业教育学习评价效用提升的制度变革。从提高职业教育学习评价效用的角度来说，评价制度设计调整是制度变革的前提。在实践操作上，可以分别对评价制度的理念、结构和方法进行调整。首先，在评价制度设计上，一是运用 AOL、AFL 和 AAL 与 KSA 发展变革评价制度设计；二是坚持贯彻"教—学—评"一致性的评价制度结构变革；三是探索评价方式"传统"与"现代"结合的方法。其次，在评价制度的实施上，一是优化主体参与，以学生为主体，多元主体参与学习评价；二是优化评价流程，以公平为尺度，精细执行评价技术环节；三是优化评价调控，以人本为准则，注重评价工作伦理道德。最后，在评价结果上，一是要精细管理评价结果，挖掘评价结果的教育价值；二是要精准反馈评价结果，刺激教师学生的各种改进；三是要科学运用评价结果，以评价促进 KSA 发展。

第二，职业教育学习评价效用提升的教学改进。职业教育学习评价效用提升的关键就是教学改进。首先，教学目标改进，以合格为基准，设定分层目标。一是要坚持底线目标，以基本知识与基本技能为"底线"；二是设置分层目标，考虑学生差异，并对评价目标和过程进行分解；三是整合综合目标，用 KSA 与人的全面发展引领教学改进。其次，教学筹备改进，以学情为起点，参照工作过程。一是强化学情分析，坚持促进为了每个学生的学习；二是实施工作过程分析，为学生走上职业岗位而指导；三是优化程序设计，创设有效情境结构。再次，教学方法改进，以问题为导向，尝试多元方法。一是以问题为导向，施以处方式教学；二是以整合为目标，探索立体化教学；三是以结果为导向，选择有效性教学。复次，教学管理改进，以人本为法则，探索自主管理。一是坚持以学生为本位的人性化管理，二是加强基本的教学秩序与规范管理，三是探索并引导学生学会自主化管理。最后，教学评价改进，以发展为目标，变革评价制度。一是转变评价的理念，提升评价素养；二是探索实施 AOL、AFL 和 AAL 评价；三是深化评价信息的分析、反馈与科学运用。

第三，职业教育学习评价效用提升的学习改进。学习改进是职业教育学习评价效用提升的根本，因而要引导学习改进。首先，刺激学习动机，引导学生爱上学习。一是目标驱动，以"跳起来可摘到的苹果"激发学生学习；二是兴趣驱动，把学生的"热爱"与学校课程学习相融合；三是成就驱动，用"成功体验"刺激学生感受学习的乐趣。其次，追加学习投入，鼓励学生乐于学习。一是追加时间投入，引导学生花更多的时间参与学习；二是追加精力投入，引导学生花更多的精力钻研学习；三是追加资本投入，引导学生花更多的资本服务学习。再次，指点学习策略，教会学生学会学习。一是常规学习方法改进，从预习到课外阅读的调整；二是技术学习方法改进，"教—学—做"一体化；三是自我管理策略改进，时间、资源与行动协同化。最后，改良学习环境，保障学生学习条件。一是改善物理环境，提供便利而优质的学习条件；二是优化心理环境，创设健康又积极的学习氛围；三是变革文化制度环境，开创平等且自由的学习组织。

二 研究假设验证

为了聚焦研究工作的方向，在研究设计和分析框架中提出了本研究的七个猜想和主张，以猜想和主张为指引，进行了职业教育学习评价效用的内涵、生成机理与价值尺度的理论研究。以理论框架为基础，提出了实证研究的基本假设，通过数据分析和讨论，验证了相关假设：

（一）元评估的假设与验证

从制度公平的角度出发，引入公平指数，借鉴 JCSEE 的教育元评估标准，职业教育学习评价制度运行的好坏就可以直接通过公平指数大小来判断。因此，需要证明的假设：

H0：职业教育学习评价制度运行的公平指数较好。

从职业教育学习评价制度的"评价设计—评价实施—评价结果"的分析框架，可以将元评估的零假设分解为3个分假设：

H0－1：职业教育学习评价设计的公平指数较好；

H0－2：职业教育学习评价实施的公平指数较好；

H0－3：职业教育学习评价结果的公平指数较好。

通过专家、企业和学生的元评估数据分析，结合 Mufti-AHP 的权重系数，从制度公平的角度出发，引入公平指数，借鉴 JCSEE 的教育元评估标准和 Verstegen index。然而，Verstegen index 计算结果发现，职业教育学习评价制度运行的 Verstegen index 为 $1.5793 > 1$，这说明职业教育学习评价制度运行的公平指数并不好，因此，H0：职业教育学习评价制度运行的公平指数较好，不成立。同理，从职业教育学习评价制度的"评价设计—评价实施—评价结果"的分析框架来看，学习评价元评估将检测评价制度的"起点公平—过程公平—结果公平"。但是，Verstegen index 计算发现，职业教育学习评价设计的 Verstegen index 为 $1.6151 > 1$，评价实施的 Verstegen index 为 $1.6320 > 1$，评价结果的 Verstegen index 为 $1.7008 > 1$。因此，分假设 H0－1、H0－2、H0－3 也不成立。

（二）现状测度假设与验证

从职业教育学习评价效用的自变量和因变量之间的关系，以及因变量的操作性定义，可以提出研究假设1：

H1：职业教育学习评价能够促进学生的知识掌握、技能习得与能力养成。

当然，知识、技能、能力是不同层次和属性的效用。因此，以上假设可以进一步分解为：

H1－1：职业教育学习评价能够促进学生知识掌握；

H1-2：职业教育学习评价能够促进学生技能习得；

H1-3：职业教育学习评价能够促进学生能力养成。

数据统计发现，第一，职业教育学习评价在促进 KSA 的发展的单维度指数 Pi 分别为 0.5282、0.4977、0.5161，这足以证明职业教育促进学生 KSA 发展。第二，相关分析发现，学习评价与 KSA 及其各个维度之间的相关系数分别为 0.263、0.232、0.474，都呈现出显著的正相关。第三，结构方程模型的直接效应分析显示，职业教育学习评价可以显著正向预测 KSA 发展（$\beta = 0.67$，$p < 0.001$）；中介效应检测发现，学习评价对 KSA 发展的路径作用显著（$\beta = 0.46$，$p < 0.001$）。Bootstrap 检验也发现，学习评价对 KSA 发展的直接效应为 0.464，效果量为 71.06%，95% 的置信区间为 [0.1574，0.2272]。因此，职业教育学习评价能够促进学生的 KSA 发展，也即假设 H1 成立。在具体的效用维度上，学习评价对 K、S、A 的标准化总体效用（Standardized Total Effects）分别为 0.445、0.417、0.483，因此，研究的假设 H1-1、H1-2、H1-3 也成立。

职业教育学习评价实施之后，会产生一定结果，当结果反馈给教师和学生的时候，教师和学生都会面对评价结果，评价可能会让教师反思自身的教学，并做出相应的调整；学生也可能会反思自己的学习，并做出针对性改进，如此就生成了评价的效用。因此，研究假设 2：

H2：职业教育学习评价通过促进教师教学改进、学生学习改进而促进学生的发展。

但是，教师教学改进、学生学习改进并不是同一主体的活动，而且教学改进与学习改进之间还存在着一定的关系。因此，研究假设 2 可以分解为：

H2-1-1：职业教育学习评价能够促进教师教学改进；

H2-1-2：职业教育学习评价引起的教学改进能够促进学生 KSA 发展；

H2-2-1：职业教育学习评价能够促进学生学习改进；

H2-2-2：职业教育学习评价引起的学习改进能够促进学生 KSA 发展。

H2-3：职业教育学习评价引起教师教学改进能够帮助学生学习改进。

数据统计发现，第一，相关性统计发现，学习评价与教学改进、学习改进和 KSA 发展的相关系数分别为 0.224、0.223、0.386，这说明学习评价与教学改进、学习改进和 KSA 发展呈现紧密的正相关关系。第二，结构方程分析发现，学习评价对教学改进的路径作用显著（$\beta=0.34$，$p<0.001$），因此，H2-1-1 成立；对学习改进的路径作用显著（$\beta=0.17$，$p<0.001$），因此，H2-2-1 成立。同时，教学改进对 KSA 发展的路径作用显著（$\beta=0.32$，$p<0.001$），因此，H2-1-2 成立。同理，学习改进对 KSA 发展的路径作用显著（$\beta=0.23$，$p<0.001$），因此，H2-2-2 成立。教学改进对学习改进的路径作用显著（$\beta=0.55$，$p<0.001$），因此，H2-3 成立。第三，Bootstrap 检验也发现，教学改进在学习评价与 KSA 发展之间的中介效应为 0.106，效果量为 16.23%，且中介效应显著。学习改进在学习评价与 KSA 发展之间的中介效应为 0.042，效果量为 6.43%，且中介效应显著。教学改进+学习改进在学习评价与 KSA 发展之间的中介效应为 0.041，效果量为 6.28%，且中介效应显著。因此，假设 H2，分假设 H2-4 成立。

学校变量可以影响职业教育学习评价的教师和学生，进而影响教学改进与学习改进。据此，可以提出假设 3：

H3：不同院校的职业教育学习评价效用有所差异。

具体来说，高职、中职的差异，东中西部职业院校的差异以及院校级别的差异都会影响职业教育学习评价的最终效用。因此，研究假设 H3 可以分解为：

H3-1-1：不同类型职业院校的职业教育学习评价效用有所差异；

H3-1-2：不同级别职业院校的职业教育学习评价效用有所差异；

H3-1-3：不同区域职业院校的职业教育学习评价效用有所差异。

同时，学校、教师和学生差异也会影响职业教育学习评价与教学改进，所以：

H3-2-1：不同类型职业院校学习评价的教学改进有所差异；

H3-2-2：不同级别职业院校学习评价的教学改进有所差异；

H3-2-3：不同区域职业院校学习评价的教学改进有所差异。

同理，学校、教师和学生差异也会影响职业教育学习评价与学习改进，所以：

H3-3-1：不同类型职业院校学习评价的学习改进有所差异；

H3-3-2：不同级别职业院校学习评价的学习改进有所差异；

H3-3-3：不同区域职业院校学习评价的学习改进有所差异。

多维测度分析发现，中职与高职院校的职业教育学习评价促进教师教学改进存在显著性差异（$F=8.036$，$p=0.005<0.01$），因此，假设 H3-1-1 成立；普通职校、省级职校与国家级职校学习评价促进教学改进的差异并不显著（$F=1.118$，$p=0.327>0.05$），假设 H3-1-2 不成立；东部职校、中部职校与西部职校学习评价促进教学改进的差异并不显著（$F=0.844$，$p=0.430>0.05$），假设 H3-1-3 也不成立。同理可证，在职业教育学习评价促进学生学习改进方面，假设 H3-2-1 成立、假设 H3-2-2 成立、假设 H3-2-3 成立。在职业教育学习评价促进学生 KSA 发展方面，假设 H3-1-1 成立、假设 H3-3-2 成立、H3-3-3 也成立。尽管职业教育学习评价效用呈现出多种差异，但部分控制变量的统计学意义差异并不明显，所以假设 H3 需要修正。

（三）假设验证的结果

通过数据统计与假设检验，得到关于职业教育学习评价效用的假设的验证结果如表 8—1 所示：

表 8—1　　　　　　　　　研究假设验证结果

序号	假设内容	检验结果
1	H0：职业教育学习评价制度运行的公平指数较好。	不成立
2	H0-1：职业教育学习评价设计的公平指数较好；	不成立
3	H0-2：职业教育学习评价实施的公平指数较好；	不成立
4	H0-3：职业教育学习评价结果的公平指数较好。	不成立
5	H1：职业教育学习评价能够促进学生的知识掌握、技能习得与能力养成。	成立
6	H1-1：职业教育学习评价能够促进学生知识掌握；	成立
7	H1-2：职业教育学习评价能够促进学生技能习得；	成立
8	H1-3：职业教育学习评价能够促进学生能力养成。	成立
9	H2：职业教育学习评价通过促进教师教学改进、学生学习改进而促进学生的发展。	成立
10	H2-1-1：职业教育学习评价能够促进教师教学改进；	成立

续表

序号	假设内容	检验结果
11	H2-1-2：职业教育学习评价引起的教学改进能够促进学生KSA发展；	成立
12	H2-2-1：职业教育学习评价能够促进学生学习改进；	成立
13	H2-2-2：职业教育学习评价引起的学习改进能够促进学生KSA发展。	成立
14	H2-3：职业教育学习评价引起教师教学改进能够帮助学生学习改进。	成立
15	H3：不同院校的职业教育学习评价效用有所差异。	成立
16	H3-1-1：不同类型职业校的职业教育学习评价效用有所差异；	成立
17	H3-1-2：不同级别职业校的职业教育学习评价效用有所差异；	成立
18	H3-1-3：不同区域职业院校的职业教育学习评价效用有所差异。	成立
19	H3-2-1：不同类型职业院校学习评价的教学改进有所差异；	成立
20	H3-2-2：不同级别职业院校学习评价的教学改进有所差异；	不成立
21	H3-2-3：不同区域职业院校学习评价的教学改进有所差异。	不成立
22	H3-3-1：不同类型职业院校学习评价的学习改进有所差异；	成立
23	H3-3-2：不同级别职业院校学习评价的学习改进有所差异；	成立
24	H3-3-3：不同区域职业院校学习评价的学习改进有所差异。	成立

三 研究结论归纳

第一,职业教育学习评价效用的生成机制是"评价实施—结果反馈—教学改进+学习改进—效用生成"的过程系统。通过评价制度的运行,生成一定的评价结果(直接效用);基于结果分析与反馈,促进教师教学改进和学生学习改进(中介效用);通过教学改进与学习改进的共同作用,最终促进职业院校学生的 KSA 发展(终极效用)。

第二,制度是发展变迁的,人类的需求也是因时而异的,因而,不同时期的职业教育学习评价效用观各不一样。但是,制度的逻辑、评价主体的各种利益诉求在相对时空内又是稳定的,在现代性的时空环境中,职业教育学习评价制度的核心制度逻辑是国家"立德树人"的政治理想、学校与教师"教化育人"的本职工作、学生与家长"追求发展"的投资行为、企业"人才选拔"的参考依据,而根本性的价值尺度是人本、公平与发展。

第三,四维尺度与公平指数元评估发现,职业教育学习评价制度运行情况较好,但是存在着严重的实用主义、技术主义和形式主义的问题,评价制度的 Verstegen index 为 1.5793 >1。在各具体维度上,起点公平的 Verstegen index 为 1.6151 >1,职业教育学习评价制度起点公平得到重视,但是制度逻辑倾向实用;过程公平的 Verstegen index 为 1.6320 >1,过程公平得到彰显,但是具体流程依赖技术;结果公平的 Verstegen index 为 1.7008 >1,结果公平得到认同,但是实际行动流于形式。

第四,职业教育学习评价效用的现状测度发现,职业教育学习评价效用的整体水平:发展指数尚可,但绝对水平偏低。综合发展指数为 0.5140,但从 0.5140 到 1 之间,还有巨大的改进和发展空间。职业教育学习评价对 KSA 发展的路径作用系数仅为 $\beta = 0.46$,直接效应值为 0.464,总效应值也才 0.653。职业教育学习评价效用的差异特征:结果有所差异,但总体相对稳定。方差分析与多维均值比较发现职业教育学习评价效用的差异性特征明显。但学习评价、教学改进、学习改进与 KSA 发展之间的关系相对稳定,链式中介模型检验的拟合指数良好,各变量值之间的数量关系稳定。职业教育学习评价效用的作用机制:中介效用明显,但内部结构需要完善。教学改进在学习评价与 KSA 发展之间的中介效应为 0.106,效果量为 16.23%；学习改进在学习评价与 KSA 发展之间的中介效应为 0.042，效果量为 6.43%；教学改进 + 学习改进在学习评价与 KSA 发展之间的中介效应为 0.041，效果量为 6.28%。但是教学改进的中介效应为 0.106，效果量为 16.23%，学习改进的中介效应为 0.042，效果量为 6.43%，职业教育学习评价效用内部结构有待完善。

第五，从制度运行的条件来看，影响职业教育学习评价效用的因素主要包括文化、理性和心理三个方面。宏观层面的文化因素和制度环境，中观层面上制度结构、制度要素与人的理性，微观层面上制度内部人与人之间的交往心理和博弈等都会影响职业教育学习评价效用。

第二节 研究反思

学术研究是分析问题和解决问题的过程，也是发现问题和生成问题的过程。[①] 人类的知识增长就是解决旧问题和发现新问题的反复过程。通过职业教育学习评价效用的理论与实践研究，发现了以上的结论，但也生成了更多的困惑。

一 理论上的迷局

"不识庐山真面目，只缘身在此山中。"苏东坡在游山玩水之际道出了"深陷其中"的哲学迷局。学术研究亦是如此，徜徉在理论的旋涡中，囿于自身理论功底浅薄，很难高屋建瓴，洞察全局。所以，有了很多没有解释清楚的困惑：

第一，职业教育学习评价，与普通教育相比究竟有何不一样？这种提问有时候源于别人的好奇，但更多是来自自己写作时候的迷茫。自己也常常试着回答，但是答案依旧是职业教育的"跨界性""应用性"以及技

---

① 方志远：《学术研究的"问题意识"与"非问题意识"》，《中国社会科学评价》2016 年第 2 期。

学习的特殊性，等等①。或许职业教育和普通教育更多是"和而不同"，一心想寻找它们的区别，反倒进入了"白马非马"的困局。抑或是，这几个问题本身就没有答案，只有未来继续探索。

第二，从理论到实践，究竟有多远？教育是复杂的，评价也是复杂的，因此，教学改进与评价改革都不可能一蹴而就，而且也根本不存在"最优"的改进路线。② 一方面，职业教育理论研究在方法论和技术层面还处于"学术无知"（academic ingnorance）状况③；另一方面，学校职业教育无法模拟或复制真实的工作氛围与工作关系。要想真正改进评价制度，真正意义上实现"以评促教""以评促学"和"以评价促发展"，路悠远，且漫长。

第三，人人都说的问题，是不是真的问题？研究过程中，还有很多似是而非的另类发现。"职业教育'双师型'教师紧缺"是人人都说的问题，但调查发现很多被试都有双师教师资格证，45%左右的专任教师都是"双师"，至少是持有"双师教师资格证"的教师。而且访谈也发现，"只要愿意成为'双师'，那是很容易的事情。"（G3ST8）这或许印证了那句统计学上的名言，"数据本身不会说话，实质是人在借数据说话，人的价值标准隐于其后"。

二 方法上的陷阱

书到用时方恨少，事非经过不知难。教育研究的理论是浩瀚的，不可能穷尽；但教育研究的方法和技术却是有限的。更者，有限的方法也没有掌握好，会用的研究方法也缺乏实战经验。因此，研究方法的局限问题也在所难免。

一是问卷测量与真实水平之间的差距。再高超的定量研究技术也很难

---

① Eric Hanushek, Ludger Woessmann, Lei Zhang, "General Education, Vocational Education, and Labor-Market Outcomes Over the Life-Cycle", *Journal of Human Resources*, Vol. 52, No. 1, 2011, pp. 1–49.
② Dylan Wiliam, Hannah Bartholomew, "It's not which school but which set you're in that matters: the influence of ability grouping practices on student progress in mathematics", *British Educational Research Journal*, Vol. 30, No. 2, 2013, pp. 279–293.
③ 赵志群：《西方职业教育研究的路径与方向——劳耐尔〈职业教育研究手册〉读后》，《北京大学教育评论》2017年第2期。

完整、真实地呈现价值观教育的全过程。受到"系统歪曲现象""合作乞求""好恶倾向"等各种原因的影响,问卷测度与被测项目的真实水平之间永远存在误差。尽管这种误差可以通过项目的情境化不断缩小,但是测量项目与真实水平之间的干扰因素会永远影响测量结果,这是量化研究尤其是问卷调查研究无法超越的陷阱。

二是理论结构与真实世界之间的差距。综合 AOL、AFL、AAL 评价理论以及制度分析理论,结合 Tyler、Stufflebeam、Scriven 等人的评价观点,提出了 KSA 效用分析模型和"评价实施—结果反馈—教学改进+学习改进—效用生成"的过程系统,并以此建构了职业教育学习评价效用的链式中介模型。但是,任何人都知道,真实世界的变量会比这个理论模型复杂无数倍。此处,只是用了自然科学的控制变量法,测度并讨论了评价制度、教学改进、学习改进与学生 KSA 发展,并没有完全考虑真实世界评价系统。

三是混合研究的主观性与信度、效度问题。在研究方法上,元评估、现状测度使用了量化研究方法;在原因分析和影响因素探索上,采用了质性分析方法;在其他部分,则主要是理论分析与逻辑演绎。之所以如此安排是各种研究方法对问题的解释力可能相对较好,但是,也难免陷入研究者主观主义的误区。同时,由于文献编码采用了主轴编码和其他多重编码方法,所有量化分析和质性研究都紧紧围绕分析框架展开,这样论述相对集中,但是也难免有所偏失,对分析框架之外的因素和变量探讨不够。

此外,还有统计技术的问题。近年来一直有人在质疑统计学中的 P 值,研究者也曾经关注过相关研究,但是真正在使用的时候,还是绕不开对原来 P 值的使用。

三 表达上的旋涡

囿于时间、精力以及能力的局限,职业教育学习评价效用的探究存在着三个方面的局限:一是人文学科的研究没有绝对的正误,但却有相对的优劣;二是不同的表达,可能就是不同的质量;三是受研究方法和个人习惯的影响,在表达上也有所欠缺。

一是人文范式还是科学范式。学术研究在本质上应该是科学的,但是教育学在根本上又是人文的。[1] 所以，学术表达在追求科学的语言还是人文的语言上常常存在冲突。两方面都想兼顾，往往写得不伦不类，既不人文，也不科学。

二是西方格调还是本土格调。现代教育评价、学习评价的理论多来自西方，为掌握一手的研究文献，就必须查阅大量外文文献。在文献转换与理论运用的过程中，难免有翻译的痕迹，因此存在表达"本土化"的局限。

三是理论观点的冲突与融合。职业教育学习评价的理论基础，不同的视角有不同切入点，理论与理论之间，观点与观点之间，总是"矛盾"大于"统一"，文字表达很难弥合理论的争鸣，常常"两只黄鹂鸣翠柳"。而在不敢放手一搏的博士学位论文中，很多时候自然选择了保守，想表达的观点不敢表达，能表达的也未必说得清楚，最后，观点与文字之间，言不达意。

第三节　研究展望

"评价本身并无好坏，只是我们没有把评价用好。"[2] 未来的研究与实践中，一是要把研究做好，二是要尝试着把评价用好。具体来说，未来的学术研究需要做到如下三个方面：

一　研究视角的拓展

囿于时间、精力和能力的问题，研究的理论框架中，只是重点讨论了职业教育学习评价与教师教学、学生学习的关系。这在理论上没有错误，但是很明显，忽视了宽泛层面的学校管理变量乃至国家教育治理的问题。未来的研究中，可以从不同主体、不同结构、不同过程探究职业教育学习

---

[1] 余嘉云：《现代西方教学研究的主要范式及其发展趋势——实证主义范式与人文理解范式的比较与研究》，《教育科学》1999年第4期。
[2] Ronald Brandt, "On Evaluation: An Interview with Daniel L Stufflebeam", *Educational Leadership*, Vol. 35, No. 1, 1978, pp. 249–254.

评价效用问题。

二 研究方法的丰富

职业教育学习评价的研究，可以用问卷、访谈和观察，但是这样的研究更多是从效率的角度进行的。最理想的职业教育学习评价研究要进行行动研究、案例研究和实验研究。因此，未来研究可以把现有研究结果作为研究基础，然后再通过行动研究和实验研究，重点探索评价改革能否有效促进学生 KSA 的发展。

三 研究结果的运用

学习评价制度本身并无好坏优劣之分，之所以出现诸多的问题，其根本原因在于：一方面，人们对于评价制度的认知与运用不当，因而，当今很多的教育困境似乎都与评价有关；另一方面则是因为评价之后，基于评价结论的改进十分困难。因此，要大胆探索"学以致用"，一是在国外理论的借鉴基础上，还要尝试学习评价理论的"本土建构"；二是将本研究的结论和发现运用到部分职业院校，促进学习的评价试验。

参考文献

一 中文文献

(一) 著作类

1. 专著类

陈向明:《质的研究方法与社会科学研究》,教育科学出版社 2000 年版。

陈玉琨:《教育评估的理论与技术》,广东高等教育出版社 1987 年版。

风笑天:《社会学研究方法》,中国人民大学出版社 2009 年第三版。

姜大源:《当代德国职业教育主流教学思想研究——理论、实践与创新》,清华大学出版社 2007 年版。

李秉德、李定仁:《教学论》,人民教育出版社 2012 年版。

李坤崇:《学业评价——多种评价工具与设计的应用》,华东师范大学出版社 2016 年版。

梁佩云、张淑贤:《导向学习的评估:教育实务汇编》,香港大学出版社 2007 年版。

刘春生、徐长发:《职业教育学》,教育科学出版社 2002 年版。

刘世闵、曾世丰、钟明伦等:《NVivo11 与网路质性研究方法论》,五南图书出版股份有限公司 2017 年版。

刘尧:《教育困境是教育评价惹的祸吗?》,学苑出版社 2017 年版。

罗胜强:《管理学问卷调查研究方法》,重庆大学出版社 2014 年版。

邱皓政:《量化研究与统计分析》,重庆大学出版社 2009 年版。

施良方:《学习论》,人民教育出版社 2001 年版。

石伟平、徐国庆:《职业教育课程开发技术》,上海教育出版社 2006 年版。

石伟平:《比较职业技术教育》,华东师范大学出版社 2001 年版。

石伟平:《时代特征与职业教育创新》,上海教育出版社 2006 年版。

王策三:《教学论稿》,人民教育出版社2005年版。
王文科、王智弘:《教育研究方法》,五南图书出版股份有限公司2006年第10版。
吴钢:《现代教育评价教程》,北京大学出版社2012年版。
吴明隆:《结构方程模型:AMOS的操作与应用》,重庆大学出版社2009年第2版。
吴明隆:《问卷统计分析实务——SPSS操作与运用》,重庆大学出版社2010年版。
辛鸣:《制度论:关于制度哲学的理论建构》,人民出版社2005年版。
熊小刚:《国家科技奖励制度运行绩效评价》,社会科学文献出版社2013年版。
杨金土:《30年重大变革:1979—2008年职业教育要事概录》,教育科学出版社2011年版。
杨向东、崔允漷:《课堂评价:促进学生的学习和发展》,华东师范大学出版社2012年版。
叶赋桂:《新制度与大革命:以近代知识分子和教育为中心》,教育科学出版社2010年版。
岳昌君:《教育计量学》,北京大学出版社2009年版。
张伟豪:《SEM论文写作不求人》,三星统计技术服务有限公司2011年版。
赵志群:《职业教育工学结合一体化课程开发指南》,清华大学出版社2009年版。
朱德全、徐小容、李鹏:《教育测量与评价》,高等教育出版社2016年版。
朱德全、杨鸿:《教学研究方法论》,人民教育出版社2012年版。
朱德全:《职业教育统筹发展论》,科学出版社2016年版。
庄榕霞、赵志群:《职业院校学生职业能力测评的实证研究》,清华大学出版社2012年版。

  2. 译著类

[德]费利克斯·劳耐尔、赵志群、吉利:《职业能力与职业能力测评:KOMET理论基础与方案》,清华大学出版社2010年版。
[德]柯武刚、史漫飞:《制度经济学:社会秩序与公共政策》,韩朝华译,商务印书馆2000年版。
[德]赖因哈德·施托克曼等:《评估学》,唐以志译,人民出版社2012年

版。

［德］马克斯·韦伯：《经济与社会》，林远等译，商务印书馆1997年版。

［法］皮埃尔·布尔迪厄、华康德：《实践与反思——反思社会学导论》，李猛等译，中央编译出版社2004年版。

［韩］河连燮：《制度分析：理论与争议》，李秀峰等译，中国人民大学出版社2014年版。

［捷克］扬·阿姆斯·夸美纽斯：《大教学论》，傅任敢译，教育科学出版社2011年版。

［美］格莱德勒：《学习与教学——从理论到实践》，张奇等译，中国轻工业出版社2007年第五版。

［美］戴尔·H. 申克：《学习理论》，何一希等译，江苏教育出版社2003年版。

［美］道格拉斯·C. 诺斯：《制度、制度变迁与经济绩效》，杭行译，格致出版社、上海三联书店、上海人民出版社2014年版。

［美］简妮·奥姆罗德：《学习心理学》，雷雳等译，中国人民大学出版社2015年版。

［美］约翰·杜威：《民主主义与教育》，王承绪译，人民教育出版社2001年版。

［美］约翰·杜威：《评价理论》，冯平等译，上海译文出版社2007年版。

［美］约翰·杜威：《学校与社会·明日之学校》，王承绪译，人民教育出版社2005年版。

［美］B. S. 布卢姆：《教育评价》，邱渊等译，华东师范大学出版社1987年版。

［美］埃贡·G. 古巴、伊冯娜·S. 林肯：《第四代评估》，秦霖等译，中国人民大学出版社2008年版。

［日］佐藤学：《学习的快乐——走向对话》，钟启泉译，教育科学出版社2004年版。

［苏联］巴班斯基：《论教学过程最优化》，吴文侃等译，教育科学出版社2011年版。

［英］保罗·威利斯：《学做工：工人阶级子弟为何继承父业》，秘舒等译，译林出版社2013年版。

［英］玛丽·道格拉斯：《制度如何思考》，张晨曲译，经济管理出版社

2013年版。

［英］伊恩·史密斯：《学习性评价》，剑桥教育（中国）译，教育科学出版社2010年版。

（二）论文类

1. 期刊类

曾文婕、黄甫全、余璐：《评估促进学习何以可能——论新兴学本评估的价值论原理》，《教育研究》2015年第12期。

曾文婕、黄甫全：《学本评估：缘起、观点与应用》，《课程·教材·教法》2015年第6期。

崔允漷、徐瑰瑰：《论课堂评价的后果效度》，《课程·教材·教法》2014年第7期。

崔允漷：《促进学习：学业评价的新范式》，《教育科学研究》2010年第3期。

邓泽民、姚梅林、王泽荣：《职业技能教学原则探究》，《教育研究》2012年第5期。

丁邦平：《从"形成性评价"到"学习性评价"：课堂评价理论与实践的新发展》，《课程·教材·教法》2008年第9期。

丁邦平：《学习性评价：涵义、方法及原理》，《比较教育研究》2006年第2期。

高安京：《古代职业技术教育学徒考试与反思》，《宁夏社会科学》2011年第6期。

郭广生、赵曙东：《以"教会学生学习"引领教与学的改革》，《中国高等教育》2013年第23期。

郭丽君：《走向为教学的评价：地方高校教学评价制度探析》，《高等教育研究》2016年第6期。

郭裕建：《"学与教"的社会建构主义观点述评》，《心理科学》2002年第1期。

郝天聪、石伟平：《就业导向，还是生涯导向？——职业教育发展两难抉择的破解之策》，《教育科学》2017年第2期。

和震：《论能力与能力本位职业教育》，《教育科学》2003年第4期。

黄小平、胡中锋：《论教育评价的效度及其构建》，《高教探索》2014年第2期。

姜大源：《论行动体系及其特征》，《教育发展研究》2002年第12期。

姜大源：《职业教育教学思想的职业说》，《中国职业技术教育》2006年第22期。

蒋乃平：《对综合职业能力内涵的再思考》，《职业技术教育》2001年第10期。

靳玉乐、艾兴：《对研究性学习的再认识》，《课程·教材·教法》2003年第1期。

康永久：《"制度教育学"管窥》，《华东师范大学学报》（教育科学版）2001年第1期。

柯政：《学校变革困难的新制度主义解释》，《北京大学教育评论》2007年第1期。

匡瑛：《究竟什么是职业能力——基于比较分析的角度》，《江苏高教》2010年第1期。

李定仁：《论教会学生学习的问题》，《西北师大学报》（社会科学版）1994年第1期。

李江源：《论教育制度之"真善美"》，《四川师范大学学报》（社会科学版）2016年第3期。

李芒、蔡旻君、陈萍：《英国ARG促进学习的评价与启示》，《外国教育研究》2016年第10期。

李森、熊易寒：《青少年反学校文化理论反思与本土化诠释》，《青年研究》2017年第1期。

李鹏、朱成晨、朱德全：《职业教育精准扶贫：作用机理与实践反思》，《教育与经济》2017年第6期。

李鹏、朱德全：《读职校有用吗？——美国职业教育个人收益的元分析与启示》，《清华大学教育研究》2018年第1期。

李鹏、朱德全：《公平与发展：中国义务教育督导绩效的实证研究》，《教育学报》2016年第2期。

李鹏、朱德全：《监测评估："互联网+"时代职业教育质量评估体系创新》，《中国电化教育》2018年第6期。

李涛：《底层的"少年们"：中国西部乡校阶层再生产的隐性预演》，《社会科学》2016年第1期。

林毅夫：《李约瑟之谜、韦伯之问和中国的奇迹——自宋以来的长期经济发展》,《北京大学学报》(哲学社会科学版) 2007 年第 5 期。

吕鹏:《生产底层与底层的再生产——从保罗·威利斯的〈学做工〉谈起》,《社会学研究》2006 年第 2 期。

潘春胜:《高职学生学业倦怠影响因子与对策研究》,《中国高教研究》2014 年第 7 期。

潘莉娟、乔炳臣:《关于"教学生学会学习"的几个理论问题》,《教育研究》1996 年第 6 期。

裴娣娜:《论我国课堂教学质量评价观的重要转换》,《教育研究》2008 年第 1 期。

屈林岩:《学习理论的发展与学习创新》,《高等教育研究》2008 年第 1 期。

饶旭鹏、刘海霞:《非正式制度与制度绩效——基于"地方性知识"的视角》,《西南大学学报》(社会科学版) 2012 年第 2 期。

石中英:《缄默知识与教学改革》,《北京师范大学学报》(社会科学版) 2001 年第 3 期。

石中英:《教学认识过程中的"错误"问题》,《北京大学教育评论》2006 年第 1 期。

汤霓、石伟平:《我国职业资格证书课程体系构建的逻辑起点、核心要素与制度保障》,《中国高教研究》2015 年第 8 期。

唐智彬:《论现代治理视域下的高职业教育质量第三方评价体系建设》,《中国高教研究》2016 年第 5 期。

王本陆、骆寒波:《教学评价:课程与教学改革促进者》,《课程·教材·教法》2006 年第 1 期。

王俭:《教育评价发展历史的哲学考察》,《教师教育研究》2008 年第 2 期。

王少非:《课堂评价需要什么样的公平性》,《教育发展研究》2014 年第 24 期。

王少非:《效度概念的演进与课堂评价的效度》,《全球教育展望》2014 年第 6 期。

王天晓:《教学改进:艾尔默对学校改进理论的深化》,《比较教育研究》2009 年第 3 期。

温忠麟、叶宝娟:《中介效应分析:方法和模型发展》,《心理科学进展》

2014 年第 5 期。

肖化移、李中玲：《德国 KOMET 测评技术及反思》，《全球教育展望》2013 年第 4 期。

辛涛、李雪燕：《教育评价理论与实践的新进展》，《清华大学教育研究》2005 年第 12 期。

徐国庆：《工作结构与职业教育课程结构》，《教育发展研究》2005 年第 15 期。

徐国庆：《智能化时代职业教育人才培养模式的根本转型》，《教育研究》2016 年第 3 期。

徐涵：《德国学习领域课程：职业教育教学体系的转变》，《比较教育研究》2015 年第 1 期。

阎光才：《教育评价的正当性与批判性评价》，《北京师范大学学报》（社会科学版）2003 年第 2 期。

杨彩菊：《第四代评价理论下高职学生学习评价反思》，《职业技术教育》2015 年第 13 期。

杨启亮：《论教学评价中的"反教学"现象》，《山东教育科研》2000 年第 11 期。

杨启亮：《为教学的评价与为评价的教学》，《教育研究》2012 年第 7 期。

杨依山：《基于人性结构和制度功能有效性的制度变迁理论》，《制度经济学研究》2007 年第 4 期。

尹弘飚：《论课程变革的制度化——基于新制度主义的分析》，《高等教育研究》2009 年第 4 期。

张和生、余军民、郑岱：《高考公平指数的建构与测评——以湖南省为例》，《北京大学教育评论》2013 年第 1 期。

张永胜：《学习评价改革的困境和反思》，《西北师大学报》（社会科学版）2010 年第 5 期。

赵蒙成、徐承萍：《职业教育第三方评价的现实困境与应对策略》，《教育科学》2017 年第 2 期。

赵志群：《西方职业教育研究的路径与方向——劳耐尔〈职业教育研究手册〉读后》，《北京大学教育评论》2017 年第 2 期。

甄志宏：《制度、组织与经济绩效》，《吉林大学社会科学学报》2005 年第 6 期。

钟启泉：《教学方法：概念的诠释》，《教育研究》2017 年第 1 期。
周潇：《从学校到工厂：中等职业教育与农二代的社会流动》，《青年研究》2015 年第 5 期。
周潇：《反学校文化与阶级再生产——小子与子弟之比较》，《社会学研究》2011 年第 5 期。
周雪光：《制度是如何思维的?》，《读书》2001 年第 4 期。
周志刚、杨彩菊：《教育评价范式特征演变的向度分析》，《江苏高教》2014 年第 4 期。
朱德全、李鹏：《课堂教学有效性论纲》，《教育研究》2015 年第 10 期。
朱德全、李鹏：《论统筹城乡职业教育的多重治理逻辑》，《新华文摘》2013 年第 22 期。
朱德全：《教学系统对话机制的生成与教学设计》，《教育研究》2006 年第 10 期。
祝新华：《促进学习评估中的反馈的效能及其提升策略》，《课程·教材·教法》2011 年第 4 期。
邹吉忠：《论制度思维方式与制度分析方法》，《哲学动态》2003 年第 7 期。

2. 学位论文类

曾文婕：《文化学习引论》，博士学位论文，华南师范大学，2007 年。
康红芹：《杜威职业教育思想探究》，博士学位论文，天津大学，2014 年。
李涛：《底层社会与教育——一个中国西部农业县的底层教育真相》，博士学位论文，东北师范大学，2014 年。
李政涛：《教育生活中的表演——人类行为表演性的教育学考察》，博士学位论文，华东师范大学，2003 年。
林克松：《工作场学习与专业化革新——职业教育教师专业发展路径探新》，博士学位论文，西南大学，2014 年。
刘辉：《促进学习的课堂评价结果处理研究》，博士学位论文，华东师范大学，2010 年。
孙玫璐：《职业教育制度分析》，博士学位论文，华东师范大学，2008 年。
汪凌：《学业的成功与失败：学业评估的视角——兼谈中国和法国的案例》，博士学位论文，华东师范大学，2007 年。
王永林：《我国高职业教育评估的价值取向研究——兼论评估制度的重构

与监测评估的应用》，博士学位论文，上海交通大学，2014年。

徐国庆：《实践导向职业教育课程研究》，博士学位论文，华东师范大学，2004年。

闫宁：《高等职业教育学生学业评价研究》，博士学位论文，陕西师范大学，2012年。

严芳：《教育元评估的理论与实践研究》，博士学位论文，华东师范大学，2010年。

严霄云：《符应理论视角：职业教育与中国新产业工人的生产》，博士学位论文，上海大学，2013年。

杨彩菊：《高等职业教育学生学习质量评估研究》，博士学位论文，天津大学，2014年。

杨鸿：《教师教学知识的统整研究》，博士学位论文，西南大学，2010年。

张良：《课程知识观研究——从表征主义到生成主义》，博士学位论文，华东师范大学，2015年。

周文叶：《学生表现性评价研究》，博士学位论文，华东师范大学，2009年。

周瑛仪：《大规模职业能力测评的预测效度——基于COMET方案在汽修、数控与电气专业领域的研究》，博士学位论文，北京师范大学，2015年。

朱德全：《问题系统教学设计探究——数学处方教学设计原理归结》，博士学位论文，西南师范大学，2002年。

（三）其他类

教育部发展规划司：《各级各类学校校数、教职工、专任教师情况》，http://www.moe.gov.cn/s78/A03/moe_560/jytjsj_2015/2015_qg/201610/t20161012_284511.html。

教育部：《面对质量诊改，高职院校该从何做起？》，http://www.moe.edu.cn/jyb_xwfb/xw_zt/moe_357/jyzt_2017nztzl/2017_zt02/17zt02_pl/201705/t20170503_303689.html，2018年1月30日。

朱德全：《职业教育促进经济社会发展》，《光明日报》2012年9月24日第16版。

二 英文部分

（一）著作类

Amartya K. Sen, *Development as freedom*, New York: Knopf Group, 2000.

Black Paul, Chris Harrison, Clara Lee, *Assessment for learning: Putting it into practice*, Maidenhead: Open University Press, 2003.

Council for the Curriculum Examinations and Assessment, *Assessment for Learning: A Practical Guide*, Belfast: CCEA Publication, 2009.

Danile L. Stufflebeam, *Standards for Evaluations of Educational Programs, Projects, and Materials*, New York: McGraw-Hill Book Co. , 1981.

Danile L. Stufflebeam, Anthony J. Shinkfield, *Evaluation Theory, Models, and Applications*, San Francisco, CA: Jossey-Bass publishers, 2007.

David H. Hargreaves, *Personalizing learning: student voice and assessment for learning*, London: Specialist Schools Trust, 2004.

Egon G. Guba, Yvonna S. Lincoln, *Effective evaluation: Improving the usefulness of evaluation results through responsive and naturalistic approaches*, San Francisco, CA: Jossey-Bass publishers, 1983.

Lorna Earl, *Assessment as Learning: Using Classroom Assessment to Maximise Student Learning*, Thousand Oaks, CA: Corwin Press, 2003.

Lorna Earl, Steven Katz, *Rethinking classroom assessment with purpose in mind: Assessment for Learning, Assessment as Learning, Assessment of Learning*, Winnipeg, MB: Western Northern Canadian Protocol, 2006.

National Research Council, *Knowing What Students Know: The Science and Design of Educational Assessment*, Washington, D. C. : National Academies Press, 2001.

Norman Gronlund, *Assessment of Student Achievement* (6th Ed.), Needham Heights, MA: Allyn & Bacon Publishing, 1998.

Paulo Freire, *Pedagogy of the Oppressed*, New York: The Continuum International Publishing Group Inc. , 2000.

Ralph W. Tyler. W, *Basic Principles Curriculum and Instruction* (1st Ed.), Chicago, IL: University of Chicago Press, 1950.

Ruth Dann, *Promoting Assessment as Learning: Improving the Learning Process*, London: Routledge Falmer, 2002.

Wayne K. Hoy, Cecil G. Miskel, *Education administration: Theory Research and Pracitice*, New York: McGraw-Hill Book Co., 2005.

Wynne Harlen, *Assessment of Learning*, London: Sage Publications, 2007.

（二）论文类

1. 期刊类

Andy Hargreaves, Lorna Earl, Michele Schmidt, et al., "Perspectives on alternative assessment reform", *American Educational Research Journal*, Vol. 39, No. 1, 2002.

Anne Murphy, "The Institutional Logics Perspective: A New Approach to Culture, Structure and Process", *Leadership & Organization Development Journal*, Vol. 15, No. 6, 2012.

Anthony Kelly, "The evolution of key skills: towards a tawney paradigm", *Journal of Vocational Education & Training*, Vol. 53, No. 1, 2001.

Benjamin S. Bloom, "Learning for mastery", *Evaluation Comment (UCLA-CSEIP)*, Vol. 1, No. 2, 1968.

Cheryl A. Jones, "Assessment for learning", *Education Policy & Reform*, Vol. 7, No. 1, 2005.

Danile L. Stufflebeam, "A Brief Introduction to Standards for Evaluations of Educational Programs, Projects, and Materials", *American Journal of Evaluation*, Vol. 12, No. 2, 1981.

Danile L. Stufflebeam, "Professional Standards for Assuring the Quality of Educational Program and Personnel Evaluations", *International Journal of Educational Research*, Vol. 11, No. 1, 1987.

Danile L. Stufflebeam, "The meta-evaluation", *American Journal of Evaluation*, Vol. 22, No. 2, 2001.

Deborah A. Verstegen, Lisa G. Driscoll, "Educational Opportunity: The Illinois Dilemma", *Journal of Education Finance*, Vol. 33, No. 4, 2008.

Deborah A. Verstegen, Teresa S. Jordan, "A Fifty-State Survey of School Finance Policies and Programs: An Overview", *Journal of Education Finance*, Vol. 34, No. 3, 2009.

Dominique Sluijsmans, Gerard Straetmans, Jeroen J. G. Van Merriënboer, "Integrating authentic assessment with competence-based learning in vocational education: the protocol portfolio scoring", *Journal of Vocational Education & Training*, Vol. 60, No. 2, 2008.

Douglass C. North, "Economic performance through time", *American Economic Review*, Vol. 84, No. 3, 1994.

Dylan Wiliam, Clare Lee, "Teachers developing assessment for learning: Impact on student achievement", *Assessment in Education: Principles, Policy & Practice*, Vol. 11, No. 1, 2004.

Dylan Wiliam, Hannah Bartholomew, H, "It's not which school but which set you're in that matters: the influence of ability grouping practices on student progress in mathematics", *British Educational Research Journal*, Vol. 30, No. 2, 2013.

Dylan Wiliam, Paul Black, "Meanings and Consequences: A Basis for Distinguishing Formative and Summative Functions of Assessment", *British Educational Research Journal*, Vol. 22, No. 5, 1996.

Eleanore Hargreaves, "Assessment for learning? Thinking outside the (black) box", *Cambridge Journal of Education*, Vol. 35, No. 2, 2005.

Elinor Ostrom, "A Grammar of Institutions", *American Political Science Review*, Vol. 89, No. 3, 1995.

Felix Rauner, Lars Heinemann, Andrea Maurer, et al., "Competence Development and Assessment in TVET (COMET)", *Psychiatry-Interpersonal and Biological Processes*, Vol. 4, No. 6, 2012.

Gavin Moodie, "Identifying vocational education and training", *Journal of Vocational Education & Training*, Vol. 54, No. 2, 2002.

Jennifer O'Day, "Complexity, Accountability, and School Improvement", *Harvard Educational Review*, Vol. 72, No. 3, 2002.

John M. Dirkx, "Leaning in and Leaning Back at the Same Time Toward a Spirituality of Work-Related Learning", *Advances in Developing Human Resources*, Vol. 15, No. 4, 2013.

Joseph Needham, "Science and society in east and west", *Science & Society*, Vol. 28, No. 4, 1964.

Marc Schütte, Georg Spöttl, "Development of Entry-Level Competence Tests: A Strategy for Evaluation of Vocational Education Training Systems", *Research in Comparative & International Education*, Vol. 6, No. 3, 2011.

Mary James, David Pedder, "Beyond method: assessment and learning practices and values", *The Curriculum Journal*, Vol. 17, No. 2, 2006.

Melissa M. Nelson, Christian D. Schunn, "The nature of feedback: How different types of peer feedback affect writing performance", *Instructional Science*, Vol. 37, No. 4, 2009.

Michael Scriven, "Types of evaluation and types of evaluator", *Evaluation Practice*, Vol. 17, No. 2, 1996.

Patrick Griffin, Shelley Gillis, "Standards-Referenced Assessment for Vocational Education and Training in Schools", *Australian Journal of Education*, Vol. 51, No. 1, 2007.

Paul Black, Christine Harrison, Clare Lee, et al., "Working inside the black box: Assessment for learning in the classroom", *Phi delta kappan*, Vol. 86, No. 1, 2004.

Paul Black, Dylan Wiliam, "Inside the Black Box: Raising Standards through Classroom Assessment", *The Phi Delta Kappan*, Vol. 80, No. 2, 1998.

Philipp Grollmann, Melanie Hoppe, "Methods and Instruments for the Evaluation and Monitoring of Vocational Education and Training Systems: A Basis for Evidence-Based Policy Making?" *Research in Comparative and International Education*, Vol. 6, No. 3, 2011.

Richard J. Stiggins, "Assessment Crisis: The Absence of Assessment FOR Learning", *Phi Delta Kappan*, Vol. 83, No. 10, 2002.

Richard J. Stiggins, "Assessment Literacy for the 21st Century", *Phi Delta Kappan*, Vol. 77, No. 3, 1995.

Rick Stiggins, "Assessment through the Student's Eyes", *Educational Leadership*, Vol. 64, No. 8, 2007.

Ronald H. Coase, "The institutional structure of production", *The American Economic Review*, Vol. 82, No. 4, 1992.

Sandra Speer, "Peer Evaluation and its Blurred Boundaries: Results from a Meta-evaluation in Initial Vocational Education and Training", *Evaluation*,

Vol. 16, No. 4, 2010.

Thomas R. Guskey, "How Classroom Assessments Improve Learning?" *Educational leadership*, Vol. 60, No. 5, 2003.

Wynne Harlen, "Teachers' summative practices and assessment for learning-tensions and synergies", *Curriculum Journal*, Vol. 16, No. 2, 2005.

2. 学位论文类

Lynette Daphne Vey, *Enhancing the Relationship Between Learning and Assessment*, Ph. D. dissertation, Canberra: University of Canberra, 2005.

Yu Zhang, *The Determinants of National College Entrance Exam Performance in China: With an Analysis of Private Tutoring*, Ph. D. dissertation, New York: Columbia University, 2011.

3. 会议论文类

Danile L. Stufflebeam, "The CIPP model for program evaluation", Presented at the 2003 Annual Conference of the Oregon Program Evaluators Network (OPEN), Portland, Oregon, 2003.

Fernando G. Aleu, Heather Keathley, "Design and Application of a Meta-evaluation Framework", Iie Conference & Expo, 2015.

Wolfgang Beywl, Sandra Speer, "Developing standards to evaluate vocational education and training programmes", The foundations of evaluation and impact research, Third report on vocational training research in Europe: background report, Luxembourg: EUR-OP, 2004.

(三) 其他类

Andrew F. Hayes, *Model templates for PROCESS for SPSS and SAS*, Hayes and The Guilford Press, 2013.

Australian Policy Online, "Skills for All Australians", March 23, 2017, http://apo.org.au/node/28700.

Elinor Ostrom, *Beyond Markets and States: Polycentric Governance of Complex Economic Systems*, Nobel Prize in Economics Documents, Vol. 100, No. 3, 2010.

Joint Committee on Standards for Education, *The program evaluation standards* (2nd Ed.), Thousand Oaks, CA: Sage, 1994.

Office of Vocational and Adult Education, "State Career & Technical Education

(CTE) Self Assessment", http://www.mprinc.com/products/browse_by_sub ject.aspx? pubID =451.

Ofsted, "Common Inspection Framework for Further Education and Skills 2012", http://www.ofsted.gov, March 23, 2017.

Wilbert J. Mckeachie, Paul R. Pintrich, David A. F. Smith et al., *Teaching and Learning in the College Classroom: A Review of the Research Literature*, Ann Arbor, MI: University of Michigan, 1987.

Willard G. Warrington, *Student evaluation of instruction at Michigan State University*, East Lansing: college of education Michigan State University, 1973.

附 录

附录1：数据收集工具

附件1-1-1 职业教育学习评价制度元评估表

职业教育学习元评估调查问卷（专家评分问卷）

尊敬的专家：

您好！感谢您在百忙之中参与此次调查。

为探寻职业教育学习评价的实施现状，课题组特编制了此调查问卷。关于问卷的填写：

（1）本问卷匿名作答，所有信息将严格保密，所收集的数据仅供学术研究；

（2）本问卷的回答没有对错之分，请您按照个人掌握的真实情况，逐项填写本问卷的所有问题；

（3）本问卷共2页，合计52题。请勿遗漏！

回答完毕，请将问卷提交给发卷人，或将答案发送至邮箱：boomlee@email.swu.edu.cn

问卷星上的问卷，直接保存并提交即可。

再次感谢您的帮助，谨此致谢！

西南大学教育学部 职业教育学习评价课题组

2017年11月

第一部分　您的基本信息

答题说明：以下是您个人的基本信息的问答，请在（　）中填上适当的答案。

1. （　）您的性别是：A. 男　　　　B. 女
2. （　）您所在的单位是：A. 高校　B. 科研院所　C. 第三方评价机构
3. （　）您的最高学历是：A. 专科或者以下　B. 本科　C. 研究生
4. （　）您的职称是：A. 正高级　　B. 副高级
　　　　　　　　　C. 讲师级　　D. 助教级
5. （　）您从事教育评价的时间：_____ 年

第二部分　制度运行评分

答题说明：以下表格中是您对当前职业院校学习评价制度的感受和评价，每个项目单独评分，最高分 5 分，最低分 1 分，请在表中对应的 1、2、3、4、5 上划√。

评价环节	评价内容	问题陈述	非常不符合	比较不符合	一般符合	比较符合	非常符合
A 评价设计	A-1 评价目标	1. 职校学生学习评价都会考虑学生实际情况	1	2	3	4	5
		2. 职校对学生学习评价的目标基本都能实现	1	2	3	4	5
		3. 每次学习评价的目标设置得都很合理	1	2	3	4	5
	A-2 评价方式/模式	4. 每次学习评价，为什么而评价都清楚明确	1	2	3	4	5
		5. 职校选择的学习评价方式讲究实用	1	2	3	4	5
		6. 每次学习评价方式的可操作性很强	1	2	3	4	5
		7. 职校每次都选择最合理的方式评价学习	1	2	3	4	5
		8. 职校采用的学习评价能准确评价学生学习	1	2	3	4	5

续表

评价环节	评价内容	问题陈述	非常不符合	比较不符合	一般符合	比较符合	非常符合
A 评价设计	A-3 评价工具	9. 职校已选择实用的工具使用很合理	1	2	3	4	5
		10. 职校学生学习评价工具的操作性好	1	2	3	4	5
		11. 职校学生学习评价能够区分学生的学习成绩	1	2	3	4	5
		12. 职校学生学习评价工具的结果可信	1	2	3	4	5
	A-4 评价标准	13. 职校学生学习评价标准与职校学生学习实况	1	2	3	4	5
		14. 职校已选择易操作的学生学习评价标准	1	2	3	4	5
		15. 职校已选择适合的学生学习评价标准	1	2	3	4	5
		16. 职校都已选择准确规范的学生学习评价标准	1	2	3	4	5
B 评价实施	B-1 主体参与	17. 教师、学生、企业等多方面参与了学习评价	1	2	3	4	5
		18. 学生、企业等都可以参与职校学习评价	1	2	3	4	5
		19. 职校会合理选择不同主体参与学生学习评价	1	2	3	4	5
		20. 教师、学生、企业等参与学习评价效果很好	1	2	3	4	5
	B-2 评价组织	21. 职校学生学习评价严格按照既定计划实施	1	2	3	4	5
		22. 职校已选择简单易行的方式组织学习评价	1	2	3	4	5
		23. 职校会按照评价规律组织学习评价	1	2	3	4	5
		24. 职校学生学习评价程序保障了评价效果	1	2	3	4	5
	B-3 评价技术	25. 职校会选用比较实用的学习评价技术	1	2	3	4	5
		26. 职校所采用的学生学习评价技术易于操作	1	2	3	4	5
		27. 职校会合理选择学习评价技术	1	2	3	4	5
		28. 职校会采用科学精准的学生学习评价技术	1	2	3	4	5
	B-4 评价调控	29. 学生学习评价调节调控效果不错	1	2	3	4	5
		30. 职校已出台具体可行的学习评价监督制度	1	2	3	4	5
		31. 职校学生学习评价会合理预算成本	1	2	3	4	5
		32. 职校会准确地实施学生学习评价调控	1	2	3	4	5

续表

评价环节	评价内容	问题陈述	非常不符合	比较不符合	一般符合	比较符合	非常符合
C 评价结果	C-1 结果形式	33. 职校选择了简单实用的学习评价结果形式	1	2	3	4	5
		34. 职校学生学习评价形式深受学生欢迎	1	2	3	4	5
		35. 职校学习评价结果真实反映了学生学业水平	1	2	3	4	5
		36. 职校学习评价结果准确反映了学生学业水平	1	2	3	4	5
	C-2 结果质量	37. 职校学生学习评价结果非常可信	1	2	3	4	5
		38. 职校学生学习评价结果真实有效	1	2	3	4	5
		39. 职校学习评价结果有效区分了学业水平	1	2	3	4	5
	C-3 结果反馈	40. 职校学习评价反馈考虑了学生的接受能力	1	2	3	4	5
		41. 职校已选择简易可行的评价结果反馈途径	1	2	3	4	5
		42. 职校已选择科学有效的评价结果反馈形式	1	2	3	4	5
		43. 职校已选择准确无误的评价结果反馈方式	1	2	3	4	5
	C-4 结果应用	44. 职校会准确选择学习评价结果应用对象	1	2	3	4	5
		45. 职校学习评价结果应用具有良好的现实需求	1	2	3	4	5
		46. 职校学习评价结果应用具有成熟的配套条件	1	2	3	4	5
		47. 职校学习评价结果应用取得了良好实际效果	1	2	3	4	5

附件1-1-2 职业教育学习评价制度元评估表

职业教育学习元评估调查问卷（学生评分问卷）

亲爱的同学：

你好！感谢你在百忙之中参与此次调查。

为探寻职业教育学习评价的实施现状，课题组特编制了此调查问卷。关于问卷的填写：

（1）本问卷匿名作答，所有信息将严格保密，所收集的数据仅供学术研究；

（2）本问卷的回答没有对错之分，请你按照个人掌握的真实情况，逐项填写本问卷的所有问题；

（3）本问卷共2页，合计52题。请勿遗漏！

回答完毕，请将问卷提交给发卷人，或将答案发送至邮箱：boomlee@email.swu.edu.cn

问卷星上的问卷，直接保存并提交即可。

再次感谢你的帮助，谨此致谢！

西南大学教育学部　职业教育学习评价课题组
2017年11月

第一部分　你的基本信息

答题说明：以下是你个人的基本信息的问答，请在（　）中填上适当的答案。

1. （　）你的性别是：A. 男　　　　B. 女
2. （　）你所在学校是：A. 中职　　　B. 高职
3. （　）你学校所在区域：A. 东部　　　B. 中部　　　C. 西部
4. （　）你所在年级是：A. 一年级　　B. 二年级　　C. 三年级
5. （　）你的专业是：　　　　　　　　　　　（请填写）

第二部分 制度运行评分

答题说明：以下表格中是你对当前职业院校学习评价制度的判断，每个项目单独评分，最高分5分，最低分1分，请在表中对应的1、2、3、4、5上划√。

评价环节	评价内容	问题陈述	非常不符合	比较不符合	一般符合	比较符合	非常符合
A 评价设计	A-1 评价目标	1. 学校学习评价都会考虑我们实际情况	1	2	3	4	5
		2. 每次对我们学习评价的目标基本都能实现	1	2	3	4	5
		3. 每次学习评价的目标设置的都很合理	1	2	3	4	5
		4. 我们对为什么而评价都清楚明确	1	2	3	4	5
	A-2 评价方式/模式	5. 学校选择的学习评价方式讲究实用	1	2	3	4	5
		6. 每次学习评价方式的可操作性很强	1	2	3	4	5
		7. 学校每次都已选择最合理的方式评价学习	1	2	3	4	5
		8. 学校采用的学习评价能准确评价学生学习	1	2	3	4	5
	A-3 评价工具	9. 学校已选择实用的工具使用很合理	1	2	3	4	5
		10. 学校学习评价工具的操作性好	1	2	3	4	5
		11. 学校学习评价能够区分我们的学习成绩	1	2	3	4	5
		12. 学校学习评价工具的结果可信	1	2	3	4	5
	A-4 评价标准	13. 学校学习评价标准与我们学习实况相符合	1	2	3	4	5
		14. 学校已选择易操作的学习评价标准	1	2	3	4	5
		15. 学校已选择适合我们的学习评价标准	1	2	3	4	5
		16. 学校都已选择准确规范的学习评价标准	1	2	3	4	5

续表

评价环节	评价内容	问题陈述	非常不符合	比较不符合	一般符合	比较符合	非常符合
B 评价设计	B-1 主体参与	17. 教师、学生、企业等多方面参与了学习评价	1	2	3	4	5
		18. 学生、企业等都可以参与学校学习评价	1	2	3	4	5
		19. 学校会合理选择不同主体参与学生学习评价	1	2	3	4	5
		20. 教师、学生、企业等参与学习评价效果很好	1	2	3	4	5
	B-2 评价组织	21. 学校学习评价严格按照既定计划实施	1	2	3	4	5
		22. 学校已选择简单易行的方式组织学习评价	1	2	3	4	5
		23. 学校会按照评价规律组织学习评价	1	2	3	4	5
	B-3 评价技术	24. 学校学习评价程序保障了评价效果	1	2	3	4	5
		25. 学校会选用比较实用的学习评价技术	1	2	3	4	5
		26. 学校所采用的学习评价技术易于操作	1	2	3	4	5
		27. 学校会合理选择学习评价技术	1	2	3	4	5
	B-4 评价调控	28. 学校会采用科学精准的学生学习评价技术	1	2	3	4	5
		29. 学习评价调节调控效果不错	1	2	3	4	5
		30. 学校已出台具体可行的学习评价监督制度	1	2	3	4	5
		31. 学校学习评价会合理预算成本	1	2	3	4	5
		32. 学校会准确地实施学生学习评价调控	1	2	3	4	5
C 评价结果	C-1 结果形式	33. 学校选择了简单实用的学习评价结果形式	1	2	3	4	5
		34. 学校学习评价形式的深受学生欢迎	1	2	3	4	5
		35. 学校学习评价结果真实反映了学生学业水平	1	2	3	4	5
		36. 学校学习评价结果准确反映了学生学业水平	1	2	3	4	5
	C-2 结果质量	37. 学校学习评价的结果非常可信	1	2	3	4	5
		38. 学校学习评价的结果真实有效	1	2	3	4	5
		39. 学校学习评价结果有效区分了学业水平	1	2	3	4	5

续表

评价环节	评价内容	问题陈述	非常不符合	比较不符合	一般符合	比较符合	非常符合
C 评价设计	C-3 结果反馈	40. 学校学习评价反馈考虑了学生的接受能力	1	2	3	4	5
		41. 学校已选择简易可行的评价结果反馈途径	1	2	3	4	5
		42. 学校已选择科学有效的评价结果反馈形式	1	2	3	4	5
		43. 学校已选择准确无误的评价结果反馈方式	1	2	3	4	5
	C-4 结果应用	44. 学校会准确选择学习评价结果应用对象	1	2	3	4	5
		45. 学校学习评价结果应用具有良好的现实需求	1	2	3	4	5
		46. 学校学习评价结果应用具有成熟的配套条件	1	2	3	4	5
		47. 学校学习评价结果应用取得了良好实际效果	1	2	3	4	5

附件1-1-3 职业教育学习评价制度元评估表

职业教育学习元评估调查问卷（企业评分问卷）

尊敬的_____：

您好！感谢您在百忙之中参与我们的课题调查。

为探寻职业教育学习评价的实施现状，课题组特编制了此调查问卷。关于问卷的填写：

（1）本问卷匿名作答，所有信息将严格保密，所收集的数据仅供学术研究；

（2）本问卷的回答没有对错之分，请您按照个人掌握的真实情况，逐项填写本问卷的所有问题；

（3）本问卷共2页，合计52题。请勿遗漏！

回答完毕，请将问卷提交给发卷人，或将答案发送至邮箱：boomlee@email.swu.edu.cn。

问卷星上的问卷，直接保存并即可。

再次感谢您的帮助，谨此致谢！

西南大学教育学部　职业教育学习评价课题组
2017年11月

第一部分　您的基本信息

答题说明：以下是您个人的基本信息的问答，请在（　）中填上适当的答案。

1. （　）您的性别是：A. 男　　B. 女

2. （　）您在企业的职位是：A. 高管　　B. 中层干部　　C. 普通技工

3. （　）您单位所在区域：A. 东部　　B. 中部　　C. 西部

4. （　）您接触职业教育的时间：_____年

5. （　）您参与的职业教育活动：A. 招工用工　B. 技能培训　C. 带徒弟　D. 其他

第二部分 制度运行评分

答题说明：以下表格中是您对当前职业院校学习评价制度的感受和判断，每个项目单独评分，最高分5分，最低分1分，请在表中对应的1、2、3、4、5上划√。

评价环节	评价内容	问题陈述	非常不符合	比较不符合	一般符合	比较符合	非常符合
A 评价设计	A-1 评价目标	1. 校企合作中的学习评价都会考虑学生实际情况	1	2	3	4	5
		2. 校企合作中学习评价的目标基本都能实现	1	2	3	4	5
		3. 校企合作中学习评价目标设置得都很合理	1	2	3	4	5
		4. 每次学习评价，为什么而评价都清楚明确	1	2	3	4	5
	A-2 评价方式/模式	5. 职校选择的学习评价方式讲究实用	1	2	3	4	5
		6. 每次学习评价方式的可操作性很强	1	2	3	4	5
		7. 校企合作中的学习评价会选择最合理的方式	1	2	3	4	5
		8. 职校采用的学习评价能准确评价学生学习	1	2	3	4	5
	A-3 评价工具	9. 校企合作中的学习评价选择实用的评价工具	1	2	3	4	5
		10. 校企合作中的学习评价工具的操作性好	1	2	3	4	5
		11. 校企合作的学习评价能够区分学生学习成绩	1	2	3	4	5
		12. 校企合作中的学习评价工具的结果可信	1	2	3	4	5
	A-4 评价标准	13. 校企合作中的学习评价标准与学生学习实况相符	1	2	3	4	5
		14. 职校已选择易操作的学生学习评价标准	1	2	3	4	5
		15. 职校已选择适合的学生学习评价标准	1	2	3	4	5
		16. 职校都已选择准确规范的学生学习评价标准	1	2	3	4	5

续表

评价环节	评价内容	问题陈述	非常不符合	比较不符合	一般符合	比较符合	非常符合
B 评价设计	B-1 主体参与	17. 教师、学生、企业等多方面参与了学习评价	1	2	3	4	5
		18. 学生、企业等都可以参与职校学习评价	1	2	3	4	5
		19. 职校会合理选择不同主体参与学生学习评价	1	2	3	4	5
		20. 教师、学生、企业等参与学习评价效果很好	1	2	3	4	5
	B-2 评价组织	21. 校企合作中学习评价严格按照既定计划实施	1	2	3	4	5
		22. 职校已选择简单易行的方式组织学习评价	1	2	3	4	5
		23. 职校会按照评价规律组织学习评价	1	2	3	4	5
		24. 校企合作中的学习评价程序保障了评价效果	1	2	3	4	5
	B-3 评价技术	25. 职校会选用比较实用的学习评价技术	1	2	3	4	5
		26. 职校所采用的学生学习评价技术易于操作	1	2	3	4	5
		27. 职校会合理选择学习评价技术	1	2	3	4	5
		28. 职校会采用科学精准的学生学习评价技术	1	2	3	4	5
	B-4 评价调控	29. 学生学习评价调节调控效果不错	1	2	3	4	5
		30. 职校已出台具体可行的学习评价监督制度	1	2	3	4	5
		31. 校企合作中的学习评价会合理预算成本	1	2	3	4	5
		32. 职校会准确地实施学生学习评价调控	1	2	3	4	5
C 评价结果	C-1 结果形式	33. 职校选择了简单实用的学习评价结果形式	1	2	3	4	5
		34. 校企合作中的学习评价形式深受学生欢迎	1	2	3	4	5
		35. 职校学习评价结果真实反映了学生学业水平	1	2	3	4	5
		36. 职校学习评价结果准确反映了学生学业水平	1	2	3	4	5
	C-2 结果质量	37. 校企合作中的学习评价结果非常可信	1	2	3	4	5
		38. 校企合作中的学习评价结果真实有效	1	2	3	4	5
		39. 职校学习评价结果有效区分了学业水平	1	2	3	4	5

续表

评价环节	评价内容	问题陈述	非常不符合	比较不符合	一般符合	比较符合	非常符合
C 评价设计	C-3 结果反馈	40. 职校学习评价反馈考虑了学生的接受能力	1	2	3	4	5
		41. 职校已选择简易可行的评价结果反馈途径	1	2	3	4	5
		42. 职校已选择科学有效的评价结果反馈形式	1	2	3	4	5
		43. 职校已选择准确无误的评价结果反馈方式	1	2	3	4	5
	C-4 结果应用	44. 职校会准确选择学习评价结果应用对象	1	2	3	4	5
		45. 职校学习评价结果应用具有良好的现实需求	1	2	3	4	5
		46. 职校学习评价结果应用具有成熟的配套条件	1	2	3	4	5
		47. 职校学习评价结果应用取得了良好实际效果	1	2	3	4	5

附件1-2 职业教育学习评价制度与效用的专家赋权打分表（专家判断矩阵）

尊敬的专家：

您好！为了深入掌握职业院校学生学习评价的实施状况，有效推进教学与评价改革，西南大学教育学部"职业教育学习评价课题组"在全国中高职院校开展了学习评价调查访谈。感谢您参与我们的调查！

1. 评分内容。此次调查，需要您根据您丰富的职业教育研究或评价工作的经验，判断职业教育学习评价制度与制度绩效两类权重合计8个矩阵。

2. 评分说明。此次评分，主要依据专家经验，对矩阵内同一级指标的重要性两两比较，所有的重要性尺度分为9级，分别计分1、2、3、4、5、6、7、8、9，各标尺含义如下：

等级	重要性程度（同一级指标 ij 对比）	赋值 C_{ij}
1	i元素与j元素，同等重要	1
2	i元素比j元素，稍显更重要	3
3	i元素比j元素，明显更重要	5
4	i元素比j元素，强烈更重要	7
5	i元素比j元素，极端更重要	9
6	i元素比j元素，稍显不重要	1/3
7	i元素比j元素，明显不重要	1/5
8	i元素比j元素，强烈不重要	1/7
9	i元素比j元素，极端不重要	1/9

特别说明：c_{ij} = {2、4、6、8、1/2、1/4、1/6、1/8} 表示重要等级介于 c_{ij} = {1、3、5、7、9、1/3、1/5、1/7、1/9} 之间，所以 c_{ij} 中，i元素与j元素重要性比较值域，还价可以根据您的经验来判断，在 {1、2、3、4、5、6、7、8、9、1/2、1/3、1/4、1/5、1/6、1/7、1/8、1/9} 选择对应标准。

范例：假设我们对一个课题申报的选题缘由、文献综述、研究设计与前期基础四个一级维度作比较，某专家认为：

选题缘由与选题缘由相比，同等重要，则 $c_{ij}=1$；

选题缘由与文献综述相比，明显不重要，则 $c_{ij}=1/5$；

选题缘由与研究设计相比，强烈不重要，则 $c_{ij}=1/7$；

选题缘由与前期基础相比，稍显不重要，则 $c_{ij}=1/3$。

同比，文献综述与文献综述相比，同等重要，则 $c_{ij}=1$；

文献综述与研究设计相比，介于明显不重要和强烈不重要之间，则 $c_{ij}=1/5$；

文献综述与前期基础相比，稍显更重要，则 $c_{ij}=3$。

再次，研究设计与研究设计相比，同等重要，则 $c_{ij}=1$；

研究设计与前期基础相比，强烈更重要，则 $c_{ij}=7$；

最后，前期基础与前期基础相比，同等重要，则 $c_{ij}=1$。

因此，获得专家判断矩阵：

一阶维度	选题缘由	文献综述	研究设计	前期基础
选题缘由	1	1/5	1/7	1/3
文献综述		1	1/4	3
研究设计			1	7
前期基础				1

3. 数据说明。本问卷匿名作答，所有信息将严格保密，所收集的数据仅供学术研究，请您放心作答。

感谢您的参与和支持！

西南大学职业教育学习评价研究课题组
2017 年 12 月

第一部分 您的基本信息

答题说明：以下是您个人的基本信息的问答，请在（ ）中填上适当的答案。

1. （ ）您的性别是：A. 男　　B. 女
2. （ ）您所在的单位是：A. 高校　　B. 科研院所　　C. 第三方评价机构
3. （ ）您的最高学历是：A. 专科或者以下　　B. 本科　　C. 研究生
4. （ ）您的职称是：A. 正高级　　B. 副高级　　C. 讲师级　　D. 助教级
5. （ ）您从事教育评价的时间：　　　年

第二部分 评价制度公平权数调查

矩阵1：关于职业教育学习评价制度的评价设计、评价过程与评价结果重要性的比较。

评价制度	评价设计	评价实施	评价结果
评价设计	1		
评价实施		1	
评价结果			1

矩阵2：关于职业教育学习评价制度的评价设计的二阶维度比较。

评价设计	评价目标	评价方式	研究工具	评价标准
评价目标	1			
评价方式		1		
评价工具			1	
评价标准				1

矩阵3：关于职业教育学习评价制度的评价实施的二阶维度比较。

评价实施	主体参与	过程组织	技术运用	被试调控
主体参与	1			
过程组织		1		
技术运用			1	
被试调控				1

矩阵4：关于职业教育学习评价制度的评价结果的二阶维度比较。

评价结果	评价结果形式	评价结果质量	评价结果反馈	评价结果应用
评价结果形式	1			
评价结果质量		1		
评价结果反馈			1	
评价结果应用				1

***说明：结果形式是指学习评价结果是一个分数、一份报告等外在形式；结果质量是学习评价结果的信度、效度、区分度；反馈主要是指反馈给学生；应用是指用于评奖、用于指导、用于选材就业等。

第三部分 评价制度绩效权数调查

矩阵5：关于职业教育学习评价制度绩效一阶维度的重要性的比较。

评价制度	促进教学改进	促进学习改进	促进学业发展
促进教学改进	1		
促进学习改进		1	
促进学业发展			1

职业教育学习评价效用的制度分析

矩阵 6：关于职业教育学习评价促进教学改进的二阶维度重要性的比较。

教学改进	教学目标调整	教学筹备改进	教学方法改进	教学管理改进	教学评价改进
教学目标调整	1				
教学筹备改进		1			
教学方法改进			1		
教学管理改进				1	
教学评价改进					1

矩阵 7：关于职业教育学习评价促进学习改进的二阶维度重要性的比较。

学习改进	学习动机	学习投入	学习习惯	学习策略
学习动机	1			
学习投入		1		
学习习惯			1	
学习策略				1

矩阵 8：关于职业教育学习评价促进学业成就二阶维度重要性的比较。

评价制度	知识学习（K）	技能习得（S）	能力养成（A）
知识学习（K）	1		
技能习得（S）		1	
能力养成（A）			1

评分完毕，感谢您的参与和支持！

请将问卷提交给发卷人，或将答案发送至邮箱：boomlee@email.swu.edu.cn

问卷星上的问卷，直接保存并提交即可。

附件 1-3 职业教育学习评价效用测度问卷（教师问卷）

尊敬的老师：

您好！感谢您在百忙之中参与此次调查。

为探寻职业教育学习评价所产生的效用，课题组特编制了此调查问卷。

关于问卷的填写：

（1）本问卷匿名作答，所有信息将严格保密，所收集的数据仅供学术研究；

（2）本问卷的回答没有对错之分，请您按照个人掌握的真实情况，逐项填写本问卷的所有问题；

（3）本问卷共 4 页，合计 97 题。

回答完毕，请将问卷提交给发卷人，或将答案发送至邮箱：boomlee@email.swu.edu.cn。

问卷星上的问卷，直接保存并提交即可。

再次感谢您的帮助，谨此致谢！

西南大学教育学部　职业教育学习评价课题组
2017 年 12 月

第一部分　您的基本信息

答题说明：以下是您个人的基本信息的问答，请在（　）中填上适当的答案。

1. （　）您的性别是：A. 男　　　　　　　　B. 女
2. （　）您所在的单位是：A. 中职院校　　　　　B. 高职院校
3. （　）您所在的学校是：A. 国家级示范　　B. 省级示范　　C. 普通职校
4. （　）您所在的学校位于：A. 东部地区　　B. 中部地区　　C. 西部地区
5. （　）您的教学身份是：A. 理论课教师　　B. 实践课教师　　C.

双师型教师

6. （　　） 您的职称是：_____
7. （　　） 您的教龄是：_____

第二部分　评价制度运行调查分问卷

答题说明：以下表格中是您对当前职业院校学习评价制度的感受和判断，每个项目单独评分，最高分 5 分，最低分 1 分，请在表中对应的 1、2、3、4、5 上划√。

评价环节	评价内容	问题陈述	非常不符合	比较不符合	一般符合	比较符合	非常符合
A 评价设计	A-1 评价目标	1. 学校学生学习评价都会考虑学生实际情况	1	2	3	4	5
		2. 每次对学生学习评价的目标基本都能实现	1	2	3	4	5
		3. 每次学习评价的目标设置的都很合理	1	2	3	4	5
		4. 每次学习评价，为什么而评价都清楚明确	1	2	3	4	5
	A-2 评价方式/模式	5. 学校选择的学习评价方式讲究实用	1	2	3	4	5
		6. 每次学习评价方式的可操作性很强	1	2	3	4	5
		7. 学校每次都已选择最合理的方式评价学习	1	2	3	4	5
		8. 学校采用的学习评价能准确评价学生学习	1	2	3	4	5
	A-3 评价工具	9. 学校已选择实用的工具使用很合理	1	2	3	4	5
		10. 学校学生学习评价工具的操作性好	1	2	3	4	5
		11. 学校学生学习评价能够区分学生的学习成绩	1	2	3	4	5
		12. 学校学生学习评价工具的结果可信	1	2	3	4	5
	A-4 评价标准	13. 学校学生学习评价标准与学校学生学习实况相符	1	2	3	4	5
		14. 学校已选择易操作的学生学习评价标准	1	2	3	4	5
		15. 学校已选择适合的学生学习评价标准	1	2	3	4	5
		16. 学校都已选择准确规范的学生学习评价标准	1	2	3	4	5

续表

评价环节	评价内容	问题陈述	非常不符合	比较不符合	一般符合	比较符合	非常符合
B 评价设计	B-1 主体参与	17. 教师、学生、企业等多方面参与了学习评价	1	2	3	4	5
		18. 学生、企业等都可以参与学校学习评价	1	2	3	4	5
		19. 学校会合理选择不同主体参与学生学习评价	1	2	3	4	5
		20. 教师、学生、企业等参与学习评价效果很好	1	2	3	4	5
	B-2 评价组织	21. 学校学生学习评价严格按照既定计划实施	1	2	3	4	5
		22. 学校已选择简单易行的方式组织学习评价	1	2	3	4	5
		23. 学校会按照评价规律组织学习评价	1	2	3	4	5
		24. 学校学生学习评价程序保障了评价效果	1	2	3	4	5
	B-3 评价技术	25. 学校会选用比较实用的学习评价技术	1	2	3	4	5
		26. 学校所采用的学生学习评价技术易于操作	1	2	3	4	5
		27. 学校会合理选择学习评价技术	1	2	3	4	5
		28. 学校会采用科学精准的学生学习评价技术	1	2	3	4	5
	B-4 评价调控	29. 学生学习评价调节调控效果不错	1	2	3	4	5
		30. 学校已出台具体可行的学习评价监督制度	1	2	3	4	5
		31. 学校学生学习评价会合理预算成本	1	2	3	4	5
		32. 学校会准确实施学生学习评价调控	1	2	3	4	5
C 评价结果	C-1 结果形式	33. 学校选择了简单实用的学习评价结果形式	1	2	3	4	5
		34. 学校学生学习评价形式深受学生欢迎	1	2	3	4	5
		35. 学校学习评价结果真实反映了学生学业水平	1	2	3	4	5
		36. 学校学习评价结果准确反映了学生学业水平	1	2	3	4	5
	C-2 结果质量	37. 学校学生学习评价结果非常可信	1	2	3	4	5
		38. 学校学生学习评价结果真实有效	1	2	3	4	5
		39. 学校学习评价结果有效区分了学业水平	1	2	3	4	5

续表

评价环节	评价内容	问题陈述	非常不符合	比较不符合	一般符合	比较符合	非常符合
C 评价设计	C-3 结果反馈	40. 学校学习评价反馈考虑了学生的接受能力	1	2	3	4	5
		41. 学校已选择简易可行的评价结果反馈途径	1	2	3	4	5
		42. 学校已选择科学有效的评价结果反馈形式	1	2	3	4	5
		43. 学校已选择准确无误的评价结果反馈方式	1	2	3	4	5
	C-4 结果应用	44. 学校会准确选择学习评价结果应用对象	1	2	3	4	5
		45. 学校学习评价结果应用具有良好的现实需求	1	2	3	4	5
		46. 学校学习评价结果应用具有成熟的配套条件	1	2	3	4	5
		47. 学校学习评价结果应用取得了良好实际效果	1	2	3	4	5

第三部分　教师教学改进调查分问卷

答题说明：以下陈述是您在完成对学习评价之后，在教学方面做出的改变，每个题目单独评分，最高分5分，最低分1分，请在表中对应的1、2、3、4、5上划√。

评价内容	问题陈述	非常不符合	比较不符合	一般符合	比较符合	非常符合
TI-1	通过对学生的学习评价与分析，我会更加强调明确教学目标	1	2	3	4	5
TI-2	通过对学生的学习评价与分析，我会尝试多元化的教学方法	1	2	3	4	5
TI-3	通过对学生的学习评价与分析，我会反思教学目标设计	1	2	3	4	5
TI-4	通过对学生的学习评价与分析，我会改变评价的方式	1	2	3	4	5
TI-5	通过对学生的学习评价与分析，我会更加充分考虑学生学情	1	2	3	4	5
TI-6	通过对学生的学习评价与分析，我会精心选择教材与教参	1	2	3	4	5

续表

评价内容	问题陈述	非常不符合	比较不符合	一般符合	比较符合	非常符合
TI-7	通过对学生的学习评价与分析，我会努力尝试新的教学方法	1	2	3	4	5
TI-8	通过对学生的学习评价与分析，我会努力营造和谐课堂环境	1	2	3	4	5
TI-9	通过对学生的学习评价与分析，我会强化课堂教学纪律	1	2	3	4	5
TI-10	通过对学生的学习评价与分析，我会强化评价结果的反馈	1	2	3	4	5
TI-11	通过对学生的学习评价与分析，我会设法调动学生自主学习	1	2	3	4	5
TI-12	通过对学生的学习评价与分析，我会设置分层教学目标	1	2	3	4	5
TI-13	通过对学生的学习评价与分析，我会适当改变常用教学方法	1	2	3	4	5
TI-14	通过对学生的学习评价与分析，我会用心准备教学课件等	1	2	3	4	5
TI-15	通过对学生的学习评价与分析，我调整评价考试的频次	1	2	3	4	5
TI-16	通过对学生的学习评价与分析，我会更加用心整个教学内容	1	2	3	4	5

第四部分 学生学习改进调查分问卷

答题说明：以下陈述是在实施学习评价之后，学生在学习方面做出的调整改变，每个题目单独评分，最高分 5 分，最低分 1 分，请在表中对应的 1、2、3、4、5 上划√。

评价内容	问题陈述	非常不符合	比较不符合	一般符合	比较符合	非常符合
SI-1	通过学习评价与结果反馈，学生端正了学习态度	1	2	3	4	5
SI-2	通过学习评价与结果反馈，学生对学习更有兴趣	1	2	3	4	5
SI-3	通过学习评价与结果反馈，学生反复试错次数增加	1	2	3	4	5
SI-4	通过学习评价与结果反馈，学生反思实践次数增多	1	2	3	4	5

续表

评价内容	问题陈述	非常不符合	比较不符合	一般符合	比较符合	非常符合
SI-5	通过学习评价与结果反馈，学生更愿意主动提问	1	2	3	4	5
SI-6	通过学习评价与结果反馈，学生课堂玩手机减少	1	2	3	4	5
SI-7	通过学习评价与结果反馈，学生自主学习次数变多	1	2	3	4	5
SI-8	通过学习评价与结果反馈，学生上课出勤率增加	1	2	3	4	5
SI-9	通过学习评价与结果反馈，学生实习实训不怕吃苦	1	2	3	4	5
SI-10	通过学习评价与结果反馈，学生死记硬背情况增多	1	2	3	4	5
SI-11	通过学习评价与结果反馈，学生提交作业及时	1	2	3	4	5
SI-12	通过学习评价与结果反馈，学生自购学习资料增加	1	2	3	4	5
SI-13	通过学习评价与结果反馈，学生学习互助有所增加	1	2	3	4	5

第五部分 学生学业成就调查分问卷

答题说明：以下表格中是您对当前职业院校学习制度的评价，每个项目单独评分，最高分5分，最低分1分，请在表中对应的1、2、3、4、5上划√。

评价内容	问题陈述	非常不符合	比较不符合	一般符合	比较符合	非常符合
SA-1	通过学习评价与反馈，学生更愿意大胆尝试新的挑战	1	2	3	4	5
SA-2	通过学习评价与反馈，学生能够更好地表达个人想法	1	2	3	4	5
SA-3	通过学习评价与反馈强化，学生技能考试通过率提高	1	2	3	4	5
SA-4	通过学习评价与反馈强化，学生技能模仿更加容易	1	2	3	4	5
SA-5	通过学习评价与反馈强化，学生技能训练更有目的性	1	2	3	4	5
SA-6	通过学习评价与反馈强化，学生实训实验成功率提高	1	2	3	4	5
SA-7	通过学习评价与反馈强化，学生实训作品质量提高	1	2	3	4	5
SA-8	通过学习评价与结果反馈，考试不及格学生人数变少	1	2	3	4	5

续表

评价内容	问题陈述	非常不符合	比较不符合	一般符合	比较符合	非常符合
SA-9	通过学习评价与结果反馈，学生对旧知识巩固更加扎实	1	2	3	4	5
SA-10	通过学习评价与结果反馈，学生分享知识的意识增强	1	2	3	4	5
SA-11	通过学习评价与结果反馈，学生技能大赛获奖更多	1	2	3	4	5
SA-12	通过学习评价与结果反馈，学生接受新知识变得更快	1	2	3	4	5
SA-13	通过学习评价与结果反馈，学生理论课成绩有所提升	1	2	3	4	5
SA-14	通过学习评价与结果反馈，学生知识整合的方法变多	1	2	3	4	5

附件1-4-1　职业教育学习评价访谈提纲1（教师版）

尊敬的老师：

您好！为了深入掌握职业院校学生学习评价的实施状况，有效推进教学与评价改革，西南大学教育学部"职业教育学习评价课题组"在全国中高职院校开展了学习评价调查访谈。感谢您参与我们的访谈调查！

此次访谈大约需要20分钟，主要是关于您对学校学习评价制度的一些感受与看法，在访谈过程中，若有涉及您的隐私，您可以拒绝回答；或者您不愿意回答的问题，我们可以随时终止。同时，我们所有的访谈结果，也都严格保密，只用于此项学术研究。同时，我们也希望您所有的回答都是基于事实。

下面我们开始我今天的访谈：

1. 您所在学校的学习评价方式有哪些？谁在组织和负责学生学习评价？能否准确测度学生的学习水平，特别是技能学习？

2. 您认为学习评价对您的教学工作有什么样的帮助？又有哪些不好的影响？

3. 您认为学习评价对学生的学习有什么帮助？又有哪些不好的影响？

4. 您认为是哪些原因让学习评价变得有用？或者变得没用？

5. 实施学习评价后，哪些因素会促进您改进教学工作？哪些因素又会妨碍您改进教学工作？

6. 实施学习评价后，哪些因素会促进学生更好地学习？哪些因素又会阻碍学生的学习改进？

再次感谢您的参与！

附件1-4-2 职业教育学习评价访谈提纲2（学生版）

亲爱的同学：

你好！为了深入掌握职业院校学生学习评价的实施状况，有效推进教学与评价改革，西南大学教育学部"职业教育学习评价课题组"在全国中高职院校开展了学习评价调查访谈。感谢你参与我们的访谈调查！

此次访谈，主要是关于你对学校学习评价制度的一些感受与看法，在访谈过程中，若有涉及你的隐私，你可以拒绝回答；或者你不愿意回答的问题，我们可以随时终止。同时，我们所有的访谈结果，也都严格保密，只用于此项学术研究。但是，我们也希望你所有的回答都是基于客观事实。

下面我们开始今天的访谈：

1. 学校对你们的学习进行了各种考勤、考核与考试，你有没有想过学校或者教师为什么要对你们的学习进行评价与考核？

2. 你所在学校的学习评价（考勤、考核、考试、实验作品评分等）是否公平合理？有没有反映你的知识学习与技能水平？

3. 学校的学习评价（考勤、考核、考试、实验作品评分等）对你个人学习有哪些帮助？为什么？对你的学习有哪些负面影响？为什么？

4. 实施学习评价后，哪些因素会促进你的老师改进教学工作？哪些因素又会妨碍老师们改进教学工作？

5. 实施学习评价后,哪些因素会促进你更好地学习?哪些因素又会阻碍你的学习改进?

再次感谢您的参与!

附录2：数据收集结果

附录2-1　前期资料收集1：中职部分

附录 2-2 前期资料收集 2：高职部分

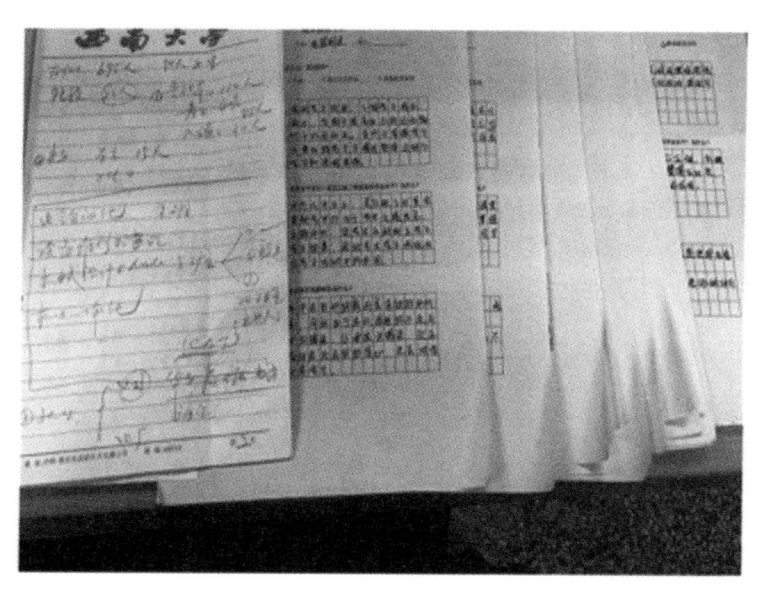

重庆电子工程职业学院文件

重电教〔2017〕39 号

重庆电子工程职业学院
关于印发《课堂教学管理办法》的通知

校属各单位：

　　为规范课堂教学管理，维护正常课堂教学秩序，保证课堂教学有序进行，创造良好的教学环境，建设优良的教风、学风，全面提高教学质量，根据市委教育工委、市教委关于重庆高校课堂教学管理办法的要求，结合学校实际，特制定《重庆电子工程职业学院课堂教学管理办法》并经 2017 年第 13 期校长办公会议审定通过，现印发给你们，请遵照执行。

　　附件：课堂教学管理办法

附录3：数据处理过程和部分结果

附录3-1　问卷和访谈内容编码表

一级编码	代码	二级编码	代码	三级编码	代码
评价制度	EI	制度设计	ELD	评价目标	EA
				评价方式	Emt
				评价工具	Etl
				评价标准	ES
		制度实施	ELI	主体参与	EP
				评价组织	EO
				评价技术	Etg
				评价调控	Emd
		制度结果	ELO	结果形式	Eop
				结果质量	Eoq
				结果反馈	Eof
				结果应用	Eoa
教学改进	TI	教学目标	TA	——	——
		教学筹备	TP	——	——
		教学方法	TM	——	——
		教学管理	TS	——	——
		教学评价	TE	——	——
学习改进	SI	学习动机	SM	——	——
		学习投入	SIP	——	——
		学习行为	SH	——	——
		学习策略	SS	——	——
学业成就	SA	知识掌握	K	——	——
		技能习得	S	——	——
		能力养成	A	——	——

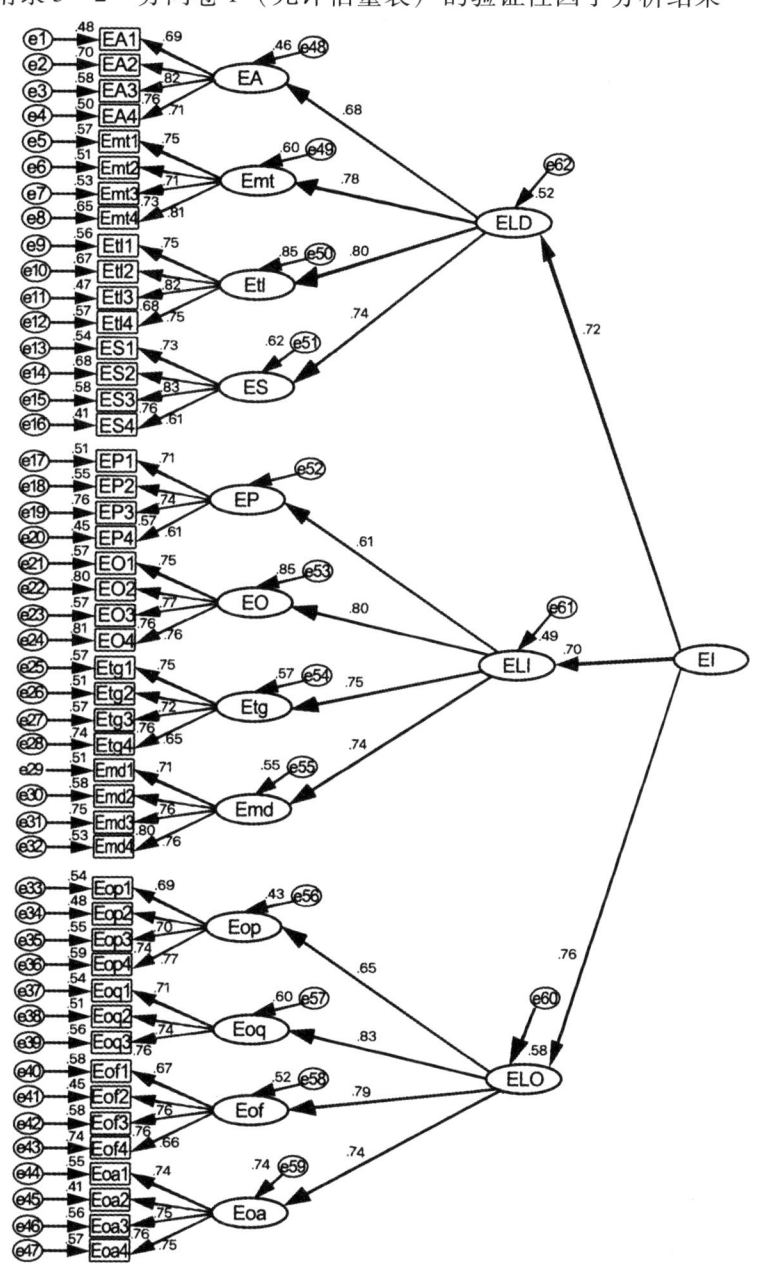

附录 3-2 分问卷 1（元评估量表）的验证性因子分析结果

索　引

（按音序排列）

C

促进学习的评价　10，11，18，37，38，41，42，44，216，246，272，290，302，316

F

发展指数　36，165，195－201，218，219，304，311

反学校文化　240，245，246，277，287，288，295

G

工作过程　4，13，23，61，64，70－73，103，175，252，282－284，292，305

公平指数　36，105，107－111，130，155－158，161，272，275，306，309，311

关于学习的评价　10，11，18，37－39，44，216，272，290，302

J

技术教育　4，5，8，9，12，13，19，21－26，53，71，72，74，177，239，258，276，283，285，297

技术学习　3－5，79，269，296，297，305，312

教学改进　5，17－19，24，31，35，37，42，44，47－53，56，57，59，60，62－64，66，67，88，92，93，96，150，164，165，167－169，171－173，177－179，201－204，206，208，209，211，212，214－220，225，234，235，237－239，241，242，245－248，252，254，264－268，270，271，280，282，285－287，302，303，305，307－314

"教—学—评"　27，40，42，44，47，57，67，74，82－84，102，252，253，273，274，290，302，304

教育改革　3，18，20，30，53，67，103，166，301

教育评价　3，6，7，10，20，21，23，

索 引

38，54，76，77，79，80，86，105，107，117，119，121，122，128，129，233，236，281，290，315
教育制度 2，8，88，235，253，271
结果反馈 36，37，59，60，62，102，113，115，127，151，152，154，161，168，177，179，302，307，314

K

KSA 17，35，49，51，56，57，60，64，68－74，88，100，102，132，164，166－168，172，175，179，196，197，200，206－209，211－220，239，255，265－267，271－273，278－282，290，303－305，307－312，314，316

L

李约瑟之谜 1－4，6，7，11，37，301

P

评价效用 5，8，11，12，15－19，23，25，26，30－33，36，37，42，44，48，52－61，63，68，70，72，73，75－82，84，85，87－90，92－100，103－106，109，119，127，130，153，161，164－171，174，175，177，178，180，195－197，200，201，206，208，209，211－225，229，231－236，238－245，247－257，259－261，263－272，274－280，283，289－295，297－299，301－306，308－312，314，316
评价制度 3－10，12－27，29，31，33，35，37，45，50－53，57－61，75－79，81，82，84－87，89，91－94，96，97，99，100，105－111，113，116，117，119－121，124，128－131，139，147，155－162，166－169，171，173，177－179，195，196，201，208，209，211，212，216，218，233－236，239－241，246，249－254，264－269，271，272，274－278，288，289，301－306，309，311，313，314，316

W

韦伯之问 1－4，6，7，11，37，301

X

学习改进 5，17－19，24，26，31，35－37，41，42，44，47－52，56，57，60，62－67，88，90，92－94，96，99，150，164，165，167－172，174，178，179，189，204－206，208，209，211，212，214－220，225，234，235，238，239，242，246－248，252，254，255，262－271，278，280，281，285，290，291，296，298，303，305，307－312，314
学习评价 3－33，35－42，44－68，70，72－111，113，115－117，119，120，123，124，127－175，177－180，189，190，195－197，199－

· 365 ·

209，211－225，229，231－283，285－295，297－299，301－312，314－316

学习心理　178，234，254，255，259，268，270，298，304

Y

以评促教　8－10，18，35，37，50，79，88，166，290，313

以评促学　8－10，18，35，37，50，51，61，74，79，80，88，166，290，313

元评估　10，22，27，33，35，78，87，105－124，127－162，171，173，177，178，197，222，224，272，277－279，303，304，306，311，314

Z

职业能力　8，13，22，23，61，72－74，77，98，102，103，134，166，176，177，256，278，279，285

指挥棒　3，4，6，301

制度变革　10，19，33，235，272，304

制度变迁　2，11，15，16，25，33，35，75，76，87，231，250，301，302

制度分析　6，11，15，17，18，32，33，36，37，54，58，60，62，130，166，167，250，254，264，301，302，314

制度绩效　15，16，18，25，33，52，57－59，166，167，169，216，217，231，254，272，275，301，302

制度实施　16，52，100，167，169，275

制度运行　11，15，17，33，36，37，52，55，57，59，61，110，123，126，160－162，166，169，216，234，301，302，312

治理逻辑　5，88

中介效应　195，209，210，212，214－220，307，308，311，312

作为学习的评价　10，11，18，37，38，42－44，101，216，272，290，302

后　记

  书到用时方恨少，读完博士更知晓。万卷方法要求高，缥缈，文献数据还难找。

  正身勤学修己道，淡定，江湖水深自逍遥。纵使天下风云起，何惧？做个书生也挺好。

——题记　《定风波·论文、学术与人生》

  这是我人生的第一本专著，从博士学位论文修改而来。在博士学位论文撰写和书稿出版的过程中，有很多想说的话没来得及说。因此，在后记中，用心、用笔来记录我的心路历程，表达我的感恩：

  1978 年，中国，改革开放；1988 年，恩施，人生启程；2018 年，北碚，攻读学位。在中国改革开放 40 周年、个人生命而立之年，就像打游戏一样，一口气"打通关"，终于可以拿到学习生涯的最高学位。但这种"打通关"的人生，并不会停歇；我的奋斗，必将继续……

  虽说，人生可以如戏。但我想，纵使真的人生如戏，也应该认真演一出好戏。只怪我是狮子座，粗心又大意！

论文，没有写完

  我可能认真地做过课题，却没有认真地写好学术论文。这是我想对这篇论文的道歉！博士学位论文的选题，源于偶然发现之后的"刨根问底"和"做中学"的学术实践，本该是我"蓄谋已久"的学术表达。但遗憾的是，论文写到最后不是我想要的那个样子！因此，我想给论文一个交代。

2012年寒假，我在恩师朱德全教授的指导下，参与"职业教育与区域经济联动研究"的课题，那是我最早接触职业教育。也就在那一年，我读到了"李约瑟之谜"与"韦伯之问"；也就在那一刻，在关于"李约瑟之谜"与"韦伯之问"的经济学、政治学、文化学与教育学的各种解答中，我发现了学习评价制度的"身份"危机问题。后来在硕士的一年多、博士的四年时间里，我一直都在思考这个问题，琢磨这个问题。

　　开题如期而至，恩师对我的选题进行点拨和指导，如醍醐灌顶。在研究问题上，最终用"效用"替代"绩效"，用元评估去探测效用基础，这些改进让我明确了研究方向。两次开题之后，同年级的博士都开始写论文了，但由于其他原因，我却没有动笔。尽管并没有机会每天思考"职业教育学习评价效用"的问题，但是我还是把CNKI中所有关于职业教育评价、职业教育学习的文献都读了一遍。由于制度绩效和制度效用的著作不多，因此亚马逊、当当和京东上关于制度绩效、制度效用的书籍全部被我买了一遍，并翻阅了一次。当然，为了提高自己的理论素养和研究水平，我还买了一大堆研究方法、研究工具的书，准备"大干一场"……

　　在三年的文献阅读、外文翻译等文字搬运，以及学习Amos、Mce 3.2、Nvivo 11.0等工具后，我于2017年10月开始问卷编制，2017年10月—12月进行问卷调查和访谈，2000多份问卷，30多个人的访谈……数据的收集过程中，我总算狠狠过了一把"研究方法的瘾"。随后开始了正式写作，但真的是"书到用时方恨少"：摘录的文献和观点，用不上；计划的研究方法和数据统计，没结果；新式的研究工具，依旧不会……就这样，宏大的计划、美好的设想，在实践中被证伪、被放弃。四年下来，最终的成果也就是这25万字。看着它们，真想对它们说声"对不起！"就像母亲生了一个丑儿子，虽然爱他，但也难免会嘀咕："爱"，还是"唉——"

感恩，没有表达

　　太多的感谢从未说出口，太多的爱也没有告诉他！男孩子看似皮厚，实则害羞。有好多话想说给别人听，但每每话到嘴边又被我默吞。诉诸笔端的感恩只是一种心境，更望付之于行！

后　记

　　终身感谢我的恩师——朱德全教授！先生如师如父，指导和栽培我七年。过去的七年，恩师始终鼓励我大胆地想、务实地做、勇敢地闯！帮我指点学术上的迷津，规划人生路上的航向，解决生活上的困难。小到我的每一篇小论文、研究计划、个人简历，大到出国学习、女友工作，都有恩师的指点、帮助与支持！所以，恩师不仅是我的授业导师，更是我的人生导师，引导我在"做人、做事、做学问"的路上"驽马不舍"地倔强探索！在学术上，恩师在课堂上谆谆教诲，在办公室里手把手指导，在实验学校亲自示范……他总是毫不保留地为学生付出。在做人上，恩师是绝对的"正能量"，他把家庭放在第一，把学问放在第一，把他的学生和朋友也放在了第一……始终践行有道德、有品德、有公德、有美德的"德全"人和有良心的"教育人"，也影响和感染着他身边的人！老实说，如今我的学术思维、人生信念乃至部分言行举止，都有恩师的影响。可惜我不够优秀，我不敢说"我的×××是老师的功劳"。我只能默默地仰望吾师，默默地感恩吾师，默默地爱戴吾师。就像我"改进"的亚里士多德的名言——爱真理，也爱吾师！同时，也终身感谢师母陈小艳老师，在我们所有朱门弟子眼中，师母是最幸福、最成功、最善良女人的当代注解！她总是默默地关注并帮助着朱门弟子，但从不提及！感谢师父、师母，大恩厚爱远非言语所能表，唯永志于心，践于行！

　　非常感谢我的博士后合作导师——石伟平教授！石老师是中国职教学术圈的泰山北斗，与石老师相识还是我硕士快要毕业的时候，在博士师兄师姐的答辩会上，见识了学术大家的风采。随后，在与石老师同刊发文的过程中，又加深了对石老师学术的敬佩。后来顺利读博，就立下了前往华师大做博后的宏愿。2018年，我如期从西南大学毕业，石老师作为我的答辩主席和未来合作导师，与我畅谈学术与规划约一个小时，收获满满。然后，收拾行囊，南下入沪。过去三年，石老师特别重视我在职业教育实践经验上的积累，从生活、学术、生涯等全方位、立体化规划、引导与帮助。如今，我在职业教育学术圈内从生面孔成为有点熟的人，结识了圈内的行家前辈与青年才俊，都是石老师鼎力相助。高山仰止，石老师这样的大山之高、大师之风我辈很难企及，唯心往大山，学习大山！

　　特别感谢我的外导——密歇根州立大学John Dirkx教授。尽管我们只有一年的正式师徒关系，一年之内的交流也就20余次，但还是感谢Dirkx对我在美国期间的照顾与帮助，特别是研究问题的追问与明晰，KSA模型、AFL 理论和 AAL 理论的提点，以及访谈方法的使用指导。Dirkx 是美国职业与成人教育研究的知名学者，尤其是在变革性学习研究领域内的成就更是"总统山级别"的。四十年如一日，扎根于职业人变革型学习的研究，虽年近花甲，但他还是坚持每天看最新的书，每周深入实验学校，每次访谈和调研都亲力亲为，这种学术精神让我等不得不膜拜和效仿。特别感谢我的非正式第二导师——宋乃庆教授。虽然我们没有名义上的正式师徒关系，但我参加宋老师主持的会议、讨论和各种课题研究，前后约五年之久。宋老师严谨认真、勤奋求实的学术精神一直激励着我。五年来，他提供的各种资源、平台，也锻炼了我学术研究基本功；平日里的鼓励、指点，更让我受益终身。同时，也要特别感谢张学敏教授，硕士阶段，在教育经济与管理的学习上深得张老师帮助；而过去的四年里，又因为几个课题研究，总能得到张老师的提点、教诲和帮助，再次感谢。

感谢学部的大咖们，老师们！感谢靳玉乐教授、于泽元教授、李森教授，在名师们的课堂学习中，让我在从教育经济与管理转向课程与教学的研究的过程中受益匪浅。感谢韩仁友书记、王华敏副书记的党性关怀，特别是在王书记的支部里，受到非常好的党性教育。也感谢王牧华教授、彭泽平教授、秦荣芳老师、李佳老师、李清老师、戴华鹏老师、胡琴老师等的各种行政支持。特别是赴美交换一年，王部长全力相助，为我提供了国外学习的机会与平台。同时，感谢么加利教授，和我在美国毗邻相居一年对我的照顾，更感谢么老师平日里的鼓励和帮助！感谢张良副教授的"社会达尔文主义"等诸多理论视野的指点，以及平时生活中的关照；感谢杨欣博士带领我们在基教中心攻关奋斗、在基教一司、在北师大熬夜加班的激情岁月；也感谢王正青副教授、王天平副教授、韦吉飞副教授等学部老师在学术上、生活上的指导和帮助！有幸在 SWU 和 MSU 学习，也要感谢密歇根州立大学教育学院 Lynn Paine，Julie Sinclair，Ann Castle 等各位老师，在美国一年，在生活上、学习上给我提供无私的帮助！

来到华师大，也得到徐国庆教授、匡瑛教授、付雪凌老师、徐峰老师、周瑛仪老师等人的帮助，非常感谢！

精彩的博士生活，源自成功的学术共同体——朱门。朱门人近朱者赤，自强不息，卓越前行！感谢杨鸿师姐，她始终如亲姐一样，用大姐大式的智慧指引和帮助着我的成长，鼓励我出国，指点我做评价研究，督促我与女友相爱相助！感谢亦师亦兄亦友的林克松博士，师兄已贵为一所之

后 记

长，但还是每天与民同乐，经常指点我的学术观点，也常常志趣相投地吐槽各种学术怪事，引领我走进职业教育的圈子。感谢安冬平师姐，每次有好消息都告诉我，有好事情带上我，我有困难帮助我。特别感谢重庆安全职业技术学院院长朱毓高师兄、"西师姚哥"、巴川中学郭洪校长、朱门总秘书长沈军师兄、朱门大师兄龚坚师兄与袁顶国老师、成都大学黄云峰师兄、民大附中杨岭师兄、外院唐光洁师姐、网络学院黄越岭师兄、青职院郭光亮院长和周优文院长……朱门的榜样们，我要向你们看齐！也要特别感谢小吴虑同学，她是"别人家的孩子"和"别人家的妹妹"，听话、懂事，还特别聪明和优秀，五年里，帮我分担了很多工作，特别感谢！还有徐小容、吕鹏、吴金航、马新星、彭敏、张媛媛、陈正权、蒋成飞、黎兴成、许丽丽……过去几年，一起奋斗，成长很快乐！也感谢白虹雨、王瞻、赵凤琴、袁佳、李雅琳、高婵、韩笑、刘莉、徐飞、杨磊、吴悠、李欢、熊晴、刘川湘……与你们同门，我真高兴！

来到华师大，加入石门，又收获了更多的良师益友，感谢郝天聪、陈春霞、张蔚然、严世良、胡微、林玥茹、马欣悦、徐梅焕、井文、兰金林、田静、聂梓欣、崔宇馨等同门，小龙虾团队学习力、战斗力都很强大，未来会更强大！

也不能忘，一起成长的朋友们，一起奋斗的战友们！感谢室友苏志强博士，对我在统计学上的指点，怀念卧谈到三点还在吐槽教育学与心理学的日子；感谢肖桐同学，暑日炎炎，一起在吴宓旧居探究文献计量法；不会忘记，与罗士琰、贾瑜、汪建华一起奋战义务教育发展报告、一起攻关义务教育第三方评估的战友情怀！感谢多年的好友们，雍恒一、贾璞、朱成晨、张景、易锦建、钟良鸣……人生，因为友谊而丰富多彩！感谢一起在美国生活和学习的小伙伴们，王丹艺、冯露佳、黄俊、张鑫、黄秀财、雷新雨……相约美利坚，买下华尔街！同窗情，战友情，感谢陈星、侯佛钢、陈伦超、李伟、何谐、贾超翔、毋改霞、张铭凯……博士生涯，勇闯天涯！同时，也深深感谢409机房的各位"战友同僚们"，邱德峰、张鸿翼、杨晨晨、卫苗苗……青春是用来奋斗的！！！

积土而成山，集数据和案例而成论文。在此，也要特别鸣谢帮我联系获取了江苏、浙江、广东、北京、天津、河北、湖南、湖北、安徽、山西、重庆、四川、青海等地的中高职院校和科研院所数据的重庆市教育评估院沈军书记、重庆教科院职成教所周永平博士和张俊生老师、重庆安全技术职业学院朱毓高院长、重庆青年职业技术学院周优文院长、重庆工程职业技术学院肖中瑜书记、重庆水利职业技术学院陈晓耘院长、三峡职业技术学院杨和平院长、四川教科院黄鑫老师、苏州市张家港职教中心彭召军和徐勇田老师、华东师范大学职成教所王亚南博士、天津大学职成教所付小倩博士、中原工学院陆俊杰博士、安徽交通职业技术学院周欢珍老师、金华职业技术学院赵伟丽老师、成都工业职业技术学院李杰老师……

  特别感谢多次开题中给予指导的徐学福教授、谢长法教授、范蔚教授、吴晓蓉教授，感谢辛勤付出与指导意见！感谢预答辩中，么加利教授、唐智松教授、谢长法教授、徐学福教授的再次指导。特别鸣谢文中参照引注的各条文献作者，感谢各位前辈的前期基础！不得不说，几本台湾的研究方法和研究工具书对我帮助甚大，那么，就请几位台湾大咖和宝岛台湾早日回归，在祖国的蓝天里、红旗下，一起把中国学术做大做强！也衷心感谢浙江大学、北京理工大学、东北师范大学外审意见；特别感谢石伟平教授从上海远道而来指导我的毕业答辩，并招收我为他的博士后；感谢张学敏教授、赵伶俐教授、徐学福教授指导我的答辩，再次帮助我的学术成长！最后，郑重感谢全国博士后管理委员会、中国社会科学院、中国社会科学出版社、重庆市研究生创新项目基金、中国基础教育质量监测中心研究生创新基金的经费赞助与支持。特别感谢中国社会科学出版社张林老师的专业、辛勤劳动，帮我对书稿做了重大的优化提升，最终得以呈现在读者面前。然，文责自负。囿于时间和精力，以及学术水平本身的局限，论著还有诸多不足，敬请读者批评指正。

未来，没有期限

  曾经有一本论文摆在我的面前，我没有好好地写完。幸而未来可期，我会在后面的学术生涯中，不断改进，正身勤学，笃行至诚！曾经有很多恩人出现我生命中，我没有来得及认真说声感谢。不过江湖常在，我会在每一个平凡的日子里，记住你们的好，表达我的谢！

  未来已来，将至已至。时间从来不欺骗人——未来很真实，就在那里！

后　记

感谢父母生育、养育 30 年，儿子终于长成、终于可以毕业了！父亲、母亲、大妈，你们的未来，让长大的我来庇护！

感谢周甜，我们已相知相爱相守 6 年有余。一生有你，你就是我的未来，和我们的未来！

人生都是"相对论"：

> 你如何对待学术，
> 学术也将如何回馈你；
> 你如何对待他人，
> 他人也将如何反馈你；
> 你如何对待生活，
> 生活也将如何赠馈你！
> 而我，
> 定会好好善待和守护我的未来！

谨识

岁次戊戌　正月廿五初稿成于西南大学田家炳教育书院 409
是年六月十五　定稿于华东师范大学文科大楼 612

第九批《中国社会科学博士后文库》专家推荐表1

《中国社会科学博士后文库》由中国社会科学院与全国博士后管理委员会共同设立，旨在集中推出选题立意高、成果质量高、真正反映当前我国哲学社会科学领域博士后研究最高学术水准的创新成果，充分发挥哲学社会科学优秀博士后科研成果和优秀博士后人才的引领示范作用，让《文库》著作真正成为时代的符号、学术的示范。

推荐专家姓名	石伟平	电话	
专业技术职务	教授	研究专长	比较职业教育
工作单位	华东师范大学	行政职务	所长
推荐成果名称	职业教育学习评价效用的制度分析——一个链式中介模型的实证应用研究		
成果作者姓名	李鹏		

（对书稿的学术创新、理论价值、现实意义、政治理论倾向及是否具有出版价值等方面做出全面评价，并指出其不足之处）

李鹏博士的学位论文《职业教育学习评价效用的制度分析——一个链式中介模型的实证应用研究》以关于学习的评价（assessment of learning, AOL）、促进学习的评价（assessment for learning, AFL）和作为学习的评价（assessment as learning, AAL）等评价理论，结合制度分析理论建构分析框架，采用混合研究的技术路线，综合运用问卷调查法、访谈调查法、课堂观察等方法展开了职业教育学习评价效用的理论与实践探索。纵览全书，这本专著的创新之处有三：

一是拓展了职业教育学习评价研究的理论视角和传统概念。从制度变迁的视角，分析了职业教育学习评价应有的效用观。结合制度逻辑与 AOL、AFL、AAL 学习评价理论，从制度绩效与促进发展角度，深度拓展了"以评促教"和"以评促学"的传统观念。二是建构了职业教育学习评价效用的分析框架与测量模型。职业教育学习评价研究并不局限于评价标准、评价模型等研究，而是从"学习评价有什么用"的追问出发，运用 AOL、AFL、AAL 等理论和实证分析方法，建构了职业教育学习评价制度效用的分析框架与链式中介模型。三是合成并测量了职业教育学习评价的公平指数与发展指数。从制度运行情况的起点公平、过程公平与结果公平，运用沃斯特根指数测算了职业教育学习评价公平指数；借鉴人类发展指数、中国人文发展指数，测算了中国职业教育学习评价发展指数，并进行了初次测算。

李鹏的这项研究比较全面地反映了中国职业教育学习评价的实施现状与问题，提出了具有操作性的对策建议，在理论上，丰富了中国职业教育学习评价的理论工具与分析框架；在实践上，有助于指导职业院校进行评价、教学改革与学生学习改进。

此外，论文引证翔实、价值中立，不存在学术不端与政治立场问题。值得推荐！

不过作为专著出版，需要缩减文献综述；文字表达可以更贴近中高职教师一点。

签字：石伟平

2019 年 12 月 15 日

说明：该推荐表须由具有正高级专业技术职务的同行专家填写，并由推荐人亲自签字，一旦推荐，须承担个人信誉责任。如推荐书稿入选《文库》，推荐专家姓名及推荐意见将印入著作。

第九批《中国社会科学博士后文库》专家推荐表 2

《中国社会科学博士后文库》由中国社会科学院与全国博士后管理委员会共同设立，旨在集中推出选题立意高、成果质量高、真正反映当前我国哲学社会科学领域博士后研究最高学术水准的创新成果，充分发挥哲学社会科学优秀博士后科研成果和优秀博士后人才的引领示范作用，让《文库》著作真正成为时代的符号、学术的示范。

推荐专家姓名	朱德全	电话	
专业技术职务	教授	研究专长	职业教育课程与教学论
工作单位	西南大学	行政职务	部长
推荐成果名称	职业教育学习评价效用的制度分析——一个链式中介模型的实证应用研究		
成果作者姓名	李鹏		

（对书稿的学术创新、理论价值、现实意义、政治理论倾向及是否具有出版价值等方面做出全面评价，并指出其不足之处）

李鹏的博士学位论文《职业教育学习评价效用的制度分析——一个链式中介模型的实证应用研究》理论视角上，整合评价效用与制度分析两条线索，综合运用关于学习的评价、促进学习的评价，作为学习的评价理论，运用制度分析框架探究了职业教育学习评价的效用问题。在研究内容上，以问题为导向，将"学习评价究竟是教育改革的致命桎梏，还是教育发展的救命稻草？"的问题分解为评价效用内涵、生成机理、尺度表征、制度基础、现状水平、影响因素和优化策略等问题。在分析思路上，以制度分析的理论框架，依次从制度逻辑、制度变迁、制度运行、制度基础、制度绩效、制度困境、制度创新分析职业教育学习评价效用的具体问题。研究设计与实施具有三个方面的创新：

一是从"评价促进学习"的教育学机理和"制度生成绩效"的经济学机理，整合了"评价实施——结果反馈——教学改进+学习改进——效用生成"的职业教育学习评价效用生成机理，这是理论视角上的创新。二是结合职业教育学习评价效用的过程分析框架建构了学习评价、教学改进、学习改进和 KSA 发展的链式中介模型，从"制度基础——制度效用——制度环境——制度变革"的逻辑思路分析了评价制度及其绩效，这是分析理路的创新。三是合成并测算了职业教育学习评价的公平指数与发展指数。从制度运行情况的起点公平、过程公平与结果公平，运用沃斯特根指数测算了职业教育学习评价公平指数；借鉴发展指数，测算了中国职业教育学习评价发展指数，并进行了初次测算，这是研究的结果创新。

在理论上，破解了学习评价的价值与身份困惑，回答了学习评价到底是教育改革的致命桎梏，还是教育发展的救命稻草的问题，这是最大的理论贡献；在实践上，从宏观、中观和微观层次分析了职业教育学习评价效用的影响因素，并针对性地提出了制度变革、教学改进和学习改进的对策建议，有助于指导职业教育学习评价实践和评价效用的提升。

出版之前，建议文稿体例按照专著修改；统计分析可以适当简略；适当加入新政策、新文件。

签字：

2019 年 12 月 11 日

说明：该推荐表须由具有正高级专业技术职务的同行专家填写，并由推荐人亲自签字，一旦推荐，须承担个人信誉责任。如推荐书稿入选《文库》，推荐专家姓名及推荐意见将印入著作。